国家社科基金一般项目（项目编号：2014BZJ006）

十六国北朝时期的佛教与社会

黄崑威 著

社会科学文献出版社

SSAP

SOCIAL SCIENCES ACADEMIC PRESS (CHINA)

序 一

杨曾文[*]

　　黄崑威是我多年前在苏州结识的朋友，山东人，与我同乡。2010 年研究生毕业于苏州大学哲学系中国哲学专业，以《敦煌本〈太玄真一本际经〉思想研究》的论文获得博士学位，此后在南京师范大学中国语言文学博士后流动站从事研究工作。从 2013 年 10 月就职于陕西省社科院宗教研究所，从事中国哲学思想史、儒释道三教关系、佛教与民族关系的研究，多有成果。

　　笔者在参加各地举办的学术会议时与他常有见面的机会，他对我照顾有加。前些年他告诉我说申请到一个"国家社会科学基金一般项目"——"北朝时期的佛教与民族关系问题研究"。最近他告诉我，课题已经完成并顺利结项，将以《十六国北朝时期的佛教与社会》为题由社会科学文献出版社出版，希望我为之写篇序。

　　笔者多年从事中国历史和佛教史的研究，深知东晋十六国和南北朝时期在中国历史和中华民族文化史、中国佛教发展史上占据重要的地位。中国是一个由多个兄弟民族经过长期集聚、会通和融合而形成的崇尚统一和道德文明的国家。

　　中国文化发展史上经历过多次民族大融合和大发展，继春秋战国第一次民族大融合、大发展时期以后，东晋十六国和南北朝时期迎来第二次民族大融合、大发展。春秋战国时期，承继五帝三代华夏民族形成和初步发展之后，在经济和政治、文化的广泛发展交流中促成了中原与周边各民族的融合，在文化上促成了齐鲁、三秦、燕赵、荆楚等地域文化的会通融合，形成

---

　　[*] 杨曾文，中国社会科学院荣誉学部委员、世界宗教研究所研究员。

了以阴阳、儒、墨、名、法、道六家为代表的学派，为中华民族传统文化奠定了坚实的基础。与此相比，东晋十六国和南北朝第二次民族大融合的显著不同之点在于：一是历经秦汉已与法、道诸家密切结合的儒家在社会思想文化中占据了支配地位，在这次民族融合中儒家（思想、儒者）实际发挥了主导作用；二是自公元前后从古印度传入中国内地的佛教已在南北朝普及，在社会各个领域影响日益增大，在这次民族大融合、大发展中与儒家相辅相成，也发挥了重大作用，产生了重大影响。

自西晋后期，伴随朝廷的腐败和社会的动乱，原来生活在经济滞后边远地区的所谓"五胡"少数民族纷纷内迁，在北方先后建立了"十六国"，晋皇室被迫南迁建立东晋，从此中国进入南北分裂的东晋十六国时期。这些少数民族在进入内地和建立政权的过程中，除了各族血缘的自然结合之外，还要适应并接受经过长期历史过程形成的社会制度、文化形态、道德礼仪、宗教信仰以及与农耕生产相应的生活习俗等，这些构成了民族大融合、大发展的主要内容。具体表现在：参与建立"十六国"和北朝的民族在制度上实现了封建化，实行以皇帝为首的中央集权和郡县制的国家体制；接受以儒家为支配，以佛教、道教为辅助的文化形态；采取与以农耕为主，畜牧、渔猎为辅的经济相应的生活方式。于是，北方在经济、政治、军事和文化方面得到迅速的发展，以致在北朝后期综合实力已超过南朝，最终竟由统一北方的隋朝结束南北分裂，再一次实现中国的统一。

那么，佛教在这一次民族大融合、大发展之中到底发挥过什么影响，起过什么作用？这是个值得学术界重视和应当投入力量进行深入考察研究的问题，也是值得社会广大读者关注的历史问题。这并不意味着以往学术界没有关心和研究过这个问题，实际上以往从事中国历史、文化、艺术，特别是从事佛教历史研究的学者对这方面已经做出过值得世人瞩目的成绩，在发表的相关论文、专著中皆有反映。但是，应当看到，对这一问题的研究仍有不足之处，主要表现在专题研究不多，将历史问题、民族问题、宗教问题和文化问题结合起来进行综合研究也有待加强。

黄崑威鉴于以往学术界的研究情况，立题侧重对东晋十六国和南北朝时期的北方，即十六国与北朝的佛教和社会进行专题考察研究，最后将成果整理成书，虽然极少涉及南方，但也是很有学术价值的。

作者在五年多的辛苦研究过程中，广泛搜集各种相关文献资料、考古出土文物以及国内外的研究成果，在整体把握东晋十六国和南北朝民族大融合大发展的时代源流的情况下，综合考察和探讨十六国与北朝社会流行的佛教传播情况、内迁的少数民族与华夏传统文化、社会体制结构之间的深层次互动表现及其实际影响，旨在揭示这次民族大融合、文化融汇的历史偶然性与必然性。在这当中，对佛教在促进北方民族融合、文化交流和融汇中发挥的作用，以及对所涉及的佛教中国化、佛儒关系、政教关系等问题做了重点考察，提出了自己的研究心得、结论。

应当说，这是对东晋十六国和南北朝时期北方的社会历史、民族大融合大发展和佛教研究的新成果，是应予肯定和赞扬的。

笔者年过八十，有病缠身，近来视力显著衰退，但难却旧友求序之请，谨提笔写了以上文字以为序，并作为对本书即将问世的祝贺。

2020 年 10 月 17 日于北京华威西里自宅

序 二

黄夏年[*]

4~6世纪的南北朝是中国历史上的重要时期，其中北朝对中国文化做出了重要贡献。北朝是中国历史上第二个民族融合的时期，北方各个民族像走马灯似地不断在中原大地出现，以儒家为代表的中原传统文化在这一背景下，受到游牧民族的重视，马上民族"莫不以中原为正统，神州为帝宅"，儒家文化成为国家意识形态。凡是要取得中国者，必须要以中原文化为主旨，并将政权设在中原地区。以北朝历史上最有影响的北魏为例，北魏统治者是鲜卑民族，太武帝定魏为土德，承汉，表明自己是黄帝子孙。孝文帝将首都从平城迁往洛阳，敕令鲜卑族说汉话，著汉服，用汉姓，又令五经群书各置博士，增国子太学生，培养鲜卑族后人，经过二百余年的时间，马背上的鲜卑民族最终融入汉文化中，游牧民族成功地完成了向农耕社会的转型。

佛教作为北朝社会宗教中的最大公约数，对北朝民族宗教曾经产生过重要影响。游牧民族在进入中原之前就已经接触佛教，新疆考古发现了用吐火罗文、龟兹语和于阗语撰写的佛经。历史上记载儒家经典曾经被译成鲜卑语，但是现在还没有文本现世。中国佛典记载北周释法藏法师用鲜卑语向周武帝问讯，而用鲜卑语译解的佛经则在经录里面没有明确记载，现在存世的佛经主要还是汉语译本。南北朝时期中国四周都有汉传佛教流传，西陲敦煌与张掖是北朝佛教驿站，也是翻译佛经的重要地区。许多佛经在进入中原之前就已经被译成汉文，说明马背上的民族在佛教进入中原之前就开始受到汉

---

[*] 黄夏年，中国社会科学院世界宗教研究所研究员。

1

传佛教影响，域外信仰佛教的民族进入中原，很快就找到因佛教信仰而带来的共同语言，并迅速转换身份，加入佛教命运共同体，融入佛教中国化进程。

虽然北朝佛学不如南朝佛学发达，妙玄之理的讨论也不如南朝佛教界深入，但是北朝佛教译经与南朝不相上下，中国著名翻译家鸠摩罗什、竺法护等人都生活在北朝，他们译出的佛经文字畅达，传意准确，是中国佛教经典史上的名篇。史家称："魏有天下，至于禅让，佛经流通，大集中国，凡有四百一十五部，合一千九百一十九卷。"从佛教传入中国之始，再到唐代，各朝各代一共译出佛经 5048 卷，北朝魏译出 1919 卷，占整个中国译经数的三分之一以上，以佛教信仰促中外文化交流，在北朝佛教界，已经做到极致。

文化是一个时代的国家与民族精神面貌之产品，反映了这个时代精神活动出现的种种情况。在中国，儒、释、道三家是传统文化的主干，此外，原始宗教形态的萨满教也在一些民族部落中流传。北朝是多民族与多元文化并存的社会，但在精神领域里还是有所侧重，要讲次序，从国家角度讲，朝廷安排的位置是以儒为先，道教为次，佛教为后。国家意识形态由儒家主导，国之大事是祖先崇拜和郊祀。道教则在个别朝代受到了皇室尊崇，在民间有一定影响。佛教则是整个北朝势力最大的宗教，其在社会上所起的作用，儒道二家都不可比，对后世的影响也源远流长。虽然北朝社会也有因文化差别而发生的或以武力，或以行政手段，消灭及干预佛教的活动，但是这些很快就过去了，随之而来的则是又一个崇佛的高潮。

由上可知北朝佛教很有个性，但我认为重点是在民族与佛教的关系，从这个角度入手，就能看到佛教对民族和解所起的作用，回应了历史上夷夏之争提出的问题，对我们现在促进民族团结也有重要的指导意义。黄崑威博士是我国佛学研究的后起之秀，学识渊博，知识面广。近年来他通过综合分析十六国北朝时期佛教、少数民族与华夏传统文化、社会结构之间的深层次互动，系统阐释了"佛化"和"汉化"是民族融合、文化融汇的双重动力以及"中华民族多元一体"的格局、多民族文化"和谐共生"的特点，论证了少数民族"汉化"、政权的"封建化"以及汉人"胡化"与佛教的民族化、本土化交融在一起的现象，得出了令人信服的文化大融合必然伴随民族大融合的观点。这个研究视角与进路很有意义，将北朝民族佛教真正置于广大的社会背景与大文化框架下做出全面考察。"民族化""本土化""中国化"这三个北朝民族佛教的主题词，在本书的研究中得到深入阐释，弥补了以往学界研究的不足，开拓了新的研究领域。

　　黄崑威博士与我交往多年，他的成果即将付梓，嘉惠学林，为之高兴。吾不揣谫陋，妄作简序，以飨学界焉！

序 三

桑吉扎西[*]

回溯到 1600 余年前，我们可以看到当时中原王朝的情形：思想上虽称独尊儒术，实际上又崇尚玄学清谈；政治上门阀盛行，等级森严，朝政愈加腐败；经济上刚经历了八王之乱，百业俱废，民不聊生。这些都使得整个社会自上而下弥漫着毫无生机的萎靡之气。

正是在这样的时代环境中，突然有了一种新的力量侵入中原，给当时的华夏族群以一种新的外部刺激，在政治上、经济上、思想信仰上乃至种族血统上，都产生了一种新的巨大变化。这种力量的注入就是信仰佛教的北方游牧民族纷纷入主中原建立政权，开始了二百余年的割据统治，后人以"十六国南北朝"称之。这是中国历史上以及华夏文明发展进程中值得我们回味和认真思考的一个特殊时代。

一 佛教初传与北方多民族的关系

回顾中国佛教的传播历史，我们清楚地看到：它首先与历史上的西域诸民族，以及北方民族有着直接的因缘。诚然，佛教是由印度传入中国，但其传播途径大体是印度→中亚西域→河西走廊（敦煌）→中原。公元前 3 世纪后，印度佛教逐渐向国外传播，由印度西北传到安息、大夏，逾葱岭经历史上的西域、今天的新疆逐步沿着闻名中外的丝绸之路传入喀什、于阗、龟兹、吐鲁番等地，进入甘肃境内的敦煌、酒泉、张掖、武威等河西走廊境内，进而传入陕西、宁夏、山西、河南、河北和四川境内。而生活在古代西

---

[*] 桑吉扎西，中国佛教协会副秘书长。

1

域及北方的少数民族最先接触到了外来的佛教文明，接受了佛教信仰，并积极推动了佛教向内地的传播。大多数佛经也是先由印度的梵文译为西域的民族文字，再由民族文字译为汉文。沿着西域丝绸之路、河西走廊向东而行，我们可以清楚地看到早期佛教石窟寺的开凿路径：新疆克孜尔石窟、甘肃敦煌莫高窟、山西云冈石窟、河北响堂山石窟、河南龙门石窟等，它们大多是从少数民族边缘地区进而逐渐扩大到中原内地的。可以说，佛教通过丝绸之路、河西走廊向中原内地传播的过程中，古代的少数民族，尤其是北方民族起到了重大的促进作用，正是由于他们的努力，佛教才有可能于汉魏之后，在中原地区得以逐步地发展并开始广泛传播。

十六国时期，北方少数民族各政权大都扶植佛教，例如，其中羯人建立的后赵、氐人建立的前秦、羌人建立的后秦、匈奴人建立的北凉，都以佛教信仰为治国理念。北朝的佛教信仰盛行朝野，开窟造像供养蔚成风气。尤其是河西走廊石窟寺的营造方式和风格，即著名佛教考古学者宿白先生总结的"凉州模式"，直接影响了中原石窟寺开凿与造像的风格，并由此造就了灿烂辉煌的石窟艺术。

二 佛教与华夏多民族文化的融合

数千年来，东土传法、西行求法的佛教文化传播者，域外的高僧大德和译经师及中亚商人往来于西域、河西走廊及中原各地。供养护持佛教三宝的中亚商人，通常被称为"胡商"，其中以粟特商人最为著名。自汉魏始，除了把商品与信仰带入中国，这些僧侣和商人自己也逐渐转化成生活在中原华夏的一个特殊群体：他们的讲经说法、译经演教、商贸交易等，逐渐改变和影响着中原的宗教信仰和日常生活习俗。史料显示，两汉、魏晋南北朝、隋唐时期的大同、洛阳、长安等都有不少的域外胡商。而作为丝路重镇的河西走廊，如瓜州、甘州、凉州等地，胡商的人数甚至都超过了本地的汉人，如印度人、波斯人、叙利亚人、突厥人、粟特人、吐蕃人、西夏人、回鹘人、蒙古人等。作为佛教信仰者的胡商，可谓对佛教的传播和护持做出了积极重要的贡献。

信仰是一种文化历史传承，也是一种思想和精神的力量。十六国是一个政治力量崛起的新时代。执政者为北方少数民族，执政思想被确立为外来的佛教，这一执政理念打破了中原汉族政权独尊儒术的思想，北方胡人的入主中原给一个时代带来了创新的希望。换句话说，"蛮族"的入侵给当时的中原文化注入了新的活力和生机，极大地促进了游牧文化与中原农耕文化的融合与互补。伴随着佛教的传入与发展，众生平等、慈悲等佛教观念也逐渐被人们所认知，唤醒了"夷狄诸夏礼则诸夏之，诸夏夷狄礼则夷狄之"的文明观念，可以说是佛教弥合了南北文化的对立，调适了农耕民族与游牧民族之间共同的宗教信仰形态，使以往对立的文化价值观念得以转换和调适，使族际间的认同成为现实，使民族融合成为可能。诸如，佛教初传时期，中原朝廷有"西域人得立寺都邑，以奉其神，其汉人皆不得出家"的禁令。可见佛教的出家修行、无顾父母家庭和传宗接代的戒律和价值观念，与儒家的人伦理念形成了激烈的对立冲突。然而随着时间的推移，双方从对立冲突到逐渐适应进而调合着华夷之间的种族矛盾、胡汉之间的民族差异，佛教成了沟通华夷之间共同信仰文化的基础。后赵皇帝石虎说，"佛是戎神"，不分胡汉，境内的老百姓都可以信奉。姚秦崇尚佛教，还有其他的少数民族统治者也崇信佛教，他们共同的信仰理由和基础是，佛是"胡人"，自己也是胡人。故此，胡人信仰胡神是理所当然的。这就是许倬云先生讲的"我者"与"他者"：外来入侵的异族"他者"，与中原华夏"我者"的对立。但只经过了短短数年，最后成就了民族的、文化的、信仰的多元融合。此时，佛这位外来的"胡神""戎神"，成了各民族间友好相处的信仰纽带。

三　佛教与"多元一体"的中华民族格局的形成及影响

随着魏晋北方民族政权的建立，历经十六国北朝融合发展，至隋唐盛世时期，从边疆入主中原，或杂居在华夏边陲之地的各少数民族，已逐渐处在华夏文化的大熔炉中，"华夷之辨"逐步退出了历史舞台，逐步形成了"你中有我，我中有你"多元性的中华民族，既体现出华夏的风韵，又不失本民族的元素。而佛教的作用是无可替代的。正是由于北方多民族的佛教信仰，才使得中原汉人与边地胡戎两个不同文化背景的族群，以及其他北方游牧民族如羌、氐、羯、匈奴、大月氏、鲜卑、粟特、突厥、吐蕃、党项、回鹘、蒙古等种族逐渐融合进入华夏文化的大熔炉之中，使得"华夷之辨"的观念逐步退出历史舞台，进而形成一个包容的、多元的，且相互认同的中华民族共同体。这一历史转化影响了后期华夏文明的进程。正是华夏民族接纳一切外来文化的心胸，使得他们接受了佛教这个巨大的礼物，尽力地将其介绍研究，慢慢地咀嚼融通，而隋唐帝国的形成和新的佛教本土化、民族化过程，都是从这个时代酝酿而演化出来的。大唐皇帝唐太宗（626～649年在位）认为自己是汉族皇帝与突厥可汗的合体，而他的民族文化和宗教政策则体现了大唐帝国积极进取、有容乃大的大国心胸和文化自信。他曾向各国首领和华夏诸多民族宣称："自古皆贵中华，贱夷狄，朕独爱之如一，故其种落皆依朕如父母。"放眼数千年中华历史，在历代统治者当中，没有一位皇帝能够提出如此平等、尊重、理性的国家民族主义文化政策。这种文化政策既是华夏文明包容的体现，也是多元一体中华民族的民族自信的自我彰显。从大唐的时代背景来看，突厥等族拥戴唐太宗为天可汗，也可以说是认同中国，而不是视中国为南北对峙的敌人。大唐帝国，由此成为整个东方的政治经济文化中心，呈现万国来朝的盛唐气象。可以说，佛教是历史上维系中原汉族与边疆少数民族友好往来的纽带。佛教传入以后，在北方少数民族内迁这一因素的推动之下，很快成为各民族人民共同的宗教信仰，佛教的教义和宗旨深入人心。各族人民在佛教信仰这一共同背景下，密切了相互间的关系，减少了民族间的隔阂，从而促进了各民族的进一步融合，最终形成中华民族多元一体的崭新格局。

四 十六国北朝时期的文化特征

西晋时期大量游牧民族内迁，史载"且关中之人百余万口，率其少多，戎狄居半"。这是对当时各个民族混杂情况的真实写照，也为以后的文化交融变迁奠定了基础。公元304年李雄和刘渊分别在蜀和中原建立成汉、汉赵政权，自此拉开了近二百余年动荡的帷幕，民族之间、信仰之间、文化之间就必然进行激烈的碰撞，进而形成一种新的甚至是前所未有的文化。

这一时期少数民族纷纷在中原大地上建立政权，华夏一统被彻底颠覆。而且入主中原后，各族统治者为强化其统治，使自己的统治合法化，都利用佛教作为神化自己统治的工具。如北魏太祖拓跋珪"明睿好道，即是当今如来，沙门宜尽礼，遂常致拜"，主张拜天子等于拜佛。又因为汉地百姓信佛者日众，提倡佛教还能赢得更多百姓的支持，一些政权在推行汉化政策的同时，也对佛教传播采取了大力扶持的政策，极大地冲击了儒学的正统地位。一些帝王甚至自称是弥勒转世，可见当时佛教地位之尊贵。自汉代随着佛教的传入，经过魏晋南北朝、五胡十六国的发展，中国传统文化的诸多正统观念受到佛教的挑战和冲击。尤其是汉代罢黜百家、独崇儒术的一统思想已经不能适应社会时代的发展需要。正统儒家失去活力，至多抱残守缺，延一缕香火而已。这时的主流文化，毋宁说是外来的佛教，及与佛教相应的本土宗教——道教。两者之中，佛教尤其兴旺。鸠摩罗什等胡僧将佛经译为汉文，至今仍是佛教文献中的巨著。佛教僧侣自由来往南北，传播教义，也与汉人学者交流切磋，他们逐渐成为当时中国最活跃的文化人士。为此，许倬云先生认为：若以佛教与儒家相比，我们竟可以说，外来的佛教虽然本来是客，却占了主流地位。儒家本来是主，却在讨论的议题上沦为被动的地位。这一外来宗教文化导致的主客移位，反映出中原华夏文明对外来佛教文化的重新思考与价值认定。例如，公元471年前后制作于长安的一个佛教石碑画像，生动地描绘了这种完美融合的美好图景，石碑描绘的故事是：历史上佛陀最早的化身——善慧婆罗门，经过数次轮回，成为一个泛世转轮王，并且成为最终的过去佛。构成这个故事的场景有几个不同寻常的特点。首先，释迦牟尼最后的诞生地被设计成中国，当故事的核心人物以善慧婆罗门的身份出现时，他身着鲜卑族服饰；当他成为转轮圣王时，他的长袍则是汉式的；当他在兜率天宫等待最后的重生转世时，他又穿回鲜卑族服饰。与此相反，故事中的两位女性，一个是兜售鲜花的善慧婆罗门女人，另一个则是佛祖的母亲，他们都穿着汉式的长袍。其次，在石碑底部有捐助者的图像，大多数男人穿着鲜卑服饰，而女人则穿着汉式服饰。这个图像故事把融进中国文化元素的印度当作故事背景，主人公在鲜卑身份和中华身份之间不断转换，不同的性别也被分为"汉人"或"外国人"。这也表明一种美好的愿望：希望将更多的人容纳在一个美妙的佛国世界中。同时，也表明一种佛教的价值观，即无论胡汉，无论哪个民族，无论官员或百姓，农耕民或游牧民，他们死后都会去佛国的净土世界。又如，公元495年，一位姓周的女性供养雕刻了释迦牟尼佛和阿弥陀佛像，这是为了她的"亡夫故常山太守田文彪、亡息思须、亡女阿觉"，她祈求他们在来世的生活中都能"遇见三宝，来到未来佛弥勒佛的世界。如果他们堕入三恶道，希望他们可以快速地解脱轮回"。在此，我们深深地感到博大精深、和平圆融、慈悲济世的佛教在化解世俗矛盾，在引导信众弃恶扬善、摆脱轮回、往生净土等方面所具有的巨大的凝聚力和融合功能。总之，在这样一个历史大转折时期，就传统文化而言，我们可以看到的特征有三：第一，少数民族建立了多个地方政权，打破了华夏一统天下的政治文化建构；第二，外来的佛教成为当时社会民众的主要信仰；第三，儒家大一统的意识形态被动摇和逐步打破。从印度、中亚、西域、中国佛教文明史及华夏文明的传播发展看，佛教对中亚、西域，以及华夏民族文化的融合与创新产生了巨大的正面影响。从这个角度说，中国佛教具有鲜明的民族文化融合功能，同样也是这种功能成就了佛教在中华大地上的广泛传播与深远影响。

回过来再看本书，至少有以下三方面的意义。

第一，本书作者做了大量的前期工作，收集资料十分详实，多为研究这一历史时期各方面之珍贵文献：不但有诸如《北史》《资治通鉴》等这样不可或缺的历史文献，而且有《大正藏》《道藏》等大型宗教文献；既有《中国古代写本识语集录》《魏晋南北朝敦煌文献编年》等金石考古文献，也有《气候改变历史》《竺可桢文集》等自然科学文献。范围不可谓不广，内容不可谓不精。可以这样讲，该书收集的资料是一张研究华夏文化史的地图，是一座研究该时期各方面所需的资料库。

第二，系统剖析了大量国内外近、现代的经典著作，方成此著：既有埃米尔·杜尔干、勒内·格鲁塞、米尔恰·伊利亚德、许理和、三崎良章等国外大师各时期经典理论的研究著作，也有陈寅恪、汤用彤、唐长孺、孙昌武、葛剑雄等国内大家近现代不断发展的研究成果。正是在这些巨人的肩膀上，作者通过研究得出了极具意义的结论，同时也填补了学术界的相关研究空白。

第三，"以铜为镜，可正衣冠；以史为鉴，可知兴替"，历史总是发展的，人们总结和吸取历史教训是为了更好向前，正是因为善于借鉴历史才形成了多元一体的中华民族，才有了延续几千年的华夏文明。我国是一个多民族国家，自古以来族际关系、宗教本土化等问题都是关乎国家安定、社会发展的大事。该书虽分析的是1600多年前的特殊时期，但其研究的民族融合、佛教中国化等问题对当今社会各方面都有着毋需多言的深远意义，还望诸位读者重视。

目 录

CONTENTS

"四海一家"与"华夷之变"

4~6 世纪的十六国北朝时期,北方地区在持续了 200 多年的由少数民族政权主导的统治期间,爆发了严峻的"胡汉"民族冲突、产生了文化碰撞及政权对立等一系列重大社会矛盾,但最终达成了各民族的大融合、文化大融汇,并由北朝主导,实现了中国历史上的再一次"大一统"。"中国化"的佛教,在其中发挥了"文化中介""文明纽带"的作用。

北方游牧-渔猎民族在社会及自然的"偶然性"与"必然性"等各种客观条件交织所促成下的大规模"南迁"之举,从地理上看就是跨越了自然-生态环境差异所造成的农-牧业分界线,融进了定居型农耕文化的核心区域,这是历史所赋予的现实需要与必然要求。从时代上看,就是汇入了当时先进的农业文明浪潮,顺应了与农耕生产、生活方式相适应的"大一统"趋势,这是民族融合、文化融汇的必然前提。

少数民族"汉化"、政权的"封建化",汉人"胡化"与佛教的民族化、本土化交融在一起;文化的大融合必然伴随民族的大融合。

一 分裂与统一:从十六国到北朝

西晋永兴元年(304),匈奴贵族刘渊在左国城(今山西离石)独立,自称"汉王";巴氐李雄也在成都称王(初名"成",后改为汉),"十六国"时代从此拉开了序幕。

公元 312 年,刘渊之子刘聪攻陷洛阳,俘虏了晋怀帝司马炽;316 年,刘曜又攻克长安,俘获了愍帝司马邺,晋朝在北方的统治就此结束。继之,有匈奴、鲜卑、羯、氐、羌五个北方民族相继建国,加上四个汉族政权(前凉、西凉、北燕、冉魏),直至 439 年北魏灭北凉止,136 年间,在长江以北和四川地区先后出现过二十个割据政权。①

对于这段历史，《晋书》是这样叙述的：

> 大凡刘元海以惠帝永兴元年据离石称汉。后九年，石勒据襄国称赵。张氏先据河西，是岁，自石勒后三十六年也，重华自称凉王。后一年，冉闵据邺称魏。后一年，符健据长安称秦。慕容氏先据辽东称燕，是岁，自符健后一年也，俊始僭号。后三十一年，后燕慕容垂据邺。后二年，西燕慕容冲据阿房。是岁也，乞伏国仁据枹罕称秦。后一年，慕容永据上党。是岁也，吕光据姑臧称凉。后十二年，慕容德据滑台称南燕。是岁也，秃发乌孤据廉川称南凉，段业据张掖称北凉。后三年，李玄盛据敦煌称西凉。后一年，沮渠蒙逊杀段业，自称凉。后四年，谯纵据蜀称成都王。后二年，赫连勃勃据朔方称大夏。后二年，冯跋杀离班，据和龙称北燕。提封天下，十丧其八，莫不龙旌帝服，建社开祊，华夷咸暨，人物斯在。或篡通都之乡，或拥数州之地，雄图内卷，师旅外并，穷兵凶于胜负，尽人命于锋镝，其为战国者一百三十六载，抑元海为之祸首云。②

概述了十六国政权此起彼伏"变幻无常"，匈奴、鲜卑、羯、氐、羌等五个北方民族水云軬葛、浑然一体、不可方物的历史过程。

十六国和北朝在时间上前后相续，空间上彼此相继，主要以长江中下游以北地区为重要的活动舞台；"二者的社会、政治进程，原为一具有内在联系的历史过程。民族关系上由胡（诸内迁少数族）汉对立而趋于融和，政权形式上从多边分裂走向统一"③。

北魏既是十六国时代的终结者，也是北朝序幕的开启者。

西晋末年，鲜卑民族拓跋部落首领猗卢受封为代王，进入代北地区活动

---

① 北魏后期，崔鸿撰《十六国春秋》，记载了北方十六个民族政权的历史，分别为：成（汉）、大夏、前赵、后赵、前秦、后秦、西秦、前燕、后燕、南燕、北燕、前凉、后凉、南凉、北凉、西凉。此外还有，汉（304年刘渊、刘曜所建）、代（北魏前身）、冉魏（350~352，汉人冉闵所建），西燕（384~394）。

② 房玄龄等撰，吴则虞等点校《晋书》第一百一十卷《载记第一·刘元海》，点校本二十四史精装版《晋书》第9册，中华书局，2012，第2644页。（以下此书同一版本，只标注卷和篇目）

③ 周振鹤主编，牟发松、毋有江、魏俊杰著《中国行政区划通史·十六国北朝卷·导论》，复旦大学出版社，2016，第3页。

（今山西北部及河北西北部一带），大体与五胡十六国出现的时间同步。公元386年，其曾孙拓跋珪自称代王，定都盛乐（今内蒙古呼和浩特市和林格尔县）。同年四月，改称魏王。398年六月，改国号"代"为"魏"；七月，迁都平城（今山西大同市），称帝，史称"北魏"。

公元420年刘裕废东晋恭帝自立，定都建康，国号"宋"。

439年（北魏太延五年），十六国中的最后一个割据政权北凉为北魏所灭，太武帝拓跋焘统一北方，中国历史正式进入南北政权对峙的时代。所以，从这个意义上来说，439年之前的北魏政权，也是"五胡十六国"中的组成部分。

公元581年，北周外戚杨坚受禅称帝，建立隋朝，北朝遂告结束；589年隋灭南陈，中国历史再次走向统一。

从公元304年到589年，国家统一与各民族的大融合既是历史发展趋势，也是最终的结局。

二 "胡骑南下"的"偶然"与"必然"

欧亚大陆核心区域，也就是西伯利亚森林带南缘的草原带与中国北部接壤，现代考古发掘表明，这里自史前文明时期，就有人类早期活动的遗迹。五千年来，黄河流域汉族及农耕文明与北方民族游牧、渔猎文明及其不同的生产、生活方式世代并存，彼此交往、融汇。同时，由于地理、环境、气候等自然条件方面的差异，也造成了社会经济、民族文化发展的不平衡及风俗习惯的多样性等人文差别。这些差异性与不平衡性是造成历史上北方民族大规模南迁，从而引发民族矛盾、文明冲突、文化碰撞、政治动荡、王朝更替等政治、社会变迁的直接因素。

（一）恶劣的气候

地理学家、气象学家竺可桢先生在《中国近五千年来气候变迁的初步研究》[①] 一文中，利用古籍与方志的记载以及考古成果、物候观测和仪器记录资料等综合材料得出的研究结论指出，中国五千年历史气候可以"大致分成五个暖期和四个冷期（包括六个小冰河期）"，每次波动的周期历时约400年至800年。自西汉末叶至隋初为中国历史上第二个小冰河期。

近年来，自然科学领域的研究人员又继续对竺可桢先生所开辟的这项研

---

① 《竺可桢文集》，科学出版社，1979，第15~38页。

究做了不少有益的补充。

如：中国科学院地球环境研究所的研究团队即认为，"公元 1～6 世纪（贯穿我国东汉、三国、魏和晋朝），……在温度曲线图上，这一时期的温度大部分都处于过去 2485 年来的平均温度值（2.07℃ 以下）。由于气候寒冷，晋朝时期的草场、牧地已延伸到黄河以南区域，农业用地也在往南退缩，整个中国西北部处于干冷气候中。其中公元 348 年至 366 年间达到了过去 2485 年间寒冷的顶点，年平均温度仅为 1.62℃。在这条温度曲线图上，虽然汉朝和东晋的灭亡相对于其之前的低温区域有一些滞后，但在朝代灭亡之前战乱早已经开始。例如晋朝灭亡于公元 420 年，但战争带来的社会动荡在公元 386 年就已经开始，而这一年正接近于温度曲线中的温度最低点"①。

包括竺可桢先生在内的很多自然科学工作者们，都对中国历史上的气候做过归纳性的总结与综合研究，虽然他们在其他的一些细节上有不同的研判，但是在探讨三国两晋南北朝这一历史时段时，却达成了"气候寒冷、灾难频发"的基本共识。也就是说，在这 300 多年的时间段里，自然灾害暴发的频次和造成的影响深度远远超过其他历史时期。邓云特（邓拓）先生曾经总结，这 369 年间共计发生灾害 619 次，尤其是南北朝时期，区区 169 年内就遭灾 315 次，平均每年遭灾 1.87 次，几乎没有一年平安无灾。②

历史文献记录也佐证了中国历史上的第二个小冰河期，气候转寒且旱，不但旱霜连年，而且夏霜、夏雪的记载也非常多。

西晋武帝泰始元年至东晋恭帝元熙二年（265～420），是中国历史上自然灾害最严重的一个时期。《晋书·五行志》中记载：

> 武帝泰始七年（271）五月闰月旱，大雩。八年五月，旱。
>
> 咸宁三年（277）八月，平原、安平、上党、泰山四郡霜，害三豆。是月，河间暴风寒冰，郡国五陨霜伤谷。……五年（279）五月丁亥，钜鹿、魏郡雨雹，伤禾麦。辛卯，雁门雨雹，伤秋稼。六月庚戌，汲郡、广平、陈留、荥阳雨雹。丙辰，又雨雹，陨霜，伤秋麦千三百余顷，坏屋百二十余间。癸亥，安定雨雹。七月丙申，魏郡又雨雹。闰月壬子，新兴又雨雹。八月庚子，河南、河东、弘农又雨雹，兼伤秋稼三豆。太康元年（280）三月，河东、高平霜雹，伤桑麦。四月，河南、河内、河东、魏

① 佚名：《中国 5000 年来气候变迁与王朝兴衰的规律》，《小康》2016 年第 10 期，第 93 页。
② 参见河森堡《进击的智人：匮乏如何塑造世界与文明》，中信出版社，2018。

4

郡、弘农雨雹，伤麦豆。是月庚午，畿内县二及东平、范阳雨雹。癸酉，畿内县五又雨雹。五月，东平、平阳、上党、雁门、济南雨雹，伤禾麦三豆。……二年二月辛酉，陨霜于济南、琅邪，伤麦。壬申，琅邪雨雹，伤麦。三月甲午，河东陨霜，害桑。五月丙戌，城阳、章武、琅邪伤麦。庚寅，河东、乐安、东平、济阴、弘农、濮阳、齐国、顿丘、魏郡、河内、汲郡、上党雨雹，伤禾稼。六月，郡国十七雨雹。七月，上党雨雹。三年十二月，大雪。五年七月乙卯，中山、东平雨雹，伤秋稼。甲辰，中山雨雹。九月，南安大雪，折木。

咸和九年（334）八月，成都大雪。

穆帝永和二年（346）八月，冀方大雪，人马多冻死。五年（349）六月，临漳暴风震电，雨雹，大如升。十年（354）五月，凉州雪。

由上述的一系列记载可知，当时的气候异常现象非常普遍。无独有偶，《晋书·四夷列传·北狄·匈奴》载："武帝践阼后，塞外匈奴大水，塞泥、黑难等二万余落归化，帝复纳之，使居河西故宜阳城下。"说明北方草原带这一时期也发生了一系列气象灾害。

寒冷和干旱对农作物而言是两大天然杀手，在基本"靠天吃饭"的封建农业社会里，政权的稳定与否一向维系于农业生产与人口繁衍。

《宋书·五行志》中记载：

晋惠帝元康元年（291）七月，雍州大旱，殒霜疾疫。关中饥，米斛万钱。元康七年七月，秦雍二州大旱。故其年氐羌反版，雍州刺史解系败绩。是年正月，周处、卢播等复败，关西震乱。交兵弥岁，至是饥疫荐臻，戎、晋并困，朝廷不能振，诏听相卖鬻。元康七年九月，郡国五旱。晋惠帝永宁元年（301），自夏及秋，青、徐、幽、并四州旱。是年春，三王讨赵王伦，六旬之中，大小数十战，死者十余万人。十二月，郡国十二又旱。晋怀帝永嘉三年（309）五月，大旱。襄平县梁水淡渊竭，河、洛、江、汉皆可涉。……又四方诸侯，多怀无君之心，刘渊、石勒、王弥、李雄之徒，贼害民命，流血成泥，又其应也。①

---

① 沈约撰，王仲荦点校《宋书》第三十一卷《志第二十一·五行二》，点校本二十四史精装版《宋书》第3册，中华书局，2013，第906、907页。（以下此书同一版本，只标注卷和篇目）

无独有偶，此时"中原板荡"，由政治黑暗最终酿成"八王之乱"……加上普遍出现的自然灾害及伴生的饥馑、瘟疫等，导致人口大幅度下降并伴随大规模迁移。

气候异常导致北方草原地带牲畜大量死亡，"逐水草而居"的游牧民族被迫集体向相对温暖的农耕地区迁徙。其实，北方民族的南迁，早在东汉末年气候变冷后就陆续开始了，大约在公元 4 世纪初左右，气候进入极寒期，北方民族南下也就集中暴发了。永嘉之年的"八王之乱"只不过是"五胡乱华"蝴蝶效应的诱因。① 匈奴、鲜卑、羯、羌、氐等北方民族先后登上历史舞台，左右了中国北方将近 300 年的历史进程。

现代学者通过综合研究，认为：

> 南北朝时期（420～589）中国北方处于入侵的游牧民族统治之下，这一时期也是中国北部和周边游牧民族世居地气候急剧恶化的时期。北方游牧民族赖以为生的草原越来越不适于居住，同时农业产量减少带来了极大的压力，游牧民族南迁以避开寒冷的气候绝不是偶然现象。亚洲北方游牧民族因生态变化的压力南下。此时中国中原地区因气候变化在经济上进而在军事上显得更加脆弱和易受攻击。②

通过梳理归纳历史文献，我们发现"在气候暖期，朝代更迭次数减少；在气候冷期，朝代更迭次数增多。这表明，在寒冷期更能表现出执政能力的强弱，在冷暖时期的交界处，往往就是新旧朝代的更迭之处。如果持续时间相同，冷期的朝代执政能力比暖期的朝代执政能力更强"③。

为此，罗新教授认为：

> 难道就只能把定居文明的失败归因于定居文明自身的政治腐朽和王朝堕落吗？传统的历史学家无法解释这种历史的和现实的困境。历来研

---

① 许倬云先生也认为，"在中国历史上，至少有两个时期，因为长期的剧烈的气候变化导致人口大规模的迁徙。……公元 3 世纪到 6 世纪末，北方游牧民族一波又一波地入侵中国中原。同时，中国汉人也在公元 3 世纪到 6 世纪末向南迁移。"许倬云：《中国人对气候的态度》，载〔美〕狄·约翰、王笑然编《气候改变历史》，王笑然译，金城出版社，2014，第 65 页。
② 〔美〕布雷特·辛斯基：《气候变迁和中国历史》，蓝勇等译，《中国历史地理论丛》2003 年第 2 期，第 59 页。
③ 杨学祥、杨冬红：《我国历史朝代执政能力排行榜与气候变化》，"科学网"，http://blog.sciencenet.cn/blog-2277-919263.html，最后访问日期：2019 年 1 月 30 日。

究游牧社会与定居文明的冲突历史的学者，都相信这样一个原则，即游牧经济不是一个自给自足的经济，它要依赖与其他经济形式如农业经济之间的交换，才能弥补其非自足的特性。①

结合竺可桢先生所开创的研究领域及其相关研究成果，② 可以将中国数千年来的气候变迁轨迹与历史发展规律结合起来，让我们得以突破传统人文社会科学的学科界限，去探索气候的变化如何成为改变一个王朝命运的重要因素。许倬云先生说："若游牧民族大量移入中国，必是在北方草原上有了住不下去的困难。天然灾害，每是使他们不能不迁徙的原因。""北边常有天灾，最严重者为酷寒及苦旱。前者缩短植物的生长季节，后者剥夺了植物生长的水分。塞外从牧畜为生，野无青草，则牛羊不能生息繁殖，饥馑接踵而至。""气温变化与北方民族入侵的时代如此契合，不能说完全是巧合。"③ 所以，气候史上的寒冷期，往往与北方草原带"胡骑南下"的历史周期相重叠、一致。每当游牧民族因饥寒交迫而南迁的时候，总会改变长城以南定居型文明的历史进程。

(二) 特殊的地理位置

如果按照地形、地貌，结合气候等差异性特点，可以由西向东依次把中国疆域划分为青藏高原区、西北干旱区和东部季风区三大自然区。中国历史上的气候变化之所以如此明显，还要归因于季风性气候及其所造就的独特的"十五英寸等雨线"。

"十五英寸等雨线"是由美国著名汉学家、蒙古学家欧文·拉铁摩尔（Owen Lattimore，1900~1989）发现的，指年均降雨总量在 15 英寸（381 毫米）的降雨线。在 1940 年出版的《中国的亚洲内陆边疆》这本书中，他全

---

① 罗新，尔东强（摄影）：《匈奴是故事还是历史》，《中国国家地理》2006 年第 12 期。
② 张娴、邵晓华、王涛在《中国小冰期气候研究综述》一文指出："结果表明，小冰期在中国地区不同区域代用指标记录中均存在，但是小冰期的起讫及持续时间具有区域差异性，温湿配置也不尽相同。小冰期的起始时间主要呈现出由西向东推移的趋势，即青藏高原最早，华北地区次之而东部地区最晚。温湿配置的差异主要体现在东部季风区小冰期时期总体上是冷干的气候环境，而西部地区气候变化则呈现冷湿的气候特征。"《南京信息工程大学学报》（自然科学版）2013 年第 5 期，第 317~325 页。正因为如此，每当气候变冷，栖息在北方草原带的游牧民族总能率先感受到气候的变化，特别是随着极端天气的出现，草原生态环境不复存在，他们便通过长城，挥戈南下。
③ 许倬云、孙曼丽：《汉末至南北朝气候与民族移动的初步考察》，载〔美〕狄·约翰、王笑然编《气候改变历史》，第 148~149 页。

面阐述了"十五英寸等雨线"的观点。根据他的研究，这条等雨线有相当长的一段与长城吻合。相对于长城以南的黄河流域和长江流域，长城以北的漠北草原地处高纬度地区，气候的冷暖变化对高纬度地区的影响要远远大于对低纬度地区的影响。此线以南，可发展农业；以北，只能发展游牧业。

近年来，环境历史学学科领域专注于对自然环境与人类存在之间关系的关切。有研究结果即认为：

> 在半干旱地区……年降水量在二十英寸……人们可以在一平方英里的土地上放养超过六百头的羊群，如果年降水只十三英寸，那么只能维持大概一百头羊，而跌到了十英寸的时候，只能养活十头羊。当降水下降35%的时候（即从二十英寸到十三英寸），这就是说，大概80%的羊就没了。①

使我们更加直观、具体地加深了对中亚少数民族大举南迁和气候变化之间关系的客观认识。

《史记·匈奴列传》载："匈奴处北地，寒，杀气早降。""自君王以下，咸食畜肉，衣其皮革，被旃裘。""匈奴之俗，人食畜肉，饮其汁，衣其皮；畜食草饮水，随时转移。"② 草原带游牧民族往往对肉食有很大的消耗，乳制品是一部分补充；食用生肉则是森林带渔猎民族的饮食习惯，由此可以补充体内缺乏的维生素。而"十五英寸等雨线"恰好和适宜农耕与游牧、渔猎的自然界线相吻合，从这条线往南栖息的是农耕民族，往北则是游牧、渔猎民族。黄仁宇先生也认为，"易于耕种的纤细黄土、能带来丰沛雨量的季候风，和时而润泽大地、时而泛滥成灾的黄河，是影响中国命运的三大因素"③。季风性气候在造就最广大农耕地区的同时，也造就了最广阔的草原带，而这最广阔的草原也就孕育了最为强大的游牧民族及游牧经济。《史记·匈奴列传》云："匈奴好汉缯絮、食物。""匈奴处北地，寒，杀气早降，故诏吏遗单于秣蘗金帛丝絮佗物岁有数。"而汉地则迫切需要来自北方草原的良马品种，

---

① 〔美〕加雷斯·詹金斯：《气候的循环和成吉思汗崛起》，载〔美〕狄·约翰、王笑然编《气候改变历史》，第173页。

② 司马迁撰，顾颉刚等点校《史记》第一百一十卷《匈奴列传第五十》，点校本二十四史精装版《史记》第9册，中华书局，2013，第2879、2900、2903页。（以下此书同一版本，只标注卷和篇目）

③ 黄仁宇：《中国大历史》，生活·读书·新知三联书店，1997，第21页。

《三国志·魏书·田豫传》中记载:

> 文帝初,北狄强盛,侵扰边塞,乃使豫持节护乌丸校尉,牵招、解
> 儁并护鲜卑。自高柳以东,濊貊以西,鲜卑数十部,比能、弥加、素利
> 割地统御,各有分界;乃共誓要,皆不得以马与中国市。豫以戎狄为
> 一,非中国之利,乃先构离之,使自为仇敌,互相攻伐。素利违盟,出
> 马千匹与官,为比能所攻,求救于豫。豫恐遂相兼并,为害滋深,宜救
> 善讨恶,示信众狄。①

鲜卑"大人"轲比能与弥加、素利等盟誓,皆不得以马匹与内地互市。
经曹魏护乌桓校尉田豫离间,素利遂出马千匹给朝廷,轲比能为此事攻打素
利,田豫则助力素利……可见,良马在当时是战略稀缺物资。② 正是"地理
位置的优劣决定了世界上这些差异的存在"③。

历史上,农耕、草原,定居、牧猎,看似泾渭分明,其实互通有无,不
断重复着边缘与中心区域的互动。农耕者后来成为游牧民,牧猎者有时候也
变成农夫,叠加交替并演绎着不同的身份、民族和文化的多元融合。④ 如果
从地缘学角度解读历史,北纬41度线(400毫米等降水量线)是农牧分界

---

① 陈春撰,裴松之注,中华书局编辑部点校《三国志》第二十六卷《魏书二十六·田豫
传》,点校本二十四史精装版《三国志》第3册《魏书三》,中华书局,2013,第727页。
(以下此书同一版本,只标注卷和篇目)

② 北方游牧民族军队的骨干力量是骑兵,南军以步兵为主,骑兵很少。造成北军长于野战、
南军擅长守城的特点。《魏书·李孝伯列传》载,刘宋元嘉二十七年(450),魏军围攻彭
城时,北魏尚书李孝伯对刘宋北伐的统率、江夏王刘义恭的安北府长史张畅说:"城守,
君之所习;野战,我之所长。我之恃马,犹君之恃城耳。"

③ 〔美〕伊恩·莫里斯:《西方为何主导世界——写给今天的书:历史发展模式及其对未来
的启示》,转引自《纬度决定历史:从地缘学角度解读历史 – 地缘学》,"豆丁网",ht-
tp: //www. docin. com/p -909281205. html,最后访问日期:2015年6月10日。

④ 例如《三国志·魏书·乌丸、鲜卑、东夷传》载:"轲比能本小种鲜卑,以勇健,断法平
端,不贪财物,众推以为大人。部落近塞,自袁绍据河北,中国人多亡叛归之,教作兵器
铠楯,颇学文字。故其勒御部众,拟则中国,出入弋猎,建立旌麾,以鼓节为进退。……
延康初,比能遣使献马,文帝亦立比能为附义王。黄初二年(221),比能出诸魏人在鲜
卑者五百余家,还居代郡。明年,比能帅部落大人小子代郡乌丸修武卢等三千余骑,驱
牛马七万余口交市,遣魏人千余家居上谷。"《三国志·魏书·牵招传》载:"鲜卑大人
步度根、泄归泥等与轲比能为隙,将部落三万余家诣郡附集。敕令还击比能,杀比能弟
苴罗侯,及叛乌丸归义侯王同、王寄等,大结怨仇。是以招自出,率将归泥等讨比能于
云中故郡,大破之。招还河西鲜卑附头等十余万家,缮治陉北故上馆城,置屯戍以镇内
外,夷虏大小,莫不归心,诸叛亡虽亲戚不敢藏匿,咸悉收送。于是野居晏闭,寇贼静
息。招乃简选有才识者,诣太学受业,还相授教,数年中痒序大兴。"

线，农牧之间反复争夺的是北纬38度线南北的地域。① 而北纬35度线附近，在世界的东、西方几乎是同时出现了一批影响整个人类文明进程的哲人及文明古国。② 中国历史上的夏、商、周"三代"文明，三个不同的地理区块，也都先后出现在这条线周围的区域。③

从纬度上来看，黄河中下游平原处于气候较适宜的北纬35度线附近（"十五英寸等雨线"东南的广大区域），这里气候温和、雨量适中，动植物资源丰富，非常适合人类的祖先采集、打猎、繁衍生息。相对肥沃的大面积土地又为大规模集体耕种创造了有利条件，于是华夏先民从六七千年前的彩陶文化时期，就逐渐形成了自给自足的复合型农业经济模式，孕育了发达、成熟的农耕文明。《晋书·徙戎论》所谓："夫关中土沃物丰，厥田上上，加以泾、渭之流溉其鸟卤，郑国、白渠灌浸相通，黍稷之饶，亩号一钟，百姓谣咏其殷实，帝王之都每以为居。"从西汉《氾胜之书》到成书于东汉末年的《四民月令》、北朝的《齐民要术》等"农书"，皆能反映当时的农业经济发展程度。广大农人的命运与土地"捆绑"在一起，起居有定、耕作有时，周而复始地精耕细作使得单位土地产量较高；④ 安土重迁、安居乐业是

---

① 据游牧人类学学者王明珂先生调查研究证实，"高度是一决定性因素。高度影响植物的生长，因此也影响人类的农业活动。在北纬38度左右，农业分布的上限约在2700米左右。往南，到了北纬32度的地方，农业分布上限可及3600米。森林灌木大约分布在海拔2000～3300米。在森林灌木及农业分布的上端尽头，也就是高地草原开始分布的地方。此种高地草场藏语称aBrog；在北纬38度左右（约当青海的大通、门源一带），草场高度约在2700～3700米之间；在北纬32度左右（青海南部的班玛，四川北部的色达、壤塘一带），则草场分布在海拔3600～4600米之间"。参见王明珂《游牧者的选择：面对汉帝国的北亚游牧部族》，上海人民出版社，2018，第205页。
② 与此相对应的是德国著名哲学家、思想家雅斯贝尔斯提出的"轴心时代理论"。
③ "据《周本纪》，周人先祖后稷'好耕农，相地之宜，宜谷者稼穑焉，民皆则之'，本是一个定居农耕部族中的圣王。但是儿子不务正业，放弃了农耕，'窜居戎狄之间'。好在第三代孙子公刘很有作为，又率领部族在戎狄之间的豳地复修后稷的稼穑旧业。然而农耕事业并不顺利，因为周围的'薰鬻戎狄攻之'。结果不用说，弯腰种地的肯定是打不过骑马打猎的，就这样进进退退纠缠了有一千年。到了古公亶父当政，为了复修后稷公刘之业，终于下决心举国离开豳地，渡漆沮，逾梁山，止于岐下。"周人从豳地举国迁徙到岐下周原，从地理上看就是跨越了农-牧分界的400毫米降水线，融进了定居农耕的核心区；从历史上看就是汇入了当时的农业革命浪潮，顺应了定居农耕区的大一统趋势。"文扬：《先秦诸子都在争论什么？——70年对话5000年（5）》，"观察者网"，https://www.guancha.cn/WenYang/2019_03_13_493343.shtml，最后访问日期：2019年3月16日。
④ 许倬云先生说："中国是个幅员辽阔的国家，总是在养育大量人口这个问题上做斗争。中国的农业很早之前就变成精耕细作，实际上就和园艺一样。"许倬云：《中国人对气候的态度》，载〔美〕狄·约翰、王笑然主编《气候改变历史》，第68页。

自给自足的小农经济者最大的生活渴望，如果不是出现重大的"天灾人祸"，他们很少背井离乡、迁徙流动，因此容易出现人口爆发式的增长模式。这让率先拥有大规模先进农业文明的华夏古国具备得以实现统一的充分条件。所以，从"三代"开始，封建王朝皆"以农立国"。正如葛剑雄先生的研究认为："中国农业区的统一是由汉族完成的，但中国历史上农业区和牧业区的统一都是由牧业民族完成的，牧业民族的三次南下为中国的统一做出了更大的贡献，第一次南下可以追溯到东汉后期，魏、晋时都未停止，以拓跋鲜卑的南下建立北魏为高潮，在统一北方的基础上由隋朝完成了消灭南朝的使命。唐的统一实际上也是以此为基础的。"[1]

三 "徙戎"与"安边"

(一)"边患"：从匈奴到鲜卑

北方少数民族中，最强大的两个群体——匈奴与鲜卑，影响并制约了4～6世纪中国历史的形成与发展。[2]

十六国中，第一个割据政权——前赵，是由南匈奴后人刘渊所建立的。"初，汉高祖以宗女为公主，以妻冒顿，约为兄弟，故其子孙遂冒姓刘氏。""刘元海，新兴匈奴人，冒顿之后也。"（《晋书·刘元海载记》）这一支南匈奴也称"屠各种"，后来组成前赵政权的核心力量——"国人"。

十六国最后一个政权——北凉，也是由匈奴后裔建立的，"沮渠蒙逊，临松卢水胡人。其先世为匈奴左沮渠，遂以官为氏"[3]（《十六国春秋·北凉录》）。

十六国里后赵的创立者羯人石勒，其先祖应该属于南匈奴十九个部落之一的"羌渠"种中的小部。[4] 后赵灭亡后，残余"羯人"并没有在"冉闵杀

---

① 葛剑雄：《统一与分裂：中国历史的启示（增订本）》，中华书局，2008，第88页。
② 4～6世纪北方出现的民族割据政权是指创建集团的主体族群或统治集团的核心层而言的，并不意味是由单一民族所组成的种族集团。
③ 崔鸿撰，王云五主编《十六国春秋别本》第九卷《北凉录·沮渠蒙逊》，商务印书馆，1937，第57页。（以下此书同一版本，只标注卷和篇目）
④ 《晋书·石勒载记上》云："石勒字世龙，……上党武乡羯人也。其先匈奴别部羌渠之胄。"《晋书·匈奴列传》云："匈奴之类，总谓之北狄。匈奴地南接燕赵，北暨沙漠，东连九夷，西距六戎。世世自相君臣，不禀中国正朔。夏曰薰鬻，殷曰鬼方，周曰猃狁，汉曰匈奴。""北狄以部落为类，其入居塞者有屠各种、鲜支种、寇头种、乌谭种、赤勒种、捍蛭种、黑狼种、赤沙种、郁鞞种、萎莎种、秃童种、勃蔑种、羌渠种、贺赖种、钟跂种、大楼种、雍屈种、真树种、力羯种，凡十九种，皆有部落，不相杂错。""羌渠"从时间上来说，至迟于东汉已经随南匈奴迁徙至并州，聚居区域应该是上党（转下页注）

胡"中消亡殆尽，后来的"历史作乱分子"尔朱荣、侯景都是鲜卑化的羯人，此二人间接摧毁了北魏与南梁。

匈奴族人所建政权还有夏，创立者赫连勃勃是匈奴铁弗部人，父为匈奴南单于后裔，母为鲜卑后裔。赫连氏南迁内徙后本改姓刘，十六国时先依刘渊，后附前秦、后秦，凤翔元年（413）改姓赫连。自以为匈奴是夏后氏后裔，建立大夏政权。《十六国春秋·夏录》载："赫连勃勃，朔方人，匈奴左贤王去卑之后，刘元海之族也。"

以上，就是"南匈奴"后裔在十六国时代建立政权的记载。而作为其族属，在北朝仍以"稽胡"之名存在。据《周书·异域列传上·稽胡》载："稽胡一曰步落稽，盖匈奴别种，刘元海五部之苗裔也。或云山戎赤狄之后。"[1]"稽胡"至少于隋、唐早期仍然存在，因为稽胡有"刘萨河"信仰，据《续高僧传》载：

> 释慧达，姓刘，名窣（苏骨反）和，本咸阳东北三城，定阳稽胡也。先不事佛，目不识字，为人凶顽，勇健多力，乐行猎射。为梁城突骑，守于襄阳。父母兄弟三人并存，居家大富，豪侈乡同，纵横不理。后因酒会遇疾，命终备睹地狱众苦之相，广有别传，具详圣迹。达后出家，住于文成郡，今慈州东南高平原，即其生地矣。见有庙像，戎、夏礼敬，处于治下，安民寺中。曾往吴越，备如前传。至元魏太武大延（按：太延）元年（435），流化将讫，便事西返。行及凉州番禾郡东北望御谷，而遥礼之。人莫有晓者，乃问其故。达云："此崖当有像现，若灵相圆备，则世乐时康。如其有阙，则世乱民苦。"达行至肃州酒泉县城西七里石涧中死，其骨并碎，如葵子大，可穿之。今在城西古寺中，塑像手上。寺有碑云："吾非大圣，游化为业。"文不具矣。尔后八十七年，至正光初，忽大风雨，雷震山裂，挺出石像，举身丈八，形相

（接上页注④）郡武乡县的羯室（今山西省榆社县）。从史书记载来看，羯人的相貌特征应该是比较突出的，即高鼻、深目、多须，应属于高加索人种，"羯人"并没有被所谓的"冉闵杀胡"消灭干净，比如尔朱荣、侯景，都是鲜卑化的羯人，前者镇压了六镇起义后覆灭了北魏，后者则在渡江后将三吴地区化为焦土，间接摧毁了南梁。冉闵死于352年，而尔朱荣出生都要等到493年了，也就是说，又过了141年，侯景则生于503年，也就151年后。

[1] 令狐德棻等撰，唐长孺等点校《周书》第四十九卷《列传第四十一·异域上·稽胡》，点校本二十四史精装版《周书》第3册，中华书局，2013，第896页。（以下此书同一版本，只标注卷和篇目）

端严,惟无有首。登即选石,命工雕镌别头,安讫还落,因遂任之。魏道陵迟,其言验矣。逮周元年,治凉州城东七里涧,忽有光现,彻照幽显,观者异之,乃像首也,便奉至山岩安之,宛然符会。仪容雕缺四十余年,身首异所二百余里,相好还备,太平斯在。保定元年,置为瑞像寺焉。乃有灯光流照,钟声飞向,相续不断,莫测其由。建德初年,像首频落。大冢宰及齐王,躬往看之,乃令安处,夜落如故,乃经数十。更以余物为头,终坠于地。后周灭佛法,仅得四年,邻国殄丧。识者察之,方知先鉴。虽遭废除,像犹特立。开皇之始,经像大弘。庄饰尊仪,更崇寺宇。大业五年,炀帝躬往,礼敬厚施,重增荣丽。因改旧额,为感通寺焉。故令模写传形,量不可测。约指丈八,临度终异。致令发信,弥增日新。余以贞观之初,历游关表,故谒达之本庙,图像俨肃,日有隆敬。自石、隰、慈、丹、延、绥、威、岚等州,并图写其形所在供养,号为刘师佛焉。①

其中,"石、隰、慈、丹、延、绥、威、岚等州",正好分布在今陕西北部至山西一线,基本与此前五部匈奴的分布地区重合。

然后是鲜卑族人所建立的前燕、后燕、西秦、南凉、南燕及西燕诸政权,特别是拓跋部以"代国"为起源的北魏最终统了一北方。

北魏分裂以后,西魏及北周的宇文氏统治集团为鲜卑族。至于东魏及北齐的高氏统治集团,史称高欢,为渤海蓨人,其祖父"坐法徙居怀朔镇","故习其俗,遂同鲜卑",② 张金龙教授研究认为,"高欢母系血统中几乎全为鲜卑基因,加上北镇胡族社会环境的影响,到高欢崛起之时,就民族性而论,高氏已然成为一鲜卑家族,陈寅恪提出的'北齐最高统治者皇室高氏为汉人而鲜卑化者'是最为通达的看法"③。

中央欧亚(Central Eurasia)草原带出现的游牧政权是从匈奴开始的。这是一个在中国历史上首先出现的,同中原华夏政权没有文化纽带关系的民族政权。《史记·匈奴列传》载:

> (匈奴)居于北蛮,随畜牧而转移。其畜之所多则马、牛、羊,其

① 道宣撰《续高僧传》第二十五卷,《大正藏》第50册,第644页。
② 李延寿撰,陈仲安点校《北史》第六卷《齐本纪上第六·高欢》,点校本二十四史精装版《北史》第1册,中华书局,2012,第209页。(以下此书同一版本,只标注卷和篇目)
③ 张金龙:《高欢家世族属真伪考辨》,《文史哲》2011年第1期,第47页。

奇畜则橐驼、驴、骡、駃騠、駒駼、騨騱。逐水草迁徙，毋城郭常处耕田之业，然亦各有分地。毋文书，以言语为约束。儿能骑羊，引弓射鸟鼠；少长则射狐兔：用为食。士力能毋弓，尽为甲骑。其俗，宽则随畜，因射猎禽兽为生业，急则人习战攻以侵伐，其天性也。其长兵则弓矢，短兵则刀鋋。利则进，不利则退，不羞遁走。苟利所在，不知礼义。自君王以下，咸食畜肉，衣其皮革，被旃裘。壮者食肥美，老者食其余。贵壮健，贱老弱。父死，妻其后母；兄弟死，皆取其妻妻之。其俗有名不讳，而无姓字。

自先秦以来，华夏与匈奴之间的关系就构成了历代中央政权的头等大事。司马迁所谓：

> 自三代以来，匈奴常为中国祸害，欲知强弱之时，设备征讨。（《史记·太史公自序》）

> 当是之时，秦晋为强国。晋文公攘戎翟，居于河西圁、洛之间，号曰赤翟、白翟。秦穆公得由余，西戎八国服于秦，故自陇以西有绵诸、绲戎、翟、獂之戎，岐、梁山、泾、漆之北有义渠、大荔、乌氏、朐衍之戎。而晋北有林胡、楼烦之戎，燕北有东胡、山戎。各分散居溪谷，自有君长，往往而聚者百有余戎，然莫能相一。（《史记·匈奴列传》）

公元前 221 年，秦统一六国。前 209 年，匈奴冒顿单于也完成了对"北方大草原的地区性统一，打破了北方草原政治多极化的格局"[1]，同时四面出击，"大破灭东胡王，而虏其民人及畜产"（《史记·匈奴列传》）。向西则击败了河西走廊的月氏，向北征服了丁零，向南达长城，和汉民族相接。"成为东至朝鲜半岛，西达中亚的大帝国，与此同时强大的匈奴政权对汉民族建立的汉王朝，构成了前所未有的威胁，影响和制约着中国民族的形成与发展"[2]。

历史上的中原王朝通常难以有效组织起对以匈奴为中心的强大的北方游牧民族群体的军事远征。隋唐以前，也只有汉朝对匈奴、北魏对柔然等有限的几次例外。其困难主要在于，正如班固在《后汉书》中所说："遂陵高阙，

---

[1] 王文光：《〈史记·匈奴列传〉与匈奴社会——从历史人类学的视角》，《思想战线》2013年第 1 期，第 27 页。

[2] 王文光：《〈史记·匈奴列传〉与匈奴社会——从历史人类学的视角》，《思想战线》2013年第 1 期，第 27 页。

下鸡麓，经碛卤，绝大漠。"① 所谓"绝大漠"，就是从漠南进入漠北，有一大片中间地带——南北横跨着巨大的蒙古戈壁天堑。《史记·匈奴列传》载，冒顿单于在西汉前元四年（前176），致书汉文帝说："诸引弓之民，并为一家。北州已定，愿寝兵休士卒养马，除前事，复故约，以安边民，以应始古，使少者得成其长，老者安其处，世世平乐。"后元二年（前162），汉文帝遣使出使匈奴老上单于，说："先帝制，长城以北，引弓之国，受命单于；长城以内，冠带之室，朕亦制之。使万民耕织、射猎衣食，父子无离，臣主相安，俱无暴逆。"（《史记·匈奴列传》）《汉书·匈奴列传》载，狐鹿姑单于致汉武帝书曰："南有大汉，北有强胡。胡者，天之骄子也，不为小礼以自烦。今欲与汉闿大关，取汉女为妻，岁给遗我糵酒万石，稷米五千斛，杂缯万匹，它如故约，则边不相盗矣。"② 及至东汉中期，《后汉书·乌桓、鲜卑列传》载："和帝永元中，大将军窦宪遣右校尉耿夔击破匈奴，北单于逃走，鲜卑因此转徙据其地。匈奴余种留者尚有十余万落，皆自号鲜卑，鲜卑由此渐盛"，指出北匈奴政权破灭后，余部被新的统治民族——鲜卑族所吸收的史实。此后鲜卑崛起。

"鲜卑者，亦东胡之支也"，"汉初，亦为冒顿所破，远窜辽东塞外，与乌桓相接，未常通中国焉"，"自匈奴遁逃，鲜卑强盛，据其故地，称兵十万，才力劲健，意智益生。加以关塞不严，禁网多漏，精金良铁，皆为贼有；汉人逋逃，为之谋主，兵利马疾，过于匈奴"（《后汉书·乌桓、鲜卑列传》）。东汉朝廷虽然击破北匈奴，却为鲜卑的发展提供了有利条件，使其最终摆脱匈奴的威胁而逐渐发展壮大，并"尾大不掉"，成为新的边患。

汉魏之际，东部鲜卑势力迅速崛起，《三国志·魏书·乌丸、鲜卑、东夷传》载："然乌丸、鲜卑稍更强盛，亦因汉末之乱，中国多事，不遑外讨，故得擅汉南之地，寇暴城邑，杀略人民，北边仍受其困。""后鲜卑大人轲比能复制御群狄，尽收匈奴故地，自云中、五原以东抵辽水，皆为鲜卑庭。数犯塞寇边，幽、并苦之。"

---

① 范晔撰，李贤等注，金兆梓等点校《后汉书》第二十三卷《窦融列传第十三》，点校本二十四史精装版《后汉书》第3册，中华书局，2012，第815页。（以下此书同一版本，只标注卷和篇目）
② 班固撰，颜师古注，傅东华等点校《汉书》第九十四卷上《匈奴列传第六十四上》，点校本二十四史精装版《汉书》第11册，中华书局，2013，第3780页。（以下此书同一版本，只标注卷和篇目）

中原华夏民族与匈奴及鲜卑的民族关系，构成了 4~6 世纪中国历史"统一与分裂"的主要内容。

（二）内迁：交往与融汇

司马迁认为匈奴为"其先祖夏后氏之苗裔也"（《史记·匈奴列传》）。注引乐产《括地谱》云："夏桀无道，汤放之鸣条，三年而死。其子獯粥妻桀之众妾，避居北野，随畜移徙，中国谓之'匈奴'，其言夏后苗裔，或当然也。"（《史记·匈奴列传》）另有《史记·五帝本纪》载：黄帝"北逐荤粥，合符釜山，而邑于涿鹿之阿。迁徙往来无常处，以师兵为营卫"。《史记·索隐》注："匈奴别名也。唐虞已上曰山戎，亦曰熏粥，夏曰淳维，殷曰鬼方，周曰猃狁，汉曰匈奴。"（《史记·五帝本纪》）上述记载至少说明，早在上古乃至夏商时期，就有部分华夏族人与北方游牧民族接触、交往、交流和融合、融汇的事实。① 此后，在历史文化长河中，既有汉化的胡文化，同时也有胡化的汉文化。突出表现即"赵武灵王亦变俗胡服，习骑射"（《史记·匈奴列传》）。

汉魏之际，南匈奴逐渐大规模内迁，《晋书·四夷列传·北狄·匈奴》中记载：

> 前汉末，匈奴大乱，五单于争立，而呼韩邪单于失其国，携率部落，入臣于汉。汉嘉其意，割并州北界以安之。于是匈奴五千余落入居朔方诸郡，与汉人杂处。呼韩邪感汉恩，来朝，汉因留之，赐其邸舍，犹因本号，听称单于，岁给绵绢钱谷，有如列侯。子孙传袭，历代不绝。其部落随所居郡县，使宰牧之，与编户大同，而不输贡赋。多历年所，户口渐滋，弥漫北朔，转难禁制。后汉末，天下骚动，群臣竞言胡

① "司马迁在《史记》中提出了以五帝为中心的'华夷共祖'思想，反映出作者朴素的民族平等意识。……这一认识较为符合先秦以来华夷互化、华汉相融的基本史实。虽然匈奴一直威胁汉族，是当时汉王朝民族关系矛盾的主要方面，但与汉族仍有文化渊源关系。因为匈奴也是黄帝苗裔。这种'华夷共祖'的思想，一方面是秦汉政治大一统理论和实践的反映，同时也或多或少反映了先秦到秦汉时期华夷融合的基本史实。"王文光、翟国强：《"五帝世系"与秦汉时期"华夷共祖"思想》，《中国边疆史地研究》2005 年第 1 期，第 3 页。"司马迁把对匈奴的社会发展放到统一多民族国家形成与发展的历史背景下来考察，提出了匈奴与汉族都是黄帝的后裔，这种'华夷共祖'的思想在今天建设中国统一多民族国家的历史进程中其现实意义与学术价值都是巨大的。"王文光：《〈史记·匈奴列传〉与匈奴社会——从历史人类学的视角》，《思想战线》2013 年第 1 期，第 26 页。

人猥多，惧必为寇，宜先为其防。

建安中（196～219），曹操采用分而治之的办法，将南匈奴分为左、右、南、北、中五部，"部立其中贵者为帅，选汉人为司马以监督之"（《晋书·四夷列传·北狄·匈奴》）。五部南匈奴主要分别聚居在泫氏县（今山西临汾）、祁县（今山西祁县）、蒲子县（今山西隰县）、新兴县（今山西忻县）、大陵县（今山西文水县）。这样一来，汾水流域特别是秦、雍、并三个州，成为北方民族新的聚居地。

汉魏之际，中原迭遭兵燹，"白骨露于野，千里无鸡鸣"。土地荒芜、人口锐减。《晋书·食货志》载，到永嘉年间：

> 丧乱弥甚。雍州以东，人多饥乏，更相鬻卖，奔逆流移，不可胜数。幽、并、司、冀、秦、雍六州大蝗，草木及牛马毛皆尽。又大疾疫，兼以饥馑，百姓又为寇贼所杀，流尸满河，白骨蔽野。……人多相食，饥疫总至，百官流亡者十八九。

北方民族乘虚而入，掀起了新一轮的南下高潮。而羌、氐、羯以及诸"杂胡"[1] 通过和汉人长期杂居，彼此不断磨合，逐渐适应了新的生产、生活方式，有些已经是朝廷的"编户"[2]。

伴随民族融合，内迁的北方少数民族逐渐学习并掌握了先进的农耕技术，与此同时，畜牧业技术也在汉人中间得到推广。[3] 随之而来的是文化融

---

[1] 唐长孺先生说："一方面正因其杂而更表示其为历史上形成的共同体，另一方面又表示其正在分解与新的融合的过程中。"唐长孺：《魏晋南北朝史论丛（外一种）》，河北教育出版社，2002，第428～429页。田余庆先生说："杂胡之称本没有严格界限，在各族迁徙运动十分活跃的年代，各族混杂现象极易产生，使成分有所变异，有时还形成不同的名号。"田余庆：《拓跋史探》，生活·读书·新知三联书店，2003，第151页。可见，"杂胡"是民族融合的特定称谓。

[2] 如"氐族大多本来就会讲汉语，他们内迁关中扶风、美阳，是所谓'编户之氐'，隶属于安夷、抚夷二部护军。内迁羌族称'内属羌'，也就是未正式成为国家的编户民"。陈琳国：《中古北方民族史探》，商务印书馆，2015，第453页。"游牧民族融入汉族，首先是进入农业社会，实现生产方式的改变。"特别体现在，南匈奴内迁后开始从事农业生产，其部众从此成为带有依附性质的国家编户，并承担国家的赋役。参见陈琳国《中古北方民族史探》，第463～464页。

[3] 西晋时，洛阳歌谣有"凉州大马，横行天下"之说，是匈奴等游牧民族对河西地域畜牧业发展产生重要影响的有力旁证。参见高荣、贾小军、濮仲远《汉化与胡化：汉唐时期河西的民族融合》，中国社会科学出版社，2018，第23页。

汇。东汉灵帝的生活风尚追求"胡风",《后汉书·五行志》载:"灵帝好胡服、胡帐、胡床、胡坐、胡饭、胡空侯、胡笛、胡舞,京都贵戚皆竞为之。"其后,就连大军阀董卓麾下也多拥胡兵。《晋书·五行志上》载:

> (晋武帝)泰始之后,中国相尚用胡床貊槃,及为羌煮貊炙,贵人富室,必畜其器,吉享嘉会,皆以为先。太康中,又以毡为絔头及络带裤口。百姓相戏曰,中国必为胡所破。夫毡毳产于胡,而天下以为絔头、带身、裤口,胡既三制之矣。

这说明各民族间在文化和生活习俗上的差异逐渐缩小;在融汇的民族文化中,既有汉化的胡文化,也有胡化的汉文化。

(三)"徙戎":冲突与对立

1. 邓艾之"御边长计"

早在曹魏嘉平三年(251),司马师当政时,大将军邓艾就针对当时并州匈奴刘豹部落日益强盛之势,提出从长计议、分而治之、提早设防的方针,建议遣匈奴于雁门。继而还提出应当将杂居于汉地的氐、羌等族逐步迁往塞外,与此同时,用儒家伦理道德来教化、改造他们的思想观念,以备不时之需的主张。

2. 傅玄"渐以实边"之策

西晋泰始四年(268),御史中丞傅玄上疏,严厉批评了邓艾内徙鲜卑与汉族杂居之策,认为鲜卑族人深入内地,将来必然对朝廷构成莫大威胁,贻害无穷。为此建议,派遣对于西方胡人素有"恩信"的秦州刺史胡烈前往驻守防范"边患",又建议"宜更置一郡于高平川,因安定西州都尉募乐徙民,重其复除以充之,以通北道,渐以实边。详议此二郡及新置郡,皆使并属秦州,令烈得专御边之宜"(《晋书·傅玄列传》)。晋武帝司马炎嘉许其言,深以为然。

3. 郭钦"徙戎"之策

西晋初年,关、陇地区屡为氐、羌所扰,民族矛盾激化,终于爆发了以鲜卑秃发树机与氐族首领齐万年为首的两次重大叛乱事件。在此背景下,侍御史郭钦、太子洗马江统相继上疏。郭钦本人就是素以匈奴族聚居为多的西河郡(治今山西汾阳)人,他忧心忡忡地认为:

戎狄强犷，历古为患。魏初人寡，西北诸郡皆为戎居。今虽服从，若百年之后有风尘之警，胡骑自平阳、上党不三日而至孟津，北地、西河、太原、冯翊、安定、上郡尽为狄庭矣。宜及平吴之威，谋臣猛将之略，出北地、西河、安定，复上郡，实冯翊，于平阳巳北诸县募取死罪，徙三河、三魏见士四万家以充之。裔不乱华，渐徙平阳、弘农、魏郡、京兆、上党杂胡，峻四夷出入之防，明先王荒服之制，万世之长策也。（《晋书·四夷列传·北狄·匈奴》）

西晋太康元年（280），东吴政权覆灭，刚刚完成全国性的统一，民族矛盾逐渐上升为朝廷所要直面的主要矛盾。郭钦主张宜借"平吴之威"，一鼓作气乘势将杂居内地的胡人迁出塞外。

然而，司马炎此时似乎正自我陶醉于"短暂"的盛世之中，对郭钦的建议置之不理，南匈奴各个部落仍源源不断涌入朝廷腹地。

4. 江统的《徙戎论》

元康九年（299），齐万年事件之后，江统上表《徙戎论》，力主把杂胡迁到塞外。他的"徙戎"策略显然与郭钦一脉相承，但从思想认识到可操作性都要比郭钦系统得多。说明，民族关系中的矛盾因素随着时间推移，有愈演愈烈之势。

但是江统的建议同样没有引起重视，就在上疏《徙戎论》后的第五年，刘豹之子刘渊起兵，揭开了"五胡十六国"的历史序幕。

由"徙戎"等论所反映出的民族史观，代表了儒士阶层以"华夏"为本位、有尊卑之分的民族立场。他们只看到民族矛盾激化带来的剧烈"阵痛"，没有意识到民族关系问题是历史发展的必然趋势。所谓把"混居"的北方民族一迁了之的简单粗暴的想法，在现实中也是无法付诸实践的。诚如现代学者周伟洲先生所言：

只有频繁的迁徙，才能形成杂居的局面，才能不断地打破那种小聚居、大杂居的局面；从而创造民族融合最佳的地理环境和条件，才能使各族原有的政治、经济和文化等各方面的差别尽快地消失，而与民族融合渐趋一致。①

---

① 周伟洲：《中国中世西北民族关系研究》，广西师范大学出版社，2007，第209页。

5. 何承天的《安边论》

随东晋政权被刘宋所取代，北魏也完成了对北方的统一，中国历史进入了一个持续 169 年南北政权对峙分治的时代。对于自奉"正朔"的南朝政权来说，此时的边疆已经不再是北方大草原带及长城沿线，而是抵近到了江淮流域。毕竟"江山北望"，时移世易。

起初，北魏在统一北方的过程中，每有征伐之举，为免受夹击，往往先聘使刘宋朝廷以示好；刘宋亦心照不宣，积极备战，伺机北伐；同时一直保持了和北方的大夏、芮芮（柔然）、吐谷浑、北凉、北燕诸政权的交聘关系，意图共同牵制北魏。

然而，北魏已日益强大，终于在刘宋景平元年（423）乘宋武帝刘裕去世之机乘势南侵，一举夺取虎牢、洛阳、滑台等中原腹地。所以，宋文帝刘义隆自即位以来始终有收复河南失地的雄心壮志。元嘉七年（430），北魏将赫连夏逐出关中以后，即造成左拥河北、右据关中，欲以山西为跳板，虎视中原之势。刘义隆北伐实际上是"以攻为守"，试图遏止北魏咄咄逼人的南进势头。于是借北魏与柔然交战及其政局陷入动荡之机，分别于 430 年、450 年和 452 年三次北伐，但每次不仅都是半途而废，而且还招致大规模反击。尤其是元嘉二十七年（450）的那次北伐，无异于"引狼入室"。《宋书·索虏列传》载，拓跋焘率军：

> 凡破南兖、徐、兖、豫、青、冀六州，杀略不可称计。
>
> 既而虏纵归师，歼累邦邑，剪我淮州，俘我江县，喋喋黔首，蹢高天，蹐厚地，而无所控告。强者为转尸，弱者为系虏，自江、淮至于清、济，户口数十万，自免湖泽者，百一无焉。村井空荒，无复鸣鸡吠犬。时岁惟暮春，桑麦始茂，故老遗氓，还号旧落，桓山之响，未足称哀。六州荡然，无复余蔓残构。

元嘉二十九年（452），刘义隆趁北魏太武帝之死再谋北伐，也是有始无终，刘宋国势从此江河日下。此后，南北双方因势均力敌，结果只能是长期处于对峙状态。其间，南朝政权虽经屡次更迭，但再也没有恢复到"元嘉之治"时的国力水平。

刘宋一朝，北魏始终是挥之不去的梦魇。南北关系乃至民族关系问题成为朝野关注的焦点。

元嘉十九年（442），当北魏再次大举进犯之际，御史中丞何承天提出

《安边论》，结合历史与现实的经验教训，分析北伐失败的主要原因在于南北
双方的力量对比悬殊，必须坚持"安边固守"的战略方针。何承天说：

> 故昧于小利，且自矜侈，外示余力，内坚伪众。今若务存遵养，许
> 其自新，虽未可羁致北阙，犹足镇静边境。
>
> 自非大田淮、泗，内实青、徐，使民有赢储，野有积谷，然后分命
> 方、召，总率虎旅，精卒十万，使一举荡夷，则不足稍勤王师，以劳天
> 下。（《宋书·何承天列传附〈安边论〉》）

首先，刘宋国力不堪，战备不足，需要长期休养生息、积蓄力量。他特
别强调只有鼓励农耕、富民，才能国富、兵强。第一次北伐失败的主要原因
之一，就是军粮匮乏。第二次北伐之际，宋文帝为了筹措军资，不得不采取
压缩财政支出的措施，甚至到了"罢国子学"的地步。经济捉襟见肘、兵力
严重不足，由此可见一斑。说明，北伐不仅时机不成熟，而且条件不具备。

其次，北方的战略要地悉数为敌所有，易守难攻。加之魏军机动灵活、
骁勇善战，使宋军疲于应付。宋军如果长驱直入，终究不能持久，反而招致
报复，永无宁日。实践也证明，元嘉七年（430）和元嘉二十七年（450）的
两次北伐，都是宋军趁春夏雨季北进，迅速攻取河南后，然后据黄河而守。
黄河虽是天堑，但寒冬冰坚，顿时"天堑变通途"。况且沿河布防，兵力分
散、薄弱。北魏拥有强大的骑兵，一到秋高马肥的时节就挥师南下、"所向
披靡"。魏军虽然长于野战、拙于攻城，然而在第二次北伐的反击中却扬长
避短，大多在城外野战，遇坚城则绕背而去。魏太武帝率军经历城、东阳、
彭城、寿阳、盱眙等军事重镇，一路南下深入刘宋腹地，直抵长江瓜步，造
成欲渡江之势……所以，北伐无异于引狼入室。

最后，北魏承平已久，北方百姓渴望和平安定的生活，如果一味北伐，
不具备道义优势。

总之，天时、地利、人和都对刘宋不利，"若追踪卫、霍瀚海之志，时
事不等，致功亦殊"。在何承天看来，当时的南北综合国力对比与汉武帝时
期不可同日而语，同样是北伐，对于刘宋来说只能是"徒兴巨费，无损于
彼"。所以"安边固守"（《宋书·何承天列传附〈安边论〉》），维持长期对
峙局面，徐徐图之，才是实事求是的战略方针。

针对南北形势和双方军队的特点，何承天又提出了"坚壁清野"的战术
原则，所谓"坚壁清野，以俟其来，整甲缮兵，以乘其敝"，以及"移远就

近，以实内地"（将边境地区的居民南迁到安全地带），"浚复城隍，以增阻防"（加固城池，加强战备），"纂偶车牛，以饰戎械"（制造车辆和兵器），"计丁课仗，勿使有阙"（军民融合）等四条具体措施，强调"兵强而敌不戒，国富而民不劳""运我所长，亦御敌之要也"，认为这样既不扰民又能减轻国家财政负担，"虽时有古今，势有强弱，保民全境，不出此涂"。（《宋书·何承天列传附〈安边论〉》）

何承天提出将临近宋魏边境的宋地人民南迁入内地的建议，虽然迥异于此前郭钦与江统"徙戎"于塞外的主张，实质上都是奉行民族"隔离"的政策，恐怕也是"一厢情愿"的，没有认识到民族大融合是无法逆转的历史潮流。

元嘉七年北伐时，何承天曾经主动请缨担任"右军录事参军"要职，亲历军旅。所以"安边固守"之策，是他结合在战争过程中的切身体会并通过对历史经验教训、南北军政形势等方面客观、全面的分析后得出的综合结论，具有重要的现实意义。《安边论》是具有极强的历史和现实依据的思想结晶，具有重要的战略价值。

（四）战争与和平：从"非皆耻为左衽"到"人无北归之计"

此时，南朝思想界已经接受南北分立的历史现实，虽然仍蔑称北方政权为"索虏"，但已不再以"地缘"作为区别"夷夏"的标准，而是转为"人心向背"，也就是"文化"话语权的层面。他们也意识到以"统一"为名发动战争所带来的巨大灾难，南北双方两败俱伤。在民族关系问题上，渴望和平、安定是民心所向，民族融合、文化融汇是大势所趋。南北分立政权接受现实，偃旗息鼓、与民休息，共同和平发展才是当务之急。于是"宋明帝末年，始与虏和好"①。对于北魏而言，这为进一步加强各项"汉化"举措、缓和北方民族矛盾、增强"综合国力"，争取到宝贵的缓冲时间。所谓"夷夏之变"的千古命题，随着历史形势及政治、经济、文化等综合因素的发展而渐趋深入，承认民族关系在融合过程中发展、变化，逐渐成为认识的主流。南朝史学家也客观评价了北方少数民族对华夏文化的吸收与贡献，沈约

---

① 萧子显撰，王仲荦点校《南齐书》第五十七卷《列传第三十八·魏虏》，点校本二十四史精装版《南齐书》第3册，中华书局，2013，第986页。（以下此书同一版本，只标注卷和篇目）

说："氏藉世业之资，胡因倔起之众，结根百顷，跨有河西，虽戎夷猾夏，自擅荒服，而财力雄富，颇尚礼文。……功烈可谓盛矣。"（《宋书·氏胡列传》）萧子显说："至于南夷杂种，分屿建国，四方珍怪，莫此为先，藏山隐海，瑰宝溢目。商舶远届，委输南州，故交、广富实，牣积王府。充斥之事差微，声教之道可被。若夫用德以怀远，其在此乎？"（《南齐书·蛮、东南夷列传》）肯定了东南少数民族对南朝社会经济发展的贡献。

与南朝史学家相比，北朝史家对于民族关系问题的认识，首先似乎更流露出一种"文化自信"。在魏收所撰述的《魏书》中，不仅奉北魏为"正统"，蔑称南方政权是"岛夷"，而且认为"晋室"失德才是祸乱之因。他说：

> 晋年不永，时逢丧乱，异类群飞，奸凶角逐，内难兴于戚属，外祸结于藩维。刘渊一唱，石勒继响，二帝沉沦，两都倾覆。徒何仍蕞，氏羌袭梗，夷楚喧聒于江淮，胡虏叛换于爪凉，兼有张赫山河之间，顾恃辽海之曲。各言应历数，人谓迁图鼎。或更相吞噬，迭为驱除；或狼戾未驯，俟我斧钺。①

这是对《尚书》"皇天无亲，惟德是辅"的历史"背书"，更是对北魏政权合法性的政治诠释，认为北魏统一北方、结束"五胡十六国"的乱世纷争是"天意"使然。同时，处处将北魏政权等同于"中国"，而这个"中国"自然也就意味着正统。虽然南方政权在"综合国力"方面已经无法再"克复神州"，然而自东晋以来始终通过设置的侨置州郡政策，标榜江南虽然僻处一隅，但仍旧是"正朔"之所在，以表达并延续"恢复晋室"的"美好"愿望。说明，南北朝都以"中原"作为"中国"以及正统的地域性标志和政治"图腾"。

其次，北朝史家非常注重从血缘及族源方面论证最高统治者"奉天承运"的神圣性及合法性。《魏书·帝纪·序纪》云：

> 昔黄帝有子二十五人，或内列诸华，或外分荒服，昌意少子，受封北土，国有大鲜卑山，因以为号。其后，世为君长，统幽都之北，广漠

---

① 魏书撰，唐子孺点校《魏书》第九十五卷《列传第八十三·传序》，点校本二十四史精装版《魏书》第 5 册，中华书局，2013，第 2042 页。（以下此书同一版本，只标注卷和篇目）

之野，畜牧迁徙，射猎为业，淳朴为俗，简易为化，不为文字，刻木纪契而已，世事远近，人相传授，如史官之纪录焉。黄帝以土德王，北俗谓土为托，谓后为跋，故以为氏。其裔始均，入仕尧世，逐女魃于弱水之北，民赖其勤，帝舜嘉之，命为田祖。爰历三代，以及秦汉，獯鬻、猃狁、山戎、匈奴之属，累代残暴，作害中州，而始均之裔，不交南夏，是以载籍无闻焉。积六十七世，至成皇帝讳毛立。聪明武略，远近所推，统国三十六，大姓九十九，咸振北方，莫不率服。①

也就是说，鲜卑民族与中夏民族同宗同源。

杜贵晨教授研究认为：

中国历史上包括匈奴、鲜卑、契丹、蒙古等民族建立的政权在内的绝大多数朝代之"政统"，均因其统治者族姓出"黄帝"或"炎黄"之统而实质是黄帝为始祖的真正的"大一统"。这个"大一统"以单个的王朝之"政统"为基或节点，似断而实连，都是在"黄帝"或"炎黄"同一家族之内部转移和延续，至今有史三千年或文明五千年来永续不断，方兴未艾，是人类历史上一个有趣的社会现象。②

最后，从礼义文化方面，早在十六国时期，北方各民族政权就普遍重视对华夏礼义文化的承续、认同，不但在政治上沿用儒家典章制度，而且在文化上崇儒兴学。及至北魏，最高统治者更加重视在文化上确立自己的正统地位，从而促进了鲜卑民族的汉化和北魏政权的封建化。

从北魏到西魏130多年的时间里，鲜卑政权最高统治者始终秉承"以儒治国""崇儒兴学"的文化策略及文化认同、民族认同观念，并付诸实践。另外，受北地儒林兼综博涉的学风背景影响所及，硕儒多兼通佛学。如崔光"崇信佛法，礼拜诵读，老而逾甚"，"每为沙门朝贵请讲《维摩》、《十地

---

① 《魏书》卷一《帝纪第一·序纪》第1册，第1页。李凭先生认为，"这段不足二百的文字，将拓跋氏的祖先与五帝紧密地联系起来。其一，拓跋氏的初祖是黄帝之子昌意的少子，亦即黄帝之孙；其二，拓跋氏的祖先始均曾经加入尧的部落联盟，并为驱逐女魃出过力；其三，始均还受过帝舜的嘉奖，被命为田祖；其四，'拓跋'二字意译为'后土'，与黄帝'以土德王'意义相通。归纳这四点的中心思想，就是表明拓跋氏来自黄帝部落分化出去的一支，并在早期一直与五帝诸部落有所联系。这样，就为拓跋氏与黄帝直接性挂钩提供了依据。"李凭：《北朝论稿》，北京师范大学出版社，2018，第54页。
② 杜贵晨：《黄帝形象对中国"大一统"历史的贡献》，《文史哲》2019年第3期，第154页。

经》,听者常数百人"(《魏书·崔光列传》)。高允不仅"年十余,奉祖父丧还本郡,推财与二弟而为沙门,名法净。未久而罢",而且终身"雅信佛道,时设斋讲,好生恶杀"(《魏书·高允列传》)。刘献之曾"注《涅槃经》,未就而卒"(《魏书·刘献之列传》)。孙惠蔚"先单名蔚,正始中,侍讲禁内,夜论佛经,有惬帝旨,诏使加'惠',号惠蔚法师焉"(《魏书·儒林列传·孙惠蔚》)。卢景裕则"好释氏,通其大义"(《魏书·儒林列传·卢景裕》)。李同轨"学综诸经,多所治诵,兼读释氏,又好医术"(《魏书·李顺列传·李同轨》)。北周沈重"学业该博,为当世儒宗。至于阴阳图纬、道经、释典,无不通涉"(《北史·沈重列传》)。卢光"性崇佛道,至诚信敬"(《周书·儒林列传·卢光》)。与此同时,北方佛教界精通儒学者亦不乏其人,如道安、僧肇、道融等,皆为一代标领人物。硕儒、高僧于个人学养上儒释兼修,促进了思想界的儒释合流,既改变了北方儒学的整体风貌,又加深了佛教"民族化""本土化"的程度。在北朝民族政权统治阶层崇儒、奉佛的历史文化背景下,思想界儒、释精英人士与政治权贵的交往、互动,自然又提升了少数民族汉化、政权封建化的文化品质。这也是南北朝时期,北朝能够引领民族融合、文化融汇潮流,最终实现全国性统一的政治、文化资本。

北方少数民族与华夏族在长期"杂居"过程中,产生的以华夏文化为核心的历史文化认同,已经是南北思想界的"共识"。所谓"五胡"最后都融入了华夏民族。这种历史文化认同,虽然在不同地区和不同民族中表现的程度不尽相同,但都不约而同地促进了各民族之间的交往、交流、融合。至于南北政权到底是谁真正代表了华夏文化观念上的"中国",最终是由综合国力竞争中胜出的文化"话语权"的获得者决定的。通过长达300多年的分裂与统一过程中产生的民族关系问题,为中华民族的再一次大融合提供了凝聚力。

四 "中原文明"与"中国化"佛教

(一) 地缘性"中国"与文化之"华夏"

"中国"观念的形成,脱胎于古人对"天下"的认识。《诗经·小雅·北山》记载:"普天之下,莫非王土,率土之滨,莫非王臣"[1],涵盖了天下

---

[1] 王秀梅译注《诗经》,中华书局,2006,第289页。

不同族群及他们生息的地域。

文献中关于"中国"的最早称谓,大概始于《尚书大传·夏书·禹贡》云:"夏成五服,外薄四海,……会于中国。"

现存出土文物中最早出现文字"中国"的,是 1983 年在陕西省宝鸡市发掘的一件被称为"何尊"①的西周青铜器,上面记有周成王之铭文:"唯武王既克大邑商,则廷告于天,曰:余其宅兹中或(国),自兹又民"。"中国",仅仅是西周人对自己所居关中、河洛地区的统称。②"关中"一带,即今陕西省中部地区,当时是"西周"的腹地。③

"中国"一词在文献中频繁出现,主要是在周朝以后。

《尚书·周书·梓材》有云:"皇天既付中国民,越厥疆土于先王,肆王惟德用,和怿先后迷民,用怿先王受命。已!若兹监,惟曰欲至于万年,惟王子子孙孙永保民。"④ 意思是说,上天已经把"中国"的臣民和疆域赐予周先王,当今的周王只有施行德政,教导殷顽民,使其心悦诚服,以此完成先王所承受的大命。这里的"中国"特指殷商之旧地。可见,"中国"意识是在历史演变过程中,由"中原"观念逐渐衍化而来的。《左传》转引《诗经》有云:"民亦劳止,汔可小康。惠此中国,以绥四方。"⑤ 规劝周厉王,先从爱护京畿的人民开始,然后推而广之,才能安定天下。西汉研究《诗

---

① "何尊是周成王五年由贵族'何'制作的青铜酒器,铭文记载了成王在成周建都,为武王行礼福之祭,对'何'进行了训诰。"许倬云:《说中国:一个不断变化的复杂共同体》,广西师范大学出版社,2015,第 52 页。

② 周人"将嵩山称作'天室',认定中原为'天地之中'——这是'中原'观念的具体落实。于是,周人把首都放在自己老家关中,而在殷商地区的雒邑建立了成周,作为统治东方的都邑。宗周和成周两都并立,构成了周人政权椭圆形疆域的双中心,彼此相依,互为唇齿"。许倬云:《说中国:一个不断变化的复杂共同体》,第 41 页。

③ 赵汀阳研究员说:"周成王宣告建新都城:'余其宅兹中国(把家安在中国)。'这个'中国'就在洛阳。随后中国的概念由宗主国的首都扩大为整个宗主国(王畿),继而大概在春秋时期,中国已用于指称中原地区,周朝天下体系里有着宗亲关系和礼乐文化的众多诸侯国都在中国范围之内,包括今日黄河流域的河南、陕西、山西、山东、河北,以区别于南方和漠北的蛮夷文化地区。这意味着中国在地理意义之外又附加了文化意义。当长江流域的蛮夷诸侯(荆、楚、吴、越等国)的文化与中原变得更相似,且有实力卷入中原争霸,中国概念就进一步扩大到长江流域。同样,随着更多地区卷入到逐鹿中原的博弈游戏中,中国的概念也随之不断扩大。"赵汀阳:《惠此中国:作为一个神性概念的中国》,中信出版社,2016,第 69 页。

④ 幕平译注《尚书》,中华书局,2009,第 195、196 页。

⑤ 刘利译注《左传》,中华书局,2007,第 276 页。

经》的学者毛苌注云："汔,危也。中国,京师也。四方,诸夏也。"(《毛诗故训传》)东汉末年经学家刘熙也说："帝王所都为中,故曰中国。"(《孟子注疏卷九下·万章章句上》)

上述的"中国"实为"国中"之意。

《诗经·小雅·六月序》中有："《小雅》尽废,则四夷交侵,中国微矣。"① 这里的"中国"指中原之华夏族。

春秋前期,"中国"是与蛮、夷、戎、狄对应使用的。

《史记·赵世家》记载了春秋时代,赵公子成以政治制度和文化特点来概述"中国",以劝谏武灵王改制"胡服骑射"。其云:"中国者,盖聪明徇智之所居也,万物财用之所聚也,贤圣之所教也,仁义之所施也,《诗》《书》礼乐之所用也,异敏技能之所试也,远方之所观赴也,蛮夷之所义行也。"充满了以华夏族为中心的民族本位主义与文化优越感。

战国时期的"中国",已经扩大到被认为是"诸夏"的国家。

《公羊传·成公十五年》有:"《春秋》内其国而外诸夏,内诸夏而外夷狄。王者欲一乎天下,曷为以外内之辞言之,言自近者始也。"②《公羊传·僖公四年》称:"南夷与北狄交,中国不绝若线。桓公救中国而攘夷狄,卒荆,以此为王者之事也。"齐桓公救援"邢""卫"等国,被称作"救中国"。

及至秦汉时期,"中国"已经确指华夏族所集中居住的黄河流域中下游一带。

《史记·东越列传》曰:"东瓯请举国徙中国。"《史记·孝武本纪》云:"天下名山八,而三在蛮夷,五在中国。中国华山、首山、太室、泰山、东莱。此五山,黄帝之所常游,与神会。"《史记·楚世家》载:"我蛮夷也,不与中国之号谥。"这里所指的"中国"是相对于楚地所在长江中下游地区的生活在黄河流域的几个政权的统称。许倬云先生说:"秦汉中国能够熔铸为坚实的整体,乃是基于文化、政治、经济各项的'软实力'。"③ 姚大力先生总结说:"到秦汉时候,'中国'一词已经具备了它在后来被长期使用的三

---

① 十三经注疏整理委员会整理《毛诗正义》,《十三经注疏》第 2 册,北京大学出版社,2000,第 738 页。
② 刘尚慈译注《春秋公羊传译注》,中华书局,2010,第 417 页。(以下此书同一版本只标注卷和篇目)
③ 许倬云:《说中国:一个不断变化的复杂共同体》,第 89 页。

层含义。一是指包括关东和关中在内的北部中国的核心区域；二是指中央王朝直接统治权力所及的全部版图，在这个意义上它实际指的已经是一个国家；第三，它也是一种对汉族的称呼。"①

"华夏"一词最早见于《尚书》，《尚书·武成》："华夏蛮貊，罔不率俾。"②《尚书·舜典》："蛮夷猾夏。"③ 唐孔颖达《尚书正义》云："夏，训大也，中国有文章光华礼义之大。"④ 谢维扬教授说："古音夏、华皆属匣纽鱼韵，乃双声叠韵，可以互假。"⑤《左传·襄公二十六年》："楚失华夏"⑥，此"华夏"为"中国"之代称。

华夏民族生活的黄河中下游地区，⑦ 不仅是中国历史上农耕文明的摇篮与"发祥地"，而且位于几乎与"十五英寸等雨线"平行的北纬35度线附近地域，在地缘上集中了早期华夏文明的"夏""商""周"三个文化板块，⑧ 李零教授称之为"三代王都线"⑨。这一被古人视为"天下之中"的核心区域，成为中国历史上北方各民族"大融合"、文化融汇的重要舞台，承载着社会经济、民族融汇两条基本线索及其交互作用。再加上佛教等域外文明的助力，共同影响、制约着历史的发展进程。

(二)"惠此中国"

在《诗经·大雅·民劳》中，多次出现"惠此"和"中国"一语。这篇据传为西周大臣召伯虎（召穆公）所作的诗中，描写了平民百姓的极度困苦疲劳之状，以告谏周厉王要体恤民力，改弦更张。

---

① 姚大力：《中国历史上的民族关系与国家认同》，"在土星的标志下"，https：//www. sohu. com/a/219775565_756901，最后访问日期：2019年1月30日。

② 李民、王建译注《尚书译注》，上海古籍出版社，2004，第211页。

③ 幕平译注《尚书》，第26页。

④ 李学勤主编《尚书正义》第三卷《尧典第二》，北京大学出版社，1999，第76页。

⑤ 谢维扬：《论华夏族的形成》，《社会科学战线》1982年第3期，第116页。

⑥ 李梦生译注《左传译注》第十八卷《襄公二十六年》，上海古籍出版社，2004，第820页。

⑦ 许倬云先生认为是"从黄河三角洲的顶端一直到关中，包括山西运城的平原"。许倬云：《说中国：一个不断变化的复杂共同体》，第36页。

⑧ "从夏代开始到商、周，这三个复杂共同体的连续发展都以这个地区作为基地。这是中国历史上第一个核心地带——从'中原'这两个字就可以意识到，从那时以后，这一片平原就是中国的中心。"许倬云：《说中国：一个不断变化的复杂共同体》，第36页。

⑨ 李零：《三代考古的历史断想——从最近发表的博楚简〈容成氏〉、燹公盨和虞逑诸器想到的》，《中国学术》2003年第2期。

赵汀阳研究员在其专著《惠此中国：作为一个神性概念的中国》中研究认为，"最早的中国"已经蕴含了中国的生长倾向。"中国"是一种尊称，具有"中央之城"或"中央之邦"的意思，也就是说，含有正统、正宗之义；"中国"象征着核心，与"四方"之间具有密不可分的关系。对这个核心的性质乃至其与"四方"的关系进行深入研究，可以揭橥其中有着怎样的向心力或内在动力，有助于对"惠此中国"有一个更深刻的清晰认识。① 为此，他具体论证了一个"中国旋涡"的诠释范式，用于解释商周以来古代中国的生长方式。也就是说，中原地带除了拥有得天独厚的物质条件，更重要的是拥有优质的精神、文化资源，具有难以拒绝的诱惑，且这是一旦加入就难以脱身的博弈游戏，谓之"旋涡"。

首先，中原最早出现了汉字，而汉字所具有的超稳定性，使之能够成为一种长期、普遍、开放的共享资源。②

其次，得益于汉字，中原文化发展为具有强大解释能力和反思能力的思想、文化系统及精神资源。③

最后，周朝所创制的一整套天下体系的文化解释学系统，具有最大限度的兼容性。其天命观念以"有德"作为得到天下的正当理由，这就使"逐鹿中原"拥有了合法性。与此同时，包括天命观和"大一统"观念等政治神学的旋涡吸附效应是非常强大的。纵使"城头变幻大王旗"，但只要加入天命的文化传承之中，便可以自圆其说地解释自身政权的合法性原则。④

---

① 参见赵汀阳《惠此中国：作为一个神性概念的中国》，中信出版社，2016。
② 许倬云先生认为，经济网络、政治精英、书写文字"三个因素，可能使得中国虽然广土众民，但可以确保国家内部的互相沟通，谁也不会被排斥在外，'中国人'才有一个共同的归属感。……中国内部区间的人口流动，使得不同的人群有混合的机会，更重要的是，促使文化产生了共同性，经过不断地融合，在总体上，中国文化只有逐渐的变化，而没有突然的断裂，这才使'中国'的观念，可以长期维持。"许倬云：《说中国：一个不断变化的复杂共同体》，第3页。在这三个因素中，"文字"无疑处于中心与枢纽的重要地位。
③ "虽然匈奴'毋文书，以言语为约束'，但其单于与汉朝皇帝的书信往来则不绝于书，这些往来信件显然是用汉字书写的。"高荣、贾小军、濮仲远：《汉化与胡化：汉唐时期河西的民族融合》，第18页。匈奴使用汉字，显然为以后与汉民族的民族融合、文化融汇奠定了坚实的文化基础。
④ 日本学者研究认为，天下型世界观就是以"天""天子""民""德"这四个词语为基础而形成的。〔日〕渡边信一郎：《中国古代的王权与天下秩序：从日中比较史的视角出发》，徐冲译，中华书局，2008，第11页。

旋涡模式也回答了为什么古代中国并非扩张型的帝国，却能够不断扩展。就是因为中国的扩展不是来自向外扩张行为的红利，而是来自外围竞争势力不断卷入旋涡核心的利益。在竞争过程中，各方势力的此消彼长也导致了中国式的"分合循环"模式，所谓"合久必分、分久必合"，逐鹿游戏的旋涡向心力是导致"合"的动力因素，因此，"合"乃是大势，是最大利益之所在。

"旋涡模式"理论，实际上是采用现代语境下的历史的哲学分析研究范式，重新诠释了古代中国从商、周到清末这几千年"大一统"历史的成长方式；从而出现了"后入为主"的少数民族政权谁更有资格代表中国"正统"的问题。这个旋涡姑且可以称之为"文化"——"人文化成"的力量，以及由此体现出的民族精神和民族意志。①

正如《春秋公羊传·成公十五年》所云："春秋内其国而外诸夏。内诸夏而外夷狄。"楚国因文化渐濡、文明日进，中原诸侯与之会盟，不复以蛮夷视之；郑国本为诸夏之一，然行为不合义礼，反被视为夷狄。可见，"夷夏之变"并不以种族与地域为判定标准，而是以文化礼义为量度。这才是民族"大融合"、文化融汇的精神实质与文化内涵。历史上的许多少数民族集团最终都成为"诸夏"的成员。②

（三）"定居型"文明

西晋江统的《徙戎论》认为，关中地区文化繁荣、经济发达，战略位置险要，是名副其实的"帝王之都"。如果任由大批北方民族迁居关中，长此

---

① 赵汀阳研究员说："互化乃是不争的历史事实，谁主导互化，却是关涉谁代表中国正统的敏感问题，但这个问题的敏感性实为历史语境所造成。在多数情况下，逐鹿旋涡不断卷入的大多数竞争者都化为中国人，竞争者的原住地也因为卷入逐鹿中原的旋涡而合入中国。""中国本来就是多文化多族群合力建构而成的作品，几乎一半的中国历史是由北方族群所主导的（如果如实承认隋唐是北方族群统治，则超过一半的中国历史实为北方族群所主导），显然不能把一半中国历史排除出中国。如以汉人观点自认正统而将北方族群视为非正统，以逻辑同理言之，北方族群也可持相反观点。"赵汀阳：《惠此中国：作为一个神性概念的中国》，第69~87页。

② "从中可以看出，'汉化'与'中国'意识的萌生是既有区别又有联系的两种现象，应当具体情况具体分析。一方面，'中国'观是一个具有强烈文化内涵的观念，它需要以一定程度的'汉化'为前提，而'中国'意识的萌生则会进一步推进'汉化'的进程。另一方面，当一个政权吸收中原文化时，它可能只是出于顺应历史潮流，增强自身实力的角度考虑，未必因之产生'中国'意识。"熊鸣琴：《金人"中国"观研究·绪论》，上海古籍出版社，2014，第27页。

以往需要消耗大量粮食作物、生产物资。①《徙戎论》以地域经济、民生为出发点的根本原则,可以与近代经济学家冀朝鼎先生所提出的"基本经济区"理论参照、会通理解。② 文扬研究员认为:"周朝早期通过宗法分封和武装殖民,在中原大地上实现了第一次的定居农耕文明大一统。……周朝大一统局面的形成,依靠了一种'德治天下'的政治策略。"③"中国人所谓'德治',其实是专属于定居农耕文明的一种道德化政治,不能说最好或最高,但却是最适合于'天下'型定居文明的早期发展的。"④

---

① 根据现代农业生态学统计测算,"如以每人每天消耗 3000 千卡的热量计算,每人一年需 109.5 万千卡,以平均亩产 400 公斤粮食,每克粮食含 4.15 千卡能量计算,亩产能量是 166 万千卡,则每人只需 0.66 亩耕地。如再把种子和工业用粮的需要考虑在内,养活一个人的耕地面积还要大一些,需 1~1.5 亩。但如果把以粮食为食品改为以草食动物的肉为食品,按草食动物 10% 的转化效率计算,那么,每人所需的耕地要扩大 10 倍。实际上因为人们不能把所有食草动物在一年内利用完,还要保持草食动物的一定群体,因此,实际需要耕地面积还要大些。"杨怀霖:《农业生态学》,农业出版社,1992,第 73 页。这个数据如果上溯到公元 4 世纪时,不知还要放大到多少倍。也就是说农业生产人多地少的矛盾非常尖锐,如果任由北方民族"内附"不加以遏制的话,势必极力压缩"原住民"的生存空间,极大削弱中央政权的统治基础。

② "1935 年,冀朝鼎在《中国历史上的基本经济区与水利事业的发展》一书中,以高度的概括力,提出了'基本经济区'(key economic areas)这一重要概念。他指出:'中国历史上的每一个时期,有一些地区总是比其他地区受到更多的重视。这种受到特殊重视的地区,是在牺牲其他地区利益的条件下发展起来的,这种地区就是统治者想要建立和维护的所谓"基本经济区"。他所界定的"基本经济区"有两层含义:第一,控制它就可以控制全国。第二,在分裂、动乱时期,它是各政治集团奋力争夺的对象;而在统一时期,则是统治者特别重视的地区,统治者给予它许多优惠条件以确保其相对于其他地区的优势地位。'冀朝鼎运用'基本经济区'这一概念,试图通过对中国历史上基本经济区的转移,论证中国历史上统一与分裂的经济基础。"鲁西奇:《逐鹿天下:中国历代王朝更替的地理因素》,"搜狐·文化",https://www.sohu.com/a/212904711_100092005,最后访问日期:2017 年 12 月 30 日。

③ 文扬:《先秦诸子都在争论什么?——70 年对话 5000 年(5)》,"观察者网",https://www.guancha.cn/WenYang/2019_03_13_493343.shtml,最后访问日期:2019 年 3 月 16 日。

④ 费孝通先生研究认为:"如果要寻找一个汉族凝聚力的来源,我认为汉族的农业经济是一个主要因素。看来任何一个游牧民族只要进入平原,落入精耕细作的农业社会里,迟早就会服服帖帖地主动地融入汉族之中。"费孝通:《中华民族的多元一体格局》,《北京大学学报》1989 年第 4 期,第 17 页。反之,正如王明珂教授说:"游牧人群的移动力,主要来自于其主要财产(牲畜)都长了脚,来自于其生产方式不固着于土地,来自其'作物'随时可收割(牲畜随时可食)无须等待秋收。生存于资源不确定的环境中,这样的移动力是必要的。人畜在空间上的移动力,也让他们有能力突破其他社会'边界',或因此造成社会群体认同上的'移动'。……匈奴之衰常由于国家无法约束部落的徙离,或相互攻伐,这也表示各部落的移动力让他们得以突破单于政治威权所设下的'边界'。"王明珂:《游牧者的选择:面对汉帝国的北亚游牧部族》,第 308 页。

看来，"定居型"农耕文明与中原文化是华夏文明史上的一对"标配"。而文化成熟的标准是什么？"第一，必须有文字。第二，必须有城市式的居住方式，城市可以小一点，但必须有居住的方式。"①

"顺天时""循地理"，"日出而作，日落而息"循规蹈矩的生产、生活方式，造就了中原汉民族安居乐业、爱好和平的性格。《汉书·元帝纪》所谓："安土重迁，黎民之性；骨肉相附，人情所愿也。"这就决定了"九族既睦，平章百姓；百姓昭明，协和万邦"②，是中原政权自古以来处理与不同国家及民族之间关系中所秉持的传统价值观念。与此相反，"非定居文明中的行为，充斥着远征、烧杀、抢夺、复仇之类的情节，看不到'天下平''万国和'的景象，当然也就谈不上德行、德治的问题"③。而华夏族拥有适宜农耕定居的自然条件与环境，在农耕定居过程中需要有实践经验丰富的老人来指导社会的有序发展，故华夏族有尊敬老人的历史文化传统。这样一来，在"旋涡模式"下，人为制定的宗法制度得以遍行于全天下。④

---

① 但斌：《中华文明第一次被清华大学教授整理的如此清晰!》，"我的文文的博客"，ht-tp：//blog. sina. com. cn/s/blog_ 6178896a0102yqwl. html，最后访问日期：2019 年 2 月 5 日。
② 幕平译注《尚书》，第 2 页。
③ 文扬：《先秦诸子都在争论什么？——70 年对话 5000 年 (5)》，"观察者网"，https：//www. guancha. cn/WenYang/2019_03_ 13_ 493343. shtml，最后访问日期：2019 年 3 月 16 日。
④ 许倬云先生说："东方的牧业文化，应在新石器文化时代，距今五千多年前的红山文化，已有相当程度的生产能力。其北面边缘，已推到相当于日后长城一线，更往北去，温度雨量都已不利于农耕。于是，在今日内蒙古一带，农业只能勉强维持百姓生计，必须以采集和渔猎补充食粮之不足。饲养牲口不得不在较大的空间放牧，以就食于水草。这一初级的游牧生活，限于人类的体力，不能超越一定的空间。须在驯养马匹的知识，由中亚逐步传入东方草原后，东亚方才有了远距离移动的游牧，谋生的能力遂大为增强。又因为驱车之便，长途贸易，更使资源与信息也可以传递流通。凡此条件，遂使大型复杂社会可能出现，草原大帝国，几乎都是以'滚雪球'的方式，席卷大群牧民，以其骑射专长，崛起为强大的战斗体。他们不需要有后勤补给，也不必顾虑兵员的补充。昨天征服的部落，就是明天进一步攻击的新兵。这种组织方式与骑马作战的速度，遂使草原上的牧民帝国，有其迅速崛起又迅速解散的发展过程。他们能征服南方农业文化的中国，并能入主中原的大帝国，但又消融于完全迥异的生态环境，最终被农业大帝国同化。'五胡乱华'的鲜卑，是一个典型的例证。他们是东北山地森林的以狩猎与初级农业维生的族群，在当地生态变化、生活艰困时，经过大约两代的长途跋涉，进入可能是今日呼伦贝尔的草原，又逐步南移到长城线，一路以其骑射壮大了自己的队伍，终于进入中原，建立了征服王朝，又以汉化消融于华夏文明。"王明珂：《游牧者的选择：面对汉帝国的北亚游牧部族》，第 4 页。

(四) 佛教之"中国"

受华夏传统文化观念的影响，在早期汉译佛经中，佛教徒把古代印度恒河中下游一带的"中天竺"① 译称"中国"，并将能够生活在"中国"，也就是佛法昌盛之地的中印度，当作人生可遇不可求的一大幸事。

在《四十二章经》中，生在"中国"是人生稀有难得的八项标准之一。"佛言：'夫人离三恶道得为人难；既得为人，去女即男难；既得为男，六情完具难；六情已具，生中国难；既处中国，值奉佛道难；既奉佛道，值有道之君难，生菩萨家难；既生菩萨家，以心信三尊、值佛世难。'"② 支娄迦谶又译称之为"十八难事"之一；"有十八事，人于世间甚大难：一者值佛世难。二者正使值佛，成得为人难。三者正使得成为人，在中国生难。四者正使在中国生，种姓家难。……"③ 康僧会也说："经云：'众生自投三涂，获人道难，处中国难，六情完具难，生有道国难，与菩萨亲难，睹经信之难，贯奥解微难，值高行沙门清心供养难，值佛受决难。'"④ 显然是在引用《四十二章经》。竺法护则说："一曰虽生天下常住中国，二曰因值佛世不在边地，三曰常奉正法终无相违，四曰悉除罪盖无复映蔽，是为四。"⑤《中阿含经》数次提到"彼人尔时生于中国"⑥。《增一阿含经》强调"得生中国，亦复难值"⑦。《大般涅槃经》云："一佛世难遇，二正法难闻，三怖心难生，四难生中国，五难得人身，六诸根难具。如是六事，难得已得"⑧。换言之，"中国"也就是文明程度高度集中的地域代称，反之就是"边地"，也就是没有佛法的地域，又称"边地下贱"。如《普曜经》云："佛兴出世，要在阎浮利地，生于中国不在边地，……此间阎浮利地最在其中，土界神力胜余

---

① 以摩竭陀国为中心的区域。位于恒河中游南岸地区，中心领域大体相当于现今印度比哈尔邦的巴特那（Patna）和加雅（Gayà）的地方。佛陀一生中大部分时间都在摩竭陀国内度过。佛陀涅槃后，佛教的四次经典结集中，第一次的王舍城结集和第三次的华氏城结集都在摩竭陀国内举行。有关佛陀生平的胜迹大都在王舍城附近地区，所以摩竭陀自古以来一直被视为佛教圣地。
② 迦叶摩腾、竺法兰译《四十二章经》第一卷，《大正藏》第 17 册，第 723 页。
③ 支娄迦谶译《杂譬喻经》第一卷，《大正藏》第 4 册，第 502 页。
④ 康僧会译《六度集经》第四卷，《大正藏》第 3 册，第 16 页。
⑤ 竺法护译《持人菩萨经》第四卷，《大正藏》第 14 册，第 639 页。
⑥ 瞿昙僧伽提婆译《中阿含经》第二十九卷，《大正藏》第 1 册，第 613 页。
⑦ 瞿昙僧伽提婆译《增一阿含经》第二十七卷，《大正藏》第 2 册，第 700 页。
⑧ 昙无谶译《大般涅槃经》第二十三卷，《大正藏》第 12 册，第 499 页。

方，余方刹土转不如此，是故说，积一行得佛也。"①

早期佛教徒以"中国"代指佛陀的故乡，既是对"佛祖"的崇敬，更是一种文化自信的流露；"中国"与"边地"无疑代表了尊卑分明的价值观念色彩，不仅被中土僧侣所接受，② 而且潜移默化地扎根于普罗大众的信仰观念之中，如：郑州市出土的《张永洛造像碑》云，东魏孝静帝武定元年（543），"伏波将军白水□□堪像主张永洛为亡父母造像一区"，"大魏武定元年岁次癸亥二月辛酉朔三日，合邑等敬造石像一区。……上为皇家祚隆万代，中为师僧父母，下为边地众生，□□恙除行修果□□时见性"③。而北周僧法定则在《发愿文》中信誓旦旦地说："愿法定舍身之后，不经三途，不经八难，不生恶国，不生边地，不生邪见，不见恶王，不生贫穷，不生丑陋，生生世世，治（值）闻佛法，聪明生生世世，遇善知识，所行从心。"④ 可见，"边地"既是苦难的代名词，又是需要被拯救的对象。

反过来，这种和中土传统"夷夏论"相抵牾的观念，极易刺激儒道人士的民族感情，成为他们"排佛"的口实。

于是，在东晋时的译经中又出现"四天子"说，如云："阎浮提中，有十六大国，八万四千城，有八国王四天子。东有晋天子，人民炽盛；南有天竺国天子，土地多名象；西有大秦国天子，土地饶金银、璧玉；西北有月支天子，土地多好马。"⑤ 后来，译经中又出现以"中天竺"和"中国"并称的现象，如"如来出在中天竺地，住舍婆提或王舍城"⑥。"在世能令正法久住，若中天竺佛法灭，若边地有五人受戒，满十人往中天竺，得与人具足戒，是名令正法久住。"⑦ 说明，随着佛教传入中土日久，与本土文化融合渐深，外来译经僧侣逐渐扬弃"本位主义"的文化优越感，接受并改称除"中天竺"之外，世界上同时还有两个或多个文明中心并存的现实。

此后的汉译佛经中逐渐出现以"震旦国""摩诃支那国""真丹之土"

---

① 竺佛念译《普曜经》第二十卷，《大正藏》第 4 册，第 717 页。
② 《高僧法显传》中有云："写律道整既到中国，见沙门法则，众僧威仪，触事可观。乃追叹秦土边地众僧，戒律残缺。誓言自今已去，至得佛愿，不生边地。故遂停不归。"法显记《高僧法显传》第一卷，《大正藏》第 51 册，第 864 页。
③ 谭淑琴：《河南博物院收藏的四件造像碑》，《中原文物》2000 年第 1 期，第 60 页。
④ 王素、李方：《魏晋南北朝敦煌文献编年》，台北：新文丰出版公司，1997，第 258 页。
⑤ 迦留陀伽译《佛说十二游经》第一卷，《大正藏》第 4 册，第 147 页。
⑥ 昙无谶译《大般涅槃经》第二十二卷，《大正藏》第 12 册，第 495 页。
⑦ 僧伽跋陀罗译《善见律毗婆沙》第十六卷，《大正藏》第 24 册，第 786 页。

"支那国"等代指"中国",也就是中华之国。这些称谓也逐渐被官方所认可、使用,并远播海外,正式出现于外交辞令之中。

如《宋书·蛮夷列传·天竺迦毗黎国》说,元嘉五年(428):

> 国王月爱遣使奉表曰:"伏闻彼国,据江傍海,山川周固,众妙悉备,庄严清净,犹如化城,宫殿庄严,街巷平坦,人民充满,欢娱安乐。圣王出游,四海随从,圣明仁爱,不害众生,万邦归仰,国富如海。国中众生,奉顺正法,大王仁圣,化之以道,慈施群生,无所遗惜。帝修净戒,轨道不及,无上法船,济诸沉溺,群僚百官,受乐无怨,诸天拥护,万神侍卫,天魔降伏,莫不归化。王身端严,如日初出,仁泽普润,犹如大云,圣贤承业,如日月天,于彼真丹,最为殊胜。"

《宋书·蛮夷列传·呵罗单国》云,元嘉十年(433):

> 呵罗单国王毗沙跋摩奉表曰:"常胜天子陛下:……于诸国土,殊胜第一,是名震旦,大宋扬都,承嗣常胜大王之业,德合天心,仁荫四海,圣智周备,化无不顺,虽人是天,护世降生,功德宝藏,大悲救世,为我尊主常胜天子。是故至诚五体敬礼。呵罗单国王毗沙跋摩首问讯。"

《宋史·天竺列传》称:

> 太平兴国七年(982),益州僧光远至自天竺,以其王没徙曩表来上。上令天竺僧施护译云:"近闻支那国内有大明王,至圣至明,威力自在。每惭薄幸,朝谒无由,遥望支那起居圣躬万福。光远来,蒙赐金刚吉祥无畏坐释迦圣像袈裟一事,已披挂供养。伏愿支那皇帝福慧圆满,寿命延长,常为引导一切有情生死海中,渡诸沉溺。今以释迦舍利附光远上进。"又译其国僧统表,词意亦与没徙曩同。①

---

① 脱脱等撰,聂崇歧等点校《宋史》第四百九十卷《列传第二百四十九·外国六·天竺》,点校本二十四史精装版《宋史》第40册,中华书局,2013,第14104页。(以下此书同一版本,只标注卷和篇目)

说明，"震旦""真丹"等都是印度次大陆古国对古代中国的尊称，当时的汉民族政权也是认可的。"国书"中的溢美之词与佛经中对"转轮圣王"治世的描述极其相似，表明中印古国在文化上彼此尊重、人员上互相往来，政权惺惺相惜、佛教互通法谊的历史事实。

（五）佛教在中国的"民族化""本土化"转型

孙昌武先生说："从人类历史发展规律看，信仰的统一是文化统一、人的精神世界统一的重要体现，也是形成它们的牢固基础；中华民族各族民众的共同信仰对于维系国家统一起着重大作用。佛教正是这种共同信仰的重要构成部分。"[①] 而佛教自域外传入中国后，关键因素在于其"民族化""本土化"的成功转型，也就是最终形成了具有鲜明中国文化特质的"中国佛教"，增强了不同民族之间彼此的认同感。

1. 《魏书·释老志》中的佛教

（1）"沙门敷导民俗"的宗教政策

《魏书·释老志》云："魏先建国于玄朔，风俗淳一，无为以自守，与西域殊绝，莫能往来。故浮图之教，未之得闻，或闻而未信也。及神元与魏、晋通聘，文帝（沙漠汗）久在洛阳，昭成（什翼犍）又至襄国，乃备究南夏佛法之事。"说的是，鲜卑民族拓跋部落之先祖尚生活在东北亚的林海雪原之中，社会形态处于游牧、渔猎部落时期，由于和西域及中原王朝相距万水千山，受到其文化辐射效应的影响较小，所以对佛教比较有隔膜。后来，由于沙漠汗、什翼犍以"质子"身份长期留居中原，对盛行的佛教文化留下了深刻的印象。

公元338年，什翼犍承袭"代王"封号，建"代国"。《魏书·官氏志》称他仿效晋朝官制"始置百官，分掌众职"。386年，什翼犍之孙拓跋珪复即位为代王，大量任用汉族士人。《魏书·释老志》载，当拓跋珪转战河北时，"所径郡国佛寺，见诸沙门、道士，皆致精敬，禁军旅无有所犯"。又遣使致书在泰山隐修的沙门僧朗，赠以礼物，表达敬意。天兴元年（398），拓跋珪下诏曰："夫佛法之兴，其来远矣。济益之功，冥及存没，神纵遗轨，信可依凭。其敕有司，于京城建饰容范，修整宫舍，令信向之徒，有所居止。是岁，始作五级佛图……别构讲堂、禅堂及沙门座，莫不严具焉。"至此，佛

---

① 孙昌武：《北方民族与佛教：文化交流与民族融合》，中华书局，2015，第23页。

教与北魏政权结下了不解之缘。

《魏书·释老志》又说,太祖道武帝"好黄老,颇览佛经",而太宗明元帝则是"遵太祖之业,亦好黄老,又崇佛法"。北魏"佛道并奖"的国家宗教政策的产生、发展,与他们有很大关系。道武帝与明元帝一开始也许并不清楚"黄老"与佛教之间的区别,"德同海岳,神算遐长"的泰山僧朗,在太祖心目中大概和神通广大的神仙别无二致。所以,佛教、道教于北魏开国伊始就被蒙上了"护国佑民""为国家祈祷"的强烈的国家宗教的政治色彩。特别是在佛教政策方面,专门提出"令沙门敷导民俗"。除了只在"太武灭佛"时期中断了七年以外,北魏其余皇帝多崇尚佛教;"法难"反而刺激了北魏佛教的迅猛发展,452 年文成帝即位,立刻改变太武帝"废佛"举措,下诏恢复,并且特别强调佛教具有"助王政之禁律,益仁智之善性,排斥群邪,开演正觉"(《魏书·释老志》)的社会功效。

北魏前期于国家管理制度方面"基本确立了重法制、肃威刑,因俗治民,切实便利的理国方针。其法制胡汉杂揉,重刑轻教。虽然严酷苛刻,仍收急效于政权巩固和北方统一"①。也就是说,出于管理国家、巩固政权的需要,虽然法制草创,但是文教事业还没有跟上,儒学"化成天下"的人文作用发挥不出来,教化人心的社会功能只能交给佛教。"沙门敷导民俗"的政教策略赋予佛教"教化"和安抚民众、辅助"王化"的政治角色。

承认佛教在国家政治生活中的特殊地位和作用,就需要由国家政权来选拔、任命僧官,建立专门的管理机制,直接控制全国的僧侣。

迁都平城之后,明元帝拓跋嗣为了巩固政权,更是进一步积极联合、擢拔汉人的高姓大族,如范阳卢氏、博陵崔氏、渤海高氏等,又在"京邑四方,建立图像"。由于佛教在北魏建政前就已经与汉文化进行了较为深入的融合,这样一来,自然成为笼络汉族名士、世族和沟通文化认同的媒介。加上有南朝佛教发展盛况的对比,所以扶持佛教也就为鲜卑政权实施汉化的政策、为实现不同民族之间的融合提供了强有力的支持。

《魏书·释老志》载,兴安元年(452),文成帝"诏有司为石像,令如帝身。既成,颜上、足下,各有黑石,冥同帝体上下黑子"。兴光元年(454)秋,又诏有司在"五级大寺内,为太祖以下五帝(即道武帝、明元帝、太武帝、景穆帝、文成帝)铸释迦立像五,各长一丈六尺"。这样一来,朝廷通过

---

① 邓奕琦:《北朝法制研究》,中华书局,2005,第 41 页。

造像形式，把"皇帝即如来"的国家意识形态进行了佛教具体化。此前，在中国的传统文化里没有为活人塑像的理念，"俑"——是被当作殉葬品来用的。所以，活人被塑像是非常不吉利的事情。"大魏"朝廷堂而皇之地以自家皇帝的形象为模特塑造佛像，象征了皇权的至上性，在中国历史上堪称开"先河"之举；对佛教界而言，通过造像将国祚与"法运"联系在一起，表面上看是为皇帝消灾祈福，实际上也是在祈求皇权对佛法的庇佑。法国社会学家埃米尔·涂尔干的研究认为："所有的宗教按它们各自的方式来说都是真实的。尽管方式不同，所有的宗教都是对人类存在的某些特定条件的回应。"① 北魏出现的这些"令如帝身"的佛像是神、佛、帝三者合一的化身，说明佛教是拓跋鲜卑在长期"汉化"过程中，其民族文化体系中不可分割及最有特色的组成部分。

（2）佛陀观

《魏书·释老志》云："所谓佛者，本号释伽文者，译言能仁，谓德充道备，堪济万物也"，将佛陀比拟为中国的先贤往圣形象。与《牟子理惑论》中所谓"佛者，谥号也，犹名三皇神、五帝圣也。佛乃道德之元祖，神明之宗绪。佛之言觉也，恍惚变化，分身散体，或存或亡，能小能大，能圆能方，能老能少，能隐能彰，蹈火不烧，履刃不伤，在污不辱，在祸无殃，欲行则飞，坐则扬光，故号为佛也"② 比较，类似于黄老之学对"真人"的描述，"德充道备，堪济万物"更接近于"儒道合流"的精神气质。

《魏书·释老志》又说："诸佛法身有二种义，一者真实，二者权应。真实身，谓至极之体，妙绝拘累，不得以方处期，不可以形量限，有感斯应，体常湛然。权应身者，谓和光六道，同尘万类，生灭随时，修短应物，形由感生，体非实有。权形虽谢，真体不迁，但时无妙感，故莫得常见耳。明佛生非实生，灭非实灭也。"对"权应身"与"真实身"的定义，相当于"道"与"自然"之间"道法自然"的关系。又说："凡其经旨，大抵言生生之类，皆因行业而起。有过去、当今、未来，历三世，识神常不灭。凡为善恶，必有报应。渐积胜业，陶冶粗鄙，经无数形，澡练神明，乃致无生而得佛道。其间阶次心行，等级非一，皆缘浅以至深，藉微而为著。率在于积

---

① 〔法〕E·杜尔干：《宗教生活的初级形式》，林宗锦、彭守义译，中央民族大学出版社，1999，第3页。

② 僧祐撰《弘明集》第一卷，《大正藏》第52册，第2页。

仁顺，蠲嗜欲，习虚静而成通照也。"从儒、道都能接受的角度，重点阐释了小乘佛教的教义。

《魏书·释老志》又说："故其始修心则依佛、法、僧，谓之三归，若君子之三畏也。又有五戒，去杀、盗、淫、妄言、饮酒，大意与仁、义、礼、智、信同，名为异耳。云奉持之，则生天人胜处，亏犯则坠鬼畜诸苦。又善恶生处，凡有六道焉。"将"三皈依"比作"君子三畏"（《论语·季氏》：孔子曰："君子有三畏：畏天命，畏大人，畏圣人之言。小人不知天命而不畏也，狎大人，侮圣人之言。"①）；把"五戒"比作"五常"（仁、义、礼、智、信），反映了具有佛教信仰的本土知识阶层对于佛教理解方面的"儒佛会通"。

2. 北魏孝明帝正光元年的佛道论衡

（1）佛道并行

北魏政权最初对佛教、道教的态度一视同仁，都是非常尊重的。

拓跋鲜卑发祥于今大兴安岭北部的巨型石室中，《魏书·序纪》提到拓跋鲜卑的起源时，说："国有大鲜卑山，因以为号，其后，世为君长，统幽都之北，广漠之野，畜牧迁徙，射猎为业，淳朴为俗，简易为化，不为文字，刻木纪契而已。世事远近，人相传授，如史官之纪录焉。"另据《北史·乌洛侯传》载："太武真君四年（443）来朝，称其国西北有魏先帝旧墟石室，南北九十步，东西四十步，高七十尺，室有神灵，人多祈请。太武遣中书侍郎李敞告祭焉，刊祝文于石之壁而还。"也许鲜卑民族早期的原始萨满崇拜与道教有相通之处，拓跋鲜卑建立政权之初，接受道教反而要先于佛教。

北魏时期，道教始终与佛教相颉颃。道武帝天兴中初兴佛教的同时，"仪曹郎董谧因献服食仙经数十篇。置仙人博士，立仙坊，煮炼百药，封西山以供其薪蒸"（《魏书·释老志》）。而道武帝本人亦喜服食养生，《北史·魏本纪》载："初，帝服寒食散，自太医令阴羌死后，药数动发，至此愈甚。而灾变屡见，忧懑不安，或数日不食，或不寝达旦，归咎群下，喜怒乖常。"可见其服食日久，幸赖医术高明的太医倾心调治才未见异常。无奈丹毒积聚渐深，终为其所害。自世祖太武帝起，北魏历代皇帝即位时都要到道坛亲受符箓，以表示对道教的尊崇，《魏书·释老志》载：天安元年（466）"显祖（献文帝拓跋弘）即位，敦信尤深，览诸经论，好《老》《庄》。每引诸沙门

---

① 张燕婴译注《论语》，中华书局，2007，第256页。

及能谈玄之士，与论理要"。表明，献文帝不仅热爱道家文化，而且具有很深的理论修养。献文帝登基六年后，禅位于太子拓跋宏（孝文帝），即"移御北苑崇光宫，览习玄籍。建鹿野佛图于苑中之西山，去崇光右十里，岩房禅堂，禅僧居其中焉"。（《魏书·释老志》）高允作《鹿苑赋》有云：

> 资圣王之远图，岂循常以明教。希缙云之上升，美顶生之高蹈。思离尘以迈俗，涉玄门之幽奥。禅储宫以正位，受太上之尊号。既存亡而御有，亦执静以镇躁。睹天规于今日，寻先哲之遗诰。悟二乾之重荫，审明离之并照。下宁济于兆民，上克光于七庙。一万国以从风，总群生而为导。正南面以无为，永揩心于冲妙。夫道化之难期，幸微躬之遭遇。逢扶桑之初开，遘长夜之始曙。①

献文帝佛道兼奉，退位后更是心无旁骛地致力于养性、修道。承明元年（476），拓跋弘二十三岁就英年早逝，是否也是死于丹毒，不得而知。太和十四年（490）文明皇太后去世，孝文帝开始亲政，翌年秋，即下诏曰：

> 夫至道无形，虚寂为主。自有汉以后，置立坛祠，先朝以其至顺可归，用立寺宇。昔京城之内，居舍尚希。今者里宅栉比，人神猥凑，非所以祗崇至法，清敬神道。可移于都南桑乾之阴，岳山之阳，永置其所。给户五十，以供斋祀之用，仍名为崇虚寺。可召诸州隐士，员满九十人。（《魏书·释老志》）

参照"僧祇户"、"僧祇粟"以及"佛图户"的标准，同样给道教配置一定数额，以朝廷的名义向道观提供重要的经济支持。此后，道教一直与拓跋鲜卑政权相始终，《魏书·释老志》载：

> 迁洛移邺，踵如故事。其道坛在南郊，方二百步，以正月七日、七月七日、十月十五日，坛主、道士、哥（高）人一百六人，以行拜祠之礼。诸道士罕能精至，又无才术可高。武定六年，有司执奏罢之。其有道术，如河东张远游、河间赵静通等，齐文襄王别置馆京师而礼接焉。

表明道教在北魏一直承担着部分"国家祭祀"的功能。

---

① 道宣撰《广弘明集》第二十九卷，《大正藏》第52册，第339页。

作为汉民族本土宗教的道教,见证了拓跋鲜卑民族的"汉化"过程。最终,拓跋鲜卑消融在中华民族"大家庭"之中了,而十六国北朝时期道教的发展是否留下鲜卑文化的烙印,是需要深入研究探讨的。

(2) "佛老先后"与"老子化胡"

北魏孝明帝曾于正光元年(520),召集释、道两家代表"庭辩",时有清通观道士姜斌与融觉寺僧人昙谟最(一作昙无最)辩论佛老的先后问题。虽然辩论的双方以"伪"对"伪",全是妄说,但是孝明帝意欲扬佛抑道的政治意图非常明确,就是要借口打击道教。表面上看,这次事件是太武帝"灭佛"后的"反弹",细加分析,背后别有深意。

据《广弘明集》所载,正光元年,孝明帝亲政伊始即大赦天下,并请佛道两家代表昙谟最与姜斌上殿,就"佛与老子同时不"公开辩论。旁听者除孝明帝本人外,还有群臣及佛道二宗门人。①

昙谟最与姜斌所引证的经典——《周书异记》、《汉法本内传》(谓佛生于老子之前)和《老子开天经》(言佛为老子侍者),皆为伪经。

《老子开天经》又称《太上老君开天经》,简称《开天经》,原不题撰人,约出自南北朝时期。据唐彦琮《唐护法沙门法琳别传》卷三称:《开天经》系"天师张陵所造"。《广弘明集》卷十二载:"《开天经》张泮所造。"此经一卷,《云笈七签》卷二收录,论述太上老君创造宇宙天地万物及人类之历史,亦即道教的宇宙形成论。《周书异记》现已不存,内容不详,但据《广弘明集》卷十一云,本书中载,在周昭王的时代曾出现释尊现生瑞相的事迹。据此推演,释尊当生于周昭王二十四年甲寅,涅槃于周穆王五十二年壬申。《周书异记》的出现,主要是针对道教方面首先炮制出的《老子西升化胡经》。由是,自隋唐以降,佛教史传如《历代三宝记》《广弘明集》《佛祖通载》《佛祖统纪》诸书对于教主释迦牟尼生卒纪年,皆依《周书异记》所载。《汉法本内传》凡五卷,撰著年代与撰者皆不详,② 又作《汉本内传》《法本内传》《汉明帝内传》等,记述后汉明帝永平年间(58~75)佛教传入并与道教抗衡之事,散见于《破邪论》卷一、《广弘明集》卷一、《集古今佛道论衡》卷一、《法苑珠林》卷十八及卷五十五、《续集古今佛道论衡》

---

① 道宣撰《广弘明集》第一卷,《大正藏》第52册,第100页。按:据道宣称该史实出自《魏书》,今查中华书局版《魏书》及《北史》,均未见载。
② 据刘林魁研究,"此书为北魏中后期到隋末唐初由佛教徒累积编纂而成"。刘林魁:《〈广弘明集〉研究》,中国社会科学出版社,2011,第160页。

卷一等，其中以《续集古今佛道论衡》最详，《破邪论》虽然辑录时间最早，但内容也最略。在南北朝隋唐时期，佛教徒针对"三教论衡"所伪造出的诸多弘教护法著作中，《周书异记》与《汉法本内传》是最有影响的。①

这次"庭辩"的主题虽然是辩论佛老的先后问题，但实质上还是由"老子化胡说"引起矛盾的激化反映。儒家正统史观对佛道双方的思想观念具有深刻影响，所以，当道士姜斌面对佛教方面的驳难时，特别强调"孔子既是制法圣人，当时于佛迥无文记，何耶？"② 真实的西域佛教到底是什么样的？魏晋以来，不断有中国僧人远涉流沙，不辞千辛万苦到西域求法探索，"中国佛教第一人"释道安晚年在长安于正史《西域志》之外，一定要亲自撰写一部反映西域历史与地理情况的《西域志》，此书虽轶已久，但是他意欲借此正本清源的护法情愫是可以想见的。

《史记》及《列仙传》中，有老子为关尹著《道德经》和二人同去西域流沙之说。《列仙传》云："关令尹喜者，周大夫也。善内学，常服精华，隐德修行，时人莫知。老子西游，喜先见其气，知有真人当过，物色而遮之，果得老子。老子亦知其奇，为著书授之。后与老子俱游流沙化胡，服苣胜实，莫知其所终。尹喜亦自著书九篇，号曰《关令子》。"③ 除将尹喜官阶由函谷关令升为周大夫外，又增加了他善内学、隐德修行，特别是与老子俱游流沙化胡的内容。后世道士们据此加以增饰、渲染，东晋、南北朝时，除《老子化胡经》以外，又有《玄妙内篇》《出塞记》《关令尹喜传》《文始内传》等。在这些经、传中，尹喜始终是老子化胡（实为化佛）的随行大弟子与得力助手，成为老子化胡系列故事中最显赫的人物。

《魏书·释老志》云："魏先建国于玄朔，风俗淳一，无为以自守，与西域殊绝，莫能往来。故浮图之教，未之得闻，或闻而未信也。"只提西域未言"天竺"，似乎也表明"老子化胡说"在北魏官方得到一定程度的认可。

针对道教宣扬老子化胡说，佛教方面也炮制了佛陀派遣三大弟子（儒童菩萨为孔子、光净菩萨为颜渊、摩诃迦叶为老子）入华的"三圣东行"诸说及《周书异记》《汉法本内传》等系列伪经。佛道二教为此展开斗争的根本原因，是为了争取统治者的支持与扩大各自的势力范围。

---

① 其中，《周书异记》关于佛陀生卒纪年的伪说一直影响到近代。
② 释道世撰《法苑珠林》第五十五卷《感应缘·合邪归正第六》，《大正藏》第53册，第708页下。
③ 《道藏》第5册，文物出版社、上海书店、天津古籍出版社，1996，第65页。

北魏时期,"三教"融合也是文化发展的主流,孝文帝(471～499 年在位)一方面强调儒学"明孝悌于万国,垂教本于天下"(《魏书·尉元列传》),另一方面又"善谈老庄,尤精释义"(《北史·魏本纪》)。他在《听诸法师一月三入殿诏》中说:"故周旦著其朋之诰,释迦唱善知之文。然则位尊者以纳贤为贵,德优者以亲仁为尚。朕虽寡昧,能无庶几也。先朝之世,经营六合。未遑内范,遂令皇庭阙高邈之容,紫闼简超俗之仪。于钦善之理,福田之资,良为未足。将欲令懿德法师时来相见,进可餐禀道味,退可饰光朝廷。"① 视周公和释迦等同,援儒家尚贤、亲仁等伦理思想入佛教。这种观念"在野"也有深刻体现。如《魏书·逸士列传·冯亮》载:

> 冯亮,字灵通,南阳人,萧衍平北将军蔡道恭之甥也。少博览诸书,又笃好佛理。……亮性清净,至洛,隐居嵩高,……世宗尝召以为羽林监,领中书舍人,将令侍讲《十地》诸经,固辞不拜。又欲使衣帻入见,亮苦求以幅巾就朝,遂不强逼。还山数年,与僧徒礼诵为业,蔬食饮水,有终焉之志。会逆人王敞事发,连山中沙门,而亮被执赴尚书省,十余日,诏特免雪。亮不敢还山,遂寓居景明寺。敕给衣食及其从者数人。后思其旧居,复还山室。亮既雅爱山水,又兼巧思,结架岩林,甚得栖游之适,颇以此闻。世祖给其工力,令与沙门统僧暹、河南尹甄琛等,周视嵩高形胜之处,遂造闲居佛寺。林泉既奇,营制又美,曲尽山居之妙。亮时出京师。延昌二年冬,因遇笃疾,世宗敕以马舆送令还山,居嵩高道场寺。数日而卒。诏赠帛二百匹,以供凶事。遣诫兄子综,敛以衣帢,左手持板,右手执《孝经》一卷,置尸盘石上,去人数里外。积十余日,乃焚于山。以灰烬处,起佛塔经藏。

冯亮集儒释道三教信仰于一身,在北魏隐士群体中非常具有代表性。

正光元年,朝臣张普惠上疏,劝谏孝明帝不要过崇佛教。

> 殖不思之冥业,损巨费于生民。减禄削力,近供无事之僧;崇饰云殿,远邀未然之报。

> 愚谓从朝夕之因,求只劫之果,未若先万国之忻心,以事其亲,使天下和平,灾害不生者也。伏愿淑慎威仪,万邦作式,躬致郊庙之虔,

---

① 道宣撰《广弘明集》第二十四卷,《大正藏》第 52 册,第 272 页。

亲纤朔望之礼，释奠成均，竭心千亩，明发不寐，洁诚禋祼。孝悌可以
通神明，德教可以光四海，则一人有喜，兆民赖之。然后精进三宝，信
心如来。道由礼深，故诸漏可尽；法随礼积，故彼岸可登。量撤僧寺不
急之华，还复百官久折之秩。已兴之构，务从简成；将来之造，权令停
息。（《魏书·张普惠列传》）

指出在社会教化功能方面，儒佛可以互通；援儒入佛，用儒家的"礼"制可
以代替佛教。说明，儒学随着在北魏意识形态领域统治地位的逐渐上升与巩
固，开始有意和佛教争夺"敷导民俗""巡民教化"的主导权。

3. 从民众信仰看佛教在"三教关系"中的形象

唐代僧人神清在谈到北朝佛教时说"魏风犹淳，淳则寡不据道"，"北则
枝叶，生于德教"①。北魏佛教既然被赋予巡民教化、敷导民俗的社会功能，
所以在传播方式上具有通俗性和民众性的特点。

北魏民众普遍信仰佛教，突出的特点就是"象教弥增"。现存一定数量
的北魏佛教造像题记内容涉及造像的时间、造像背景、造像者身份、造像动
机、发愿对象，乃至造像时的社会脉络等，可提供有关造像时代的政治、经
济、社会、宗教、艺术表现、区域之间的文化交流等，反映了同时代佛教传
播发展的许多第一手研究资料。②

以云冈石窟为例，有学者研究统计：

云冈石窟共有 49 条独立造像题记，其中 12 条造像者身份不明确，
35 条造像者身份皆可辨认：1 条是柔然国皇室成员，4 条是北魏官吏家
庭成员（包括官吏或官吏家眷），8 条是僧尼，21 条是普通信众，还有
一条是社邑成员，因此造像者所处的社会阶层大致可归为帝王、官吏、
僧尼和平民阶层。云冈石窟不同社会阶层的题记特征显示出信仰的阶层
性差异。③

---

① 神清撰《北山录》第四卷，《大正藏》第 52 册，第 598 页。
② 邵正坤先生说："南方由于气候原因和国家的碑禁政策，流传下来的造像记极少，而在北
方，由于经典的指引、国家的倡导以及信徒对于信仰的狂热，雕凿了无数佛像，因而也
诞生了大量造像铭文，成为中古时期社会上各个阶层信仰的见证。"邵正坤：《造像记增
添中古史建构基石》，"中国宗教学术网"，http：//iwr. cass. cn/zjys/201904/t20190418_
4866102. shtml，最后访问日期：2019 年 3 月 4 日。
③ 徐婷：《云冈石窟造像题记所见的北魏佛教信仰特征》，《宗教学研究》2014 年第 1 期，
第 118 页。

同时也反映了"造像"是北魏佛教信仰普遍性和民众性的主要表现形式。北魏统治阶层崇信佛教,他们广度僧尼,乃至不惜以"举国之力"开凿石窟、造寺立像,扩大了佛教在社会上的影响。所谓"上有好之下必效焉",北魏佛教既然被赋予"敷导民俗"的使命,则僧侣们普遍在民间"巡民教化",结社造像是他们的"传教"方式之一。

《魏书·释老志》载,452 年文成帝即位,下诏恢复佛教时说:"夫为帝王者,必祇奉明灵,显彰仁道,其能惠著生民,济益群品者,虽在古昔,犹序其风烈。是以《春秋》嘉崇明之礼,祭典载功施之族。况释迦如来功济大千,惠流尘境,等生死者叹其达观,览文义者贵其妙明,助王政之禁律,益仁智之善性,排斥群邪,开演正觉。"把佛教化世导俗的伦理价值和儒家并驾齐驱,进一步肯定了其"敷导民俗"的社会功能。而这种功效,最直接地体现在各种"造像记"中。

如北魏太平真君四年(443),高阳蠡吾(今河北博野)任丘村人苑申造玉菩萨题记,直接发愿:"为东宫皇太子造□玉菩萨,下为父母,一切知识,弥勒下生,龙华三会,听受法言,一时得道。"① 通过造像的形式,把崇佛的信念和儒家的忠孝思想合而为一。同时,也说明佛教与儒家调和及进一步"中国化"的历史成果。

伴随北魏政权及鲜卑民族的"汉化"日益深入,对孔子的尊崇程度也在不断加强。延兴二年(472),孝文帝拓跋宏下诏说:

> 尼父禀达圣之姿,体生知之量,穷理尽性,道光四海。顷者淮、徐未宾,庙隔非所,致令祠典寝顿,礼章殄灭,遂使女巫妖觋,淫进非礼,杀生鼓舞,倡优媟狎,岂所以尊明神敬圣道者也。自今已后,有祭孔子庙,制用酒脯而已,不听妇女合杂,以祈非望之福,犯者以违制论。其公家有事,自如常礼。牺牲粢盛,务尽丰洁。临事致敬,令肃如也。牧司之官,明纠不法,使禁令必行。(《魏书·高祖纪》)

强调祀孔之礼必须纯贞、庄重,循章而行,严禁驳杂"非礼",以维护祠典的神圣性。翌年,又"诏以孔子二十八世孙鲁郡孔乘为崇圣大夫,给十户以供洒扫"(《魏书·高祖纪》)。太和十六年(492),"幸皇宗学,亲问博士经义"(《魏书·高祖纪》)。迁都洛阳后,太和十九年(495)庚申,孝文帝

---

① 高艳霞:《河北弥勒造像题记考》,《文物春秋》1999 年第 2 期,第 16 页。

"行幸鲁城，亲祠孔子庙。辛酉，诏拜孔氏四人、颜氏二人为官。……又诏选诸孔宗子一人，封崇圣侯，邑一百户，以奉孔子之祀。又诏兖州为孔子起园柏，修饰坟垄，更建碑铭，褒扬圣德"（《魏书·高祖纪》）。儒释道"三教"正式并列于"举国体制"。对于佛教而言，其在"三教关系"中找准自身定位，更加乐意自觉、自愿地殷勤为国祈祷。如追远寺众僧造像发愿文云："大代太和七年（483）岁次癸亥，合追远寺众僧，颖川公孙小，劝所道俗，为皇帝陛下、太皇、太后、皇太子敬造千佛，愿缘此庆福钟，皇家祚隆万代，普济群生。"① 在北魏朝廷为皇帝造像之风的影响下，佛教界也上行下效，《僧昙造像题记》说："为七帝建三丈八弥勒像，二菩萨丈造素"，"大魏今上皇帝陛下，忠慕玄迫，孝诚通敏"。"大像用赤金六万六千四百斤，黄金二千一百斤。二菩萨用赤金四万六千斤，黄金一千一百斤。"② 从太和十六年（492）开工，至景明二年（501）甫就。

陕西省耀县博物馆所藏《魏文朗造像碑》则融佛、道教于一碑。发愿文云：太武帝拓跋焘"始光元年（424），北地郡三原县民（阳源川姚忠）佛弟子魏文朗，□□不赴，皆有建劝，为男女造佛道像一区。供养□□，每过自然，子孙昌荣，所愿从心。眷属大小，一切荡家□，如是因缘，使人后扬"③。太和二十年（496），《姚伯多兄弟造像碑》的碑阳面主龛显然是道教造像，碑阴题材内容主要表现佛教弥勒信仰，但从冠帽造型判断又像是道教造像，融佛道元素，在同期造像碑中比较典型。④ 神龟二年（519）的造像碑在清嘉庆三年（1798）出土于陕西省临潼县栎阳镇。碑阳为一道教造像龛（造像着道冠，蓄须，左手执扇于胸），碑阴为佛教造像龛（弥勒像），碑侧均为道教造像龛，发愿文题记中有云："……弟归佛宗，托身于道门，……奉师敬三宝，爱乐灵篇。……有愿天必从，生死□。"⑤ "……天地万物……无为□太空先神仙……转轮割减……神仙奉师敬……太上君邑子兹咸师徒普延年同畴三劫寿练身愿更仙……" 刘法社等造像碑碑阳与碑阴的造像大致相同，坐像戴道冠，束腰带，蓄须，胁侍亦戴道冠。碑阳主尊右手执扇。

① 翟春玲：《西安出土北魏铜佛造像研究》，《文博》2003年第5期，第45页。
② 颜娟英主编《北朝佛教石刻拓片百品》第1册，转引自李利安、崔峰《南北朝佛教编年》，三秦出版社，2018，第100页。
③ 耀生：《耀县石刻文字略志》，《考古》1965年第3期，第136页。
④ 参见张燕《药王山造像碑》，《中国道教》2001年第6期，第33~34页。
⑤ 张燕：《北朝佛道造像碑精选》，天津古籍出版社，1996，第129~131页，第63~68页图。

两侧中为道像，另一侧则为佛像（高肉髻、着通肩衣，手施无畏印），佛龛旁刻有"佛弟子刘法社"，其下供养人有佛弟子和道民数人。① 此碑也可能是佛、道信徒通力合作的产物。雍州冯翊郡万年县西乡人张乾度等七十人于神龟二年十月丁未朔十四日造像题记，有云："□大圣寥妙，神化万方，□以大道□□□□□□苞洛乾坤，造化阴阳。……丈六金刚，能短能长，□零朝宗俗□□望而延天堂。……上愿皇帝陛下、牧守令长，愿保□零，下为七世父母，所生父母，常在太上左右。"② 通过以上几通碑，使我们管窥到北魏关中地区民间宗教信仰之一斑——佛道混合信仰。民间佛教信仰形式及民俗的养成，需要采用民族化的形式；而民族化的表现形式，又使佛教成为民族认同的有机组成部分。

正始元年（504），比丘法雅等千人造九级浮图碑，碑文则是为孝文帝歌功颂德之作，有云：

> 孝文皇帝，大魏之中兴，旷代之睿主。比德则羲农齐轨，远治则伊妫同范。以先皇所都壤，偏于曜和，不洽于土中。乃兆畿域于□塂。……次于大梁，望舒会于析水，建功乃就，且因地之形胜，有先哲之旧墉。目日杨城矣，带黄河，背流清，左长淇，右太行。域康叔之旧封，条伯禹之所营，则其余原絮之沃，岂可具焉。③

高度评价了孝文帝迁都洛阳之举。孝文帝强力推行的系列"汉化"政策使鲜卑民族经历了脱胎换骨般痛楚的"蜕变"过程；拓跋皇室也为此付出了惨痛的代价，孝文帝本人亦33岁英年早逝。然而，从碑文看，佛教界对迁都洛阳是欣然接受的。洛阳本是佛教初传中土之地，经过东汉末年及西晋的兵燹涂炭，早已凋零破败。此时，沉寂了近200年的洛阳佛教，终于迎来了再一次的"复兴"。

---

① 李凇：《临潼六通北朝造像碑考释》，《中国道教》1996 年第 2 期，第 38 页。
② 李新宇、周海婴编《鲁迅大全集》第二十五卷，长江文艺出版社，2012，第 72～77 页。
③ 颜娟英主编《北朝佛教石刻拓片百品》第 1 册，转引自李利安、崔峰《南北朝佛教编年》，第 97 页。

第一章

"大一统"与十六国北朝时代精神

4～6世纪的时代主题是分裂与统一,时代特色具体表现为:各民族的大融合、文化的大融汇,这既是实现"大一统"的政治、经济、文化基础,也是"大一统"的历史成果。

北方少数民族政权以军事力量入主中原以后,出于长治久安的政治需要,往往都自觉地发动一场自上而下的文化洗礼,无一例外地都接受了以儒家思想为核心的中原文化传统,并建立起一套与之相适应的政治统治制度和文化意识形态体系。儒家纲常学说成为治国理政的主导思想,儒经是制订典章制度的依据,儒学是官方教育的法定内容。

这些民族政权的统治者于建政后,纷纷大规模营建都城,这不仅是转变经济发展模式的现实需要,更是对定居型农耕文明生产、生活方式的认可。不同民族及文化在共同的生活、生产方式及文明形态这个"大熔炉"里,实现了融合、融汇。以儒学为主体文化的农耕文明,以其独特的凝聚力把众多处于游牧－渔猎文化形态的"非汉民族"带入了封建社会。而历史从十六国到北朝,所体现出的这种惯性呈现在民族关系问题方面,表现为少数民族对华夏礼义文化的认同。在这一点上,无论是前秦、后秦还是北魏,模式都大同小异——在政治制度及统治方针政策层面夯实、巩固"封建化"的基础,在意识形态领域对"大一统"继承、发挥,以示海内承平、文化正朔之所在。

从各民族的大迁徙到各割据政权势力的此消彼长、南北分立,直至重新统一;从北方少数民族日趋"汉化"到胡汉逐渐融合,"五胡"主体部分渐次消融在农业文明先进文化、先进生产力与先进社会的大"熔炉"之中,所谓"入中国则中国之",最终成为华夏民族的有机组成部分,这是历史的必由之路。

第一节 "大一统"与"夷夏之变"

葛剑雄先生说:"汉族在长期共同的生产和生活中形成了共同的文化和民族心态,经过儒家学说的总结提高,升华为一种统一的观念。由于汉族地区优越的自然条件和汉族人民的辛勤劳动,这一主体部分自秦汉以来一直是东亚大陆经济和文化最发达的地区,对其他政权和民族具有极大的吸引力。"① 面对"华夷杂居"的现实世界,实现"大一统"是南北朝历代最高统治者的政治理想。

4 世纪之前,儒家在处理民族关系问题方面,逐渐形成两种基本原则。一种是坚持"用夏变夷"的主张,即《孟子》所谓"吾闻用夏变夷者,未闻变于夷者也"②。孟子称赞楚人陈良说:"陈良,楚产也。悦周公、仲尼之道,北学于中国。北方之学者,未能或之先也。彼所谓豪杰之士也"(《孟子·滕文公章句上》),对那些歆慕中夏文化的蛮夷之士持肯定态度。原则上侧重于"辨"与"防",也就是坚持以血缘、地缘等因素,严格区分华夏与蛮夷的界限。另一种是《春秋公羊传》以文化及道德的标准,区分诸夏和夷狄,并将其视为可变的概念。这也是后世儒家在面对历史发展的过程中,对多元融汇基础上的"大一统"潮流所采取的一种顺应或变通主张;重在文化标准说,即根据历史上民族融合发展过程中"具体情况、具体分析"的方针,予以变通。通常情况下,这两种原则往往在不同历史背景下并存、演进、交替消长,成为治国理政处理民族关系、化解民族矛盾时的两种理论选择和灵活运用。

4 世纪时的儒士阶层面对民族矛盾的集中爆发,既对"和平"充满了憧憬与渴望,又流露出浓重的民族主义情怀。诚如现代学者研究所得,"一旦我们审视公元 300 年前后的历史背景,这些情绪就变得极易理解,也极为重要。匈奴和羌族逐渐入侵了中原领土,不久他们就征服了北部中国。这一定刺激了中国士大夫中间的排外情绪"③。而少数民族政权领袖则直接倡言:

---

① 葛剑雄:《历史上的中国:中国疆域的变迁》,上海锦绣文章出版社,2007,第 223 页。
② 杨伯峻编著《孟子译注》第五卷《滕文公章句上》,中华书局,1962,第 125 页。(以下此书同一版本,只标注卷和篇目)
③ 〔荷〕许理和:《佛教征服中国》,李四龙等译,江苏人民出版社,2005,第 391 页。

"夫帝王岂有常哉，大禹出于西戎，文王生于东夷，顾惟德所授耳。"（《晋书·刘元海载记》）他们的祖先从漠北高原逐步南迁至内地已数百年之久，长期耳濡目染汉文化，已接受、认同"大一统"的思想观念，因此他们的起兵叛离，并不是要再回到祖居地过上游牧生活，而是自觉寻求自我认同意识，要在中原重新建设一个多民族的统一王朝。

正如孟子说："世衰道危，邪说暴行有作，臣弑其君者有之，子弑其父者有之。孔子惧，作《春秋》。《春秋》天子之事也。"（《孟子·滕文公章句下》）儒士阶层关怀之切，以世道人心为念，莫大于"保民""安天下"，实现"王道"。残酷的个人生存环境、严峻的文化生态危机和强烈的民族存亡感交织在一起。"春秋大义""尊王攘夷""夷夏之变"，维护"大一统"，重视儒家伦理纲常等观念意识在思想界影响深远，并成为时代的最强音。

鲁庄公时期，齐桓公首倡"尊王攘夷"。"尊王攘夷"在中国历史上被标榜为颠扑不破的正统观念，后人多予以正面评价。如孔子就极力褒扬管仲尊王攘夷的功绩。齐桓公在管仲的辅佐下，帮助燕国击败山戎，营救被赤狄攻打的邢国。《论语·宪问》载："子贡曰：'管仲非仁者与？桓公杀公子纠，不能死，又相之。'子曰：'管仲相桓公，霸诸侯，一匡天下，民到于今受其赐。微管仲，吾其被发左衽矣。岂若匹夫匹妇之为谅也，自经于沟渎，而莫之知也。'"[1] 在孔子的时代，戎狄是"被发左衽"，诸夏则是束发右衽；蛮夷是"不火食"，戎狄是"不粒食"[2]，诸夏则是习惯熟食、五谷粒食。简而言之，诸夏与蛮夷戎狄的区别，首先在于衣食住行等物质文化方面。如果没有齐国挺身而出抗击，那夷狄就要入主。孔子著《春秋》的目的之一，就是严夷夏之大防，拥戴周天子"天下共主"的立场并最终达到"以夏变夷"的目的。"吾闻用夏变夷者，未闻变于夷者也"（《孟子·滕文公章句上》），成为后世儒家的一条定律。

"大一统"概念较早出现于《春秋公羊传》中，并成为其所宣扬的政治理论的一个命题。《春秋公羊传》认为，孔子于《春秋》中所贯穿的"大一统""拨乱反正"等政治理念，应当成为儒家思想最重要的原则；正如孟子所言，"孔子成《春秋》而乱臣贼子惧"（《孟子·滕文公章句下》）。孔子作《春秋》，意在"明王道"、本人心以正世，使天下复归至治，所谓"经世"。

---

① 杨伯峻译注《论语译注》，中华书局，1980，第151页。
② 杨天宇译注《礼记译注》，上海古籍出版社，2004，第155页。

在儒家的历史、政治哲学体系中，"大一统"与"夷夏之变"是密不可分的。

《春秋公羊传》"内其国而外诸夏，内诸夏而外夷狄"的思想与孟子"吾闻用夏变夷者，未闻变于夷者也"的夷夏观不尽相同，它既对夷狄遵守礼义者以"中国之"，也对中国违背礼义者以"夷狄之"，这被看作对先秦儒家夷夏观的一种发展。

儒学从单纯的伦理道德修养和政治理想的一般学说，上升为政治制度化的国家主流意识形态，是以汉儒发挥《春秋》之"微言大义"来实现的。董仲舒发挥、完善了"尊王攘夷"之说，他提出：

> 《春秋》慎辞，谨于名伦等物者也。是故小夷言伐而不得言战，大夷言战而不得言获，中国言获而不得言执，各有辞也。有小夷避大夷而不得言战，大夷避中国而不得言获，中国避天子而不得言执，名伦弗予，嫌于相臣之辞也。是故大小不逾等，贵贱如其伦，义之正也。（《春秋繁露卷第三·精华第五》）

借"尊王攘夷"的名义，加强中央集权、明确皇帝的绝对权威。及至西汉中期，"公羊学"上升为官方的意识形态。

董仲舒承继了《公羊传》以礼义辨别夷夏和"进于夷狄则夷狄之，进于中国则中国之"的思想。也就是说，对于"四夷"，中原王朝一般不大主张使用武力征服的方式，如《论语·季氏》云："故远人不服，则修文德以徕之。既徕之，则安之。""中国"必须以先进的文化、制度等道义优势，达到对"四夷"的钳制。这一文化战略原则被后世所继承、发挥。如《韩非子·五蠹》载："当舜之时，有苗不服。禹将伐之，舜曰：'不可，上德不厚而行武，非道也。'乃修教三年，执干戚舞，有苗乃服。"舜是以"修文德"而使有苗感化、归附的。《左传·僖公十九年》有："文王闻崇德乱而伐之，军三旬而不降，退修教而复伐之，因垒而降。"也是兼用武力征伐与修文德两相结合的办法。在此原则下，董仲舒提出"'《春秋》之常辞也，不予夷狄而予中国为礼，至邲之战，偏然反之，何也？'曰：'《春秋》无通辞，从变而移。今晋变而为夷狄，楚变而为君子，故移其辞以从其事'"（《春秋繁露卷第二·竹林第三》）。前提是夷狄要全盘接受发源于中原的"罢黜百家"和"编订经典"之后的官方儒家思想、文化，使其怀德畏威，目的是维护大汉天子的长治久安。在此基础上又提出了"王者爱及四夷"的德化四夷主张

（《春秋繁露卷第八·仁义法第二十九》），同时又将夷夏分为三等，即中国、大夷和小夷；强调小夷避大夷，大夷避中国，中国避天子。

东汉末年的何休是"尊王攘夷"学说的集大成者。《春秋公羊传·成公十五年》有："《春秋》内其国而外诸夏，内诸夏而外夷狄。王者欲一乎天下，曷为以内外之辞言之？言自近者始也。"何休为《春秋公羊传》作注，撰成《春秋公羊解诂》，进一步将《春秋》所记上起鲁隐公元年（前722），止于鲁哀公十四年（前481）间242年的历史，理想化地分为三个阶段，即"所传闻之世""所闻之世""所见之世"，他认为"所传闻之世见治起于衰乱之中……故内其国而外诸夏"，"所闻之世见治升平，内诸夏而外夷狄"，"至所见之世著治太平，夷狄进至于爵，天下远近小大若一"（《春秋公羊经传解诂·隐公元年》）。"所传闻世"是"据乱世"，"内其国外其夏"与"所闻世"是"升平世"，"内诸夏外夷狄"和"所见世"是"太平世"。也就是说，社会历史发展是沿着据乱世、升平世、太平世顺次进化的过程。夷夏之间的转化、融合，最终的发展结果应当是夷夏一家太平世。这把"尊王攘夷"理论提到了新的高度。

儒士阶层视域下的"中国"往往是一个文化的概念，而不是种族的或一个有着明确疆域的政治地理概念。扬雄在《法言·问道》中说："无则禽，异则貉"。所谓"中国"是以有没有"礼乐"，也就是"文明程度"来分别的。《三国志·魏书·乌丸、鲜卑、东夷传》在谈到夷夏之分的时候也讲，"虽夷狄之邦，而俎豆之象存。中国失礼，求之四夷，犹信"。可见，"礼"才是区分夷夏的准则。即夷狄与中国主要是指向文化的概念，而不是种族。如《春秋公羊传·定公四年》："吴何以称'子'？夷狄也而忧中国。"同年，其行为"非礼"，就贬。"庚辰，吴入楚。吴何以不称'子'？反夷狄也。其反夷狄奈何？君舍于君舍，大夫舍于大夫舍，盖妻楚王之母也。"吴王住进楚王的宫中，吴大夫住进楚大夫的家里，还有人把楚王的母亲当作妻子。吴王为什么又不称"吴子"了呢？因为吴国的行为又重新恢复了夷狄的本性。《春秋》对同一个"吴"，有时斥为夷狄，有时则尊称"吴子"。本来吴国与楚国一样被认为是夷狄（吴，是周的同姓，吴太后的后裔，因其称王，贬称为夷狄），因此吴、楚之君不能称"子"，不书葬。《春秋公羊传·宣公十八年》："甲戌，楚子旅卒。何以不书葬？吴楚之君不书葬，辟其号也。"目夷谏宋襄公说："楚，夷国也，强而无义。请君以兵车之会往。"（《春秋公羊传·僖公二十一年》）"此楚子也，其称人何？贬。曷为贬？为执宋公贬，故终禧之篇贬也。"（《春秋公羊传·僖公二十七年》）就连"中国"也可能同时具有褒、贬之义，可见华夷是可以互变的。《春秋》借夷狄与中国，以表明其坚持主张以中原礼俗（《周礼》）为主导的原则，从而判断其为中国还是夷狄，主要以文化为标准。姚大力先生称之为"文化至上主义"（culturalism），"只要能够坚持'用夏变夷'的文化策略，那么从政治上接受蛮夷的统治也是可以的"。①

"四夷"由于渐染中原礼俗，于是出现逐渐同化于中原诸夏的现象。如春秋时期，楚国最初的封地"收荆蛮有之，夷狄自置"（《史记·齐世家》）。楚君也以蛮夷自居，"不与中国之号谥"（《史记·楚世家》）。《春秋公羊传·僖公四年》："南夷与北狄交，中国不绝若线"，南夷即指楚，成为威胁中原文化的大敌。由于逐渐受到中原礼俗的影响，逐步同化于中原。《春秋公羊传·庄公二十三年》："荆夫来聘……始能聘也。"楚到春秋后期与中原诸夏在文化上几无二致，后因与晋争霸，遂成为中原盟主。由此说明，诸夏与四夷的民族文化融合存在着以中原礼俗为主导的文化同化过程，无疑对大一统局面的巩固、扩大具有一定的促进作用。总之，加强文化认同感，以弥补政治力量之所不济，这也是《春秋》对于民族文化融合所持的基本立场。《春秋公羊传》的"大一统"思想与此是一脉相承的。

儒家理想对"大一统"的深切追求，使得大一统与夷夏之别在《春秋公羊传》里并非是绝对对立的，只要为实现"大一统"的需要，夷夏之别也是可以变通的。换言之，夷夏之别相对于大一统而言，只是居于从属的地位，大一统才是绝对的原则。但二者并不矛盾。②

经由董仲舒等人改造的"官方儒学"上升为显学和国家意识形态后，封建中国的政治形态基本上可以被看作一个中央集权的"儒法国家"。在这一政治体制中，皇帝被神圣化为"天子"，而"天命"的具体内涵，则如董仲舒提出的所谓"天地人主一也""王道之三纲，可求于天"的宇宙观。董仲舒说："古之造文者，三画而连其中，谓之王，三画者，天，地与人也。而连其中者，通其道也，取天地与之人中以为贯而参通之，非王者孰能当是？"（《春秋繁露卷第十一·王道通三第四十四》）反映了他政教合一思想的本质，

---

① 姚大力：《中国历史上的民族关系与国家认同》，"在土星的标志下"，https：//www.sohu.com/a/219775565_756901，最后访问日期：2019年1月30日。

② 参见葛志毅《论大一统与严夷夏之防》，《管子学刊》1997年第1期，第63页。

即凸显皇帝在天、人之间的枢纽地位与神圣功能——皇帝既拥有最高政治首脑的权力，也具有道德教化与宗教祭祀的权力；既是"凯撒"，也是"上帝"。这一政治体制在国家政权与儒家精英之间，建立了一种相互依赖的共存关系，为国家的统治提供了合法性基础，为社会各阶层人等的生活提供了道德准则，在社会精英层面维持了一个同质性的文化认同感，弥补了帝国控制能力的不足，这就是"大一统"局面在两千多年中能得以维持的关键。①

张博泉先生的研究认为，中华民族经历了一个以华夏文化为主体，由"多元"向"一体"发展的历史。而将"多元"统一于"一体"的基础是先秦时期形成的"天下国家一体"的政体。古代中国的国家概念是"天下"概念，即所谓"中外一体，天下一家，皆在王封之内"。在区域系统上，"天下国家一体"的政体首先把天下划分成"中国"与"四海"两个部分，主张"华夷分制"。其次，在民族系统上，天下民族被分为居"中国"的华夏和居"四海"的四夷，主张"夷不乱华"，严守中外界线。最后，在文化观念系统上，区分华夷及中外的基本依据是"礼"，行礼仪者为华，不行礼仪者为夷，主张"华贵夷贱"，以汉族为正统，以中原建立的政权为中国，四夷必须臣服于"中国"。② 在现实中，这种"多元一体"是建立在"同服不同制"的基础之上的，"表现为多元一体内的中外的差别是不同制，而表现为多元一体内的一致性是同服，同服把一体内的中外在服事关系上结成一体"③。但这种"同服不同制"的状态不是一成不变的，它经历了一个从分华夷、分中外、同服不同制的"天下一体"时代向不分华夷、不分中外、同服同制的"中华一体"时代的自我扬弃过程。而这种自我扬弃的动力来自各民族之间的互动。在文化观念系统上，从过去以汉族政权为正统，逐渐转变为不论"华夷"的种族出身，只要行"中国"礼仪，皆可为正统的思想。④

有学者研究认为：

在中国的皇权专制王朝时期，以"道统"、"夷夏之辨"来区分"我者"、"他者"的主要是统治者和儒家知识分子（即社会精英阶层）的关怀，这种关怀与争夺和维护统治权有关。普通民众被排除于政治之

---

① 上述观点系综合了赵鼎新教授的系列文章。
② 张博泉：《中华一体的历史轨迹》，辽宁人民出版社，1994，第172~175页。
③ 张博泉：《中华一体的历史轨迹》，第22页。
④ 转引自熊鸣琴《金人"中国"观研究·绪论》，上海古籍出版社，2014，第11~12页。

外，只是被统治者，只要交粮纳税就可以了，国家利益与他们关系不大。因此，普通民众对国家政治并不太在乎，也很难有对国家的认同。在这种背景下，所谓外来政权代替中原政权，只要外来统治者接受文化大传统，即儒家思想、文字系统等，笼络好以儒家知识分子为代表的社会精英阶层，不过度干预普通民众的生活，这一政权就能获得中原人的接受与认同，建立稳固的统治，甚至最后也被视为中国文化的正统继承者。①

4～6世纪，偏安江南的东晋及南朝政权虽然以"正朔"相标榜，但十六国各政权与北朝也通过"统一"来竞逐正统的观念，并日渐为北方儒士阶层及普罗大众所接受。

第二节 "五胡十六国"之前，北方少数民族的"汉化"

政权分裂和民族矛盾是形成多民族统一国家过程中不可逾越的分水岭；多元融汇基础上的"大一统"及各民族大融合则是发展趋势和历史最终成果。

分裂是"多元"和"不平衡"的极端表现，统一则又显示了华夏历史、文明的总体走向。

首先，"人口迁移带来了各地区的经济开发，然后是王朝制度在各地区的推行以及所谓'教化'的展开。也正是在这一过程中，中国历史发展与中国文化的一致性或统一性得到贯彻与展开，各地区的社会经济与文化发展遂得以纳入中国历史发展的总体轨道中"②。在从民族对立到民族融合的历史过程中，北方游牧－渔猎民族一旦内迁入农耕区域，便在自身生产、生活方式长期的农耕化、定居化，以及生活习俗、文化伦理观念儒家化的过程中，逐渐融入农耕民族。典型事例如历史上南匈奴的命运便是如此。

《资治通鉴·汉纪·孝顺皇帝》载，东汉顺帝汉安二年（143）：

---

① 徐良高、周广明：《当代民族国家史的构建与"最早的中国"之说》，《南方文物》2016年第4期，第8页。

② 鲁西奇：《逐鹿天下：中国历代王朝更替的地理因素》，"搜狐·文化"，https：//www.sohu.com/a/212904711_100092005，最后访问日期：2017年12月30日。

六月，丙寅，立南匈奴守义王兜楼储为呼兰若尸逐就单于。时兜楼储在京师，上亲临轩授玺绶，引上殿，赐车马、器服、金帛甚厚。诏太常、大鸿胪与诸国侍子于广阳门外祖会，飨赐，作乐、角抵、百戏。

《资治通鉴·汉纪·孝献皇帝》载，建安二十一年（216）：

初，南匈奴久居塞内［南匈奴自东汉光武帝建武二十六年（公元50年）即入居塞内］与编户大同而不输贡赋。议者恐其户口滋蔓，浸难禁制，宜豫为之防。秋，七月，南单于呼厨泉入朝于魏，魏王操因留之于邺，使右贤王去卑监其国。单于岁给绵、绢、钱、谷如列侯，子孙传袭其号。分其众为五部，各立其贵人为帅，选汉人为司马以监督之。

说明，南匈奴上层贵族浸淫中原政治制度和礼乐文化已久，与东汉朝廷已经结成藩属关系。南匈奴"内附"后，由于杂居中原，所以很快就能吸收汉族政治、经济、文化和军事技术，有些部族则直接成为雇佣兵，替朝廷出征效力。周伟洲先生说："东汉可以直接征调南匈奴部人为'义从'，守塞保边，参加战争。如建安十七年（212）曹操欲击吴国孙权，以东汉尚书令发布的《檄吴将校部曲文》中云：'……今者枳棘翦扦，戎夏以清。万里肃齐，六师无事。故大举天师百万之众，与匈奴南单于呼完厨（呼厨泉）及六郡乌桓、丁令、屠各……'"①

秉持"夷夏之变"与维护"大一统"，代表了儒士阶层在面对民族关系问题、处理民族矛盾时的基本立场及惯性思维。在4世纪初的历史巨变前夜，这突出表现在江统的《徙戎论》之中。

西晋元康九年（299），氐族首领"齐万年"反叛事件之后，太子洗马江统上表《徙戎论》，列举历史事实，痛陈"四夷"内迁之患，并就当时民族实力此消彼长的具体社会情况进行分析，指出当年魏武帝曹操"徙武都之种于秦川"虽然只是为了打击蜀国的权宜之计，但事到如今已经显出弊端。为此，江统深感防微杜渐宜早不宜迟，力主将混居在关中地区的北方各族迁回到他们原来的栖息之地，否则，迟早将会威胁中原政权的长治久安。应当指出的是，《徙戎论》只是预见到了社会危机爆发前的民族矛盾潜流。而"内附"民族此时已经成为朝廷"编户"，不仅要缴纳赋税，同时也要承担国家

---

① 周伟洲：《汉赵国史》，社会科学文献出版社，2019，第12～13页。

兵役、徭役。《晋书·食货志》载:"户调之式:丁男之户,岁输绢三匹,绵三斤,女及次丁男为户者半输。其诸边郡或三分之二,远者三分之一。夷人输賨布,户一匹,远者或一丈。……远夷不课田者输义米,户三斛,远者五斗,极远者输算钱,人二十八文。"可见,不能将内迁民族与塞外民族混为一谈。

西晋重臣阮种也强烈意识到当时民族问题的严重性,他于上晋武帝的对策论中说:

> 自魏氏以来,夷虏内附,鲜有桀悍侵渔之患。由是边守遂怠,郫塞不设。而今丑虏内居,与百姓杂处,边吏扰习,人又忘战。受方任者,又非其材,或以狙诈,侵侮边夷;或干赏啖利,妄加讨戮。(《晋书·阮种列传》)

认为民族杂居与地方官吏的昏聩无能、残暴压榨是导致民族矛盾尖锐的客观事实。

江统的观点一定程度上反映了同时代儒士阶层从维护"大一统"与"夷夏之变"的角度对"内附"北方民族的看法。"远夷狄"是"中夏"自古以来的政治及文化传统。

大禹时期曾经施行"五服"制度,所谓"先王之制,邦内甸服,邦外侯服,侯卫宾服,蛮夷要服,戎狄荒服"(《国语·周语》)。《尚书·禹贡》包括"九州"和"五服"两项内容:天子之国为中国九州,九州之外乃五服之地。以距离"王畿"中心的远近为次第,向四面每五百里为一"服"区,分别是甸服、侯服、绥服、要服、荒服,五个尊卑贵贱分明的不同区域。"'畿服'理论确立了'中心'与'周边'按照地理距离体现出的亲疏关系。"[①]王朝的统治是由中心向边缘的相递延伸,自王畿向四周扩展,由内向外、由近及远推向四方,形成一种"同心圆"的朝贡体系。

其实,这种华夷分居的格局在中国历史发展进程中早就被打破了。正如大禹也是"兴于西羌"(《史记·六国年表》)。商、周也都属于由周边占据中原的王朝,《史记·六国年表》云:"汤起于亳,周之王也以丰镐伐殷。"只是他们于建政之后,便以华夏正统自居而视周边政权为夷狄了。最终实现统一天下的"秦",最初也只是一个"诸夏宾之,比于戎翟"的偏远小国。

---

① 徐良高、周广明:《当代民族国家史的构建与"最早的中国"之说》,《南方文物》2016年第4期,第4页。

《史记·六国年表》云:"秦始小国僻远,诸夏宾之,比于戎翟,至献公之后常雄诸侯。论秦之德义不如鲁卫之暴戾者,量秦之兵不如三晋之强也,然卒并天下,非必险固便形势利也,盖若天所助焉。……秦之帝用雍州兴,汉之兴自蜀汉。秦既得意,烧天下《诗》《书》,诸侯史记尤甚,为其有所刺讥也。"

江统提出"徙戎论"的历史背景,是晋武帝为了彰显"通上代之不通,服前王之未服。祯祥显应,风教肃清,天人之功成矣,霸王之业大矣"(《晋书·武帝本纪》),在处理民族关系问题时,大规模接纳北方民族内迁"归化"。李鸿宾说:

> 作为中原文化的保护者和承传者,中原皇朝的统治阶级在维护皇朝运作的时候,首先强调文化的属性以接纳不同的群体。"大一统"观念本身就将不同群体的纳入作为考虑的首选,只不过在皇朝强盛之时,它吸纳其他群体更能加强自己的利益,就表现出异常的宽厚和开放。然而当它力量薄弱而感到周边民族对它形成威胁时,就转而阻止他们内向发展,"华夷有别"的观念也被刻意强化。[①]

晋武帝禅魏登基后,于"泰始元年冬十二月丙寅,设坛于南郊,百僚在位及匈奴南单于四夷会者数万人,柴燎告类于上帝"(《晋书·武帝本纪》)。可见,四海宅心、"四夷"臣服是太平盛世的"标配"。这也是实现短暂统一后的晋武帝急于自我标榜之所在。

"汉化是一个民族与汉民族接触和相处后,这个民族的大部分成员放弃了自身的族群认同及其文化,而与汉民族通婚,采取其文化。……当汉化发生后,并不是说被汉化的民族文化完全消失。"[②] 纵观中国历史的发展进程,无不是少数民族不断融入中原华夏文明的发展历程,华夏民族也正是由于不

---

① 李鸿宾:《"徙戎论"的命运与"天下一家"的格局》,《河北学刊》2005 年第 3 期,第 78 页。

② 陶晋生:《女真史论》,台北:稻乡出版社,2003,第 179 页。"如魏晋十六国时期秦陇彭氏,虽为汉姓却均非汉人,而是包括卢水胡、羌、氐和鲜卑四个少数民族,且皆世为其所在部族酋豪。"参见王素《北凉沮渠蒙逊夫人彭氏族属初探》,《文物》1994 年第 10 期,第 44 页。"匈奴不仅学习汉字,还采用汉朝制度。……后来,就连单于名号也效仿汉朝。呼韩邪单于以前,匈奴均在单于前加其名,如头曼单于、冒顿单于、军臣单于等,但自呼韩邪单于降汉后,就效仿汉朝以'孝'为谥号的习惯,在'单于'之前加上'若鞮'(匈奴称孝为若鞮)。""此外,'无城郭常居耕田之业'的匈奴,后来竟穿井筑城、治楼藏谷,也与汉族的影响不无关系。"高荣、贾小军、濮仲远:《汉化与胡化:汉唐时期河西的民族融合》,第 18 ~ 19 页。

断地融入了其他民族的族群成分而不断发展壮大。① 只要他们进入中原地区并愿意接受华夏文化，他们就已经华夏化并以华夏正统自居了。换言之，"夷夏之变"的最终区分，是通过文化上的竞争而抉择出结果的。历史经验表明，只有不断扩大夷夏间的共同基础，合同一家才是保持社会稳定发展的必由之路，华夏文化也就更能彰显其旺盛的生命力。诚如陈序经先生所说：

> 晋代的匈奴之在中原者，不只在文化上已经深受了汉族影响，在血统上也与汉族混杂甚烈，所以匈奴固有的文化基本上已经放弃，其种族也远非纯粹的匈奴血统了，可以称之为汉化匈人。②

> 而且，刘渊称汉王以至后来的羯、氐、羌、鲜卑之统治中原北部的种族，不只其本身已染有汉族血统，其重要的臣僚，如王弥、张宾、王猛等，很多都是汉族。……他们的政权性质属中国内部封建割据的地方性政权，不是外族建立的国家。……刘渊初起时，族人有劝他联络其他少数民族入侵中原地区，他却加以反对。相反地，他自命为刘汉后裔承继汉统，以对抗司马氏的晋室，拒绝从事民族战争。③

第三节　十六国北朝文化及其特征

4～6世纪，北方"内迁"各少数民族的"汉化"程度本身，也是政权和文化意识形态领域建设与民族融合共同作用的结果。否则，十六国及北朝的"汉化"根本无法实现制度化。各少数民族政权的统治者们为争夺天下"正统"的地位，为政治、军事割据的"合法性"与最终达致新的一统局面，都自谓"正朔"。同时，所谓的"正统观"又往往和民族问题交织在一起。

一　北方十六国文化及其特征

（一）儒家文化的血脉相承

始自西晋惠帝永兴元年（304），至439年北魏灭北凉止，136年间，在

① 譬如西晋文人阮孚乃其父阮咸之婢所生，因为此婢是胡人，阮孚出生后，其姑取王延寿《鲁灵光殿赋》"胡人遥集于上楹"的典故，为他取字为"遥集"（《晋书·阮籍列传·阮孚》）。
② 陈序经：《匈奴史稿》，中国人民大学出版社，2007，第409页。
③ 陈序经：《匈奴史稿》，第410页。

中国北部和四川地区先后出现过二十个割据政权，史称"十六国"。分别为：成（汉）、大夏、前赵、后赵、前秦、后秦、西秦、前燕、后燕、南燕、北燕、前凉、后凉、南凉、北凉、西凉。此外还有，汉（304年刘渊、刘曜所建）、代（北魏前身）、冉魏（350～352，汉人冉闵所建）、西燕（384～394）。

十六国时期，北方各民族之间的文化交流、民族融合不仅突破了"内中华而外夷狄"的地理畛域，而且消弭了"夷夏之辨"观念下"贵中华，贱夷狄""非我族类，其心必异"的民族主义藩篱。在民族大融合的历史背景下，以儒家思想为主体的中原文化逐渐为各民族政权所接受。① 出于文化认同、民族认同与国家建构的需要，各割据政权的统治者纷纷延续中原固有的政治儒学传统，皆采取崇儒兴礼的基本国策，积极强化君权、振兴文教；为了解释自身王权统治的合法性问题，着力学习、效仿中原政治、文化制度模式，通过改正朔、易服色、续"法统"② 等措施，接受了中原文化。民族统一意识也成为各割据中的民族政权的政治纲领。

这些都得益于割据政权创立者们的汉文化修养。首先，他们受儒家思想的影响程度，往往起到关键性的作用。

刘渊是原匈奴左部帅刘豹之子，③ "幼好学，师事上党崔游，习《毛诗》《京氏易》《马氏尚书》，尤好《春秋左氏传》《孙吴兵法》，略皆诵之，《史》、《汉》、诸子，无不综览"（《晋书·刘元海载记》）。"他获得文化教养

---

① 南宋著名思想家叶适说："刘、石、苻、姚与夫慕容，虽曰种类不同，然皆久居中国，其豪杰好恶之情，犹与中国不甚相异。"叶适：《习学记言序目》，中华书局，1977，第198页。现代学者姚大力先生说："北族王朝建立者，在入主中原之前，多经历过一个在汉族社会周边地区长期活动，以雇佣军身份介入汉地社会的政治斗争、逐渐演变为支配汉族政治-军事局面的重要势力、最后在那里建立自己政权的漫长过程。在这样的过程中，他们有机会对汉文化取得相当深入的了解，同时却逐渐疏远、甚至完全断绝了与自己的位于或者靠近内亚洲的原居地之间的联系。……这同时也就意味着，这些王朝不得不更多地依赖于被征服地的本土资源，也就是汉文化的资源，来维持自己的统治。"姚大力：《中国历史上的民族关系与国家认同》，"在土星的标志下"，https://www.sohu.com/a/219775565_756901，最后访问日期：2019年1月30日。

② 往往通过"五德始终"说、制造图谶预言等方式，如刘渊宣称刘汉政权是"水承晋金行"，石勒认为赵承金为水德、尚玄色；《晋书·苻坚载记》载，太元七年，新平郡献玉，"陈说图谶"。《晋书·慕容儁载记》载其登位所备之谶："初，石季龙使人探策于华山，得玉版，文曰：'岁在申酉，不绝如线，岁在壬子，真人乃见。'及此，燕人咸以为儁之应也。"

③ "我们相信史籍确切记载刘渊一族的族姓是南匈奴单于的后裔，原姓虚连题氏，后改为刘氏；至于史籍又称其为'屠各'，是因魏晋时事实上纯粹的匈奴部族已不复存在，屠各一名已变为对匈奴，特别是汉化了的匈奴泛称。"周伟洲：《汉赵国史》，第28页。

的经历其实和这个地区的普通乡里汉族士人没有太大区别。"① 魏晋之际，刘渊曾以质子身份长期留居洛阳，耳濡目染，汉文化程度很深，他的才华甚至曾经得到太原名士王浑的印可，"（王浑）虚襟友之，命子济拜焉。……又屡言之于武帝。帝召与语，大悦之"（《晋书·刘元海载记》）。在刘渊的影响下，其子刘聪"年十四，究通经史，兼综百家之言，《孙吴兵法》靡不诵之。工草隶，善属文，著述怀诗百余篇、赋颂五十余篇。……太原王浑见而悦之，谓元海曰：'此儿吾所不能测也。'弱冠游于京师，名士莫不交结，乐广、张华尤异之也"（《晋书·刘聪载记》）。后来刘聪攻破洛阳，见到晋怀帝时，回忆二人早年的交往经历，说："卿为豫章王时，朕尝与王武子（王浑的次子王济）相造，武子示朕于卿，卿言闻其名久矣。以卿所制乐府歌示朕，谓朕曰：'闻君善为辞赋，试为看之。'"（《晋书·刘聪载记》）刘渊的族子"刘曜，……读书志于广览，不精思章句，善属文，工草隶"（《晋书·刘曜载记》）。刘渊族系这一支匈奴本是"冒顿之后也"，"初，汉高祖以宗女为公主，以妻冒顿，约为兄弟，故其子孙遂冒姓刘氏"（《晋书·刘元海载记》）。永兴元年（304），刘渊称王后，追溯刘邦为先祖，尊奉汉朝为正统，自称："吾又汉氏之甥，约为兄弟，兄亡弟绍，不亦可乎？且可称汉，追尊后主，以怀人望。""追尊刘禅为孝怀皇帝，立汉高祖以下三祖五宗神主而祭之。"（《晋书·刘元海载记》）

铁弗匈奴赫连勃勃则标榜"自以匈奴夏后氏之苗裔也，国称大夏"（《晋书·赫连勃勃载记》）。鲜卑慕容氏称"其先有熊氏之苗裔，世居北夷，邑于紫蒙之野，号曰东胡"（《晋书·慕容廆载记》）。前秦氏族"其先盖有扈氏之苗裔，世为西戎酋长"（《晋书·苻洪载记》）。鲜卑拓跋氏则编造"昔黄帝有子二十五人，或内列诸华，或外分荒服，昌意少子，受封北土，国有大鲜卑山，因以为号。……黄帝以土德王，北俗谓土为托，谓后为跋，故以为氏"（《魏书·序纪第一》）。

十六国割据政权中，汉人张轨建立的前凉对儒家文化在"河西"地域的存续、发展，乃至对"中亚"地区的辐射影响，做出了卓越贡献，并引领了西北地区各民族割据政权的汉化潮流。时人称誉"凉州虽地居戎域，然自张氏以来，号有华风"（《魏书·胡叟列传》）。

---

① 蔡丹君：《乡里社会与十六国北朝文学的本土复兴》，《文学遗产》2017 年第 1 期，第 53 页。

晋惠帝永宁元年（301），张轨始任凉州刺史兼护羌校尉，遂产生自保的战略意图。西晋末年，黄河中下游地区皆遭兵燹，张轨治理下的凉州却保持了相对安定。《魏书·张寔列传》载："于时天下丧乱，秦雍之民死者十八九，唯凉州独全"，长安时有民谣说："秦川中，血没腕，唯有凉州倚柱观"。《晋书·张轨列传》称，张轨"家世孝廉，以儒学显"，具有深厚的儒学素养。中原文化本来很早就传到河西走廊地区并产生过重要影响，此时又成为"中原避乱者日月相继"的乐土，其中不乏硕儒贤哲。永嘉之乱后，中原及关中地区大批流民涌入凉州，《晋书·地理志》载：

> 永宁中，张轨为凉州刺史，镇武威，上表请合秦、雍流移人于姑臧西北，置武兴郡，统武兴、大城、乌支、襄武、晏然、新鄣、平狄、司监等县。又分西平界置晋兴郡，统晋兴、枹罕、永固、临津、临鄣、广昌、大夏、遂兴、罕唐、左南等县。是时中原沦没，元帝徙居江左，轨乃控据河西，称晋正朔，是为前凉。

张轨于姑臧西北置武兴郡，分西平（今青海西宁）郡界置晋兴郡，以处流民。又铸五铢钱，通行境内。史书记载：

> （张轨）征九郡胄子五百人，立学校，始置崇文祭酒，位视别驾，春秋行乡射之礼。（《晋书·张轨列传》）
> 及张寔，分金城之令居、枝阳二县，又立永登县，合三县立广武郡。张茂分武兴、金城、西平、安故为定州。张骏分武威、武兴、西平、张掖、酒泉、建康、西海、西郡、湟河、晋兴、广武合十一郡为凉州，兴晋、金城、武始、南安、永晋、大夏、武成、汉中为河州，敦煌、晋昌、西域都护、戊己校尉、玉门大护军三郡三营为沙州。张骏假凉州都督，摄三州。张祚又以敦煌郡为商州。永兴中，置汉阳县以守牧地，张玄靓改为祁连郡。张天锡又别置临松郡。（《晋书·地理志》）

张氏子孙相继、励精图治，使前凉盛极一时。

对于张轨的历史贡献，晋愍帝说："惟尔凉州刺史张轨，乃心王室，旌旗连络、万里星赴，进次汧陇，便当协力济难，恢复神州"①，嘉勉他心系中

---

① 《全晋文》卷七，严可均编《全上古三代秦汉三国六朝文》第4册，河北教育出版社，1997，第85页。

原、维护统一。永嘉之乱时，封疆大吏中唯独张轨始终坚持贡使不绝，并遣将北宫纯勤王赴难；愍帝即位长安时，又遣将宋配助卫京师，以实际行动诠解了儒家之"忠"道。

314 年张轨病逝，长子张寔继任凉州刺史，晋愍帝司马邺任命他为凉州刺史、西平公，都督凉州诸军事。西晋覆亡后，自 317 年起，张氏子孙世守凉州，长期使用晋愍帝的建兴年号，直至公元 354 年，凉威王张祚称制，改元"和平"。

张氏政权营建姑臧城，体现了"拟于王者而微异其名"的特点。在旧城外围"又增筑四城箱各千步。东城殖园果，命曰讲武场；北城殖园果，命曰玄武圃，皆有宫殿。中城内作四时宫，随节游幸。并旧城为五，街衢相通，二十二门，大缮宫殿观阁，采绮妆饰，拟中夏也"①。殿堂名称也多依汉制传统，以阴阳五行命名。张骏"置左右前后四率官，缮南宫"，"又于姑臧城南筑城，起谦光殿，……殿之四面各起一殿，东曰宜阳青殿，以春三月居之，章服器物皆依方色；南曰朱阳赤殿，夏三月居之；西曰政刑白殿，秋三月居之；北曰玄武黑殿，冬三月居之"（《晋书·张轨列传·张骏》）。《资治通鉴》载：咸康五年（339）"张骏立辟雍、明堂以行礼"。经张轨祖孙九代苦心经营，凉州成为当时北方较为安定的地域，治所姑臧成为西北地区的政治、经济、文化中心。

前凉能在前赵、后赵等强权环伺的外部环境下维持割据统治，一定程度上与张氏政权延续修文偃武、仁政爱民的施政方针有关。张轨遗言："吾无德于人，……文武将佐咸当弘尽忠规，务安百姓，上为报国，下以宁家。素棺薄葬，无藏金玉。善相安逊，以听朝旨。"（《晋书·张轨列传》）张茂在临终之际不忘告诫张骏，"昔吾先人以孝友见称。自汉初以来，世执忠顺。今虽华夏大乱，皇舆播迁，汝当谨守人臣之节，无或失坠。吾遭扰攘之运，承先人余德，假摄此州，以全性命，上欲不负晋室，下欲保完百姓。然官非王命，位由私议，苟以集事，岂荣之哉"（《晋书·张轨列传·张茂》）。张骏继任后"厉操改节，勤修庶政，总御文武，咸得其用"，被誉为"积贤君"，使"境内渐平""刑清国富""士马强盛"（《晋书·张轨列传》）。张骏又曾派杨宣西渡流沙，征龟兹、鄯善诸国，"于是西域并降"，建兴十五年（327），有史以来第一次在西域建立了高昌郡（今新疆吐鲁番）。

---

① 郦道元著，陈桥驿校证《水经注校证》，中华书局，2007，第957页。

张氏祖孙在文化上也有很高造诣。张轨"以儒学显",据《隋书·经籍志》著录,张骏有文集八卷,且已残缺,可见原本尚不止此数;他的文学作品中最著名的是现收录于《乐府诗集》中的《薤露》和《东门行》。由于前凉统治者的良好文化素养,不仅保存、发展了中原传统文化,而且在此基础上形成的河西地域文化对以后北朝乃至隋唐的政权制度及文化建设都产生了积极的影响。① "到公元376年前秦攻灭前凉,汉族在北方的政权机构完全被排挤出黄河流域,北方地区成了少数民族的天下。"② 在此意义上,前凉政权在北方的存续,于文化战略高度具有积极的意义。

十六国时期,河西走廊地区先后出现的地方割据势力,除前凉张氏、西凉李氏汉族政权外,后凉、南凉、北凉分别由氐、鲜卑和匈奴族建立,历史上号称"五凉"。由前凉所奠定的崇儒兴学的文化政策,其余四凉皆沿袭不变,表现之一就是各政权所在都城都专门建有学校、泮宫,并在"邑里"设有"庠序"等文化设施,行政序列中专设"国子祭酒""博士祭酒"等文教职位,成为政权建设的重要组成部分,前后相继,不断推动了河西文化的形成与发展。

西凉主李暠出身豪门士族,高祖李雍、曾祖李柔历仕西晋郡守之职;祖父李弇在前凉张轨幕下担任武卫将军,封爵安世亭侯。李氏家族积累了丰富的为政经验,李暠当政能够知人善任、唯才是举。西凉政权延续了与东晋朝廷的政治联系,东晋义熙元年(405)李暠"遣舍人黄始、梁兴间行奉表诣阙"。有云:"江凉虽辽,义诚密迩,风云苟通,实如唇齿。"(《晋书·凉武昭主李玄盛列传》)③

南凉政权虽然短祚十八载,但在制度建设方面也积极模仿汉制,内设台省、外置郡县,"西州德望""中州才令"均得到重用。④ 南凉统治者秃发利

---

① 参见陈寅恪《隋唐制度渊源略论稿》,中华书局,1963,第19~20页。
② 杜世铎主编《北魏史·导论》,北岳文艺出版社,2017,第6页。
③ 日本学者三崎良章说:"在《旧唐书》、《新唐书》中,李渊被记载为西凉的建立者李暠的七代孙。尽管这一记载的真实性令人怀疑,但可以说将祖先追溯到'五胡'与汉族不断融合的'十六国'中的一位建国者本身就体现了唐王朝的特性。作为秦汉帝国以来的大帝国,隋唐帝国诞生自五胡十六国时代'五胡'的迁徙以及其与汉族的融合之中。……而隋唐帝国的源头正是五胡十六国。"〔日〕三崎良章:《五胡十六国:中国史上的民族大迁徙》,刘可维译,商务印书馆,2019,第283~284页。这至少给我们提供了一种思路,北朝与"五胡十六国"是浑然不可分割的,以往对"五胡十六国"的综合研究还有待深入挖掘。
④ 参见赵向群《秃发南凉始末》,《西北师大学报》(社会科学版)1985年第1期,第121页。

鹿孤对汉族儒士的建议皆能从善如流,《晋书·秃发利鹿孤载记》载:

> 利鹿孤谓其群下曰:"吾无经济之才,忝承业统,自负乘在位,三载于兹。虽夙夜惟寅,思弘道化,而刑政未能允中,风俗尚多凋弊;戎车屡驾,无辟境之功;务进贤彦,而下犹蓄滞。岂所任非才,将吾不明所致也?二三君子其极言无讳,吾将览焉。"祠部郎中史暠对曰:"古之王者,行师以全军为上,破国次之,拯溺救焚,东征西怨。今不以绥宁为先,惟以徙户为务,安土重迁,故有离叛,所以斩将克城,土不加广。今取士拔才,必先弓马,文章学艺为无用之条,非所以来远人,垂不朽也。孔子曰:'不学礼,无以立。'宜建学校,开庠序,选耆德硕儒以训胄子。"利鹿孤善之,于是,以田玄冲、赵诞为博士祭酒,以教胄子。

《晋书·秃发傉檀载记》载,东晋义熙二年(406),秃发傉檀进驻凉州后,虚心接受后秦凉州刺史王敞的建议。

> 凉土虽弊,形胜之地,道由人弘,实在殿下。段懿、孟祎,武威之宿望;辛晃、彭敏,秦陇之冠冕;裴敏、马辅,中州之令族;张昶,凉国之旧胤;张穆、边宪、文齐、杨班、梁崧、赵昌,武同飞羽。以大王之神略,抚之以威信,农战并修,文教兼设,可以从横于天下,河右岂足定乎!

秃发傉檀听后非常高兴,"大飨文武于谦光殿,班赐金马各有差"。说明南凉统治者非常注重加强与当地汉族豪门儒士阶层的政治合作,推动了民族融合及社会进步的发展趋势。据《十六国春秋·南凉录》载,秃发傉檀本人也具有一定的汉文化基础,所谓"经纶名教者"。其子民德归"年始十三,命为昌高殿赋,授笔即成,影不遗漏"。

卢水胡出身的北凉沮渠蒙逊儒学素养也很深厚,尝喟叹:"每念苍生之无辜,是以不遑启处,身疲甲胄,体倦风尘",素以实现"散马金山,黎元永逸"(《晋书·沮渠蒙逊载记》)为平生的政治理想。汤球说:蒙逊"好学,涉群史,雄烈有英略"。建政迁都姑臧后:

> 起游林堂于内苑,图列古圣贤之像。……遂宴群臣,论谈经传,顾谓郎中刘昞曰:"仲尼何如人也!"昞曰:"圣人也。"逊曰:"圣人者不

凝滞于物，而能与事推移。畏于匡，辱于陈，伐树削树削迹，圣人固若
是乎?"炳不能对。逊曰："卿知其外，未知其内。昔鲁人有浮海而失津
者，至于亶州，仲尼及七十二子游于海中，与鲁人木杖，令闭目乘之，
使归告鲁侯，筑城以备寇。鲁人出海，投杖水中，乃龙也。其以状告，
鲁侯不信，俄而有群雁数万，衔土培城，鲁侯信之，大城曲阜。讫而齐
寇至，攻鲁不克而还。此其所以称圣也。"①

说明他不仅饱读诗书而且不读"死书"，所以能够于乱世之时脱颖而出。在
其治下"凉之旧臣有才望者，咸礼而且之"(《资治通鉴》第一百一十九卷，
宋武帝永初元年七月条)。沮渠蒙逊去世后，其子"沮渠牧犍尤喜文学，以
敦煌阚驷为姑臧太守，张湛为兵部尚书，刘昞、索敞、阴兴为国师助教，金
城宋钦为世子洗马，赵柔为金部郎，广平程骏、骏程从弟弘为世子侍讲"
(《资治通鉴》第一百二十三卷，宋文帝元嘉十六年十二月条)，其中多为河
西著姓硕儒。沮渠蒙逊奉南方朝廷为正朔，一方面是他认同汉文化正统的政
治表现，另一方面也是为了借此笼络世居河西的大批汉族士人巩固自己的统
治需要。义熙十一年(415)五月，东晋为伐后秦，遣益州刺史朱龄石通聘
蒙逊，北凉遂借机上表称臣。

> 上天降祸，四海分崩，灵耀拥于南裔，苍生没于丑虏。陛下累圣重
> 光，道迈周、汉，纯风所被，八表宅心。臣虽被发边徼，才非时隽，谬
> 为河右遗黎推为盟主。臣之先人，世荷恩宠，虽历夷险，执义不回，倾
> 首朝阳，乃心王室。去冬益州刺史朱龄石遣使诣臣，始具朝廷休问。承
> 车骑将军刘裕秣马挥戈，以中原为事，可谓天赞大晋，笃生英辅。臣闻
> 少康之兴大夏，光武之复汉业，皆奋剑而起，众无一旅，犹能成配天之
> 功，著《车攻》之咏。陛下据全楚之地，拥荆扬之锐，而可垂拱晏然，
> 弃二京以资戎虏! 若六军北轸，克复有期，臣请率河西戎为晋右翼前
> 驱。(《晋书·沮渠蒙逊载记》)

义熙十四年(北凉玄始七年，418)，又"遣使诣晋，奉表称蕃，以蒙逊为凉
州刺史"(《宋书·氐胡列传》)。东晋覆亡后，沮渠蒙逊又分别于永初二年

① 崔鸿撰，汤球辑补，王鲁一、王立华点校《二十五别史·十六国春秋辑补》，齐鲁书社，
2000，第646页。

（421）、景平元年（423）、元嘉三年（426）、元嘉六年（429）、元嘉九年（432），五次奉表刘宋称蕃，请求承认其在河西统治的合法性。永初二年（421）十月己亥，刘裕"以蒙逊为使持节、散骑常侍、都督凉州诸军事、镇军大将军、开府仪同三司、凉州刺史、张掖公"（《宋书·氐胡列传》），正式确立了刘宋与北凉之间的藩属关系。这一政治纽带被后世所继承，433年沮渠牧犍继位，翌年，即遣使并上表："先臣蒙逊西复凉城，泽愭崐裔，芟夷群暴，清洒区夏。暨运钟有道，备大宋之宗臣，爵班九服，享惟永之丕祚，功名昭著，克固贞节。考终由正，而请名之路无阶，懿迹虽弘，而述叙之美有缺。臣子痛感，咸用不安。谨案谥法，克定祸乱曰武，善闻周达曰宣。……辄上谥为武宣王。"刘宋复诏："嗣子茂虔（牧犍），纂戎前轨，乃心弥彰，宜蒙宠授，绍兹蕃业。可持节、散骑常侍、都督凉秦河沙四州诸军事、征西大将军、领护匈奴中郎将、西夷校尉、凉州刺史、河西王。"北凉非常注重与南方政权的文化交流，元嘉三年（426），沮渠蒙逊"遣使奉表，请《周易》及子集诸书，……又就司徒王弘求《搜神记》"；元嘉十四年（437），沮渠牧犍进献河西学者的《十三州志》《敦煌实录》等各类著作总计154卷，"又求晋、赵《起居注》诸杂书数十件"（《宋书·氐胡列传·胡大且渠蒙逊》）。

西晋末年的社会离乱，迫使大批中原士人为寻求庇护，四散奔投各割据势力。流向"幽平"地域的汉族儒士，大多是投靠在西晋败亡之后仍以晋臣自居而承认东晋政权合法性的前燕慕容鲜卑集团。《资治通鉴·晋纪·孝愍皇帝下》载，自建兴二年（314）之后，"是时中国流民归庑者数万家，庑以冀州人为冀阳郡，豫州人为成周郡，青州人为营丘郡，并州人为唐国郡"。前燕政权根据流民籍贯，为他们重新设立了侨郡以安置，使其在迁徙中不至于流离失所。慕容氏与"北投"士人从此建立了良好的合作关系，"双方结成联盟共同对付其他敌对的少数民族势力，形成了五胡十六国历史上十分独特的政治现象"[1]。但也有个别汉族士人囿于"夷夏大防"、一开始采取不合作方式者。《晋书·慕容廆载记·高瞻》载：

> 高瞻字子前，渤海蓨人也。……光熙中，调补尚书郎。属永嘉之乱，还乡里。……乃与叔父隐率数千家北徙幽州。既而以王浚政令无

---

① 李海叶：《慕容鲜卑的汉化与五燕政权——十六国少数民族发展史的个案研究》，中国社会科学出版社，2016，第185页。

恒，乃依崔毖，随毖入辽东。毖之与三国谋伐廆也，瞻固谏以为不可，毖不从。及毖奔败，瞻随众降于廆。廆署为将军，瞻称疾不起。廆敬其姿器，数临候之，抚其心曰："君之疾在此，不在余也。今天子播越，四海分崩，苍生纷扰，莫知所系，孤思与诸君匡复帝室，翦鲸鲵于二京，迎天子于吴会，廓清八表，侔勋古烈，此孤之心也，孤之愿也。君中州大族，冠冕之余，宜痛心疾首，枕戈待旦，奈何以华夷之异，有怀介然。且大禹出于西羌，文王生于东夷，但问志略如何耳，岂以殊俗不可降心乎！"瞻乃辞疾笃，廆深不平之。瞻又与宋该有隙，该阴劝廆除之。瞻闻其言，弥不自安，遂以忧死。

慕容廆劝降高瞻的一番话，可谓用心良苦。慕容廆及其后人提倡"汉化"，以儒家伦理道德和为政习俗约束自己，并沿袭汉族的生活方式，经过不懈努力，成为十六国时期汉化最深的族群。他拜见东夷校尉何龛时，曾刻意换装，"帝嘉之，拜为鲜卑都督。廆致敬于东夷府，巾衣诣门，抗士大夫之礼。何龛严兵引见，廆乃改服戎衣而入。人问其故，廆曰：'主人不以礼，宾复何为哉！'龛闻而惭之，弥加敬惮"（《晋书·慕容廆载记·高瞻》）。

同时，这些流亡士族力量在侨郡的恢复、发展壮大的过程中，对慕容鲜卑的汉化及"建政"发挥了巨大的作用。受其影响，"五燕"辖域乃至"东北亚"地区的儒学风气也逐渐转盛。《晋书·慕容廆载记》云：

> 时二京倾覆，幽冀沦陷，廆刑政修明，虚怀引纳，流亡士庶多襁负归之。廆乃立郡以统流人，……于是推举贤才，委以庶政，以河东裴嶷、代郡鲁昌、北平阳耽为谋主，北海逢羡、广平游邃、北平西方虔、渤海封抽、西河宋奭、河东裴开为股肱，渤海封弈、平原宋该、安定皇甫岌、兰陵缪恺以文章才俊任居枢要，会稽朱左车、太山胡毋翼、鲁国孔纂以旧德清重引为宾友，平原刘赞儒学该通，引为东庠祭酒，其世子皝率国胄束修受业焉。廆览政之暇，亲临听之，于是路有颂声，礼让兴矣。

此后，"五燕"的历代统治者皆奉行崇儒兴学的政策，如慕容皝赐立东庠于旧宫，以行乡射之礼，每月临观，考试优劣。史载他本人亦雅好文籍，曾"亲造《太上章》以代《急就》，又著《典诫》十五篇，以教胄子"，说明其儒道学养深厚。他还"亲临东庠考试学生，其经通秀异者，擢充近侍"（《晋书·慕容皝载记》），使得慕容鲜卑政权中的汉族士人从此拥有通过正常渠道取仕、获得社会地位上升的制度保障。慕容皝还仿照中原官制，以封弈为国相，韩寿为司马，裴开、阳鹜、王寓、李洪、杜群、宋该、刘瞻、石琮、皇甫贞、阳协、宋晃、平熙、张泓等人为列卿将帅，建立了一整套行政官僚系统，其中大部分是早期"北投"士人的后代。前燕光寿三年（359），慕容儁"立小学于显贤里，以教胄子"（《晋书·慕容儁载记》）。南燕建平元年（400），慕容德"建立学官，简公卿已下子弟及二品士门二百人为太学生"，又曾"大集诸生，亲临策试"（《晋书·慕容德载记》）。北燕太平七年（415），冯跋下书："武以平乱，文以经务，宁国济俗，实所凭焉。自顷丧难，礼崩乐坏，闾阎绝讽诵之音，后生无庠序之教，子衿之叹复兴于今，岂所以穆章风化，崇阐斯文！可营建太学，以长乐刘轩、营丘张炽、成周翟崇为博士郎中，简二千石已下子弟年十五已上教之。"（《晋书·冯跋载记》）总之，"儒学教育的发展使慕容鲜卑以及鲜卑化冯氏统治集团自身的汉文化修养得到了提升，这一方面提高了其在传统汉族地区的统治能力，另一方面也加快了其汉化的进程。此外，对于儒学教育的接受与重视，也拉近了统治者与汉族士人的文化、心理距离，团结了五燕统治集团，巩固了统治基础"①。

在其他少数民族政权中，也同样聚集了一大批汉族儒士。《资治通鉴·晋纪·孝怀皇帝下》载，永嘉六年（312）十月，刘聪即位后"以王育为太保、王彰为太尉，任顗为司徒，……马景为司空，朱纪为尚书令，范隆为左仆射，呼延晏为右仆射"。刘渊的贵胄身份使他在青年时代得以结交很多并州籍士子，以至于"幽冀名儒，后门秀士，不远千里，亦皆游焉"（《晋书·刘元海载记》）。刘聪承蒙"父荫"，所以他的中枢成员班底也皆以"父老乡亲"为主。而石勒是奴隶出身，为他出谋划策的续咸、韦谟、徐光等人也大多来自"寒门"。石勒本人虽然文化水平有限，但是非常善于学习，戎马倥偬之余经常叫儒士为他朗读史书，品评古代帝王为政得失。石勒对"谋主"张宾不仅敬重有加，"每朝，常为之正容貌，简辞令，呼曰右侯而不敢名"，而且言听计从，令其"大执法，专总朝政"（《晋书·石勒载记》）。南凉建政伊始，秃发乌孤广招人才、礼贤下士，在他倚重的干臣股肱中，金树、薛翘、赵振、王忠、赵晁、苏霸皆是秦雍的豪门大族；杨轨、金石生、时连珍

① 高然：《慕容鲜卑与五燕国史研究》，北京大学出版社，2018，第248页。

等辈亦为四夷豪杰；阴训、郭幸诸人，为西州德望；还有中原才俊梁昶、韩
疋、张昶、郭韶众贤。像宗敞等人，虽曾在后凉政权中担任过要职，但也在
南凉备受重用。北凉沮渠蒙逊在位时期，提拔任用贤才，广开言路，重用名
士宋繇。前秦宰相王猛在朝廷中的地位，几乎相当于诸葛亮之于蜀汉，"军
国内外万机之务，事无世细，莫不归之"。而王猛本人也是"宰政公平，流
放尸素，拔幽滞，显贤才，外修兵革，内崇儒学，劝课农桑，教以廉耻，无
罪而不刑，无才而不任，庶绩咸熙，百揆时叙"。在他的励精图治之下，前
秦"兵强国富，垂及升平"。苻坚曾经嘉勉王猛说："卿夙夜匪懈，忧勤万
机，若文王得太公，吾将优游以卒岁。"猛曰："不图陛下知臣之过，臣何足
以拟古人！"坚曰："以吾观之，太公岂能过也。"常敕其太子宏、长乐公丕
等曰："汝事王公，如事我也。"（《晋书·苻坚载记》）其见重如此。北魏建
国之初的道武帝、太武帝，借倚重清河崔氏等汉族高门的支持，完备了典章
制度的建构。孝文帝于改制前后，基本视汉族儒士近臣为股肱心腹。北周政
权更是离不开韦孝宽、苏绰等汉族冠冕人物的倾力辅弼。

　　大批汉族士人参与到北方民族政权的建设中来，不仅有利于这些政权制
度朝着封建化的方向顺利过渡，而且促进了统治阶层治国理政思想及施政纲
领的"儒化"、民族主体文化的"汉化"。十六国北朝逐渐向"胡汉"联合
统治的方向发展，为实现民族融合、文化融汇于上层建筑领域奠定了一定的
政治基础。特别是北魏孝文帝迁都洛阳以后，"鲜卑族、汉族同构的门阀地
主阶层组成，西晋末年以来中国门阀士族在北方折断了的历史过程被重新续
接起来"[1]。

　　因中原板荡，儒学于两晋之际一度不兴，而在社会、经济相对稳定发达
的河西地域，却得到了较好的发展。表现之一就是民间私学昌盛。敦煌硕儒
刘昞"以三史文繁，著《略记》百三十篇、八十四卷，《凉书》十卷，《敦
煌实录》二十卷，《方言》三卷，《靖恭堂铭》一卷，注《周易》《韩子》
《人物志》《黄石公三略》并行于世"（《魏书·刘昞列传》）；北凉常爽不事
王侯，独守闲静，于讲肆授经二十余载，"因教授之暇，述《六经略注》"，
时人号为"儒林先生"（《魏书·常爽列传》）；大儒胡辩从凉州东徙洛阳，
授业弟子千余人。其他如郭荷、宋纤、宋繇等硕儒，皆著书立说，广招学
士。此外，"河西著姓"如张、李、宋、索、段、阴、令狐等儒学世家亦蔚

---

[1]　杜世铎主编《北魏史·导论》，第17页。

然兴起。

河西儒学之盛对于关中地区儒风蔚起,乃至当时氐、羌部族的汉化均产生了直接影响。

前秦政权建立后,"广修学官,召郡国学生通一经以上充之,公卿以下子孙并遣受业。其有学为通儒、才堪干事、清修廉直、孝悌力田者,皆旌表之"。苻坚常"亲临太学,考学生经义优劣,品而第之,问难五经"(《晋书·苻坚载记》)。苻秦"汉化"之深,还体现在与其他民族的关系方面,东晋太元元年(376),拓跋鲜卑首领什翼犍战败被俘,

> 坚以翼犍荒俗,未参仁义,令入太学习礼。以翼圭执父不孝,迁之于蜀。散其部落于汉鄣边故地,立尉、监行事,官僚领押,课之治业营生,三五取丁,优复三年无税租。其渠帅岁终令朝献,出入行来为之制限。坚尝之太学,召涉翼犍问曰:"中国以学养性,而人寿考,漠北啖牛羊而人不寿,何也?"翼犍不能答。又问:"卿种人有堪将者,可召为国家用。"对曰:"漠北人能捕六畜,善驰走,逐水草而已,何堪为将!"又问:"好学否?"对曰:"若不好学,陛下用教臣何为?"坚善其答。(《晋书·苻坚载记上》)

苻坚俨然以中原上国的姿态和身份对待拓跋鲜卑首领,期望以儒家礼乐文化教化其上层人士,达到提升其民族文明程度的目的。

早在后秦建政之前,身处两晋乱世的姚弋仲就颇受儒家"忠""义"思想的熏陶,常诫诸子效忠朝廷,他说:"吾本以晋室大乱,石氏待吾厚,故欲讨其贼臣以报其德。今石氏已灭,中原无主,自古以来未有戎狄作天子者。我死,汝便归晋,当竭尽臣节,无为不义之事。"(《晋书·姚弋仲载记》)姚苌则深受儒家"仁政"思想的影响,建国伊始便"立太学,礼先贤之后";崇孝道,对"百姓年七十有德行者,拜为中大夫,岁赐牛酒"(《晋书·姚苌载记》)。姚兴继位后,以天水姜龛、东平淳于岐、冯翊郭高等大儒,教授长安,经明行修,广收门徒,诸生自远而至达万人以上。而太子姚泓受学于太学博士淳于岐,"博学善谈论,尤好诗咏"(《晋书·姚泓载记》)。

北凉覆亡后,拓跋焘将其原治下的汉儒悉数迁到平城(今山西大同)。入魏北凉士人对平城儒学的继盛以及孝文帝改革乃至迁都洛阳后中原文化的复兴,都起到了十分重要的促进作用。

（二）玄学的影响

十六国时期北方地区玄风不绝如缕，此如陈寅恪先生所云："降至东晋末，清谈之风稍戢。惟北朝河西，仍存西晋遗风。盖由其地较为安全，故西晋名士之未能南渡者，多乐往归焉。"[①] 玄学风尚在十六国统治集团中间有所传播，统治者本身就受到玄风的熏染。《晋书·石勒载记》云，石勒十四岁时倚啸于洛阳东门，王衍见而异之，说："向者胡雏，吾观其声视有奇志，恐将为天下之患。"《世说新语·赏誉》载，北凉覆亡后，张天锡流落至东晋建康，"王弥有俊才，美誉当时，闻而造焉。既至，天锡见其风神清令，言谈如流，陈说古今，无不贯悉。又谙人物氏族中来，皆有证据。天锡讶服"。又《世说新语·言语》"王仲郎甚爱张天锡"条注引《凉州记》载，"天锡明鉴颖发，英声少著"，此可与《晋书·张轨列传·张天锡》称其"少有文才，流誉远近"互参。表明张天锡的才华受到江东名士的认可，并很快成为他们的交往对象。

西凉主李暠"少而好学，性沉敏宽和，美器度，通涉经史，尤善文义"。为述心志，曾著《述志赋》，其中有曰：

> 涉至虚以诞驾，乘有舆于本无，禀玄元而陶衍，承景灵之冥符。荫朝云之庵蔼，仰朗日之照煦。既敷既载，以育以成。幼希颜子曲肱之荣，游心上典，玩礼敦经。茂玄冕于朱门，美漆园之傲生；尚渔父于沧浪，善沮溺之耦耕。秽鹓鸾之笼吓，钦飞凤于太清；杜世竞于方寸，绝时誉之嘉声。超霄吟于崇领，奇秀木之陵霜；挺修干之青葱，经岁寒而弥芳。情遥遥以远寄，想四老之晖光；将戢繁荣于常衢，控云辔而高骧；攀琼枝于玄圃，漱华泉之渌浆；和吟凤之逸响，应鸣鸾于南冈。（《晋书·凉武昭王李玄盛列传》）

以玄学化的语言，表达了虚玄的意境。

苻坚虽推崇儒学，但对遗世高隐也很歆慕。据《晋书·隐逸列传》载，苻坚曾力征隐于平郭南山的公孙永、隐于泰山的张忠、隐于临松薤谷的郭瑀等道隐之士。影响所及，苻秦子弟中玄学素养深厚者不乏其人，尤以苻融、苻朗、苻宏为甚，"苻融字博休，坚之季弟也。……至于谈玄论道，虽道安无以出之。……时人拟之王粲"（《晋书·苻坚载记·苻融》），说明了此时

---

① 《陈寅恪文集·讲义及杂稿》，生活·读书·新知三联书店，2001，第451页。

关中地区玄风与佛教般若学的结合。玄佛合流的趋势既是魏晋玄风行将终结的标志，也是玄学所关注的哲学命题在佛教义学中得以延续的表现，更是佛教民族化、本土化的早期学术成果。

《晋书·苻坚载记·苻朗》载：

> 苻朗字元达，坚之从兄子也。……及为方伯，有若素士，耽玩经籍，手不释卷，每谈虚语玄，不觉日之将夕；登涉山水，不知老之将至。

后来也流落江南。

> 骠骑长史王忱，江东之俊秀，闻而诣之，朗称疾不见。沙门释法汰问朗曰："见王吏部兄弟未？"朗曰："吏部为谁？非人面而狗心、狗面而人心兄弟者乎？"王忱丑而才慧，国宝美貌而才劣于弟，故朗云然。汰怅然自失。其忤物侮人，皆此类也。

其任诞之风度，江东名士皆以为不及。苻朗天性"不屑时荣"，及其"矜高忤物，不容于世，后众谮而杀之"。"临刑，志色自若，……著《苻子》数十篇行于世，亦老庄之流也。"

苻朗由于性格及性情所致，人生态度与生活方式已经完全名士化了，所以更容易与老庄思想亲近。《世说新语·轻诋》说，苻宏到江东后，"谢太傅每加接引。宏自以有才，多好上人，坐上无折之者。适王子猷来，太傅使共语。子猷直孰视良久，回语太傅云：'亦复竟不异人'，宏大惭而退。"说明苻宏具备一定的玄谈才能，也经常出现在"谈场"之上。

苻秦子弟的玄学素养已经达到了相当精湛的高度，代表了当时上流社会及主流思想界对儒、道观念的理解融汇。苻融、苻朗的精神底蕴虽然是玄学的，但同时也浸淫着佛理的渗透，这无疑是苻氏家族"汉化"的特质之一，说明"氐人不仅学儒，而且学玄，有的有经济大志，有的风流迈于一时，汉文化水准之高，在五胡中，鲜能与比"①。"据此，可知氐族固久通中国，以与汉族杂居，渐趋融合，姓汉姓，习汉语，并精通汉人之生产技术与礼俗文字；其人之物质生活与文化水平，已远较羌人为高。宜乎苻坚之藐视姚苌，斥为'小羌'，拒不授以传国玺也。"②

---

① 万绳楠整理《陈寅恪魏晋南北朝史讲演录》，黄山书社，1987，第104页。
② 姚薇元：《北朝胡姓考》（修订本），中华书局，2007，第367页。

十六国政权普遍采取的文化意识形态举措是北方民族"汉化"的延伸和具体体现，其成效与结果如陈序经先生在评价刘渊时所说："《资治通鉴》卷八十五《晋纪七》'惠帝永兴元年'中说，'胡、晋归之者愈众'。说明他的这种做法，在各族人民中产生了一定作用。他的主要目的是要争取包括汉族人民在内的多数群众，以推翻司马氏的晋室，统一全国。他根本没有重建匈奴国家于漠北的意思，可见汉化之深。"①

二　北朝文化及其特征

北朝时期文化意识形态与民族关系问题的核心仍是"汉化"，主要是通过大力推行政治封建化改革来加以实施的。其中的历史过程虽然亦多费周章，②但追求"汉化"与政治、文化上的"大一统"则是社会主流的大势所趋，且二者是相辅相成的。

姚大力先生说："只有统一的王朝才可以被视为正统，也就是具有充分的合法性。正统以外有各种'变统'，指的是合法性发生变异。而处于分裂时期的各国自身，往往都自称正统、自称'中国'，把对方看作自己实现统一的对象，称作'北虏'或者'南蛮'。"③ 相对于北方其他少数民族割据政权，拓跋鲜卑统治集团在建政之初就怀有"一统之志"。《魏书·匈奴刘聪、羯胡石勒、铁弗刘虎、徒何慕容廆、临渭氏苻健、羌姚苌、略阳氏吕光列传》的前序中说："太祖奋风霜于参合，鼓雷电于中山，黄河以北，靡然归

---

① 陈序经：《匈奴史稿》，第 429 ~ 430 页。

② 马晓丽、崔明德认为："从 258 年拓跋力微迁居盛乐到 581 年北周为隋所代，拓跋鲜卑及北朝经历了一个复杂的汉化过程。从北魏皇室始祖到北魏前期，虽有汉化因素，但其主流思想是坚守本民族习俗和文化。北魏中期，积极推行全面汉化政策。北魏后期，部分鲜卑人对孝文帝的全面汉化改革进行反思、清算甚至猛烈反扑，曾一度出现了新的鲜卑化倾向。东魏、北齐对汉化政策反扑最为激烈，胡风、胡俗越来越重。西魏、周虽有胡风、胡俗回潮现象，但幅度较低，范围较窄，主要是对孝文帝以来汉化之路的逐步回归和对民族关系的不断调适，为消灭北齐、统一北方并为隋唐盛世的出现奠定了坚实基础。"马晓丽、崔明德：《对拓跋鲜卑及北朝汉化问题的总体考察》，《中国边疆史地研究》2012 年第 1 期，第 1 页。对于这个问题，卫广来先生说："北魏前期和中期的前一段，拓跋鲜卑也还在一定意义上力图保持自己民族的独立地位与习俗，但是他们在采用汉族方式统治汉族的过程中，同时便自觉不自觉地瓦解和削弱着自己的民族体与民族意识，他们的民族是在胜利的欢呼中泯灭了自己，经魏孝文帝的改革，再经东西魏、周齐的曲折，最后融入汉民族的大共同体。"杜世铎主编《北魏史·导论》，第 16 页。

③ 姚大力：《中国历史上的民族关系与国家认同》，"在土星的标志下"，https：//www. sohu. com/a/219775565_756901，最后访问日期：2019 年 1 月 30 日。

顺矣。世祖睿略潜举，灵武独断，以夫僭伪未夷，九域尚阻，慨然有混一之志。"也就是说，统治者于建政之初，就把实现"大一统"作为本政权的最高政治纲领。

登国元年（386），拓跋珪在盛乐（今内蒙古和林格尔）复立代国，不久即改号为魏而兼称代。天兴元年（398）是北魏正式的建元之年。《魏书·太祖道武帝纪》载，三月，"甲子，初令《五经》群书各置博士，增国子太学生员三千人"。此后一系列的建制活动，完全严格按照《周礼》和《礼记》中规定的相关典制，中规中矩、按部就班、循序渐进地展开。

七月，"迁都平城，始营宫室，建宗庙，立社稷"，体现了《礼记·曲礼下》"君子将营宫室，宗庙为先"的顺次。

八月，"诏有司正封畿，制郊甸，端径术，标道里，平五权，较五量，定五度"。"封畿"古指王都周围地区。《史记·孝文本纪》云："封畿之内，勤劳不处。""郊甸"泛指城邑外百里及二百里之内。《左传·昭公九年》云："伯父惠公归自秦，而诱以来，使逼我诸姬，入我郊甸，则戎焉取之。"杜预注："邑外为郊，郊外为甸。""封畿"和"郊甸"皆为三代尤其是西周王都周围的封域规制，所谓畿内百里、郊甸千里的大致规模，这里指的是平城"畿内"和"郊甸"四至的划定。"端径术"典出《礼记·月令第六》"孟春之月"："是月也，天气下降，地气上腾，天地和同，草木萌动。王命布农事，命田舍东郊，皆修封疆，审端经术。善相丘陵阪隰土地所宜，五谷所殖，以教道民，必躬亲之。田事既饬，先定准直，农乃不惑"，"皆修封疆，审端径术"。郑玄注："封疆，田首之分职；术，《周礼》作遂……遂，小沟也；步道曰径。"意为整治、修饬王畿的阡陌、道路、沟洫，以便农事，是确定土地、军赋、田制等的过程。"标道里"则指道路的规划、修整。"端径术，标道里"包括了平城内外各族人民"计口授田"及八部帅监诸部民和"劝课农耕"等相关制度的建立。"平五权，较五量，定五度"是时指度、量、衡等计量单位及其进制比值的具体规定。《礼记·王制第五》载："《尧典》云：'协时月正日，同律度量衡。'"

以上各项举措的颁布、实施，既有比附圣王建制的政治意图，也是平城从规划、设计到营造、建构等所必须依照的历史规制与既定范本。《魏书·食货志》载："天兴初，制定京邑，东至代郡，西及善无，南极阴馆，北尽参合，为畿内之田；其外四方四维置八部帅以监之，劝课农耕，量校收入，以为殿最。"作为统一的标准，又将这套法定制度由平城推进至北魏全境。

十一月，"诏尚书吏部郎中邓渊典官制，立爵品，定律吕，协音乐；仪曹郎中董谧撰郊庙、社稷、朝觐、飨宴之仪；三公郎中王德定律令、申科禁；太史令晁崇造浑仪，考天象；吏部尚书崔玄伯总而裁之"。这些都为拓跋珪正式登基做了充分而必要的准备。

《魏书·礼志一》载，天兴二年十月，"置太社、太稷、帝社于宗庙之右，为方坛四陛"，遵循的是《礼记·祭义》"建国之神位，右社稷而左宗庙。周尚左也"及《周礼·冬官考工记第六》"匠人营国，方九里，旁三门。国中九经九纬，经涂九轨，左祖右社，面朝后市，市朝一夫"的布局原则。

这一系列建制活动从形式到内容皆有典据，也为此后各项制度的发展、完备奠定了基础，由此亦可看出以吏部尚书崔玄伯等人为首的一班汉族股肱重臣出谋划策、运筹帷幄的效果。他们依据汉文化典章制度为拓跋鲜卑政权量身定制的一整套礼乐规章，既是促使其政权"封建化"，也是民族文化"汉化"的根本保障，奠定了北魏封疆内各"非汉民族"迅速融入封建农业社会的政治基础。

公元 439 年，北魏灭北凉，统一了北方。至此，西晋末年以来 135 年的"五胡十六国"分裂局面宣告结束。北魏从而与南方的刘宋政权并立，形成南北对峙的格局，而这一年被认为是南北朝的肇始之年。同年，大批仕凉汉族儒士被迫迁徙平城，为北魏所礼遇。陈寅恪先生说："至北魏取凉州，而河西文化遂输入于魏。其后北魏孝文、宣武两代所制定之典章制度遂深受其影响。"[①] 由此，北凉的"汉化"成果为北魏所继承发扬，阚骃、刘昞、胡叟、常爽、宋繇、索敞等河西硕儒耆宿或入仕北魏，或聚众讲学，对北魏"平城时代"的政治、文化、教育等领域皆产生了巨大的影响，使得北魏"儒风始振"，进一步推动了其文化、教育的"儒家化"，政治制度的"封建化"乃至生产、生活方式的"定居农耕化"。

针对拓跋鲜卑民族及政权的"汉化"，楼劲先生提出了"儒家化北支传统"这一命题。他说：

> 从文明程度、思想背景，到所从事的各项建制和历史清理活动，都表明北魏的建立受到了汉魏以来统治合法性理论的强烈影响，呈现了自觉践履古文经学所代表的王朝正统理论，以此润饰和改造北族传统，又

---

① 陈寅恪：《隋唐制度渊源略论稿·叙论》，生活·读书·新知三联书店，2011，第 4 页。

以此协调胡汉矛盾和建立、巩固专制皇权体制等特点。就其总体而言，北魏开国史体现了拓跋氏自身发展需要与中原王朝传统的密切结合，当时所定大政方针和各项制度，都因此而多有创作，并在诠释和贯彻圣王治道上超越了五胡时期。这就使其得以更为有效地协调胡汉关系，推进旧的习惯不断向新的制度转化；又能针对南北群雄证明自身的正统地位，搭建起更具开放和包容性的胡汉合作平台。这是北魏能够在中原地区站稳脚跟，进而终结五胡乱局和统一北方的关键。①

本书认同这一学术观点，并认为"儒家化北支传统"首先体现在北魏建政之初所奉行的礼乐制度上。

礼乐文化是儒学的核心内容之一，儒家非常强调音乐的教育、感化作用。《礼记》所谓"乐在宗庙之中，君臣上下同听之，则莫不和敬；在族长乡里之中，长幼听之，则莫不和顺；在闺门之内，父子兄弟同听之，则莫不和亲。故乐者，所以合和父子君臣，附亲万民也"，认为音乐具有化解矛盾、融洽感情的特殊文化功能。同时，音乐也被视为国家权力的象征和治国理政的重要手段，正如《礼记·乐记》所云："礼乐刑政，其一极也，所以同民心而出治道也。"音乐被看作与"礼""刑""政"同样重要的治国手段，所以"王者功成作乐，治定制礼，其功大者其乐备，其治辩者其礼具"。天下甫定，统治者即着手制礼作乐、规范典章制度，以示海内承平、文化正朔之所在。

《魏书·乐志》载：

> 永嘉巳下，海内分崩，伶官乐器，皆为刘聪、石勒所获，慕容儁平冉闵，遂克之。王猛平邺，入于关右。苻坚既败，长安纷扰，慕容永之东也，礼乐器用多归长子，及垂平永，并入中山。
>
> 自始祖内和魏晋，二代更致音伎；穆帝为代王，愍帝又进以乐物；金石之器虽有未周，而弦管具矣。逮太祖定中山，获其乐县，既初拨乱，未遑创改，因时所行而用之。世历分崩，颇有遗失。
>
> 天兴元年冬，诏尚书吏部郎邓渊定律吕，协音乐。及追尊皇曾祖、皇祖、皇考诸帝，乐用八佾，舞《皇始》之舞。《皇始舞》，太祖所作也，以明开大始祖之业，后更制宗庙。皇帝入庙门，奏《王夏》，太祝迎神于庙门，奏迎神曲，犹古降神之乐；乾豆上，奏登歌，犹古清庙之

---

① 楼劲：《北魏开国史探》，中国社会科学出版社，2018，第6页。

乐；曲终，下奏《神祚》，嘉神明之飨也；皇帝行礼七庙，奏《陛步》，以为行止之节；皇帝出门，奏《总章》，次奏《八佾舞》，次奏送神曲。又旧礼：孟秋祀天西郊，兆内坛西，备列金石，乐具，皇帝入兆内行礼，咸奏舞《八佾》之舞；孟夏有事于东庙，用乐略与西郊同。

太祖初，正月上日，飨群臣，宣布政教，备列宫悬正乐，兼奏燕、赵、秦、吴之音，五方殊俗之曲，四时飨会亦用焉。

语言、文字是文化的载体，所以拓跋鲜卑政权对本民族歌以记事的大型史诗《真人代歌》的猎集、整理与再创作非常重视，所谓"凡乐者乐其所自生，礼不忘其本，掖庭中歌《真人代歌》，上叙祖宗开基所由，下及君臣废兴之迹，凡一百五十章，昏晨歌之，时与丝竹合奏。郊庙宴飨亦用之"（《魏书·乐志》）。"代歌"是鲜卑歌，自然要用鲜卑语去唱，其他民族不会鲜卑语者，就用汉字标音"转读"，因此导致代歌"多可汗之辞"。《旧唐书·音乐志二》载："后魏乐府始有北歌，即《魏史》所谓《真人代歌》是也。代都时，命掖庭宫女晨夕歌之。周、隋世，与《西凉乐》杂奏。今存者五十三章，其名目可解者六章：《慕容可汗》《吐谷浑》《部落稽》《钜鹿公主》《白净王太子》《企喻》也。其不可解者，咸多可汗之辞。按今大角，此即后魏世所谓《簸逻回》者是也，其曲亦多可汗之辞。"《文献通考·乐考·夷部乐》云："北歌与西凉乐杂奏，其不可解者，多可汗之辞，是燕、魏之际鲜卑歌也。"《簸逻回》显然就是由鲜卑语"转读"记录的曲录名称，汉语的意思是"大角"，属拓跋鲜卑军中马上之乐。"太和改制"以后，鲜卑语逐渐断绝乃至消亡，这些曾经用汉字标注鲜卑音声的歌曲最终也湮灭于历史之中。

北魏统治者在政权奠定之初，立即着手恢复了儒家文化传统意义上的乐署机构及乐官制度，并在对西晋音乐继承的基础上，重新建构了"乐制"。只不过，最初北魏的宫廷音乐仍由少数民族音乐组成。"世祖破赫连昌，获古雅乐，及平凉州，得其伶人、器服，并择而存之。后通西域，又以悦般国鼓舞设于乐署。"（《魏书·乐志》）随着北魏政权影响力的不断扩大，西域各民族与中原地区的文化交流日益密切，体现在音乐上更多的是在对胡乐的吸收。经过北朝200多年的发展，得益于统治者实施的民族融合政策，少数民族音乐在中原地区开始广为流传。

对此，《隋书·乐志》云：

魏氏来自云、朔，肇有诸华，乐操土风，未移其俗。至道武帝皇始元年，破慕容宝于中山，获晋乐器，不知采用，皆委弃之。天兴初，吏部郎邓彦海，奏上庙乐，创制宫悬，而钟管不备。乐章既阙，杂以簸逻回歌。初用八佾，作皇始之舞。至太武帝平河西，得沮渠蒙逊之伎，宾嘉大礼，皆杂用焉。此声所兴，盖苻坚之末，吕光出平西域，得胡戎之乐，因又改变，杂以秦声，所谓秦汉乐也。

太祖辅魏之时，高昌款附，乃得其伎，教习以备飨宴之礼。及天和六年，武帝罢披庭四夷乐。其后帝聘皇后于北狄，得其所获康国、龟兹等乐，更杂以高昌之旧，并于大司乐习焉。

《旧唐书·乐志》说："后魏有曹婆罗门，受龟兹琵琶于商人，世传其业，至孙妙达，尤为北齐高洋所重，常自击胡鼓以和之。周武帝聘虏女为后，西域诸国来媵，于是龟兹、疏勒、安国、康国之乐，大聚长安。"

来自西域各国及北方少数民族的音乐与中原音乐交融会通，为中国音乐文化的发展注入了新的因素。

拓跋珪定都平城、即皇帝位后，接受崔宏①的建议，仍定国号为魏。

《魏书·崔玄伯列传》载：

时司马德宗遣使来朝，太祖将报之，诏有司博议国号。玄伯议曰："三皇五帝之立号也，或因所生之土，或即封国之名。故虞夏商周始皆诸侯，及圣德既隆，万国宗戴，称号随本，不复更立。唯商人屡徙，改号曰殷，然犹兼行，不废始基之称。故《诗》云'殷商之旅'，又云'天命玄鸟，降而生商，宅殷土茫茫'。此其义也。昔汉高祖以汉王定三秦，灭强楚，故遂以汉为号。国家虽统北方广漠之土，逮于陛下，应运龙飞，虽曰旧邦，受命惟新，是以登国之初，改代曰魏。又慕容永亦奉进魏土。夫'魏'者大名，神州之上国，斯乃革命之征验，利见之玄符也。臣愚以为宜号为魏。"太祖从之。于是四方宾王之贡，咸称大魏矣。

《魏书·太祖道武帝纪》载，天兴元年，诏曰："昔朕远祖，总御幽都，

---

① 崔宏（玄伯）出身于河北清河世家，"少有俊才，号曰冀州神童"。崔宏本人曾经出仕于前秦，并在后燕政权中得到重用，此后受到北魏道武帝和元明帝的信任，致力于北魏各项政治制度的整备。由此而言，拓跋鲜卑的"汉化"不能不受到慕容鲜卑的影响。崔宏与崔浩"是将五胡十六国时代'五胡'与汉族间的关系带到北魏的一对父子。五胡十六国时代，'五胡'与汉族在华北创建了一个共存的社会，也正是借此才实现了对华北的统一"。〔日〕三崎良章：《五胡十六国：中国史上的民族大迁徙》，第282页。

控制遐国,虽践王位,未定九州。逮于朕躬,处百代之季,天下分裂,诸华乏主。民俗虽殊,抚之在德,故躬率六军,扫平中土,凶逆荡除,遐迩率服。宜仍先号,以为魏焉。布告天下,咸知朕意。"把拓跋氏践位之源溯至远祖,既合乎"无土不王"之义,更着眼于"旧邦新命"之典,实际上已经把拓跋珪比同于革命易代的周武王,把他刻意"打造"为顺天应人、平乱救难的命世之主,所传递的是其亟欲强化自身地位和厉行皇权专制的倾向。

也就是说,改"代"为"魏",意图在于"抚之在德","虽曰旧邦,受命惟新",明确发出意欲定鼎中原的强烈政治信号。倪润安认为:"'魏'既是中原上国,又在西晋之前。拓跋使自己成为曹魏的继承者,就能名正言顺地征服中原,同时可以否定西晋的合法性,与西晋的继承者东晋争夺正统地位。"① 同时,太武帝拓跋珪试图参照后燕的文化体系,建立一套与曹魏有渊源的文化体制,以摆脱北魏文化贫乏、底蕴单薄的境地,使之巩固、稳定在北方的统治并与南方文化抗衡。然而,"这套有别于'晋制'的文化体制,在正统争夺中的实效并不好。一方面,这套体制对南朝吸引力不足,南朝可不受其影响;另一方面,这套体制的主要来源是边疆文化,与东晋南朝所追承的西晋中原文化相比,缺乏心理优势,信心不足。因此,北魏早期的这套文化体制对南朝文化不具备实质性的威胁"。于是"北魏早、中期之际的文成帝、献文帝时期,北魏的文化实践开始逐步向'晋制'变化。到太和十五年(491),孝文帝正式肯定和明确了向'晋制'转型的文化新政策"。"在北朝不断模仿'晋制',并越来越像'晋制'的时候,南朝却与'晋制'渐行渐远,深陷于地方化的文化特征之中。于是在'晋制'的框架内,北朝终于取代南朝所占的先机。"②

孝文帝是北魏"汉化"改革的集大成者。他本人亦具有非常深厚的汉文化修养,史载他"雅好读书,手不释卷。五经之义,览之便讲,学不师受,探其精奥。史传百家,无不该涉。善谈庄老,尤精释义。才藻富赡,好为文章,诗赋铭颂,任兴而作"(《魏书·高祖孝文帝纪》)。太和十八年(494)孝文帝迁都洛阳,此前对任城王元澄有一番独白:"今日之行,诚知不易。但国家兴自北土,徙居平城,虽富有四海,文轨未一,此间用武之地,非可

---

① 倪润安:《光宅中原:拓跋至北魏的墓葬文化与社会演进》,上海古籍出版社,2017,第305页。
② 倪润安:《光宅中原:拓跋至北魏的墓葬文化与社会演进》,第305页。

文治，移风易俗，信为甚难。崤函帝宅，河洛王里，因兹大举，光宅中原"（《魏书·任城王列传·拓跋澄》）。宿白先生说："洛阳自古以来即是汉文化的中心地区。迁都洛阳，必然引起北方鲜卑各族和中原地区以汉族为主的各民族间的迅速融合，也必然加速北魏政权的彻底封建化。"① 洛阳所在的中原地区，即"天下之中"，不仅是"中国"的地理中心，也是政治、经济、文化的中心。洛邑是周人建都之所，所以又被赋予政治文化的象征意义，入主中原往往被视为文化正统的传承人，并由此获得正统地位。此外，"中国"还是天意的象征，只有占据"中国"，才表示获得了上天授权，成为名副其实的天子。《孟子·万章章句上》所谓："夫然后之中国，践天子位。"天下一统时，"中国"是政治中心，占据了"中国"往往是"正统"地位的象征和依据。即使是在多个政权并立时期，中原政权和文化也具有某种优越感，是其他政权试图入主或文化认同的目标。这一观念的形成也与中国历史文献的文本特性有关，因为这些文献的创作与流传基本上都是由具有中原文化背景、持有"中原文化至上观"的作者以中文文字表述、诠释和传承的。② 据《后汉书·鲜卑列传》和《魏书》所载，鲜卑"其言语习俗与乌丸同"，属东胡语分支，一说属阿尔泰语系蒙古语族，认为与蒙古语"相去无几"。鲜卑最初没有自己的民族文字，刻木为信，邑落传行。入主中原后，虽尚通行鲜卑语，但同时使用汉字，兼说汉语，逐渐汉化。一说北朝时曾有鲜卑文，后佚。正是通过孝文帝的改革，不但使北魏政权完成了封建化，鲜卑民族以及北方其他各少数民族也在很大程度上完成了汉化。

《魏书·礼志一》云："帝王之作，百代可知，运代相承，书传可验。……莫不以中原为正统，神州为帝宅。"说明，北魏经过"平城时代"的深入"汉化"，儒家政治观念已经根深蒂固，俨然以当仁不让的文化"正统"自居。就连南梁聘使陈庆之也不得不承认，作为北魏京畿重地，"自晋、宋以来，号洛阳为荒土，此中谓长江以北，尽是夷狄。昨至洛阳，始知衣冠士族，并在中原。礼仪富盛，人物殷阜，目所不识，口不能传。所谓帝京翼翼，四方之则。如登泰山者卑培塿，涉江海者小湘沅。北人安可不重？"③ 反映在这一时期的夷夏之变上，表现为南北朝都以政治统绪和礼义文化当然的正统自居，

---

① 宿白：《北魏洛阳城和北邙陵墓——鲜卑遗迹辑录之三》，《文物》1978年第7期，第42页。
② 参见徐良高、周广明《当代民族国家史的构建与"最早的中国"之说》，《南方文物》2016年第4期，第6页。
③ 杨衒之撰《洛阳伽蓝记》第二卷，《大正藏》第51册，第1009页。

而斥对方为夷狄、僭越的政治意图背后，蕴含着对"大一统"的历史文化认同。这固然是政权统治的需要，同时也是魏晋以来民族融合、文化融汇的一种反映。① 经过一百多年的"汉化"过程，北魏中原门阀士族俨然以文化正朔之所在自居，以至于在南梁使者面前，自豪地说："我魏膺箓受图，定鼎嵩洛，五山为镇，四海为家。移风易俗之典，与五帝而并迹，礼乐宪章之盛，凌百王而独高。"② 倪润安认为："'拓跋模式'与中国历史的结合最为深刻。在这种模式中，北方民族树立了入主中原、统治华夏的信心，中原汉人则相信胡族终将融入华夏文明的潮流之中。于是，'拓跋模式'在中国历史的运行轨道上成为一种历史惯性。"③

本书认为，这种惯性体现在民族关系问题方面，具体表现为少数民族对华夏礼义文化的认同。

"礼"是儒家文化的特质，《论语·颜渊》载："颜渊问仁。子曰：'克己复礼为仁。一日克己复礼，天下归仁焉。'"《礼记·曲礼》开宗明义说："道德仁义，非礼不成；教训正俗，非礼不备；分争辨讼，非礼不决；君臣、上下、父子、兄弟，非礼不定；宦学事师，非礼不亲；班朝治军，莅官行法，非礼威严不行；祷祠祭祀，供给鬼神，非礼不诚不庄。"《礼记·乐记》云："礼者，天地之序也。"《左传·隐公十一年》云："礼，经国家，定社稷，序民人，利后嗣者也。"《左传·昭公十五年》说："礼，王之大经也。"《国语·晋语》载："礼，国之纪也。"《左传·昭公二十六年》曰："礼之可以为国也久矣，与天地并。君令臣共（恭），父慈子孝，兄爱弟敬，夫和妻柔，姑慈妇听，礼也。"何休在《春秋公羊传解诂》中宣称："中国者，礼义之国也。"皆说明了"礼"对于治国理政的重要意义。所以，北魏统治者非常注重"礼制"。

《魏书·礼志》云：

> 夫在天莫明于日月，在人莫明于礼仪。先王以安上治民，用成风化，苟或失之，斯亡云及。……自永嘉扰攘，神州芜秽，礼坏乐崩，人神殄殄。太祖南定燕赵，日不暇给，仍世征伐，务恢疆宇。虽马上治

---

① "文化的融汇反过来又推动民族的融合，而此时的民族融合，不仅是广泛的，而且是深层次的。"李凭：《北朝论稿》，北京师范大学出版社，2018，第 66 页。
② 杨衒之撰《洛阳伽蓝记》第二卷，《大正藏》第 51 册，第 1009 页。
③ 倪润安：《光宅中原：拓跋至北魏的墓葬文化与社会演进》，第 315 页。

之，未遑制作，至于经国轨仪，互举其大，但事多粗略，且兼阙遗。高祖稽古，率由旧则，斟酌前王，择其令典，朝章国范，焕乎复振。早年厌世，睿虑未从，不尔，刘马之迹夫何足数：世宗优游在上，致意玄门，儒业文风，顾有未洽，坠礼沦声，因之而往。肃宗已降，魏道衰赢，太和之风，仍世凋落，以至于海内倾圮，纲纪泯然。呜呼！鲁秉周礼，国以克固；齐臣撤器，降人折谋。治身不得以造次忘，治国庸可而须臾忽也。

《魏书·礼志》中记载了大量北魏统治者对黄帝、唐尧等华夏古圣王、对汉高祖等汉族历代明君以及对"先师"孔子的国家祭祀活动。特别是记载了于立国之初专门组织的一次对孔子的祭祀活动。《魏书·太祖道武帝纪》载，始光三年（426）"二月，起太学于城东，祀孔子，以颜渊配"。对孔子的祭祀和对其后裔的封赏等活动，在孝文帝时代更加突出地表现为一种"国家意志"的体现而不断得到强化。《北史·魏本纪·高祖孝文帝》载，太和三年（479）夏四月壬子，"诏以孔子二十八世孙鲁郡孔乘为崇圣大夫，给十户以供洒扫"。《魏书·礼志》载，太和十六年（492）二月"癸丑，帝临宣文堂，引仪曹尚书刘昶、鸿胪卿游明根、行仪曹事李韶，授策孔子，崇文圣之谥"。二月"丁未，改谥宣尼曰文圣尼父，告谥孔庙"。太和十九年（495）夏四月庚申，"行幸鲁城，亲祠孔子庙。辛酉，诏拜孔氏四人、颜氏二人为官。诏兖州刺史举部内士人才堪军国及守宰治行，具以名闻。又诏赐兖州民爵及粟帛如徐州。又诏选诸孔宗子一人，封崇圣侯，邑一百户，以奉孔子之祀。又诏兖州为孔子起园柏，修饰坟垅，更建碑铭，褒扬圣德"。据说北魏孝文帝是中国历史上历代皇帝之中，亲临曲阜孔庙祭祀的第一人。为孔子坟建"园柏"亦"即今日三孔之一孔林之始矣"[1]。

对儒家文化的认同，即便在北朝后期，随"六镇起义""尔朱荣之乱"后出现的所谓汉化的逆流时期，也没有减退。[2] 这一点在统治阶层中间体现地尤为明显，如《北齐书·文宣帝纪》载，北齐文宣帝天保元年（550）

---

① 殷宪：《北魏平城营建孔庙本事考》，《学习与探索》2012 年第 4 期，第 155 页。

② 卫广来先生说："在十六国出现的汉化趋向和已有经验的基础上，经过魏孝文帝的民族改革，推动实现了北方各民族的大融合。……到后期，北魏社会已按照中国封建社会发展的一般规律正常运转了：……以后东、西魏的分裂，虽然也还带有民族割据的因素，但基本已是封建军阀性质的割据。"杜世铎主编《北魏史·导论》，第 7 页。

八月：

> 诏郡国修立黉序，广延髦俊，敦述儒风。其国子学生亦仰依旧铨
> 补，服膺师说，研习《礼经》。往者文襄皇帝所建蔡邕石经五十二枚，
> 即宜移置学馆，依次修立。又诏曰："有能直言正谏，不避罪辜，謇謇
> 若朱云，谔谔若周舍，开朕意，沃朕心，弼于一人，利兼百姓者，必当
> 宠以荣禄，待以不次。"又曰："诸牧民之官，仰专意农桑，勤心劝课，
> 广收天地之利，以备水旱之灾。"庚寅，诏曰："朕以虚寡，嗣弘王业，
> 思所以赞扬盛绩，播之万古。虽史官执笔，有闻无坠，犹恐绪言遗美，
> 时或未书。在位王公文武大小，降及民庶，爰至僧徒，或亲奉音旨，或
> 承传傍说，凡可载之文籍，悉宜条录封上。"

西魏文帝大统十年（544），"正月诏宽刑罚，广学业，敦礼教，断草书，
去文存质"①。《周书·沈重传》云："沈重字德厚，吴兴武康人也。……博
览群书，尤明《诗》《礼》及《左氏春秋》。"北周武帝保定五年（565），
"重至于京师。诏令讨论《五经》，并校定钟律。天和中，复于紫极殿讲三教
义。朝士、儒生、桑门、道士至者二千余人。重辞义优洽，枢机明辩，凡所
解释，咸为诸儒所推。"《北史·周本纪下·高祖武帝》载，北周武帝天和三
年（568），"癸酉，帝御大德殿，集百僚及沙门道士等，亲讲《礼记》"。
《北史·周本纪下·宣帝》载，北周大象二年（580）三月，"诏进封孔子为
邹国公，邑数准旧，并立后承袭，别于京师置庙，以时祭享"。时至北朝末
年，崇儒兴学，认同华夏文化之风隆盛，由此可见一斑。而历史经验表明，
文化认同必然带动民族认同、身份认同，文化认同是促进民族融合的生生不
息的原动力。

北朝时期由于北魏的"汉化"程度最深，统治时间最长，所以相对来说
儒学也最盛，并为其后儒学的发展起到了承上启下的作用。《北史·儒林列
传序》云：

> 自魏末，大儒徐遵明门下讲郑玄所注《周易》。遵明以传卢景裕及
> 清河崔瑾。景裕传权会、郭茂。权会早入邺都，郭茂恒在门下教授，其
> 后能言《易》者，多出郭茂之门。河南及青齐之间，儒生多讲王辅嗣所

---

① 费长房撰《历代三宝记》第三卷，《大正藏》第49册，第46页。

注，师训盖寡。齐时，儒士罕传《尚书》之业，徐遵明兼通之。遵明受业于屯留王聪，传授浮阳李周仁及勃海张文敬、李铉、河间权会，并郑康成所注，非古文也。下里诸生，略不见孔氏注解。武平末，刘光伯、刘士元始得费甝《义疏》，乃留意焉。其《诗》《礼》《春秋》，尤为当时所尚，诸生多兼通之。《三礼》并出遵明之门。徐传业于李铉、祖儁、田元凤、冯伟、纪显敬、吕黄龙、夏怀敬。李铉又传授习柔、张买奴、鲍季详、邢峙、刘书、熊安生。安生又传孙灵晖、郭仲坚、丁恃德。其后生能通《礼经》者，多是安生门人。诸生尽通《小戴礼》。于《周仪礼》兼通者，十二三焉。通《毛诗》者，多出于魏朝刘献之。献之传李周仁。周仁传董令度、程归则。归则传刘敬和、张思伯、刘轨思。其后能言《诗》者，多出二刘之门。河北诸儒能通《春秋》者，并服子慎所注，亦出徐生之门。张买奴、马敬德、邢峙、张思伯、张奉礼、张雕、刘昼、鲍长宣、王元则并得服氏之精微。又有卫凯、陈达、潘叔虔，虽不传徐氏之门，亦为通解。又有姚文安、秦道静，初亦学服氏，后兼更讲杜元凯所注。其河外儒生，俱伏膺杜氏。其《公羊》《穀梁》二传，儒者多不厝怀。《论语》《孝经》，诸学徒莫不通讲。诸儒如权会、李钦、习柔、熊安生、刘轨思、马敬德之徒，多自出义疏。虽曰专门，亦皆相祖习也。

由此可见，北朝儒学之繁盛，不仅体现在人才辈出，而且以儒家经典的专人传授、继承理解、综合研习为主要风尚。加上由于北方地区学术传统的固有影响，北朝儒学不仅相较南朝更为纯正，而且这种对于华夏礼义文化的继往开来，主要目的是要与南朝争夺儒家文化的正统继承人身份，从而在文化上确立政权的政治地位。同时，客观上无疑也更加速了北方各少数民族的汉化及政权的封建化，这正是这一时期"大一统"精神与夷夏之变的重要历史成果。

随着"汉化"程度的逐渐深入，胡汉之间的民族矛盾也得到了有效的缓解，这主要体现在最高统治者对于民族关系问题的认识层次，在不断扬弃中得到不断提升。《魏书·食货志》载："世祖（太武帝拓跋焘）即位，开拓四海，以五方之民各有其性，故修其教，不改其俗；齐其政，不易其宜。"然而，这也许只是针对北方辖域之内而言，在南北对峙中就未必如此了。公元450年（北魏太平真君十一年、南朝宋元嘉二十七年），爆发了"瓜步之役"。原本是宋军北伐中原，及至冬季，魏军大举反攻、南侵，进占瓜步，大肆烧杀掳掠。当时坚守盱眙的刘宋太守沈璞说："贼之残害，古今之未有，屠剥之刑，众所共见，其中有福者，不过得驱还北国作奴婢耳。"（《宋书·沈璞列传》）《宋书·索虏列传》则说："自广陵还，因攻盱眙，尽锐攻城，三十日不能克，乃烧攻具退走。（拓跋）焘凡破南兖、徐、兖、豫、青、冀六州，杀略不可称计，而其士马死伤过半，国人并尤之。"此役南北政权两败俱伤，皆付出了巨大的代价。"是岁，焘病死，谥为太武皇帝。"拓跋宏在北魏诸帝中"汉化"最彻底，对民族和解的认识也最为深刻。《资治通鉴·齐纪》载：

> （孝文帝）亲任贤能，从善如流，精勤庶务，朝夕不倦。……用法虽严，于大臣无所容贷，然人有小过，常多阔略。尝于食中得虫，又左右进羹误伤帝手，皆笑而赦之。天地五郊、宗庙二分之祭，未尝不身其礼。每出巡游及用兵，有司奏修道路，帝辄曰："粗修桥梁，通车马而已，勿去草铲令平也。"在淮南行兵，如在境内。禁士卒无得践伤粟稻；或伐民树以供军用，皆留绢偿之。宫室非不得已不修，衣弊，浣濯而服之，鞍勒用铁木而已。

北魏孝文帝拓跋宏完全按照儒家"为政以仁"的标准严格要求自己。对身边人常说："人主患不能处心公平，推诚于物。能是二者，则胡、越之人皆可使如兄弟矣。"（《资治通鉴·齐纪》）说明民族融合、和平共处的观念已经深入人心。

游牧－渔猎民族习以为常的"人食畜肉，饮其汁，衣其皮"的生活习惯，由于入主中原以后生存环境发生了很大的变化，必须顺时达变而与汉民族保持一致。正如《魏书·崔浩列传》所言："漠北醇朴之人，南入中地，变风易俗，化洽四海。"在这一点上，北魏诸帝都付出了不同程度的努力，如佛教史传资料称："北魏献文敕：'祭天地宗社，勿用牲。'岁活七万五千牲命。"① 孝文帝更是以上率下，处心积虑改变本民族的饮食、风俗习惯，积极向汉文化靠拢。《魏书·释老志》载，北魏孝文帝延兴二年（472）：

> 诏曰："内外之人，兴建福业，造立图寺，高敞显博，亦足以辉隆至教矣。然无知之徒，各相高尚，贫富相竞，费竭财产，务存高广，伤杀昆虫含生之类。苟能精致，累土聚沙，福钟不朽。欲建为福之因，未

① 志磐撰《佛祖统纪》第五十二卷，《大正藏》第49册，第455页。

知伤生之业。朕为民父母，慈养是务，自今一切断之。"

（延兴）三年（473）十二月，显祖因田鹰获鸳鸯一，其偶悲鸣，上下不去。帝乃惕然，问左右曰："此飞鸣者，为雌为雄？"左右对曰："臣以为雌。"帝曰："何以知？"对曰："阳性刚，阴性柔，以刚柔推之，必是雌矣。"帝乃慨然而叹曰："虽人鸟事别，至于资识性情，竟何异哉！"于是下诏，禁断鸷鸟，不得畜焉。

（太和）四年（480）春，诏以鹰师为报德寺。

《魏书·高祖孝文宏帝纪》载：

太和六年（482）三月庚辰，行幸虎圈，诏曰："虎狼猛暴，食肉残生，取捕之日，每多伤害，既无所益，损费良多，从今勿复捕贡。"辛巳，幸武州山石窟寺，赐贫老者衣服。

孝文帝文治武功兼备，少年擅长射箭，射杀禽兽往往随心所欲。但自十五岁起，便不再杀生，射猎悉止。儒家礼制规定，祭祀、居丧期间的饮食要求是基本素食。太和十四年（490）九月，冯太后逝世，《魏书·礼志三》载，孝文帝服丧期间"朝夕食粥，粗亦支任"，直到太和十五年四月癸亥，"帝始进蔬食"（《魏书·高祖孝文帝本纪》），并延长守丧期，以此显示恪守孝道。《魏书·儒林列传》载：

高祖钦明稽古，笃好坟典，坐舆据鞍，不忘讲道。刘芳、李彪诸人以经书进，崔光、邢峦之徒以文史达，其余涉猎典章，关历词翰，莫不縻以好爵，动贻赏眷。于是斯文郁然，比隆周、汉。世宗时，复诏营国学，树小学于四门，大选儒生，以为小学博士，员四十人。虽黉宇未立，而经术弥显。时天下承平，学业大盛。故燕、齐、赵、魏之间，横经著录，不可胜数。大者千余人，小者犹数百。州举茂异，郡贡孝廉，对扬王庭，每年逾众。神龟中，将立国学，诏以三品已上及五品清官之子以充生选。未及简置，仍复停寝。正光二年，乃释奠于国学，命祭酒崔光讲《孝经》，始置国子生三十六人。暨孝昌之后，海内淆乱，四方校学所存无几。永熙中，复释奠于国学；又于显阳殿诏祭酒刘廞讲《孝经》，黄门李郁说《礼记》，中书舍人卢景宣讲《大戴礼·夏小正篇》；复置生七十二人。

孝文帝身体力行崇儒兴学，儒学教育的普及、儒家价值观念的深入人心，不仅巩固了北魏政权的统治基础，而且使北方各少数民族的文明程度得到很大提升。

拓跋鲜卑民族的整体"汉化"，又成为他们理解、接受佛教的文化桥梁与精神纽带。如《颜氏家训·归心篇》说："内典初门，设五种禁；外典仁义礼智信，皆与之符。仁者，不杀之禁也；义者，不盗之禁也；礼者，不邪之禁也；智者，不酒之禁也；信者，不妄之禁也。"①北朝儒士这种将儒佛会通、互释的诠释方法，逐渐为官方所接受认可。《魏书·释老志》所言："其始修心则依佛、法、僧，谓之三归，若君子之三畏也。又有五戒，去杀、盗、淫、妄言、饮酒，大意与仁、义、礼、智、信同，名为异耳"，将"三归""五戒"与"三畏""五常"互相格义、比附。北魏诸帝的汉文化修养使其能够更加深入地理解佛教义理，《高僧传》载，释昙度以精通《成实论》而独步当时，"魏主元宏闻风餐挹，遣使征请。既达平城，大开讲席。宏致敬下筵，亲管理味。于是停止魏都，法化相续，学徒自远而至，千有余人。……撰《成实论大义疏》八卷，盛传北土"②。《魏书·世宗宣武帝纪》载，北魏世宗"幼有大度，喜怒不形于色。雅性俭素。……雅爱经史，尤长释氏之义，每至讲论，连夜忘疲"，永平二年（509），"十有一月甲申，诏禁屠杀含孕，以为永制。己丑，帝于式乾殿为诸僧、朝臣讲《维摩诘经》"。

"仁者爱人"是儒家思想的核心内容之一。但儒家提倡的是依据血缘亲疏关系和等级名分的，所谓"爱有差等"的差别之爱，而佛教基于平等"空"观，主张遍及一切有情的"慈悲喜舍"，也就是无分别的"兼爱"（博爱）。所谓：

> 四等者何？慈悲喜护也。何谓为慈？悯伤众生等一物我。推己恕彼，愿令普安。爱及昆虫，情无同异。何谓为悲？博爱兼拯，雨泪恻心。要令实功潜着不直，有心而已。何谓为喜？欢悦柔软，施而无悔。何谓为爱护？随其方便，触类善救。津梁会通，务存弘济。能行四等，三界极尊。但未能冥心无兆，则有数必终。③

---

① 王利器撰《颜氏家训集解》（增补本），中华书局，1993，第368页。
② 慧皎撰《高僧传》第八卷，《大正藏》第50册，第375页。
③ 僧祐撰《弘明集》第十三卷，《大正藏》第52册，第88页。

这种"无缘大慈、同体大悲"平等博爱的慈悲理念，无疑对民族融合、文化融汇起到了巨大的推动作用。法国著名汉学家勒内·格鲁塞在谈到拓跋鲜卑民族的汉化时说：

> 对草原历史有影响的事是突厥活力（在第一批拓跋统治者中这种活力是如此明显）逐渐被削弱、淡化和湮没于中国主体之中。这是在几个世纪中一再反复出现的模式，其中有契丹人、女真人、成吉思汗的蒙古人和满族人。正是佛教的这种影响，在拓跋人柔弱化的过程中曾起了很大的作用，正像它以后在成吉思汗的蒙古人中和甚至在后来的喀尔喀人中所起的作用一样。这些凶猛的武士们一接触到菩萨的优雅姿态就易于受到沙门们博爱教条的感动，以至于他们不仅忘记了他们好战的本性，甚至还忽视了自卫。①

共同的宗教信仰是文化认同的一部分，而文化认同是实现民族认同、身份认同的先决条件与"凝合剂"。中夏传统文化与"民族化""本土化"的佛教汇聚而成的文化认同理念，对于北方"非汉民族"民族性格的重塑、各民族文化的兼容并蓄，乃至政治统一体的再铸，发挥了巨大的推动作用。

---

① 〔法〕勒内·格鲁塞：《草原帝国》，蓝琪译，商务印书馆，2007，第98页。

第二章

佛教促进民族融合、文化融汇的社会功能

北方少数民族认同、接受"中国化"的佛教，极大地改变了这些民族的文化气质、风俗习惯、精神风貌。北方少数民族"汉化"与佛教"中国化"交相辉映、水乳交融，"民族化""本土化"的佛教反过来又促进了他们"汉化"的历史进程；不同民族及文化在共同信仰的"大熔炉"里，实现了融合、融汇。

首先，佛教自身所具有的"顺时达变"的"随方"精神、"圆融无碍"的文化特质，使之对待不同文化皆具有强大的包容、吸附、融会贯通的融摄功能，这是佛教"民族化""本土化"的自身动力机制，也是佛教能够与民族关系问题交涉的内因。其次，佛教与定居型农业文明相匹配的发展模式与发展形态，从信仰方式上直接保障并促进了北方少数民族生产、生活方式由游牧－渔猎向农耕定居型的转化，这是决定佛教与民族关系问题能够交融的外因。

北方少数民族在曲折的"汉化"及"封建化"的过程中，遇到了正在经历民族化、本土化转型中的"中国佛教"。是民族"大融合"与佛教"中国化"的时代主题把它们的命运连接到了一起，少数民族的"汉化"又成为他们理解、接受中国佛教的文化桥梁与纽带。佛教慈悲济世、"众生平等"的教理、教义，对于北方民族各个阶层都具有抚慰心灵、安魂定魄的作用，并使其成为民族政权定国安邦的社会稳定剂。

共同的宗教信仰是文化认同的一部分，而文化认同是实现民族认同、身份认同的先决条件与"凝合剂"。华夏传统文化与"民族化""本土化"的佛教汇聚而成的文化认同理念，对于北方"非汉民族"民族性格的重塑、各民族文化的兼容并蓄乃至政治统一体的再铸，发挥了巨大的推动作用。由于

佛教兼容并蓄的文化特质，少数民族"汉化"政权的"封建化"特征使得同时代的儒家、道教也保持了长足的发展，并为隋唐时代全面统一局面的到来奠定了政治、文化基础。

少数民族的"汉化"并不是"单方面的"，汉民族在民族大融合、文化融汇的过程中，生活及生产方式也不约而同地出现了部分"少数民族化"的倾向。伴随全国性统一进程的步伐，众多少数民族最终"融化"在中华民族"大家庭"当中，经过文化融汇洗礼的"中国佛教"继续在中国历史的文化洪流中扮演重要的角色，在新的历史阶段发挥着促进民族融合、文化融汇的重要作用。

所谓佛教的"中国化"，其本质是作为域外文明的佛教的核心价值及其组织形态等，不断地融入华夏文明与社会各个阶层的文化生活和精神世界之中，在"中央集权"的政治制度及"家国同构"的社会体制下，能够"以上率下"，惠及普通民众，并通过"中国佛教"的思想、形态而展示出其强大的社会功能与文化价值。在此意义上，"中国佛教"正是一种具有丰富内涵的文化认同、民族认同、身份认同等所凝练而成的历史共同体，体现了不同民族及文化内涵之"变"与"不变"的辩证统一。在历史的长期发展、演变过程中，这种民族及文化共同体的逐渐形成印证了中华民族多元一体格局的形成、发展、成熟。

佛教的"中国化"主要体现在政治、经济、社会、文化四个基本层面，其中文化层面的"民族化""本土化"是最深刻、最根本的中国化。

第一节　佛教促进包容、和谐的理论特质

埃米尔·涂尔干说："如果说宗教产生了社会所有最本质的方面，那是因为社会的观念正是宗教的灵魂。因此，宗教力就是人类的力量和道德的力量。"[1]

一　"众生平等"观念

佛教是一种"伦理色彩最深厚之宗教"，"众生平等"观念是佛教理论体系中最基本的伦理价值判断之一。

---

[1] 〔法〕爱弥尔·涂尔干：《宗教生活的基本形式》，渠东、汲喆译，上海人民出版社，1999，第 552 页。

　　佛教是在公元前6~前5世纪与婆罗门教相对立的"沙门思潮"兴起的历史文化背景下诞生的。"吠陀天启""祭祀万能""婆罗门至上"是婆罗门教的三大纲领。其中，"婆罗门至上"体现了婆罗门教伦理思想所要维护的"种姓"制度——一种以血统论为基础的社会体系，以统治阶层为中心，将人分为四个等级，即婆罗门（主要是祭司，垄断宗教话语权和祭神的特权以及享受奉献的权利）、刹帝利（军事和行政贵族，婆罗门思想的受众，拥有征收赋税的特权，负责守护婆罗门阶层）、吠舍（农人、牧人、普通工商业者，政治上没有特权，任务是生产食物，并提供各种祭品，必须以布施和纳税的形式来供养前两个等级）、首陀罗（没有人身自由的奴仆等低贱职业者，负责提供各种服务，绝大多数是被征服地区的土著居民）。除四大种姓外，还有一种被排除在种姓外的人，即所谓的"贱民""不可接触者"，又称"达利特"。他们社会地位更低，最受歧视。诸种姓中婆罗门第一，下等种姓要无条件绝对服从上等种姓。种姓世袭，不易更改。"人"的社会地位高低、经济状况好坏，大多与种姓出身有关。

　　佛教明确反对婆罗门教的种姓观念，认为人的高贵低贱与否取决于人的思想、行为，出身卑贱的人一样能成贤成圣。[①] 如《别译杂阿含经》中记载了佛陀与一位祀火婆罗门的对话，"时，婆罗门即至佛所，问讯言：'汝生何处？为姓（种姓）何等？'"佛陀答言："不应问生处，宜问其所行，微木能生火，卑贱生贤达。亦生善调乘，惭愧为善行，精勤自调顺，度韦陀彼岸。定意收其心，具足修梵行，……宜修内心火，炽然不断绝。增广如是火，斯名为真祀；数数生信施，汝应如是祀。汝今骄慢重，非车所能载，嗔毒犹如烟，亦如油投火，舌能炽恶言，心为火伏藏，不能自调顺，云何名丈夫？若以信为河，戒为津济度，如是清净水，善人之所赞。"也就是说，每个人都要为自己的言行负责，因为它是道德修养的真实体现；人的高贵于本质上是由德行决定的，这是典型的"人性"平等观点。[②] 在《中阿含经》里，佛陀

----

　　① 《别译杂阿含经》第五卷，《大正藏》第2册，第408~409页。
　　② 《长阿含经》中记载婆罗门婆悉吒随佛出家后，佛陀对他说："汝观诸人愚冥无识，犹如禽兽，虚假自称：'婆罗门种最为第一，余者卑劣；我种清白，余者黑冥；我婆罗门种出自梵天，从梵口生，现得清净，后亦清净。'婆悉吒！今我无上正真道中不须种姓，不恃吾我骄慢之心，俗法须此，我法不尔。若有沙门、婆罗门，自恃种姓，怀骄慢心，于我法中终不得成无上证也。若能舍离种姓，除骄慢心，则于我法中得成道证，堪受正法。人恶下流，我法不尔。……汝今当知，今我弟子，种姓不同，所出各异，于我法中出家修道，若有人问：'汝谁种姓？'当答彼言：'我是沙门释种子也。'"佛陀耶舍、竺佛念译《长阿含经》第六卷，《大正藏》第1册，第36~37页。

称僧团中如有人因出身"豪贵"而"自贵贱他",是谓"不真人法"①。不同种姓出身的僧伽在僧团集体生活中,地位完全平等,没有尊卑区别,只依受戒的先后排座次。优波离(奴隶,首陀罗种姓)出家后,座次排在"阿难"(刹帝利种姓)之前。正如《增一阿含经》所云:"我法中有四种姓,于我法中作沙门,不录前名,更作余字,犹如彼海,四大江河皆投于海而同一味,更无余名。"② 所谓"四河入海,无复异名;四姓出家,同称释氏"③,只不过佛教四种姓平等的主张在现实社会无法真正实施,佛陀只好创立了一个理想中的僧团。这种在一定范围内的平等,从思想到实践观念一旦确立,对佛教理论体系的形成、发展就产生着重要的影响。

佛教的基本理论"缘起"法则,就体现了其在伦理思想上的平等观念。"所谓此有故彼有,此生故彼生,……此无故彼无,此灭故彼灭。"④ 世间的一切现象都必须依赖一定的条件才能产生、存在、发展和消亡,也就是必须依赖一定的因缘而生起,没有最后的决定者;事物的产生、发展、消亡,互为条件、互为因果,不存在一个永恒的、最高的本体或主宰体。佛教因此认为,"众生"包括一切"有情"和"无情"的存在,都是众缘和合的存在(实际上指的是一切存在);众生虽有差别性,但生存、生命的本质是平等的。《长阿含经》说:"尔时无有男女、尊卑、上下,亦无异名,众共生世,故名众生。"⑤ 大乘佛教还明确指出:"一切众生悉有佛性,如来常住无有变易"⑥,即在成佛的原因、根据、可能性上是平等的。⑦ 进而认为,应以平等之心对待一切众生,⑧ 甚至对于那些不善的众生,乃至断尽善根的"一阐提"人,也持平等的慈悲心而没有嗔恨报复之念。佛陀教诫比丘:"若有贼来,

---

① 瞿昙僧伽提婆译《中阿含经》第二十一卷,《大正藏》第1册,第561页。
② 瞿昙僧伽提婆译《增一阿含经》第三十七卷,《大正藏》第2册,第753页。
③ 志磐撰《佛祖统纪》第三十六卷,《大正藏》第49册,第341页。
④ 求那跋陀罗译《杂阿含经》第十卷,《大正藏》第2册,第67页。
⑤ 佛陀耶舍、竺佛念译《长阿含经》第二十二卷,《大正藏》第1册,第145页。
⑥ 昙无谶译《大般涅槃经》第二十七卷,《大正藏》第12册,第522页。
⑦ 《大方等如来藏经》云:"一切众生虽在诸趣烦恼身中,有如来藏,常无染污,德相具足,如我无异。"佛陀跋陀罗译《大方等如来藏经》第一卷,《大正藏》第16册,第457页。
⑧ 《大乘本生心地观经》云:"善男子!众生恩者,即无始来,一切众生轮转五道经百千劫,于多生中互为父母;以互为父母故,一切男子即是慈父,一切女人即是悲母,昔生生中有大恩故,犹如现在父母之恩等无差别。如是昔恩犹未能报,或因妄业生诸违顺,以执着故反为其怨。何以故?无明覆障宿住智明,不了前生曾为父母,所可报恩互为饶益,无饶益者名为不孝。以是因缘,诸众生类于一切时亦有大恩,实为难报。如是之事名众生恩。"般若译《大乘本生心地观经》第二卷,《大正藏》第3册,第297页。

以利锯、刀节节解截"，也应当"心不变易，口无恶言"，起慈悯心，"无结无怨，无恚无诤，极广甚大、无量善修"①。《华严经》认为，菩萨"悉能忍受一切诸恶，于诸众生其心平等，无有动摇。譬如大地能持一切，是则能净忍波罗蜜"②。对于众生的各种恼害，菩萨应以平等心忍受。

从"众生平等"立场出发，佛教对其他宗教信仰的众生亦非常尊重。③即便信仰不同，彼此也应该互相尊重、求同存异，绝不自赞毁他。佛陀还教诫居士，供养僧伽的同时，也应供养其他宗教的出家修道者。④ 佛教对外道信仰者的人格和信仰亦十分尊重，⑤ 对于异教徒的毁誉不一，皆应平等看待，不生怨亲之想。⑥

从"众生平等"的立场出发，佛陀生前经常自称"我今亦是人数"，"如来亦当有此生、老、病、死。我今亦是人数，父名真净，母名摩耶，出转轮圣王种"⑦。"今如来身皮肉已缓，今日之体不如本故。所以然者，夫受形体，为病所逼。若应病众生，为病所困；应死众生，为死所逼。今日如来，年已衰微，年过八十。"⑧ 佛陀与众生是平等不二的，差别只是在能否灭除烦恼。能灭除烦恼的是佛陀，反之是众生。佛陀反对弟子对自己的教法绝对信从，提倡理性思辨、理智抉择，他明确提出"四依法""三法印"，即根据依法不

① 瞿昙僧伽提婆译《中阿含经》第五十卷，《大正藏》第 1 册，第 746 页。
② 实叉难陀译《大方广佛华严经》第十八卷，《大正藏》第 10 册，第 97 页。
③ 佛陀告诸比丘："我不与世间诤，世间与我诤。所以者何？比丘！若如法语者，不与世间诤，世间智者言有，我亦言有。……世间智者言无，我亦言无。比丘！有世间、世间法，我亦自知自觉，为人分别演说显示，世间盲无目者不知不见，非我咎也。"求那跋陀罗译《杂阿含经》第二卷，《大正藏》第 2 册，第 8 页。
④ 《杂阿含经》云："我不如是说：'应施于我，不应施余；施我得大果报，非施余人得大果报。应施我弟子，施我弟子得大果报，非施余弟子得大果报。'"求那跋陀罗译《杂阿含经》第四卷，《大正藏》第 2 册，第 26 页。
⑤ 佛陀对裸形梵志迦叶说："彼若言：'沙门瞿昙呵责一切诸祭祀法，骂苦行人以为弊秽。'者，彼非法言，非法成就，为诽谤我，非诚实言。……有法沙门、婆罗门同，有法沙门、婆罗门不同。迦叶！彼不同者，我则舍置，以此法不与沙门、婆罗门同故。"佛陀耶舍、竺佛念译《长阿含经》第十六卷，《大正藏》第 1 册，第 103 页。
⑥ 佛陀告诸比丘："若有方便毁谤如来及法、众僧者，汝等不得怀忿结心，害意于彼，所以者何？若诽谤我、法及比丘僧，汝等怀忿结心，起害意者，则自陷溺，是故汝等不得怀忿结心，害意于彼。比丘若称誉佛及法、众僧者，汝等于中亦不足以为欢喜庆幸，所以者何？若汝等生欢喜心，即为陷溺，是故汝等不应生喜。所以者何？此是小缘威仪戒行，凡夫寡闻，不达深义，直以所见如实赞叹。"佛陀耶舍、竺佛念译《长阿含经》第十四卷，《大正藏》第 1 册，第 88 页。
⑦ 瞿昙僧伽提婆译《增一阿含经》第十八卷，《大正藏》第 2 册，第 637 页。
⑧ 瞿昙僧伽提婆译《增一阿含经》第十八卷，《大正藏》第 2 册，第 637 页。

依人、依义不依语、依智不依识、依了义不依不了义与诸行无常、诸法无我、涅槃寂静的基本原则辨别真理。

从上述来说，佛教"众生平等"观念是彻底的"人本主义"。

二 顺时达变的"随方"精神

佛陀生前为后人留下了"以戒为师"的遗教，同时也慈悲开许了"随方毗尼随方定"的制持戒律的灵活空间。"毗尼"又称毗奈耶，是梵语、巴利语词 vinaya 的音译，本义为调伏，引申为戒律。佛陀制戒缘起，即"随犯随制"，也就是说每条戒律的产生都有它背后特定的因缘，所以说"毗尼由因缘所显"。"随方毗尼"意指戒律并非一成不变，而是由于传播需要，可依据本土文化、当地风俗习惯做出适当调整。所谓："虽是我所制，而于余方不以为清净者，皆不应用；虽非我所制，而于余方必应行者，皆不得不行。"[1] "如我言者，是名随时，在此时中应行此语，在彼时中应行彼语，以利行故，皆应奉持。"[2] 中国佛教在发展过程中，逐渐形成"中国化"的戒律——僧制（度僧制度、寺院清规等），自古以来"佛制"与"僧制"并行不悖，体现了戒律的中国佛教特色。"随方毗尼"立足于佛教传播，与当时具体的社会、文化背景相融，而不是刻意的迎合、祛魅。佛教始终以五戒（即戒杀生、戒偷盗、戒邪淫、戒妄语、戒饮酒）十善（即不杀生、不偷盗、不邪淫、不妄语、不两舌、不恶口、不绮语、不贪欲、不嗔怒、不邪见）为最基本的道德信条。

圆融、务实的"随方"精神，体现在实践层面，又表现为"随方解缚""随方设教""随宜说法"等因材施教、因地制宜的教化原则。"要义在于强调一切教化都必须因应方域风俗、民情，也就是区域性的固有的民间文化，既不能直信一己之是非而加人以其赏罚，也不能断鹤胫以续凫，强不齐以为齐，反对普遍主义预设，更反对强制性的普遍主义的垄断，主张在理解、尊重方域民间文化的基础上谋求融合"，"是因应地域文化以确立教化模式的一项原则，也是中国文化多元一体的生成机制"[3] 佛教在传入中国之后，随即面临着与儒、道文化的差异性，在"冲突—融合"的过程中逐渐地调适自

---

[1] 佛陀什、竺道生等译《弥沙塞部和醯五分律》第二十二卷，《大正藏》第 22 册，第 153 页。

[2] 《舍利弗问经》第一卷，《大正藏》第 24 册，第 900 页。

[3] 卢国龙：《"随方设教"义疏》，金泽、赵广明主编《宗教与哲学》第 5 辑，社会科学文献出版社，2016，第 252 页。

己，其中既有对自身特征的坚持，也有对本土文化的融汇，正是这种有机的扬弃，使佛教完成了"民族化""本土化"的转型。

无论是"众生平等"观念，还是顺时达变的"随方"精神，都体现了"博爱"，在这一点上儒佛是相通的。

孔子提倡"仁者爱人""为仁由己""四海之内皆兄弟""己所不欲，勿施于人"（《论语·颜渊》《论语·卫灵公》），被归结为"恕道"。他的"大道之行也，天下为公"的政治理想和所憧憬的"人不独亲其亲，不独子其子；使老有所终，壮有所用，幼有所长，矜、寡、孤、独、废疾者皆有所养"（《礼记·礼运》）的理想社会，在封建时代始终发挥着对王朝的道德引领和政治制约作用。孔子说："古之为政，爱人为大。不能爱人，不能有其身。不能有其身，不能安土。不能安土，不能乐天。不能乐天，不能成其身。"（《礼记·哀公问》）"天无私覆，地无私载，日月无私照，奉斯三者以劳天下，此之谓'三无私'。"（《礼记·孔子闲居》）彰显了儒家政治伦理倡导公平、博爱天下的思想特色。孟子主张"非攻兼爱"，他说："仁者爱人，有礼者敬人。爱人者，人恒爱之；敬人者，人恒敬之。"（《孟子·离娄下》）孟子将"恕道"继承发扬为"恻隐之心"，所谓"无恻隐之心，非人也"（《孟子·公孙丑上》），"今人乍见孺子将入于井，皆有怵惕恻隐之心"（《孟子·公孙丑上》）。这种推己及人、不忍人之心的产生，意味着博爱精神的彰显。另外，《尚书·蔡仲之命》说："皇天无亲，惟德是辅。"《礼记·礼运》讲："以天下为一家，以中国为一人。"这种"无亲""无私"的观念，表达出来的是儒家的人人平等意识。

儒家伦理道德所提倡的"仁爱"精神成为实现儒佛会通、佛教"中国化"的思想文化渊源。故《魏书·释老志》云："所谓佛者，本号释迦文者，译言能仁，谓德充道备，堪济万物也。""故其始修心则依佛、法、僧，谓之三归，若君子之三畏也。又有五戒，去杀、盗、淫、妄言、饮酒，大意与仁、义、礼、智、信同，名为异耳。"在中国历史上，儒家不仅是儒释道"三教关系"的基础，也是封建王朝与民间社会之间的结合点。"三教关系"在历史上往往表现为以儒为"主"，佛、道为"客"的活跃的"二教"关系。正如葛兆光先生的研究说："从《弘明集》、《广弘明集》收录的资料来看，六朝时期佛教和道教的论争其实相当奇特，双方在教义道理上的争论并不算多，互相攻击的时候，发言的依据常常并不是自家的，却是以儒家伦理道德和政治为中心，得到皇权认可的道理，撰文批评的时候，预设的读者听众也并不是佛教徒或道教徒，而是皇帝和上层知识阶层"①。所以，佛教"中国化"于意识形态领域体现的是儒佛会通，佛教在与儒家既联合又颉颃的过程中，奠定了中国佛教的基本形态。中国佛教对于调解民族矛盾、缩小民族间的文化心理距离、实现文化认同、增强各民族的归属感和"身份认同"，发挥了重要的津梁、中介作用。佛教成为实现民族和解、各民族间友好相处的纽带。尚永琪教授的研究认为："由于胡人政权的残酷统治，加剧了胡汉两种文化的冲突，也使得他们迫切需要一种共同的心理寄托和文化心态，佛教就此而成为了北方各民族的一种共同的追求。"② 杜继文先生也认为："北朝逐步将佛教当成一种民族融合和政治统一的媒介，取得明显的成功。"③

第二节　中国佛教对促进北方民族融合、
文化融汇发挥的作用

一　北方民族的佛教信仰

关于如何评价北方少数民族于 4~6 世纪佛教传播过程中所发挥的作用，杜继文先生认为："带动佛教在东晋南北朝的这轮大发展，有一个非常重要的原因，那就是少数民族进入中原。在此后的一个相当时期，北方少数民族成了信仰佛教并推动佛教发展的主力。"④

（一）4 世纪前，北方"胡人"的佛教信仰

4 世纪以前，中国北方的佛教信仰与传播主体是来自西域等地的"胡人"和北方游牧民族。⑤ 国家明令禁止汉人出家为僧，况且朝廷标榜"以孝

---

① 葛兆光：《屈服史及其他：六朝隋唐道教的思想史研究》，生活·读书·新知三联书店，2003，第 13 页。

② 尚永琪：《北朝胡人与佛教的传播》，《吉林大学社会科学学报》2006 年第 2 期，第 142 页。

③ 杜继文：《从佛教看中国文化的走向》，载《中国佛教与中国文化》，宗教文化出版社，2003，第 5 页。

④ 杜继文：《从佛教看中国文化的走向》，载《中国佛教与中国文化》，第 29 页。

⑤ "佛，外国之神，非诸华所应祠奉。汉代初传其道，惟听西域人得立寺都邑，以奉其神，汉人皆不出家。魏承汉制，亦循前轨。"《晋书·佛图澄列传》，中华书局，2000 年简体字本，第 1660 页。"曩者晋人略无奉佛，沙门徒众皆是诸胡，且王者与之不接，故可任其方俗。"僧祐撰《弘明集》第十二卷，《大正藏》第 52 册，第 81 页。

治天下"，"出家"行为本身被视为"弃家""弃国""毁身"之举，而为文化环境、社会舆论所不容。

寓居中原的胡人，一开始主要由西域诸国的"侍子"与"胡商"组成。

两汉时期，西域诸国的贵族子弟多到长安、洛阳学习汉文化。国王的儿子称为侍子（兼为"质子"）。《后汉书·光武帝纪下》载："鄯善王、车师王等十六国，皆遣子入侍奉献，愿请都护。帝以中国初定，未遑外事，乃还其侍子，厚加赏赐。"《后汉书·西域传·疏勒》云：永建"五年（130），臣磐遣侍子与大宛、莎车使俱诣阙贡献"。据叶德容统计，汉魏两晋正史中所载，西域诸国出遣侍子中，龟兹、疏勒、于阗、安息、鄯善、焉耆等国侍子有奉佛倾向。① 朝廷为了显示"威德偏于四海"的盛世气象，对于他们的"佛教化生活方式应该是宽容的"。② 这些"侍子"来到山川异域的中原腹地，肯定还会有一批人数规模不等的随员，由于共同的信仰，自然会形成一个奉佛团体。③ 而有奉佛习俗、"好货利""善市贾"的西域胡商来到中原地区后，不仅带来了佛教，而且在洛阳等都邑的"市"周围滞留，乃至繁衍生息，自发形成了胡人聚落。如叶德容说："依西域佛教礼俗，奉佛胡人会在其聚落中建立佛寺。反过来说亦然，佛寺所在，应该也正是奉佛胡人聚落所在。"④ 同时，出于安全起见，往来中原与西域的佛教僧侣往往会随胡商的商队共同行动，他们在都邑的栖止之所也应该以胡人聚落中的佛寺为主。《出三藏记集》载："太康七年（286）八月十日，敦煌月支菩萨沙门法护，手执胡经，口宣出《正法华经》二十七品。授优婆塞聂承远、张仕明、张仲政共笔受。竺德成、竺文盛、严威伯、续文承、赵叔初、张文龙、陈长玄等，共劝助欢喜。九月二日讫。天竺沙门竺力、龟兹居士帛元信共参校。元年二月六日重覆。"⑤ 其中，竺德成、竺文盛、帛元信三人，从姓氏辨识应该属于"胡籍"，这是一个由胡汉人士共同组成的译经团体。

这样一来，胡国"侍子"团、胡商、胡僧，成为将佛教传播于中原大地最早的一批"播种机"。

---

① 叶德容：《汉晋胡汉佛教论稿》，兰州大学出版社，2012，第84～86页。
② 叶德容：《汉晋胡汉佛教论稿》，第75页。
③ 根据前秦建元三年（367）《邓太尉碑》和建元四年（368）《广武将军碑》所记载的种族结构，明确记录了奉佛的西域诸胡有月氏胡、粟特（康居）胡及"白"姓龟兹胡。参见叶德容《汉晋胡汉佛教论稿》，第226页。
④ 叶德容：《汉晋胡汉佛教论稿》，第96页。
⑤ 僧祐撰《出三藏记集》第八卷，《大正藏》第55册，第56页。

(二)"河西"少数民族的佛教信仰

佛教由西域沿草原丝绸之路传入"河西"地域，世居于此的氐、羌、卢水胡等少数民族得风气之先，接受佛教较早。

《高僧传》载，西晋惠帝（259～307）末年，长安高僧帛法祖"见群雄交争，干戈方始，志欲潜遁陇右，以保雅操"。后为秦州刺史张辅所害，在"河西"引起很大震动，以至于"戎晋嗟恸，行路流涕"，"陇上羌胡率精骑五千，将欲迎祖西归。中路闻其遇害，悲恨不及。众咸愤激，欲复祖之仇。辅遣军上陇，羌胡率轻骑逆战。时天水故帐下督富整，遂因忿斩辅。群胡既雪怨耻，称善而还，共分祖尸各起塔庙"①。说明陇上羌胡早就有奉佛传统，帛法祖盛名远播，受到羌人拥戴；他们为了纪念帛法祖"各起塔庙"，表明佛教信仰已经相当普遍，但是建立的塔、庙可能规模还较小。至于"共分祖尸"之说，可能分的是骨灰，也可能表明当地佛教信仰中掺杂有民间信仰或者其他宗教因素。总之，这一事件是至少在4世纪初，西北民族就已经广泛接受佛教的有力证明。叶德容说："帛法祖等所走的从汧县去陇上，也正是建立后秦政权的羌人姚氏故地，这也是有关姚氏早期奉佛最主要的证据。"②由于姚羌的佛教信仰基础较好，及至十六国后期，姚秦政权大力提倡佛教，为中国佛教的发展奠定了坚实的基础。另外，从帛法祖姓氏来看，其佛教师承应该源自龟兹，亦说明中国佛教与西域佛教渊源有自。

在道安的僧团中，也有羌人的身影出现。《高僧传》载："释昙翼，姓姚，羌人也，或云冀州人。年十六出家，事安公为师。"③昙翼出家的时间，至少应该在后赵时期。

《高僧传》另载："单道开，姓孟，敦煌人。……以石虎建武十二年（346），从西平来。一日行七百里，至南安度一童子为沙弥。"④而《北史·姚苌列传》云："姚苌，字景茂，出于南安赤亭，烧当之后也。"《北史·西域列传·小月氏》说：

> 小月氏国，都富楼沙城。其王本大月氏王寄多罗子也。寄多罗为匈

---

① 慧皎撰《高僧传》第一卷，《大正藏》第50册，第327页。
② 叶德容：《汉晋胡汉佛教论稿》，第224页。
③ 慧皎撰《高僧传》第五卷，《大正藏》第50册，第355页。
④ 慧皎撰《高僧传》第九卷，《大正藏》第50册，第387页。

奴所逐，西徙。后令其子守此城，因号小月氏焉。在波路西南，去代一万六千六百里。先居西平、张掖之间，被服颇与羌同。其俗以金银钱为货，随畜牧移徙，亦类匈奴。其城东十里有佛塔，周三百五十步，高八十丈。自佛塔初建计至武定八年，八百四十二年，所谓百丈佛图也。

说明，神僧单道开行旅所及皆是佛化之地。

由乞伏鲜卑建立的西秦政权，曾建都苑川（今甘肃榆中）、枹罕（今甘肃临夏）等地。首领乞伏国仁，崇奉佛教。《历代三宝记》载："乞伏国仁陇西鲜卑，世居苑川，为南单于。前秦败后遂称秦王，仍都子城，尊事沙门。时遇圣坚行化达彼，仁加崇敬，恩礼甚隆。既播释风，仍令翻译。"① 沙门圣坚之译事就是在西秦政权的支持和赞助下完成的，《历代三宝记》又载："右一十四部合二十一卷。晋孝武世，沙门圣坚于河南国为乞伏干归（乞伏乾归）译。"②

由秃发③鲜卑建立的南凉政权，曾建都西平。《高僧传》云：

> 释昙霍者，未详何许人。……时河西鲜卑偷发（即秃发的异译）利鹿孤僭号西平，自称为王，号年建和。……鹿孤有弟褥檀，假署车骑，权倾伪国。性猜忌，多所贼害。霍每谓檀曰："当修善行道，为后世桥梁。"檀曰："仆先世以来，恭事天地名山大川。今一旦奉佛，恐违先人之旨。公若能七日不食，颜色如常，是为佛道神明，仆当奉之。"乃使人幽守七日，而霍无饥渴之色。檀遣沙门智行密持饼遗霍，霍曰："吾尝谁欺，欺国王耶？"檀深奇之，厚加敬仰，因此改信，节杀兴慈。④

佛教于是在秃发傉檀统治的时期开始流行，这也许与他的大力倡导有直接

---

① 费长房《历代三宝记》第九卷，《大正藏》第49册，第82页。
② 费长房《历代三宝记》第九卷，《大正藏》第49册，第83页。
③ 钱大昕先生在《廿二史考异》卷二十二中说："案秃发之先，与元魏同出，秃发即拓跋之转，无二义也。古读轻唇如重唇，故赫佛佛即勃勃，发从发得声，与跋音正相近。魏伯起书尊魏而抑凉，故别二之，晋史亦承其说。"钱大昕撰，陈文和、张连生、曹明升校点《廿二史考异》，凤凰出版社，2008，第304页。也就是说"秃发"与"拓跋"同音异译，魏收撰写《魏书》时，出于尊魏抑凉的目的，有意区别之。又如《魏书·源贺传》载："源贺，自署河西王秃发傉檀之子也。傉檀为乞伏炽磐所灭，贺自乐都来奔。……世祖素闻其名，及见，器其机辩，赐爵西平侯，加龙骧将军。谓贺曰：'卿与朕源同，因事分姓，今可为源氏。'"
④ 慧皎撰《高僧传》第十卷，《大正藏》第50册，第389页。

关系。

《魏书·释老志》载："沮渠蒙逊在凉州，亦好佛法。有罽宾沙门昙摩谶，习诸经论。于姑臧，与沙门智嵩等，译《涅槃》诸经十余部。又晓术数、禁咒，历言他国安危，多所中验。蒙逊每以国事谘之。神䴥中，帝命蒙逊送谶诣京师，惜而不遣。"这些证据都表明，佛教最初摄受少数民族政权统治阶层的手段，主要依靠"神通"。这一方面取决于这些少数民族领袖的文化修养，另一方面也与其本民族文化传统最初的"神灵"崇拜——"萨满"的先入为主有关。与沮渠蒙逊不同，他的从弟安阳侯沮渠京声则是一位有着深厚佛教义学修养的虔诚居士。《高僧传》载：

> 蒙逊有从弟沮渠安阳侯者，为人强志疏通，涉猎书记。因谶入河西弘阐佛法，安阳乃阅意内典，奉持五禁。所读众经即能讽诵，常以为务学，多闻大士之盛业。少时求法，度流沙至于阗，于瞿摩帝大寺遇天竺法师佛驮斯那，谘问道义。……及伪魏吞并西凉，乃南奔于宋。晦志卑身，不交人世。常游塔寺，以居士身毕世。……安阳居绝妻孥，无欲荣利。从容法侣，宣通正法，是以黑白咸敬而嘉焉。①

在中国佛教史上，沮渠京声以译事著称于世，《开元释教录》卷五中载其译经二十八部，二十八卷，分别为：《佛说观弥勒菩萨上生兜率天经》《谏王经》《治禅病秘要经》《净饭王涅槃经》《进学经》《八关斋经》《五无返复经》《佛大僧大经》《耶祇经》《末罗王经》《摩达国王经》《旃陀越国王经》《中阴经》《观世音观经》《波斯匿王丧母经》《佛母般泥洹经》《弟子慢为耆域述经》《长者音悦经》《五苦章句经》《分禾檀王经》《弟子事佛吉凶经》《生无变识经》《优婆塞五戒经》《贤者律仪经》《五恐怖世经》《弟子死复生经》《迦叶禁戒经》《菩萨誓经》。沮渠京声青年时代曾经专门到于阗求法，想必熟谙梵语，加之持戒清净、心无旁骛，所以译著颇丰。他在国破家亡之后毅然南渡，也许是歆慕南朝的佛教义学传统兼文化之正朔。沮渠京声的生平浓缩了民族融合、文化融汇的掠影。

这些都是世居"河西"地区的少数民族的佛教信仰的历史证明。

另外，西凉汉族李氏政权通过沙门法泉转达向东晋朝廷的奉表，《晋书·凉武昭王李玄盛列传》载："（李暠）又以前表未报，复遣沙门法泉间行

---

① 慧皎撰《高僧传》第二卷，《大正藏》第50册，第337页。

奉表。"这一史料表明，虽然遥途险旷、江山悠隔，但是河西与江南之间的佛教交流渠道在民间是畅通的；李暠将此重任交付一名僧侣，可见他对此人乃至佛教是相当信任的。此举也可能影响到西凉政权的佛教政策及其治下各族人民的信仰倾向。

（三）辽东慕容鲜卑政权与佛教

佛教在辽东各民族政权中，发展势头良好。《高僧传》载：

> 释昙始，关中人，自出家以后多有异迹。晋孝武（373～396 在位）大元之末，赍经律数十部往辽东宣化。显授三乘，立以归戒。盖高句骊闻道之始也。义熙（405～418）初复还关中，开导三辅。始足白于面，虽跣涉泥水，未尝沾湿。天下咸称白足和上。……晋末朔方凶奴赫连勃勃，破获关中斩戮无数。时始亦遇害，而刀不能伤。勃勃嗟之，普赦沙门悉皆不杀。①

这则材料表明，辽东乃至东北亚佛教之始，至少应上溯至 4 世纪末期。当时辽东正是慕容鲜卑政权统治时期，这也是鲜卑民族慕容部接受佛教的佐证之一。

"五燕时期最早与佛教有关的记载是，永和元年（345），慕容皝建龙翔佛寺（一作龙翔寺、龙翔祠）于龙山。"② 后燕政权中，慕容垂、慕容宝、慕容德等均与佛教有关系。史载佛图澄弟子僧朗隐居泰山期间与慕容垂、慕容德互通书信，慕容垂还曾经"遣使者送官绢百匹、袈裟三领、绵五十斤"③ 供养僧朗，感谢他的"咒愿"法事。《高僧传》载："慕容德钦朗名行，假号东齐王，给以二县租税。朗让王而取租税，为兴福业。"④ 慕容垂、慕容宝则特别敬重沙门支昙猛，引支昙猛参与军国大事（《晋书·慕容垂载记》）。

---

① 慧皎撰《高僧传》第十卷，《大正藏》第 50 册，第 392 页。
② 高然：《慕容鲜卑与五燕国史研究》，北京大学出版社，2018，第 255 页。
③ 道宣撰《广弘明集》第二十八卷，《大正藏》第 52 册，第 322 页。
④ 慧皎撰《高僧传》第五卷，《大正藏》第 50 册，第 354 页。《广弘明集》则记，慕容垂致书言："幸和上大恩，神祇盖护。使者送绢百匹，并假东齐王，奉高、山茌二县封给。书不尽意，称朕心焉。"僧朗复信："陛下龙飞，统御百国。天地融溢，皇泽载赖。善达高鉴，惠济黔首。荡平之期，何忧不一。陛下信向三宝，思旨殊隆。贫道习定，味静深山。岂临此位。且领民户，兴造灵刹。所崇像福，冥报有归。"道宣撰《广弘明集》第二十八卷，《大正藏》第 52 册，第 322 页。

慕"苻氏死,熙(容熙皇后)悲号擗踊,若丧考妣,……制百僚于宫内哭临,令沙门素服"(《晋书·慕容熙载记》)。五燕时期,统治者对佛教较为宽容,加上社会环境相对稳定、社会经济状况较好,所以佛教具有广泛的社会信仰基础,高僧辈出,最终使龙城(黄龙)地区成为东北亚佛教发展的一个重要中心。①

(四)"内迁"南匈奴与佛教

赫连勃勃大破关中,时在东晋义熙十四年(418)十一月,沙门遇兵燹惨遭杀戮,正说明"内迁"匈奴朔方赫连部是不信仰佛教的。至于赫连勃勃下令"沙门悉皆不杀",那是被昙始显示的"神迹"所摄,未必真正接受。②而在此之前的前赵政权也没有信仰佛教的历史证明,叶德容说,"主要原因,应该是匈奴刘氏汉化程度很高造成的","匈奴刘氏决不会去接受西胡佛教,因为西胡佛教与其政治理念完全不相容"。③而本文认为,如果与鲜卑慕容燕的汉化程度对照,这一观点倒是值得商榷的。前赵立国时间较短(304~329),真正政局稳定、着力于政权建设的时间就更少了,几乎没有机会考虑意识形态方面的问题。《高僧传》载,佛图澄为了接近、劝化石勒,首先是找到了石勒麾下"略素奉法"的大将军郭黑略,"即投止略家,略从受五戒崇弟子之礼"。④郭黑略在接触佛图澄之前就对佛教抱有朴素的感情,后来成为佛图澄的在家弟子,并受持了"五戒"。郭黑略又是石勒造反起家的班底——"十八骑"之一。据陈连庆先生考证,"郭"乃匈奴屠各姓氏。⑤至少说明,在"内迁"南匈奴的个别族群中还是有一定佛教信仰基础的。这也许是在长期民族融合、文化融汇的过程中,受到其他民族影响的结果。

---

① 参见高然《慕容鲜卑与五燕国史研究》,第255~258页。
② 刘林魁认为,"赫连勃勃诛焚佛法一说产生于唐高宗朝"。他通过文物及文献遗存考证,研究认为:"赫连夏时期,既有僧人和世俗佛教信徒的存在,也有铸造佛像、修建佛塔的弘法行为,更有因战争而激化的政教冲突。赫连勃勃诛焚佛法一说不符合历史原貌,它是唐初三教论衡的产物。佛教徒为了回应道教的攻击,借用夷夏之辨的方法,将赫连勃勃、拓跋焘、宇文邕等三人归入北方边鄙难化而又诛焚佛法的民族之列,以之与中原华夏文化构成对照。佛教徒的这种论辩途径因受制于唐王朝的正朔而中途夭折。赫连诛焚佛法就是这一论证的遗存。"参见刘林魁《赫连勃勃诛焚佛法说证伪》,《宁夏社会科学》2010年第6期,第98页。此说倒是"南匈奴"赫连部接受佛教的证明。
③ 叶德容:《汉晋胡汉佛教论稿》,第233页。
④ 慧皎撰《高僧传》第九卷,《大正藏》第50册,第383页。
⑤ 陈连庆:《中国古代少数民族姓氏研究》,吉林文史出版社,1993,第31页。

（五）拓跋鲜卑权贵阶层中的佛教信仰

《高僧传·昙始传》中还说，昙始再次显示"神迹"，使北魏太武帝拓跋焘对"法难"之举追悔莫及，"大生愧惧"。①影响所致，北魏佛教一开始就蒙上了一层浓重的神秘色彩。

佛教在北魏"平城时代"得到稳步发展，除太武帝拓跋焘曾有短期"废佛"之举外，其余诸帝对佛教皆崇奉有加，影响所及，宗室中的崇佛现象也较为普遍。《北史·孝文六王列传·京兆王愉》说：孝文帝之子京兆王元愉"所得谷帛，率多散施。又崇信佛道，用度常至不接"。《北史·孝文六王列传·汝南王悦》载其"好读佛经"。他们是宗室中"居士"的代表。更有高韬独绝，干脆直接出家为沙门者，如《魏书·道武七王列传第四·河南王曜》载，道武帝拓跋珪之玄孙拓跋和，于"太和中，出为沙门"。而拓跋太兴的出家经历则颇为奇特，《魏书·景穆十二王列传·阳平王新成》载：

> 子太兴，袭。拜长安镇都大将，以黩货，削除官爵。后除秘书监，还复前爵，拜统万镇将，改封西河。后改镇为夏州，仍以太兴为刺史。除守卫尉卿。初，太兴遇患，请诸沙门行道，所有资财，一时布施，乞求病愈。名曰"散生斋"。及斋后，僧皆四散，有一沙门方云乞斋余食。太兴戏之曰："斋食既尽，唯有酒肉。"沙门曰："亦能食之。"因出酒一斗，羊脚一只，食尽犹言不饱。及辞出后，酒肉俱在，出门追之，无所见。太兴遂佛前乞愿，向者之师当非俗人，若此病得差，即舍王爵入道。未几便愈，遂请为沙门，表十余上，乃见许。时高祖南讨在军，诏皇太子于四月八日为之下发，施帛二千四。既为沙门，更名僧懿，居嵩

---

① 《魏书·释老志》载："世祖初平赫连昌，得沙门惠始，姓张。家本清河，闻罗什出新经，遂诣长安见之，观习经典。坐禅于白渠比，昼则入城听讲，夕则还处静坐。三辅有识多宗之。刘裕灭姚泓，留子义真镇长安，义真及僚佐皆敬重焉。义真之去长安也，赫连屈丐追之。道俗少长咸见坑戮。惠始身被白刃，而体不伤。众大怪异，言于屈丐。屈丐大怒，召惠始于前，以所持宝剑击之，又不能害之，惧而谢罪。统万平，惠始到京都，多所训导，时人莫测其迹。世祖甚重之，每加礼敬。始自习禅，至于没世，称五十余年，未尝寝卧。或时跣行，虽履泥尘，初不污足，色愈鲜白，世号之曰白脚师。太延中，临终于八角寺，齐洁端坐，僧徒满侧，凝泊而绝。停尸十余日，坐既不改，容色如一，举世神异之。遂瘗寺内。至真君六年，制城内不得留瘗，乃葬于南郊之外。始死十年矣，开殡俨然，初不倾坏。送葬者六千余人，莫不感恸。中书监高允为其传，颂其德迹。惠始冢上，立石精舍，图其形像。经毁法时，犹自全立。"此惠始与昙始显然是同一个人。

山。太和二十二年（498）终。

拓跋太兴是景穆帝拓跋晃之孙，虽为宗室成员，但显然人生多舛、仕途不顺，平时就素喜交接沙门，加上自身的"宗教体验"，各种因素最终促使他抛弃世缘出家修道。通过他十几次上表朝廷请求出家才获准的经历表明，拓跋皇室家族深受儒家价值观的影响，宗室男子在家信佛是可以的，真正剃发出家为僧还是不被鼓励的。这一点迥异于北魏宫掖女性出家之风尚。《北史·阳平王新成传》载，同为宗室成员的拓跋弼，世宗朝，"入嵩山，以穴为室，布衣蔬食"。

北魏末年迭遭"六镇起义""河阴之变"等事变重创，统治日薄西山，终于534年分裂。北魏分裂后，北朝出现了一股强势的反"民族融合"逆流，以东魏实际掌控者权臣高欢为代表。高欢其实是出身于北方"六镇"之一——怀朔镇的鲜卑化汉人，但他自认是鲜卑人，靠获得六镇军阀的支持，势力不断膨胀。他和他的后人汲取北魏汉化的教训，同时也为了获得鲜卑保守贵族阶层的支持，竭力推行鲜卑化的政策——保持鲜卑习俗、提倡讲鲜卑语……影响所及，北齐、北周都有强烈的鲜卑化（祛除"汉化"）倾向。在这种情况下，佛教再次表现出顺时达变的"随方"精神。《续高僧传》载：

> 释法藏，姓荀氏，颍川颍阴人。三岁丧父，共母偏居。十岁又亡，只身而立。因斯祸苦，深悟无常。投庇三宝，用希福祐。年二十二，即周天和二年四月八日，明帝度僧，便从出俗。天和四年（569），诞育皇子，诏选名德至醴泉宫，时当此数。武帝躬趋殿下，口号鲜卑问讯，众僧兀然无人对者。藏在末行，挺出众立，作鲜卑语答。殿庭僚众，咸喜斯酬。敕语百官，道人身小心大，独超群友，报朕此言。可非健道人耶？有敕施钱二百一十贯。由是面洽，每蒙慰问。①

法藏本身是汉人，却熟谙鲜卑语，体现了此时民间的民族融合程度。他在北周武帝接见时能以鲜卑语酬对，一鸣惊人，自然获得青睐瞩目。但五年后（574），周武帝下诏罢佛道二教，说明他本人并无佛教信仰。然而法藏在大庭广众之下的表现还是弥足珍贵的，至少扩大了佛教在统治阶层的影响力。

---

① 道宣撰《续高僧传》第十九卷，《大正藏》第50册，第580页。

（六）有关北方民族佛教信仰的文物遗存

刘淑芬先生认为，"非汉民族"在中国佛教史上贡献卓著，"回顾中国佛教发展史，可以发现非汉民族曾扮演一个重要角色。非汉民族对佛教在中国的流布，有相当的贡献。一则早年的僧人大都不是汉人，二则一直要到五胡十六国后期后赵建武元年，氐人君主石虎方正式准许汉人出家"①。经过后赵、前秦、后秦等民族政权的大力提倡，以及佛图澄、道安、鸠摩罗什等佛教领袖的不懈努力推广，至北魏"太和改制"前后，佛教已经成为北方各族人民的普遍信仰。

文物遗存是历史的有力证明。

洛阳龙门石窟造像中有"大魏神龟（519）二年六月三日，前武卫将军、□州大中正、使持节都督、汾州诸军事、平北将军、汾州刺史赫连儒仰为七世父母、见□安□□□□敬造弥勒像一区，□□亡父□□□沉形，升彼净境，愿愿从心"②。东魏元象二年（539），"车骑将军左光禄大夫齐州长史镇城大都督挺县开国男乞伏锐，昔值贼难，愿年常造像以报慈恩，今谨竭家资，敬造弥勒石像一堪，依山营构，妙瑜神造。仰愿帝祚永隆，宰辅杰哲，次愿七世父母托生净土，值佛闻法，愿居家眷属，命延位崇，常与善会，逮及含生，同沐法津，息毗楼舍儿"③，是北朝时期少数民族权贵阶层佛教信仰的实物例证。

1984年在河南省偃师县南蔡庄乡宋湾村，收集到翟兴祖等人于北魏孝明帝正光四年（523）的造像碑，发愿文中有"此下法义卅人等建造石像一区，菩萨立侍，崇宝塔一基，朱彩杂色，睹者生善，归心政觉。仰为皇帝陛下，七世父母，边地众生，有形之类，咸同斯福。天宫主维那扫逆将军翟兴祖，天宫主平昌令刘伏生，天宫主邑主汝南令石灵凤，天宫主纥豆邻俟地拔"④。其中，"纥豆邻俟地拔"显然是留居中原的少数民族。

北魏孝明帝孝昌三年（527），山东历城黄石崖24龛西造像题记有"帝

---

① 刘淑芬：《从民族史的角度看太武灭佛》，载《中央研究院历史语言研究所集刊》第72本第1分册，2001，第24页。
② 〔日〕大村西崖：《支那美术史·雕塑篇》，转引自李利安、崔峰《南北朝佛教编年》，第150页。
③ 张总：《山东历城黄石崖摩崖窟龛调查》，《文物》1996年第4期，第44页。
④ 李献奇：《北魏正光四年翟兴祖等人造像碑》，《中原文物》1985年第2期，第22页。

主元氏法义卅五人，敬造弥勒像一躯，普为四恩三有法界众生，愿值弥勒，都维那比丘静志"①。"帝主元氏法义"是北魏皇族邑社。

西魏文帝大统五年（539），陕西旬邑黑牛窝石窟发愿文尾署有"比丘昙方、比丘法涌、清信士盖阿□法佛"，由此可知是僧人昙方等人和卢水胡盖氏所造。②

西魏文帝大统十二年（546），任安保六十人佛教造像碑发愿文有云："（上沪力）宗光乎远著敬诺圣感表以像主荔非郎虎京哥（寿）邑主任安保六十人睹真容，述即相率皇帝陛下大丞相王□石像一区，……□邑□仰愿周祚永隆，兵钾休息等罪结云除，业郭冰散，生生乐一切群生，咸同福庆。"碑面有主要供养人荔非郎虎等人的题名。③ 西魏废帝元年（552），"《大般涅槃经》卷第十三，元年四月十四日写讫。弟子贺拔长武为一切众生敬造《涅槃经》一部"④。出土于陕西省耀县（今铜川市耀州区）的观世音造像座，记有荔非氏家族成员五十余人。主要供养人有叔祖宣威将军前报授准州南方县令石授安州重城郡守荔非市郎、叔祖前郡忠正丹州永宁令丹州主簿准州显绎县令板授益州汉阳郡守荔非郎虎、义襄威将军叔祖虎贲给事义士统军荔非兴度及□加宁远将军员外侍郎前郡功曹荔非显标等，还有四位僧人。题记有"荔非兴度于□□（保定）二年（562）岁次壬午□□石，为亡息胡仁造观世音像一区"⑤。北周武帝保定三年（563），"佛弟子苻道洛为亡父母造石像一区"⑥。北周武帝天和元年（566），"佛弟子一百二十八人等共张宏愿。维天地开辟，阴阳运转，明则有日月之照……得信士都邑主昨和拔祖合邑等共发积道场迭相，劝率造释迦像一区。……上为皇帝陛下延祚无穷，师僧父母，因缘眷属、法界含识、成斯同愿，咸登妙觉，合邑普同敬礼"⑦。天和二年（567），"佛弟子库汗安洛为家内大小敬造世□石像乙区，生身世世，直佛闻

①　张总：《山东历城黄石崖摩崖窟龛调查》，《文物》1996年第4期，第44页。
②　李淞：《陕西旬邑县三水河石窟艺术》，《西北美术》1994年第2期，第64页。
③　陕西省文物普查队：《耀县新发现的一批造像碑》，《考古与文物》1994年第2期，第47页。
④　〔日〕池田温：《中国古代写本识语集录》，转引自李利安、崔峰《南北朝佛教编年》，第436页。
⑤　陕西省文物普查队：《耀县新发现的一批造像碑》，《考古与文物》1994年第2期，第49页。
⑥　岳连建：《西安北郊出土的佛教造像及其反映的历史问题》，《考古与文物》2005年第3期，第27页。
⑦　陆增祥：《八琼室金石补正》第二十三卷，转引自李利安、崔峰《南北朝佛教编年》，第473页。

法，脱三徒永受延年"①。以荔非郎虎为代表的荔非氏家族成员与贺拔长武、
苟道洛、昨和拔祖、库汗安洛等人的民族属性，应该都属于"非汉民族"。

不同民族成员出于共同信仰，众志成城通过造像、立碑，发愿表达美好
憧憬，体现了民族文化交融。"佛教跨种族传播的发生，应该是奉佛族群进
入、融入另一族群的结果。"② 佛教于4～6世纪在中国北方的传播发展，是
促进北方民族大融合的强力推手。诚如汤用彤先生所言："夫华人奉佛，本
系用夷变夏。及至魏晋佛教义学，与清谈玄学，同以履践大道为目的。深智
之夷人，与受教之汉人，形迹虽殊，而道躯无别。自无所谓华戎之辨。由凉
州道人在于阗城中写汉文经典之事观之，东西文化交相影响，可谓至深。而
读其后记，则更可测知魏晋玄佛同流，必使夷夏之界渐泯也。"③ 孙昌武先生
说："北方民族接受佛教乃是与汉地民众'同化'的有效途径和具体体现。
超越种族、民族与阶级的共同信仰有力地促进了各族民众的相互理解和
融合。"④

二 都邑佛教与"定居型"文明

佛教诞生时的印度社会，已经处于农耕经济稳定、商业活动多样的时
期。早期佛教的传播、发展与城市及工商业者关系密切。

王震中教授研究认为，"总之，农业的起源，是人类历史上的巨大进步，
以农耕畜牧为基础的定居聚落的出现，是人类通向文明社会的共同的起点。
从此，由村落到都邑，由部落到国家，人类一步步由史前走向文明"⑤。早期
佛教的传播、发展，正好顺应了农耕及城市文明的发展进程。传诚法师说：

> 公元前6～前5世纪的北印度和中印度正经历着一系列的社会变化，
> 比如人口增长，城镇化起步，经济形式逐渐多元化，手工业和商业性的
> 职业开始繁荣……据实而言，早期佛经的确提到很多城镇的名字，并对

---

① 陆增祥：《八琼室金石补正》第二十三卷，转引自李利安、崔峰《南北朝佛教编年》，第
　478页。
② 叶德容：《汉晋胡汉佛教论稿》，第227页。
③ 汤用彤：《汉魏两晋南北朝佛教史》，第461页。
④ 孙昌武：《北方民族与佛教：文化交流与民族融合》，第23页。
⑤ 王震中：《中国文明起源的比较研究》（增订本），转引自文扬《"天下"型定居文明——70
　年对话5000年（2）》，"观察者网"，https://www.guancha.cn/WenYang/2019_01_22_
　487704.shtml，最后访问日期：2019年1月24日。

乡村、城镇和国家首都有很清楚的区别。光是出现在巴利佛经中的一百七十三个城镇中心就已通过考古材料获得了证实。这其中像摩揭陀、舍卫城、王舍城、迦毗罗卫、吠舍离、拘萨弥和詹波等六大城市更是十分有名，且经常被提及，因为佛陀的许多布道处所都是在这些城市或离其不远的乡村大聚集地。佛陀经常讲法的"竹林精舍"、"祇园精舍"和"猕猴讲堂"本来就都位于一些大都市的近郊。①

佛陀"四众"（比丘、比丘尼、优婆塞、优婆夷）弟子之中，出家僧团（比丘、比丘尼）是核心层，起着领导作用，拥有经典解释权和寺院经济权，正常情况下人数较少。普通信众占信仰群体的绝对数量，其中，部分"大富长者"构成的居士②阶层，对僧团及佛教起到承上启下的护持、辅翼作用。这部分信众往往较有资产及有较高的政治、文化地位，能够在政治、经济、文化层面给予佛教强有力的支持。无论在印度还是中国，他们大都以城镇为主要生活空间。季羡林先生也认为，"印度佛教是在城市中成长起来的一个宗教，和尚都住在城市里，同商人住在一起"③。"近现代的考古学家发现，古代佛教寺庙遗址多处于村落或城市的边郊。""集体庙居仍旧是佛教僧团的主流方式。集体庙居的方式就意味着僧团跟社会的接触和交流更频繁和密切，这也可以看成是古时佛教不离都市生活的另一个方面。"而教主释迦牟尼的一生，也几乎都在都市化的社会中度过。④可见，早期佛教的生存、发展形态具有"城市（都邑）化"的属性。

佛教传入中国，最初也是先扎根"都邑"，然后向周边地区扩散式传播。根据《高僧传》的记载，东汉到三国时期的传教译经僧侣共有21人，其中外籍僧人的比例占95%，有明确记载是来自印度及西域的。⑤早期外来僧侣一般会首选洛阳、长安这样的政治、经济、文化首善之都为传教的中心目标，其次，在敦煌、凉州等"丝绸之路"沿线商业重镇来栖止、译经。也就是说，3～4世纪之际当北方民族大举"南下"的时候，所遇到的佛教正处于

① 传诚：《浅议早期佛教的都市性》，《佛学研究》2013年第1期，第208页。
② 所谓"居士者，多积赊货，居业丰盈，以此为名也"。智顗撰《观音义疏》第二卷，《大正藏》第34册，第934页。
③ 季羡林：《商人与佛教》，载《季羡林文集》第七卷，江西教育出版社，1998，第179页。
④ 参见传诚《浅议早期佛教的都市性》，《佛学研究》2013年第1期，第215页。
⑤ 参见尚永琪《北朝胡人与佛教的传播》，《吉林大学社会科学学报》2006年第2期，第136页。

相对成熟发达的农耕、定居型文明形态。文扬研究员认为，印度虽然也有较大规模的定居农耕区，但却始终没能形成一个与中国类似的"同心圆"或"同心方"的地缘格局，无法让定居文明成为一个整体以抵抗北方蛮族的频频入侵，当然也就不成"天下"。① 然而，中国的情况却迥然不同，"中国化"的佛教成为十六国北朝时期"化中国"的有力思想武器。北方民族"汉化"与佛教"中国化"交相辉映、水乳交融，"民族化""本土化"的中国佛教反过来又促进了北方民族"汉化"的历史进程；不同民族及文化在共同信仰的"大熔炉"里，实现了融合、融汇。

《史记·匈奴列传》为我们大致描述了以匈奴为代表的北方游牧民族的一般生活方式，即"逐水草迁徙，毋城郭常处耕田之业，然亦各有分地。……其俗，宽则随畜，因射猎禽兽为生业，急则人习战攻以侵伐，其天性也。其长兵则弓矢，短兵则刀铤。利则进，不利则退，不羞遁走。苟利所在，不知礼义"。自古在游牧 - 农耕分界线一带，始终自发或者有组织地进行着以畜牧业产品与农人交换粮食、茶叶、布帛、铁器等"物物交换"的贸易方式，后来称作"互市"。然而，在草枯水乏之际，因饥饿而躁动起来的游牧人竞相南下掳掠。②

孙昌武先生说："汉传佛教基本以农耕经济为生存基础，这对于接受它的南下北方民族的发展干系重大。"③

首先，佛教赖以生存的封建庄园经济的繁荣促进了"城镇化"的进展。城镇聚集了不同职业、民族、语言、文化背景的居民，经济发展、人口繁衍及城镇"裂变"的最终结果催生了"城镇群"及大型都市的出现。"都市具

---

① 参见文扬《"天下"型定居文明——70 年对话 5000 年（2）》，"观察者网"，https：//www. guancha. cn/WenYang/2019_01_22_487704. shtml，最后访问日期：2019 年 1 月 24日。

② 游牧 - 渔猎经济形态的最大特点是迁徙不定，人与自然的关系方面主观能动性较差，依赖大自然"恩赐"。而"一种定居的生活方式构造的'世界'与游牧生活构造的世界是不同的。对于农耕者而言，'真实的世界'就是那个他所生活于其中的空间：房屋、村庄和耕地"。〔美〕米尔恰·伊利亚德：《宗教思想史》，晏可佳等译，上海社会科学院出版社，2004，第 40 页。游牧 - 渔猎民族囿于生存环境，农耕区自给自足、安土重迁、田园牧歌的生活方式对他们有很大的吸引力。"从游动转向定居，是文明的一次艰难跃升。而且，定居的范围越大、人口越多，文明跃升的动力也越大。"文扬：《"天下"型定居文明——70 年对话 5000 年（2）》，"观察者网"，https：//www. guancha. cn/WenYang/2019_01_22_487704. shtml，最后访问日期：2019 年 1 月 24 日。

③ 孙昌武：《北方民族与佛教：文化交流与民族融合》，第 29 页。

有凝聚、贮存、传递并进一步发展人类物质文明和精神文明的社会功能"①。魏晋南北朝时的都邑往往承担着地域性的政治、经济、文化中心的作用,住在其中具有佛教信仰的"居士"阶层,凭借他们的政治地位与经济实力,舍宅为寺、捐资兴建、散财布施,为翻译经典、义学研究和大型法事等各种形式的都邑佛教活动的持续开展,提供稳定、充足的人力、物力、财力保障。这也在很大程度上促进都邑发展成为地域性的佛教文化中心。

其次,都邑佛教催生了佛教义学的盛行,以研究经典和祈祷法会为主的人数众多的大型佛教僧团及配套服务、辅助团体,需要消耗大量的物质资源,而寺院及僧侣是不直接参与生产、经营的,也就需要社会信徒的大量"供养"。所以,"城市中的都市佛教,表现为寺院与工商阶层的接触频繁,寺院护法以工商界人士为主力军,一般寺院的自养经济都相对比较宽裕;这是推动都市条件下佛教道场的繁荣、发展的基础"②。都邑佛教的繁盛,反过来也会刺激并带动城市工商业及相关"附加值"产业的繁荣发展。

总之,北方游牧-渔猎民族的佛教信仰促进了他们的生产、生活方式向农耕定居型的转化,促进了他们的"汉化"进程。北方民族政权的统治者于建政后,纷纷大规模营建都城,实际上是转变经济发展模式的现实需要,更是对定居型农耕文明生产、生活方式的认可。不同民族及文化再次在共同的生活、生产方式及文明形态这个"大熔炉"里,实现了民族融合、文化融汇。"都城成为国家政治文化、精神文化的象征与物化载体,亦是'国家主导文化'的物化载体。""可以看到历史上不同王朝、不同族属的统治者,在传承与发展国家物化载体——'都城文化'中的继承性和连续性,佐证了中华民族各个族群、各个王朝几千年来在国家认同、历史认同和中华民族文化认同上的一致性。"③

从 4~6 世纪曾经作为各民族割据政权的都城中的佛教的发展情况,我们可以看到在十六国北朝时期佛教与民族关系的"双向互动"过程中和促进民族融合、文化融汇的历史轨迹。

---

① 刘旭:《"都市佛教"辨析》,《理论月刊》2011 年第 2 期,第 64 页。
② 金易明:《都市佛教之特性及城市居士佛教考察》,《世界宗教文化》2011 年第 3 期,第 63 页。
③ 刘庆柱:《古代都城考古揭示多民族统一国家认同》,"光明日报网",https://epaper. gmw. cn/gmrb/html/2016 - 04/07/nw. D110000gmrb_ 20160407_2 - 16. htm? div = - 1, 最后访问日期:2016 年 4 月 7 日。

（一）长安佛教

十六国北朝时期，长安曾经先后作为前赵、前秦、后秦、西魏和北周的都城。

史念海先生研究认为："自然环境应是形成都城的首要因素。不具备自然环境诸条件，是难以成为城的。所谓自然环境，至少包括地形、山川、土壤、气候、物产等各项。"①

《史记·六国年表》云："夫作事者必于东南，收功实者常于西北。"公元前202年，刘邦击败项羽后，开始考虑建都问题。刘邦首选洛阳，娄敬则建议定都关中，他说："夫秦地被山带河，四塞以为固，卒然有急，百万之众可具。因秦之资膏腴之地，此所谓金城天府之国。陛下都关中，山东虽乱，秦地可全而有也。"但群臣大多是从东方而来，纷纷反对，"咸言周七八百年，秦二世而亡。且洛阳东有成皋，西有渑池，背河向洛，其固不敌，此亦足恃也"。刘邦征询张良意见，张良说：

> 洛阳虽有此险，其中小，不过数百里，四面受敌，此非用武之国。夫关中左崤、函，右陇、蜀，沃野千里，南有巴、蜀之饶，北有胡宛之利，阻三面而守，独以一面东制诸侯。〔诸侯〕安定，河渭漕挽，足以西给京师；诸侯有变，顺流而下，足以委输。此所谓金城千里，天府之国。（《史记·留侯世家》）

于是刘邦决意定都长安，并拜娄敬为郎中，赐刘姓。西汉延祚达210年之久，由此奠定了长安在中国历史上的重要地位。

1. 农业条件与人口因素

古人向来对择地、建都非常重视，长期以来积累了丰富的实践经验与人文智慧。

《管子·乘马第五》说：

> 凡立国都，非于大山之下，必于广川之上；高毋近旱，而水用足；下毋近水，而沟防省；因天材，就地利，故城郭不必中规矩，道路不必中准绳。

《管子·度地第五十七》说：

---

① 史念海：《中国古都形成的因素》，载《中国古都研究》第4辑，浙江人民出版社，1986，第1~32页。

故圣人之处国者，必于不倾之地，而择地形之肥饶者，乡山左右，
经水若泽。内为落渠之写，因大川而注焉。乃以其天材地利之所生，养
其人以育六畜。天下之人，皆归其德而惠其义。

皆明确指出，建都选址要在土地肥沃、有利于农业生产的地区。选择依山傍
水的地形，以免受旱涝威胁，减少开渠引灌、筑堤防涝等工程。

长安所在的"关中"地区（位于现陕西省中部），自古以来即为天下形
胜之地。关中是指"四关"之内，即东潼关（函谷关）、西散关（大震关）、
南武关（蓝关）、北萧关（金锁关），南倚秦岭山脉，渭河从中穿过，其水量
丰富，沿途有许多支流，湖泊星罗棋布，拥有良好的自然环境。关中地区秦
汉时期气候温暖湿润，为农业和经济、社会的发展提供了良好的自然条件。
宋人敏求所著《长安志》中描述为"土地肥美，号曰陆海"，"广衍沃野，
厥土上上，实为地之奥区神皋"。长安城附近水系发达，水环境布局系统、
合理。北部为径水、渭水，东部有灞水、浐水，西部是沣水、滈水，南部有
潏水和涝水，素有"八水绕长安"之说。这一系列得天独厚的自然、地理条
件，促成了关中一带历史上长期形成的以农为本、[1] 手工商业发达，崇文重
礼、人文荟萃的文化特征及古朴强悍的民风。[2]

作为前赵、前秦、后秦、西魏和北周五个政权的政治、经济、文化中
心，执政期间多有营建和修缮，以前秦宰相王猛为代表，王猛主政十六年，

---

[1] 正如方立天先生说："长安（今西安），地处陕西渭河平原，也即关中平原中部。关中地
区，南有秦岭，北有北山山脉，气候温和湿润，自然水系丰富，经过长期冲积，形成了
肥沃平原，号称八百里秦川。这片千里沃野，农业生产发达，物产丰富，自古以来为著
名的麦棉之乡。关中平原北部为陕北黄土高原，盛产谷子、糜子等。关中平原南部为陕
南山地，盛产亚热带农林产品。关中平原与南、北两地区构成经济生产的互补优势，能
够基本上满足当地人口的生活需要。"方立天：《长安佛教的历史地位》，《中国宗教》
2010 年第 8 期，第 30 页。

[2] 《长安志》第一卷"风俗"篇描述说："《汉志》曰：秦有四塞之固。昔后稷封釐，公刘处
豳，大王徙岐，文王作丰，武王治镐，故其民有先王之遗风，好稼穑，务本业。故《豳》
诗言，农桑衣食之本甚备。始皇之初，郑国穿渠，引泾水溉田，沃野千里，民以富饶。汉
兴，立都长安，徙齐诸田，楚昭、屈景及诸功臣于长陵。后世徙吏两千石、高訾富人及豪
杰并兼之家于诸陵。盖以强干弱支，非独为奉山园也。是故五方杂错，风俗不纯。其世家
则好礼文，富人则商贾为利，闾里豪杰则游侠通奸。濒南山近夏阳，多阻险，轻薄易为盗
贼，常为天下剧。又郡国辐凑，浮食者多，民去本就利。列侯贵人车服僭上，众庶仿效，
羞不相及。嫁娶尤崇侈美，送死过度。……又《隋书·地理志》曰，京兆王都所在，俗具
五方，人物混淆，华戎杂错。去农从商，争朝夕之利，游手为事，竞锥刀之末。贵者崇侈
靡，贱者薄仁义，豪强者纵横，贫窭者窘蹙。桴鼓屡惊，盗贼不禁，此乃古今之所同也。"

在他的励精图治下，三秦大地重现一派欣欣向荣之相，所谓：

> 整齐风俗，政理称举，学校渐兴。关陇清晏，百姓丰乐，自长安至
> 于诸州，皆夹路树槐柳，二十里一亭，四十里一驿，旅行者取给于途，
> 工商贸贩于道。百姓歌之曰："长安大街，夹树杨槐。下走朱轮，上有
> 鸾栖。英彦云集，诲我萌黎。"（《晋书·苻坚载记上》）

十六国北朝时期各割据政权治国理政的头等要务是增强"综合实力"，主要表现在对土地和人口的争夺。土地是农业之本，最直接的办法就是通过战争兼并获得；人口是兵源和劳动力的根本保障，靠自然增长是短时间内无法有效解决的。在崇尚武力的时代，采取大规模掠迁人口的措施是普遍现象。每个政权建都之时，往往都会伴随着向都邑及周边地区大量强制徙民的运动。也就是说，由于战乱频仍，人口逃亡严重，几乎每座都城都是一座"移民城市"。十六国北朝时期的长安，这座古老而又年轻的"移民城市"不仅是北方各地外来人口的栖身之所，而且是各族人民的"大熔炉"。

前赵政权对长安和关中地区进行过大规模的移民，此时长安移民民族成分除汉族外，主要来源于平阳、仇池、秦州、陇右南安、上郡等地区的氐、羌。① 前秦时，长安移民的民族成分中又多了匈奴（南匈奴）、慕容鲜卑等民族。② 后秦长安移民中除氐、羌外，还有许多"北投南人"。③ 这些来自南方的"士人"们不仅儒学素养深厚，而且具有丰富的为政经验，在后秦政权中受

---

① 如《晋书·刘曜载记》说，晋元帝永昌元年（前赵光初五年，322），"曜亲征氐羌，仇池杨难敌率众来距，前锋击败之，难敌退保仇池，仇池诸氐羌多降于曜。曜既复西讨杨韬于南安，韬惧，与陇西太守梁勋等降于曜，皆封列侯。使侍中乔豫率甲士五千，迁韬等及陇右万余户于长安。光初七年（324），"徙秦州大姓杨、姜诸族二千余户于长安。氐羌悉下，并送质任"。光初十一年（328）五月，"曜遣其武卫刘朗率骑三万袭杨难敌于仇池，弗克，掠三千余户而归"。同年，河西前凉政权"张阆、辛晏率众数万降于曜，皆拜将军，封列侯"。

② 《晋书·苻坚载记上》载，建元元年（365），"匈奴右贤王曹毂、左贤王卫辰举兵叛，……坚率中外精锐以讨之，……毂惧而降。坚徙其酋豪六千余户于长安"。建元六年（370）灭前燕，"赦慕容暐及其王公已下，皆徙于长安""徙关东豪杰及诸杂夷十万户于关中"。

③ 《晋书·姚兴载记上》载："兴徙河西豪右万余户于长安。"《晋书·姚泓载记》云："初，兴徙李闰羌三千家于安定，寻徙新支。至是，羌酋党容率所部叛还，遣抚军姚赞讨之。容降，徙其豪右数百户于长安，余遣还李闰。"《晋书·姚兴载记上》载："晋辅国将军袁虔之、宁朔将军刘寿、冠军将军高长庆、龙骧将军郭恭等贰于桓玄，惧而奔兴。"另有"晋汝南太守赵策委守奔于兴"。另外"刘裕诛桓玄，迎复安帝，玄卫将军、新安王桓谦、临原王桓怡，雍州刺史桓蔚，左卫将军桓谧，中书令桓胤，将军何澹之等奔于兴"。《晋书·姚兴载记下》载，刘裕代晋，"司马休之等为刘裕所败，引归。休之、宗之等遂与谯王文思，新蔡王道赐，宁朔将军、梁州刺史马敬，辅国将军、竟陵太守鲁轨，宁朔将军、南阳太守鲁范奔于兴"。

到重新安置录用，无疑对其"汉化"进程起到了进一步的促进作用。

北朝时期，长安的民族成分更加多元。《周书·鄯善列传》载，大统八年（542），鄯善王"兄鄯米率众内附"。《南齐书·魏虏列传》载："北地人支酉，聚众数千，于长安城北西山起义。"《周书·文帝纪下》载，大统十二年（546）春，"独孤信平凉州，……迁其民六千余家于长安"。《旧唐书·音乐志》载，北周武帝聘突厥阿史那氏为皇后，"西域诸国来滕，于是龟兹、疏勒、安国、康国之乐，大聚长安"。说明，此时长安常住人口中有很多西域人。另据陈海涛研究统计，在《北史·恩幸列传》中，还记录了大量西域的昭武九姓人，如：康阿驮、穆叔儿、康德汪、曹僧奴、曹妙达、何海、何洪珍、史丑多、何朱弱、何狠萨、安吐根、安未弱、安马驹等。①

十六国北朝时期的长安及关中地区通过移民，集中了大量的常住人口。除了汉族以外，少数民族应当占相当大的比例。内迁各族人民生产、生活方式从游牧半游牧过渡到农业定居，社会形态逐渐向封建制过渡，农业生产及工商业得到一定程度的恢复和发展。汉语、汉字逐渐成为各民族通用的语言、文字。长安不仅是民族融合的大熔炉，也是多元文化交融的基地。作为陆上"丝绸之路"的终点、外来文化传入的"中转站"，形成了以汉文化为主对各少数民族文化和外来文化兼收并蓄、"综合创新"的长安文化，促进了物质和精神文明的融汇，为隋唐时期文化大交融的繁荣局面的奠定成型打下了坚实的社会及文化、经济基础。

2. 佛教滋生发展

方立天先生说："汉唐时代，佛教在长安这个地方得以兴盛繁荣不是偶然的，它既有明显的地理原因，也有深刻的历史原因，正是特殊的地理和历史两大因素的结合，造就了汉唐长安佛教的宏伟壮观景象。"②

长安一直是异域僧侣入华传教的主要目的地及中转站。西晋时期，著名的"敦煌菩萨"竺法护和帛远等人在这里译经、弘法，由此奠定了长安佛教的文化基础。《辩正论》载："西晋二京（按：长安、洛阳）合寺一百八十所，译经一十三人、七十三部。僧尼三千七百余人。"③ 据《洛阳伽蓝记》和《魏书·释老志》对于两晋时洛阳佛寺数量均记为四十二所推断，西晋长安佛寺有

---

① 陈海涛：《唐代之前民间中亚粟特人的入华》，《史学月刊》2002 年第 4 期，第 121 页。
② 方立天：《长安佛教的历史地位》，《中国宗教》2010 年第 8 期，第 30 页。
③ 法琳撰《辩正论》第三卷，《大正藏》第 52 册，第 502 页。

一百三十八所，堪称全国之最。"永嘉之乱"以后，洛阳佛教毁于兵燹。随着前秦政权的稳固及对佛教的大力扶持，长安佛教逐渐恢复了往昔的盛况。

十六国北朝时期，长安佛教的复兴首先是由译经活动直接推动起来的。

《高僧传》载，"苻氏建元中（365～384）有僧伽跋澄、昙摩难提等入长安"，"集义学沙门"，以竺佛念为首，集体合作翻译《增一阿含》及《中阿含》。竺佛念在长安译经，跨前秦、后秦。由他执笔或与人合作，于后秦弘始年间（399～416），陆续译出《菩萨璎珞经》《十住断结经》《出曜经》《菩萨处胎经》《中阴经》等五部经典。据《出三藏记集》卷二，则又添加了《王子法益坏目因缘经》；《开元释教录》卷四，又增《菩萨璎珞本业经》《鼻奈耶》《持人菩萨经》《大方等无想经》《菩萨普处经》《十诵比丘尼戒所出本末》等六部，合计十二部七十四卷，然《持人菩萨经》以下皆轶。竺佛念因此被称誉为"译人之宗"①。据尚永琪教授研究统计，从建元十七年（381）到弘始十五年（413），曾经与竺佛念合作译经的域外僧人有昙摩持、昙摩卑、僧伽跋澄、毗婆沙佛图罗刹、鸠摩罗佛提、昙摩难提、僧伽提婆等七人，本土僧侣有僧纯、慧常、僧导、僧睿、道安、慧详、昙究、慧嵩、法和、慧力、僧茂等十一位，所译经典基本是中外合作的结晶。以竺佛念为中心，在聚众译经的基础上形成了长安僧团。②

公元 379 年，时年 67 岁的释道安被前秦主苻坚由襄阳延致长安，住在五重寺。由于苻坚的倾力扶持、道安本人的感召，从襄阳追随他到长安的徒众加上四方蜂拥而至者，五重寺一时"僧众数千，大弘法化"③，可谓盛况空前。建元二十一年（东晋孝武帝太元十年，385）二月，道安圆寂于五重寺。在长安的七八年当中，除了讲经说法，道安最主要的工作是组织翻译事业，如昙摩难提翻译《中阿含经》《增一阿含经》《三法度论》，僧伽提婆翻译《阿毗昙八犍度论》，鸠摩罗佛提翻译《毗昙心论》《四阿含暮抄》，昙摩蜱翻译《摩诃钵罗般若波罗蜜经抄》，耶舍翻译《鼻奈耶》……共译经十四部、一百八十三卷，百余万言；主要以小乘说一切有部为主，兼及部分大乘经典。其间，他都曾亲自参与、指导，仔细考证、详加校订，并为所译经典一一作序。《出三藏记集》中收录经论序共十四篇，未详作者而可肯定为道安所作的有七篇，此

---

① 慧皎撰《高僧传》第一卷，《大正藏》第 50 册，第 329 页。
② 参见尚永琪《鸠摩罗什译经时期的长安僧团》，《学习与探索》2010 年第 1 期，第 216 页。
③ 慧皎撰《高僧传》第五卷，《大正藏》第 50 册，第 352 页。

外佚失的还很多。道安在长期的翻译实践中，总结出"五失本、三不易"（《摩诃钵罗般若波罗蜜经抄序》）的翻译原则，为后来的译经工作确立了范式。

道安为长安佛教的繁荣发展起到了承前启后的作用。奠定长安佛教在中国佛教史上历史地位的工作是由鸠摩罗什来完成的，原道安僧团中的僧䂮、僧睿、僧导等标领人物，后来也成为鸠摩罗什僧团的主体。

后秦弘始三年（401），姚兴出兵灭亡后凉政权，鸠摩罗什才被迎至长安，这时他已经五十八岁了。在姚兴的支持下，[1] 以逍遥园、草堂大寺为基地，形成了以"沙门僧䂮、僧迁、法钦、道流、道恒、道标、僧睿、僧肇等八百余人"（《高僧传》卷二《鸠摩罗什》）为核心，外围辐射达五千僧侣的庞大长安僧团。影响所致，"公卿已下莫不钦附"，"沙门坐禅者恒有千数，州郡化之，事佛者十室而九矣"（《晋书·姚兴载记上》）。姚兴待罗什以国师之礼，宗室显贵如姚旻、姚嵩、姚显、姚泓等人，皆崇奉佛法，倾心护持。

弘始四年（402），罗什应姚兴之请，住逍遥园西明阁。至409年去世，他率弟子僧肇等八百余人，先后译出《大品般若经》《妙法莲华经》《维摩诘经》《华手经》《阿弥陀经》《无量寿经》《首楞严三昧经》《十住经》《坐禅三昧经》《弥勒成佛经》《弥勒下生经》《金刚经》等和《中论》《百论》《十二门论》《成实论》《大庄严经论》《大智度论》以及《十诵律》《十诵戒本》《菩萨戒本》等。他还专门译出马鸣、龙树、提婆等大乘佛教祖师传记，为后学提供了有关印度佛教史的重要资料。据《出三藏记集》卷二统计，罗什译经三十五部，二百九十七卷。[2]

---

[1] 《长安志》载："姚兴常于逍遥园，引诸沙门，听番僧鸠摩罗什演讲佛经。起逍遥宫，殿庭左右有楼，合高百尺，相去四十丈，以麻绳大一围，两头各栓楼上。会日，令二人各从楼内出，从绳上行过，以为佛神相遇。澄元堂在逍遥园中，鸠摩罗什演经所。黄龙门，兴之宫门也。永贵里有波若台，姚兴集沙门五千余人，有六道者五十人，起造浮图于永贵里，立波若台。居中作须弥山，四面有崇岩峻壁、珍禽异兽，林草精奇，仙人、佛像俱有，人所未闻，皆以为希奇。"

[2] 罗什之学重点主要在传承、弘扬般若系的大乘思想，所以在译籍的遴选方面，侧重于般若类经典及龙树、提婆一脉的中观派论书。罗什在长安主要专注于译事，佛学著述不多，现存后人所辑他答庐山慧远问大乘深义的十八科三卷，题为《大乘大义章》或《鸠摩罗什法师大义》。此外，《广弘明集》收录了他答姚兴的《通三世论》一篇。吕澂先生说："在罗什来华以前，中国佛学家对于大小乘的区别一般是不很清楚的，特别是对大乘的性质和主要内容，更缺乏知识。罗什来华后，在姚秦时代译出了许多经论，又介绍了印度当时盛行的龙树系的大乘学说，才改变了这种情况。从而推动了后来中国佛学的发展。罗什的翻译和讲习都限在关中地区，所以后来在讲到他的学说传承时常称之为关河所传。"吕澂：《中国佛学源流略讲》，中华书局，1979，第86页。

鸠摩罗什的译经团队集当时佛教界各路精英翘楚于一体，无论是来自西域、天竺的高僧如卑摩罗叉、佛陀耶舍、弗若多罗、昙摩流支、昙摩耶舍、昙摩掘多、佛陀跋陀罗等，还是本土僧侣如曾经参加先期译业的法和、僧□、僧睿、昙影、僧导等，同时还有原在长安的慧精、法领、道标、道恒、僧肇，来自北方的道融、慧严、僧业、慧询、昙无成，以及来自庐山的道生、慧睿、慧观，来自江左的僧弼、昙干，和来自其他各处的慧恭、宝度、道恢、道悰、僧迁、道流、道凭、昙暑等硕德，都参加了译场，成为得力的助手。他们谙受深义，兼善文辞，各展所长，故能相得益彰。而其由朝廷全力支持，于道安所创旧规基础上加以扩充，终成国立译场之蔚然大观。与此前的诸大译师相比，罗什之译著以其文字流畅、质量精湛，被称誉为"新译"，后人评价说："逮乎罗什法师，俊神金照，秦僧融肇，慧机水镜，故能表发挥翰，克明经奥，大乘微言，于斯炳焕。"① 其中个别经典后来虽有重译，仍难以取代，流传1600多年至今历久弥新。

罗什"新译"经典焕发了中国佛教界的思想活力，开辟了中国佛教史上的一个新纪元。

《中论》《百论》《十二门论》再加上《大智度论》而成为四论学派，僧肇著《般若无知论》、《宗本义》及《不真空论》发挥诸法缘生性空之理，而确立了三论宗义。所以吉藏在《中论疏》中以什、肇并称。又有竺道生作《二谛论》、昙影作《中论疏》、道融作《三论注》，僧肇、昙影、道融等宣教关中，慧观、道生、僧睿等弘法江南，遂形成三论宗南、北学派。历经僧朗、僧诠、法朗，至隋代吉藏而集大成。

《成实论》是"成实学派"的根本要典。僧睿最早在长安独立讲授《成实论》。后秦亡，罗什弟子分散各地，其中僧导作《成实论义疏》，并在寿春、建康讲说《成实》，首开南方研习成实论之风。门人僧威、僧钟、僧音等皆善此论。道猛于建康兴皇寺讲说《成实论》，或谓其亦属僧导系，门人道慧、智欣先后敷演；僧嵩在彭城（徐州）弘扬成实论，门人有僧渊、昙度、道登、慧球等，其中昙度在平城大开讲席，徒众有千余人，并撰《成实论大义疏》八卷。北方渐次以寿春、彭城形成传授《成实论》的两大中心。北朝的《成实论》学者在学术渊源上大多出自彭城，形成了以僧嵩及其弟子僧渊为首的彭城系。此外，山东青州也是北朝《成实论》的流行地区。成实

---

① 僧祐撰《出三藏记集》第一卷，《大正藏》第55册，第4~5页。

学说在北魏深受推崇，孝文帝时达到鼎盛状态，《魏书·释老志》载，太和十九年（495）四月，孝文帝巡游徐州白塔寺，对左右说："此寺近有名僧嵩法师，受《成实论》于罗什，在此流通。后授渊法师，渊法师授登、记二法师。朕每玩《成实论》，可以释人染情，故至此寺焉。"之后，成实学说渐衰，鲜见彭城系的法师再现。直至东魏、北齐时，成实学说以邺城为中心，得到复兴。①

另外，鸠摩罗什主译的《阿弥陀经》《十住毗婆沙论》开后世净土宗之端绪，《妙法莲华经》成为天台宗的宗经，《弥勒成佛经》《弥勒下生经》促成了弥勒信仰的形成与发展，《坐禅三昧经》促进了禅修的盛行，《梵网经》《十诵律》是研究大乘律学的重要典籍……

后秦时，长安又有来自罽宾的沙门弗若多罗译律典一部五十八卷，佛陀耶舍译经、律四部八十四卷，昙摩耶舍译经论三部二十四卷。其中，昙摩耶舍与昙摩崛多翻译出《舍利弗阿毗昙》三十卷，后由鸠摩罗什门下弟子道标作序。

昙无谶于北凉翻译的《大般涅槃经》四十卷十三品，南朝宋元嘉（424～453）年间，经长安传到江南。罗什的许多弟子如慧睿、慧观、道朗、慧嵩、竺道生等人，都对《大般涅槃经》及佛性问题有深入探讨。慧嵩、道朗曾列席昙无谶的译场，笔受《涅槃经》，并分别作义记、义疏，阐发《涅槃经》的玄旨，是为北方最初的涅槃师。宋文帝曾令慧严、慧观及谢灵运等人，依法显在建康和佛陀跋陀罗共同译出的六卷本《大般泥洹经》增加品目、修改文字，删订为三十六卷二十五品，世称"南本涅槃"，而以北凉原译四十卷本为"北本涅槃"。

永熙三年（534），北魏孝武帝（532～535年在位）自洛阳西奔长安，依靠宇文泰建立西魏，北方分裂为东魏、西魏。西魏文帝（535～551年在

---

① 著名的成实论师如道纪以"高齐之初，盛弘讲说，然以《成实》见知。……广读经论，为彼士俗而行开化。故其撰集，名为《金藏论》也。……论成之后，与同行七人出邺郊东，七里而顿。周匝七里，士女通集，为讲斯论，七日一遍。往必荷担不耻微行，经书塔像为一头，老母扫帚为一头。齐佛境内有塔斯扫。每语人曰：'经不云乎，扫僧地如阎浮，不如佛地一掌者，由智田胜也。亲供母者，以福与登地菩萨齐也。'故其孝性淳深，为之缝补衣着食饮，大小便利必身经理，不许人兼。有或助者，纪曰：'吾母也，非他之母，形骸之累并吾身也。有身必苦，何得以苦劳人。所以身为苦先，幸勿相助。'因斯以励道俗，从者众矣。又复劝人奉持八戒，行法社斋不许屠杀。所期既了又转至前，还依上事周历行化。数年之间绕邺林郊，奉其教者十室而九。"道宣撰《续高僧传》第三十卷，《大正藏》第50册，第701页。

位）与宇文泰皆崇信佛教，《续高僧传》载：

> 时西魏文帝大统中，丞相宇文黑泰兴隆释教，崇重大乘，虽摄总万机，而恒扬三宝。第内常供百法师，寻讨经论，讲摩诃衍。又令沙门昙显等依大乘经撰《菩萨藏众经要》及《百二十法门》，始从佛性，终尽融门。每日开讲，即恒宣述，以代先旧。五时教迹，迄今流行。香火梵音，礼拜唱导，咸承其则。①

使长安佛教再度兴盛。

北周时，又有波头摩国僧侣攘那跋陀罗（汉译：智贤）在长安译出论典一部一卷，中印度摩伽陀国僧阇那耶舍（藏称）"共弟子阇那崛多等，于长安故城四天王寺，译《定意天子问经》六部。沙门圆明、道辩及城阳公萧吉等笔受"②。优婆国僧耶舍崛多（称藏）翻译经论三部八卷，北印度犍陀罗国僧阇那崛多（志德）"以周明帝武成年，初届长安，止草堂寺"③译经。

经过释道安、鸠摩罗什等几代人前仆后继的努力，长安成为中国佛教在北方的译经、弘法及文化交流中心。以佛教文化为中心的长安文化，呈现兼容并蓄的博大气象，儒释道乃至于来自南亚狮子国的婆罗门文化（《高僧传》卷七《释道融》），都能在这里交相辉映。这种包容与理性兼具的文化气质，决定了长安佛教义学的发达。特别是前后秦时期的长安佛教，由于释道安与鸠摩罗什举纲执领、划旧谋新，发展大有超过江南之势，他们也成为南北佛教界公认的领袖人物。

罗什圆寂后，卑摩罗叉又离开关中抵达寿春，于江南弘律。④ 卑摩罗叉依罗什所译律本在南方阐扬传播，增强了江南佛教僧团的建设及律学的完备。

---

① 道宣撰《续高僧传》第一卷，《大正藏》第50册，第429页。
② 道宣撰《续高僧传》第一卷，《大正藏》第50册，第429页。
③ 道宣撰《续高僧传》第二卷，《大正藏》第50册，第433页。
④ 《高僧传》载："及罗什弃世，乃乃出游关左，逗于寿春止石涧寺。律众云聚，盛阐毗尼。罗什所译《十诵》本五十八卷，最后一诵，谓明受戒法及诸成善法事。逐其义要，名为《善诵》。又后赍往石□，开为六十一卷。最后一诵改为《毗尼诵》，故犹二名存焉。顷之南适江陵，于辛寺夏坐，开讲十诵。既通汉言，善相领纳。无作妙本，大阐当时。析文求理者其聚如林，明条知禁者数亦殷矣。律藏大弘，叉之力也。道场慧观深括宗旨，记其所制内禁轻重，撰为二卷，送还京师。僧尼披习，竞相传写。时闻者谚曰：'卑罗�语，慧观才录。都人缮写，纸贵如玉。'"慧皎撰《高僧传》第二卷，《大正藏》第50册，第333页。

后秦灭亡后，智严由长安到达江南。① 智严以禅定高深而闻名遐迩，被宋文帝刘义隆请至江南，促进了北南佛教文化的交流。又有道温，"姓皇甫，安定朝那人，高士谧之后也。少好琴书，事亲以孝闻。年十六入庐山，依远公受学。后游长安，复师童寿。元嘉中，还止襄阳檀溪寺。善大乘经，兼明数论。樊邓学徒并师之"②。这些北僧南渡，对于北南文化融汇作用匪浅。

（二）姑臧佛教

1. 丝路要冲、商贾云集，民族、宗教荟萃

姑臧曾经作为"五胡十六国"中前凉、后凉、北凉、南凉、西凉政权的定都之所，③ 特别是前凉张氏统治集团，从张轨到张天锡共九传、七十六年，在此期间对姑臧城城垣进行了大规模扩建，并"大缮宫殿观阁，采绮妆饰"（《水经注》引王隐《晋书》），奠定了姑臧作为 4～5 世纪河西地域中心城市、草原丝绸之路上重要"都会"的政治、经济、文化基础。由于当地为"草原丝绸之路"要冲，商贾云集，姑臧自汉代就富甲一方。④ 古代的月氏、乌孙、匈奴、鲜卑、柔然、吐谷浑、粟特、突厥、吐蕃、回纥、蒙古等民族都与"丝路"关系密切。东西文明的交流，除了商品贸易活动以外，更重要

---

① 《高僧传》载："自关中常依随跋陀，止长安大寺。顷之，跋陀横为秦僧所摈，严亦分散，憩于山东精舍。坐禅诵经，力精修学。晋义熙十三年（417），宋武帝西伐长安，克捷旋旆，涂出山东。时始兴公王恢从驾游观山川，至严精舍。见其同止三僧，各坐绳床，禅思湛然。恢至良久不觉，于是弹指。三人开眼，俄而还闭。问不与言。恢心敬其奇，访诸耆老。皆云：此三僧隐居求志，高洁法师也。恢即启宋武，帝延请还都，莫肯行者。既屡请恳至，二人推严随行。恢怀道素笃，礼事甚殷，还都，即住始兴寺。……严前于西域所得梵本众经，未及译写。到元嘉四年（427），乃共沙门宝云译出《普曜》《广博》《严净》《四天王》等。严在寺不受别请，常分卫自资。道化所被，幽显咸服。"慧皎撰《高僧传》第三卷，《大正藏》第 50 册，第 339 页。
② 慧皎撰《高僧传》第七卷，《大正藏》第 50 册，第 372 页。
③ 《肇论疏》第二卷称："凉土即凉州也。凉有五凉，前凉张轨、后凉吕光、南凉吐蕃（按：秃发）乌孤、西凉季暠（李暠）、今言凉者，沮渠蒙逊。五凉并都姑臧。前后二凉并都姑臧可知，而南凉、西凉、北凉亦都姑臧者。南凉初都武威西平，后徙东都，又从姑臧，又反东都也。西凉初都姑臧，后迁须泉。蒙逊初都张掖，后迁姑臧也。"元康撰《肇论疏》第二卷，《大正藏》第 45 册，第 176 页。
④ 《后汉书·孔奋列传》说，王莽之乱时，"唯河西独安，而姑臧称为富邑，通货羌胡，市日四合"（注云："古者为市，一日三合。《周礼》曰：'大市日侧而市，百族为主。〔朝市〕朝时而市，商贾为主。〔夕市〕夕时而市，贩夫贩妇为主。'今既人货殷繁，故一日四合也。"），"每居县者，不盈数月辄致丰积"。佛教史传资料也称："凉州为河西都会，襟带西蕃、葱右诸国，商侣往来，无有停绝。"慧立本、颜惊笺《大唐大慈恩寺三藏法师传》第一卷，《大正藏》第 50 册，第 222 页。

的是精神文化的沟通。

来自中亚（阿姆河和锡尔河流域）的以善于经商而闻名的古老民族——粟特人，在丝绸之路的商贸活动中，扮演了重要角色。[①] 粟特商人不辞劳苦，沿丝绸之路东西往返，由之形成了康、安、曹、石、史、米、何、穆、毕等九个绿洲聚落（另有火寻、戊地，而以东安国、毕国、捍、那色波附于其间，曹国又分为东、西、中三国。另据《北史》《隋书》所载，乌那曷、穆国、漕国也是王姓昭武的国家），统称"昭武九姓"或"九姓胡"（《新唐书》，西文则称之为Sogdians）。十六国北朝时期，河西的姑臧等地就有"昭武九姓"建立的胡族聚落，专门从事商业中转贸易。[②] 北魏太延五年（北凉永和七年，439），拓跋焘以平西将军源贺为向导（源贺为南凉主秃发傉檀之子，南凉原据姑臧，后为北凉所占），率大军进攻北凉。由于源贺引兵招慰姑臧城附近诸旧部三万余落，故魏主得以迅速攻克姑臧，灭亡北凉。[③] 接着，魏军又攻占张掖、乐都、酒泉等地，皆留将镇守。至此，北魏统一了北方。北魏攻克姑臧后，仍有大批粟特商人滞留在此，粟特王遣使北魏请求赎回这批商人。可见姑臧对于粟特商人的重要性，他们甚至不惜身家性命留守。

当时大批粟特商人以姑臧为中转基地，与内地之间辗转贸易。1907年，英国探险家斯坦因在甘肃敦煌西北长城烽燧遗址获得粟特文古信札八封，叙述了很多中亚商人在凉州等地进行贸易活动的概况（原图版藏于英国图书馆），其中第二号信札较完整并被解读。[④] 王冀青先生研究认为："信札写于

---

① 《魏书·西域列传》载：康国粟特"善商贾，诸夷交易，多凑其国"。《新唐书·西域列传下·康》载："善商贾，好利，丈夫年二十，去傍国，利所在无不至。以十二月为岁首，尚浮图法，祠妖神，出机巧技。"《唐会要》第九十九卷载："习善商贾，争分铢之利。男子二十，即送之他国，来过中夏。利之所在，无所不至。"

② 《魏书·西域列传》载："粟特国，在葱岭之西，古之奄蔡，一名温那沙。居于大泽，在康居西北，去代一万六千里。先是，匈奴杀其王而有其国，至王忽倪已三世矣。其国商人先多诣凉土贩货，及克姑臧，悉见虏。高宗初，粟特王遣使请赎之，诏听焉。自后无使朝献。"

③ 《资治通鉴》载北魏太武帝"问（源）贺以取凉方略，对曰：'姑臧城旁有四部鲜卑，皆臣祖父旧民，臣愿处军前，宣国威信，示以祸福，必相帅归命。外援既服，然后取其孤城，如反掌耳。'"胡注："秃发傉檀据姑臧，既而为沮渠所取，有四部鲜卑留居城外。贺，傉檀之子也。"《资治通鉴》第一百二十三卷，宋文帝元嘉十六年七月条。

④ 全部内容分九段，六十三行，经王冀青先生译为中文，其中有三段译文如下："爵爷，安玛塔萨其在酒泉一切顺利，安萨其在姑臧也好。但是爵爷，自从一粟特人从内地来此，已有三年。不久，我为古坦萨其准备行装，他一切都好。后来他去了淮阳，（转下页注）

东晋初年的可能性较大"①，"我们可以推测写信人就住在姑臧。姑臧是魏晋
南北朝时期河西地区的政治、经济、文化中心，也是粟特商团的大本营"②。

丝绸之路不仅是一条经贸之路，而且是联系沿线各国、各民族在人文领
域的精神、文化的纽带。丝绸之路与宗教传播有着密不可分的联系，在许多
情况下商人同时也是传教者，不同宗教文化背景的商贾们通过建构、经营商
业网络的同时也传播了宗教。毋庸讳言，丝路沿线各国人民最大的精神交集
就是宗教。丝绸之路沿线自古就是多元宗教文化交汇并存的区域，历史上的
丝绸之路促进了多种宗教的传播和交流，这些宗教在流传演化的过程中，受
到民族文化的影响，又会出现会通"回流"的现象。

粟特人在从事商贸活动的同时，还扮演着"文化使者"的角色，不仅促
进了东西方的文化交流，而且在农耕文明和游牧文明之间搭起了一座桥梁。
粟特人逐渐在沿丝绸之路及周边的大小城市形成一个个移民聚落并与其他民
族融合，从而成为许多民族的来源之一。粟特人主要信仰袄教③，《晋书·
张寔列传》载："京兆人刘弘者，挟左道，客居天梯第五山，然灯悬镜于
山穴中为光明，以惑百姓，受道者千余人，寔左右皆事之。帐下阎沙、牙

（接上页注④）现无人从他处来。我告诉您这些去内地的粟特人之状况如何以及他们到达哪些地
方。""言归正传。有一百名来自萨马尔罕的粟特贵族现居黎阳，他们远离家乡，孤独在
外。在［……城］有四十二人。您将会得到好处。但是，爵爷，自从我们失去了来自内
地的支持和帮助，已经过去了三年。在这种情况下，我们从敦煌前往金城去销售大麻纺
织品和毛毡（毛毯）。携带金钱和米酒的人在任何地方都不会受阻。当时我们卖掉了四件
纺织品和毛毯。就我们而言，爵爷，我们希望金城到敦煌间的商业信誉尽可能长时期地
得到维持，否则我们会寸步难行，我们将老而垂死。""高贵的爵爷，我已为您收集到了
成匹成捆的丝绸，这是归爵爷的。不久，德鲁瓦斯普凡达克接到了香料——共重八十四
斯塔特。"王冀青：《斯坦因所获粟特文〈二号信札〉译注》，《西北史地》1986 年第 1
期，第 66~72 页。此文是用粟特文书写、从姑臧发出的。

① 王冀青：《斯坦因所获粟特文〈二号信札〉译注》，《西北史地》1986 年第 1 期，第 72
页。而王素先生则认为应该是西晋之末的"公元 311 年稍后"。王素、李方：《魏晋南北
朝敦煌文献编年》，第 72 页。
② 王冀青：《斯坦因所获粟特文〈二号信札〉译注》，《西北史地》1986 年第 1 期，第 67
页。
③ 袄教（Zoroastrianism，拜火教，琐罗亚斯德教）是流行于古代中亚、波斯一带的宗教，
《周书·异域列传下·波斯》载其"俗事火袄神"。《旧唐书·西戎列传·波斯》载："俗
事天地日月水火诸神，西域诸胡事火袄者，皆诣波斯受法焉。"袄教认为阿胡拉·玛兹达
（意为"智慧之主"）是最高主神，是全知全能的宇宙创造者，具有光明、生命、创造等
德行，也是天则、秩序和真理的化身，创造了物质世界，也创造了火，即"无限的光
明"；火是阿胡拉·玛兹达最早创造出来的儿子，象征神的绝对和至善，是"正义之眼"，
所以庙中都有祭台点燃神火，把拜火作为神职人员的神圣职责。

门赵仰皆弘乡人，弘谓之曰：'天与我神玺，应王凉州。'"祆教崇奉"火"和天神，刘弘燃灯、悬镜，枉言天意，可见是在利用祆教聚众作乱。此亦可确证祆教早在公元4世纪时就已经在"前凉"境域流行，由粟特人传播入河西一带的时间应该更早。祆教曾受到北魏、北齐、北周等朝廷的扶持。祆教的祀官称为"萨宝"，《新唐书·宰相世系表五下》载："后魏有难陀孙婆罗，周、隋间，居凉州武威为萨宝。"《隋书·礼仪志二》载：北齐后主"末年，祭非其鬼，至于躬自鼓舞，以事胡天。邺中遂多淫祀，兹风至今不绝。后周欲招来西域，又有拜胡天制，皇帝亲焉。其仪并从夷俗，淫僻不可纪也"。在邺城有不少祆教的神庙，就连北齐、北周的皇帝也要亲自"拜胡天""从事夷俗"，可见兴盛一时。这种习俗一直延续到盛唐时期，① 唐朝祠部设有管理祆教的祀官萨宝（也称萨甫）府官，主持祭祀。分萨宝祆正、祆祝、率府、府史等，自五品至从九品不等。以粟特人为代表的域外民族能够在内地经商并长期定居生活，除了他们自身所拥有的强大经济实力为后盾，还有一个重要的原因就是宗教信仰的传播。

2. "河西"首善之都

姑臧自古以来不仅是中原王朝沟通西域的经济、文化枢纽，也是丝绸之路河西段最为著名的都市之一。

汉武帝元狩二年（前121），西汉朝廷在取得对匈奴战争的决定性胜利后，于丝绸之路的咽喉地带始置"河西四郡"。《汉书·西域列传上》载："初置酒泉郡，后稍发徙民充实之，分置武威、张掖、敦煌，列四郡，据两关焉。"姑臧作为武威郡的治所，具有重要的战略地位。同时，为了充实河西人口，改变"地广人稀"的根本状况，西汉政府一开始就采取了主动的移民措施，为日后的农业开发、经济发展奠定了劳动力基础。

姑臧虽然位于气候、环境恶劣的河西走廊地区，但其自然条件相对优越，尤为难得的是水资源丰富。② 姑臧不仅地表水系发达，而且地下水资源

---

① 《新唐书·礼部志》载："两京及碛西诸州火祆，岁再祀，而禁民祈祭。"《旧唐书·职官志一》载："流内九品三十阶之内，又有视流内起居，五品至从九品。初以萨宝府、亲王国官及三师、三公、开府、嗣郡王、上柱国已下护军已上勋官带职事者府官等品。开元初，一切罢之。今唯有萨宝、祆正二官而已。又有流外自勋品以至九品，以为诸司令史、赞者、典谒、亭长、掌固等品。视流外亦自勋品至九品，开元初唯留萨宝、祆祝及府史，余亦罢之。"

② 《汉书·地理志下》载："姑臧南山，谷水所出，北至武威入海，行七百九十里。"《水经注》第四十卷载："（武威）县在姑臧城北三百里，东北即休屠泽也。《古文》（转下页注）

丰富。《魏书·张寔列传·张玄靖》载："东苑大冢上忽有池水，城东大泽。"
《魏书·世祖太武帝纪下》称："姑臧城东西门外涌泉合于城北，其大如河，
自余沟渠流入泽中，其间乃无燥地。泽草茂盛，可供大军数年。"可见，姑
臧的自然、地理、气候条件及农副业经济基础，明显优越于河西其他都邑，
在广袤的丝路沿线实属宝地。《后汉书·窦融列传》云："河西殷富，带河为
固，……一旦缓急，杜绝河津，足以自守，此遗种处也"，堪称天下板荡之
时保守图存的战略要地。"是时中原沦没，元帝徙居江左，轨乃控据河西，
称晋正朔，是为前凉。"（《晋书·地理志上·凉州》）

　　《魏书·张寔列传》称："于时天下丧乱，秦雍之民死者十八九，唯凉州
独全。"从301年张轨为凉州刺史，到439年北魏灭北凉的130多年里，姑臧
经历了大规模的经营、建设。张轨为了安置中原流民，采取于河西地区新置
侨郡、侨县的措施。① 通过安置、吸引流民，增加劳动力人口，为农业生产
奠定基础。张轨又采纳参军索辅恢复金属货币的意见，改变"以物易物"的
陈规陋习，在境内铸造、流通五铢钱，促进了商贸发展。② 前凉的历代统治
者皆"以农为本"。据《十六国春秋别本·前凉录》载：张轨"课农桑"，
张骏"亲耕藉田"。《晋书·张轨列传》说，张重华在位期间"轻赋敛，除
关税、省园囿，以恤贫穷"。经过数十年苦心经营，人民得到休养生息、农

(接上页注②)以为猪野也。其水上承姑臧武始泽。泽水二源，东北流为一水，径姑臧县故城西，
　　东北流，水侧有灵渊池。王隐《晋书》曰：汉末，博士敦煌侯瑾，善内学，语弟子曰：
　　凉州城西泉水当竭，有双阙起其上。至魏嘉平中，武威太守条茂起学舍，筑阙于此泉。
　　太守填水，造起门楼，与学阙相望。泉源徙发，重导于斯，故有灵渊之名也。泽水又东
　　北流径马城东，城即休屠县之故城也，本匈奴休屠王都，谓之马城河。又东北与横水合，
　　水出姑臧城下，武威郡，凉州治。《地理风俗记》曰：汉武帝元朔三年，改雍曰凉州，以
　　其金行，土地寒凉故也。迁于冀，晋徙治此。王隐《晋书》曰：凉州有龙形，故曰卧龙
　　城，南北七里，东西三里，本匈奴所筑也。及张氏之世居也，又增筑四城箱各千步。东
　　城殖园果，命曰讲武场；北城殖园果，命曰玄武圃，皆有宫殿。中城内作四时宫，随节
　　游幸。并旧城为五，街衢相通，二十二门，大缮宫殿观阁，采绮妆饰，拟中夏也。其水
　　侧城北流，注马城河。河水又东北，清涧水入焉，俗亦谓之为五涧水也。水出姑臧城东，
　　而西北流注马城河。河水又与长泉水合，水出姑臧东揖次县，王莽之播德也，西北历黄
　　沙阜，而东北流注马城河。"
①　《晋书·地理志上·凉州》载：张轨"上表请合秦、雍流移人于姑臧西北，置武兴郡，统
　　武兴、大城、乌支、襄武、晏然、新鄣、平狄、司监等县。又分西平界置晋兴郡，统晋
　　兴、枹罕、永固、临津、临鄣、广昌、大夏、遂兴、罕唐、左南等县"。
②　《晋书·张轨列传》载："太府参军索辅言于轨曰：'古以金贝皮币为货，息谷帛量度之
　　耗。二汉制五铢钱，通易不滞。泰治中，河西荒废，遂不用钱，裂匹以为段数。缣布既
　　坏，市易又难，徒坏女工，不任衣用，弊之甚也。今中州虽乱，此方安全，宜复五铢以
　　济通变之会。'轨纳之，立制准布用钱，钱遂大行，人赖其利。"

副业得到长足发展，地方经济实力进一步增强。

张骏执政时期，积极谋求向西拓展，"使其将杨宣率众越流沙，伐龟兹、鄯善，于是西域并降。鄯善王元孟献女，号曰'美人'，立宾遐观以处之。焉耆前部、于阗王并遣使贡方物"（《晋书·张轨列传·张骏》）。此举不但扩大了前凉政权的政治影响力，同时也吸引了大批胡商前来进行商贸活动，最终增强了综合实力。前凉时期，姑臧逐渐发展为河西首善之都。陈寅恪先生说："姑臧本为凉州政治文化中心，复经张氏增修，遂成河西模范标准之城邑，亦如中夏之有洛阳也。"① 姑臧也由此成为其他割据政权的觊觎之地。只有占据姑臧，才能控制河西、辐射西域，东向扩张、进取中原。后凉吕光正是凭借姑臧"粮丰城固，甲兵精锐"得以与强大的前秦抗衡、周旋。北魏太延五年（439）北凉覆亡，北魏"收其城中户口二十余万"，并"徙凉州民三万余家于京师"，从中可管窥姑臧之城市规模与经济实力。

3. 佛教昌盛

河西地区因地利之便，接受佛教较早。

敦煌遗书《魏敦煌太守仓慈写〈佛说五王经〉题记》有云："景初二年岁（238）戊午九月十六日，敦煌太守仓慈，为众生供养，熏沐写已。"

《三国志·魏书·仓慈传》载：

> 仓慈，字孝仁，淮南人也。始为郡吏。建安中，太祖开募屯田于淮南，以慈为绥集都尉。黄初末，为长安令，清约有方，吏民畏而爱之。太和中（227~233），迁敦煌太守。郡在西陲，以丧乱隔绝，旷无太守二十岁，大姓雄张，遂以为俗。前太守尹奉等，循故而已，无所匡革。慈到，抑挫权右，抚恤贫赢，甚得其理。旧大族田地有余，而小民无立锥之土；慈皆随口割赋，稍稍使毕其本直。先是属城狱讼众猥，县不能决，多集治下；慈躬往省阅，料简轻重，自非殊死，但鞭杖遣之，一岁决刑曾不满十人。又常日西域杂胡欲来贡献，而诸豪族多逆断绝；既与贸迁，欺诈侮易，多不得分明。胡常怨望，慈皆劳之。欲诣洛者，为封过所（按：行进在丝绸之路上的胡商团队，需要获得沿途地方官府的贸易认可，颁发"过所"。现在我们从敦煌、吐鲁番等地的出土文书中，仍然能够看到粟特商人请求发给的过所文书），欲从郡还者，官为平取，辄以府见物与共交

---

① 陈寅恪：《隋唐制度渊源略论稿》，第 70 页。

市，使吏民护送道路，由是民夷翕然称其德惠。数年卒官，吏民悲感如丧
亲戚，图画其形，思其遗像。及西域诸胡闻慈死，悉共会聚于戊己校尉及
长吏治下发哀，或有以刀画面，以明血诚，又为立祠，遥共祠之。

仓慈堪称一代"循吏"，在他调任敦煌太守之前就积累了丰富的为政经验，
故能恤理有方。加之奉行"清关易道，通商宽农"的政策，对往来胡商多方
予以保护、提供便利，故在胡商中威信极高。由于敦煌在曹魏域外贸易中的
重要地位，在仓慈的励精图治下，保障了曹魏以陆路贸易之盛，堪与东吴的
海路贸易相埒。仓慈虽在敦煌时间不长，他的佛教信仰可能是以前就有的，
但从他的诸多仁政之举看来，其一方面也许是佛教价值观使然。

《佛说五王经》篇幅较短，重点宣扬世间"八苦"交集、出世修道为乐
的教义，符合佛教初传中国时流行的基本经典的共同特点。由于曹魏政权对
佛道采取羁縻限制的政策，所以仓慈在敦煌的信仰行为表明，河西地域的佛
教传播、发展远较同时代的中原地区更为普遍和成熟，佛教信仰的历史及文
化底蕴丰厚。

(1) 高僧荟萃，译经宏富，寺院林立

《魏书·释老志》载："凉州自张轨以来，世信佛教。""五凉"的统治者
大都崇奉佛教，张天锡还曾经亲自主持过佛经的翻译。据《开元释教录》载：

> 前凉张氏，都姑臧。自张轨永宁元年辛酉，至天锡咸安六年丙子，
> 凡八主，七十六年。外国优婆塞一人，译经四部，合六卷。

> 优婆塞支施仑，月支人，博综众经，来游凉土，张公见而重之，请
> 令翻译。以咸安三年癸酉，于凉州内正厅堂后湛露轩下，出《须赖经》
> 等四部，龟兹王世子帛延传语。常侍西海赵潚、会水令马亦、内侍来恭
> 政三人笔受，沙门释慧常、释进行同在会证。凉州（按：即张天锡）自
> 属辞，不加文饰也。出《须赖经后记》及《首楞严经后记》。[1]

---

[1] 智升撰《开元释教录》第四卷，《大正藏》第55册，第519页。僧祐撰《出三藏记集》
第七卷《首楞严后记》则云："咸和三年，岁在癸酉。凉州刺史张天锡，在州出此《首
楞严经》。于时有月支优婆塞支施仑，手执胡本，支博综众经，于方等、三昧特善，其志
业大乘学也。出《首楞严》《须赖》《上金光首》《如幻三昧》。时在凉州，州内正听堂湛
露轩下集。时译者龟兹王世子帛延善晋、胡音，延博解群籍，内外兼综，受者常侍西海
赵潚、会水令马奕、内侍来恭政。此三人皆是俊德，有心道德。时在坐沙门释慧常、释
进行。凉州自属辞，辞旨如本，不加文饰。饰近俗质近道，文质兼唯圣有之耳。"《大正
藏》第55册，第49页。

也就是说，373 年，张天锡支持并亲自参与了这次译经活动。说明，他不仅热心译事，而且颇具佛学素养。这次翻译的有《首楞严》《须赖》《上金光首》《如幻三昧》，参与翻译的沙门有慧常、进行，是去天竺求法途中，路经凉州的。他们在姑臧将抄写的《首楞严》《须赖》，连同凉州流传的《光赞》《渐备》共四经，辗转送达襄阳的道安。道安见到此四经，时在太元元年（376）。道安留居河北时，曾得《光赞》第一品，知有此经，而苦于求之不得。《光赞》《渐备》二经由敦煌僧人竺法护于太康七年（286）在长安译出后，长期未得到流传，而在凉州保留了下来。所以道安在《合〈放光〉〈光赞〉略解序》中说："恨其寝逸凉土九十一年，几至泯灭，乃达此邦也。"① 道安晚年整理的《综理众经目录》里列有《凉土异经录》，云"五十九部凡七十九卷"②。数量这么多的经典在凉州得以保存，可见其地佛教盛事。

4 世纪末，鸠摩罗什滞留姑臧达十六年（385～401）之久，"吕光父子既不弘道，故韫其经法，无所宣化"③。其间，僧肇远自长安来受业；应鸠摩罗什邀请，罽宾高僧佛陀耶舍从龟兹前往姑臧，但至姑臧时罗什已至长安。后又应后秦姚兴之请前往长安，在长安诵出《四分律》《长阿含》等经，由凉州沙门竺佛念等译出。又有"天竺尊者佛陀耶舍至姑臧"④ "西域三藏昙无谶，由龟兹至姑臧"⑤。智猛于后秦弘始六年从长安出发，前往西域求法。后从天竺带回《大涅洹》《僧祇律》等经，在姑臧译出《涅洹经》二十卷。⑥

"五凉"政权之中，崇佛最盛者莫过于北凉。《魏书·释老志》载："沮渠蒙逊在凉州，亦好佛法。"他甚至为爱子取名曰"菩提"。玄始十年（421），蒙逊攻克敦煌、高昌等地，在敦煌得昙无谶，将其带到姑臧，尊为"圣人"。昙无谶是解行并重的高僧，他在姑臧期间共翻译佛经十二部，一百一十七卷，⑦ 重要的有《大般涅槃经》《胜鬘经》《楞伽经》《大方等大集经》《文陀竭王经》《优婆塞戒经》《菩萨戒经》《菩萨戒坛文》等六十余万言。

---

① 僧祐撰《出三藏记集》第七卷，《大正藏》第 55 册，第 48 页。
② 僧祐撰《出三藏记集》第三卷，《大正藏》第 55 册，第 19 页。
③ 慧皎撰《高僧传》第二卷，《大正藏》第 50 册，第 332 页。
④ 念常集《佛祖历代通载》第七卷，《大正藏》第 49 册，第 530 页。
⑤ 念常集《佛祖历代通载》第七卷，《大正藏》第 49 册，第 533 页。
⑥ 《高僧传·智猛传》所载为"大泥洹梵本一部"，而依经录所著录则作《般泥洹经》《般涅槃经》《泥洹经》《大般泥洹经》四名，译地作凉州或姑臧。
⑦ 赖永海主编《中国佛教通史》第一卷，江苏人民出版社，2010，第 502 页。

特别是《大般涅槃经》的翻译，从玄始三年（414）至玄始十年（421），历时八年才完备。他弘扬佛教以《涅槃经》为主，兼及"明解咒术，所向皆验，西域号为大咒师"①，《魏书·释老志》中也说他"晓术数、禁咒，历言他国安危，多所中验。蒙逊每以国事咨之"。乃至北魏国主拓跋焘闻其盛名，遣使到北凉迎索无果。北凉承玄二年（429），沮渠蒙逊以沮渠兴国为前锋伐西秦乞伏暮末，战败被俘。后大夏赫连昌破西秦获乞伏暮末与沮渠兴国。同年，大夏赫连昌反击北凉，"济河未半"为吐谷浑所破，沮渠兴国为乱兵所杀。沮渠蒙逊为此迁怒佛教，"谓事佛无应，即遣斥沙门，五十已下皆令罢道"，经昙无谶苦劝，才改正悔过。昙无谶无疑是河西地域的精神领袖，在他的努力下，北凉自然成为北方的佛教发展中心，社会各阶层人士普遍信仰佛教。沮渠牧犍在任酒泉太守之时，就大力进行弘法、造塔活动。《十六国春秋·北凉录》载："初，茂虔为酒泉太守，起浮图于中街，有石像在焉。"沮渠蒙逊的从弟沮渠京声也成为昙无谶的在家弟子。北凉统一河西后，姑臧城内的译经规模是十分可观的，内苑闲豫宫被辟为专门译场，昙无谶、沮渠京声、浮陀跋摩、智猛、道泰、法盛等都是著名的译师。上述九人共译经八十二部、三百一十一卷。值得一提的是《大毗婆沙》为"一切有部"之巨制，由凉州僧人道泰西游所得，携至凉土后，沮渠牧犍亲自组织了翻译。由浮陀跋摩主持，参加的有沙门慧嵩、道朗等三百余人，经过十五年的努力，终于译出这部长达一百卷的经典，"沙门道挺为之作序"②。可惜的是此经译出后不久，经本焚散零落于北魏灭北凉的战乱之中，后来只存六十卷。另据《优婆塞戒经记》载："太岁在丙寅夏四月二十三日，河西王世子、抚军将军，录尚书事大沮渠兴国与诸优婆塞等五百余人，共于都城之内，请天竺法师昙摩谶译此在家菩萨戒，至秋七月二十三日都讫。秦沙门道养笔受。"③丙寅岁即北凉玄始十五年（426），也就是说，沮渠牧犍组织翻译《大毗婆沙》的第二年，沮渠兴国又组织了五百余人翻译《优婆塞戒经》。《开元释教录》载："北凉沮渠氏，初都张掖，后徙姑臧，自蒙逊永安元年（401）辛丑，至茂虔（按：即牧犍）永和七年（439）己卯，凡经二主三十九年，并新旧集失译诸经，总八十二部，合三百一十一卷。"④北凉的佛典翻译，在十六国时

① 僧祐撰《出三藏记集》第十四卷，《大正藏》第55册，第103页。
② 慧皎撰《高僧传》第三卷，《大正藏》第50册，第339页。
③ 僧祐撰《出三藏记集》第九卷，《大正藏》第55册，第64页。
④ 智升撰《开元释教录》第四卷，《大正藏》第55册，第519页。

期仅次于后秦，而可与前秦比肩。①

从301年，前凉张轨据有河西，直到北魏灭凉的近140年间，凉州地区与中原相比，处于相对和平稳定的社会环境之中，这就为河西佛教的繁荣奠定了丰厚的物质、人文基础。姑臧城内刹宇林立，以育王寺最为著名。据《佛祖历代通载》云：

> 佛既谢往，香木焚尸。灵骨分碎，大小如粒。击之不坏，焚之不焦，而有光明神验，谓之舍利。……于后百年，有王阿育者，以神力分佛舍利，役诸鬼神，造八万四千塔，布于世界。……今洛阳、彭城、姑臧、临淄皆有育王寺，盖承其遗迹焉。②

《魏书·释老志》云："今洛阳、彭城、姑臧、临淄皆有阿育王寺，盖成其遗迹焉。"又有公府寺，《高僧传》载："罽宾人昙摩密多，住姑臧公府寺，修葺堂宇，学徒济济，禅业甚盛。"③至北朝末年，姑臧城内尚以瑞像寺驰名。据《续高僧传》载：北周武帝"保定元年（561），置为瑞像寺焉。乃有灯光流照，钟声飞向，相续不断"④。另据《续高僧传·僧朗传》载："魏虏攻凉，城民素少。乃逼斥道人用充军旅，队别兼之。及轒冲所拟，举城同陷，收登城僧三千人。"⑤北凉在姑臧陷落之前，强征三千僧人守城补充兵源，足见当时城内僧人为数不少，佛教之盛可见一斑。北凉亡后，余部由牧犍之弟沮渠无讳及安周率领，于缘禾八年（440）之后西走流沙，进驻鄯善及高昌（《资治通鉴·宋纪》），又坚持了二十一年。⑥如果没有佛教精神力量的支撑，是不会坚守这么久的，同时也促进了西域佛教的发展。⑦由于北

---

① 参见赖永海主编《中国佛教通史》第一卷，第423页。关于北凉的佛经翻译，汤用彤先生指出："北凉译人有道龚、法众、僧伽陀、昙无谶、沮渠京声、浮陀跋摩、智猛、道泰、法盛共九人。凉土僧人晋末之往西域者，有沮渠京声、道泰、宝云、法盛、僧表等。而法显、智严、法勇、支法领等均经凉州至西域，皆在沮渠氏王北凉之时。即至宋初，尚闻有河西沙门释昙学、威（亦作成）德等八僧，西至于阗，当日凉州传译之盛况，亦甚可惊也。"汤用彤：《汉魏两晋南北朝佛教史》（增订本），第218页。
② 念常集《佛祖历代通载》第七卷，《大正藏》第49册，第534页。
③ 慧皎撰《高僧传》第三卷，《大正藏》第50册，第342页。
④ 道宣撰《续高僧传》第二十五卷，《大正藏》第50册，第645页。
⑤ 道宣撰《续高僧传》第二十五卷，《大正藏》第50册，第646页。
⑥ 参见蒋文光《孤本〈北凉沮渠安周造佛寺碑〉研究》，《新疆文物》1989年第2期，第58、59页。
⑦ 古正美认为，"北凉是中国始用后贵霜佛教意识形态发展模式者"。见《北凉佛教与北魏太武帝发展佛教意识形态的历程》，载《中华佛学学报》2000年第13期，第233页。

凉王沮渠蒙逊及其子沮渠牧犍崇信佛教，"盛事佛道"，加上地当草原丝绸之路东段咽喉要冲，深得佛教文化交流之便利。众多的西域、印度、中国僧人，往来于河西走廊，翻译佛经、西行求法、传播佛教。如陈寅恪先生所言，"秦凉诸州西北一隅之地，其文化上续汉、魏、西晋之学风，下开魏、齐、隋、唐之制度，承前启后，续绝扶衰，四百年绵延一脉"[①]。

（2）石窟密布

沮渠蒙逊还在凉州南山（天梯山）进行大规模的凿窟造像活动，[②] 使河西石窟林立，居全国之冠。据《高僧传·昙无谶传》载，蒙逊曾"为母造丈六石像"[③]。沮渠蒙逊虽然是匈奴人，但早年就深受汉地儒家文化的熏陶，特别推崇孝道。他接受佛教信仰之后，仍然坚持儒家文化的核心观念，以孝道为先。为母亲祈福造像，既是行孝，也是崇佛。《法苑珠林》载：

> 凉州石崖塑瑞像者，昔沮渠蒙逊以晋安帝隆安元年（397），据有凉土三十余载，陇西五凉，斯最久盛，专崇福业，以国城寺塔，终非久

① 陈寅恪：《隋唐制度渊源略论稿》，第56页。

② 由于近百年来的考古没有发现北凉以前的佛教石窟，所以史学界一致同意，北京大学考古系石窟考古泰斗宿白教授提出的凉州天梯山石窟是中国汉地佛教石窟的鼻祖，是"凉州模式"的典型代表的意见。在沮渠蒙逊统治下的凉州城，活跃着一批同高僧鸠摩罗什一道被从西域龟兹国（今库车一带）抓来的工匠、艺术家或他们的徒弟、后人，因此，为沮渠蒙逊开窟造像的艺人主要是西域人。凉州天梯山石窟佛教造像风格的源头，应该在西域中亚地区。从20世纪初德国、英国和法国探险家从新疆地区（据研究，中国境内最早的佛教石窟造像遗存是在古西域地区即现在我国新疆地区，如喀什的三仙洞石窟和库车的克孜尔石窟等）掠夺走的4~5世纪佛陀站立造像上，可以看到与此类造像类似的造型特点，特别是佛像袈裟边沿的"之"字形纹样和小腿部位的下垂月牙形衣纹，都很相似。在黄河以东的炳灵寺石窟和山西大同的云冈石窟也有类似风格的佛造像，可见"凉州佛像"的惊人影响力。另外，在甘肃永靖炳灵寺石窟第169窟的北壁发现西秦"建弘元年（420）岁在玄枵三月廿四日造"的墨书题记，在一供养人像旁还有"大禅师昙摩毗之像"的题记，这是我国现存石窟寺中最早有明确纪年的一处。此外，位于窟群最南端崖面上第一窟，内塑一佛二菩萨立像，1964年曾剥出原塑，被确认为西秦时期。参见杜斗城、王亨通主编《炳灵寺石窟内容总录》，兰州大学出版社，2006，第186页。

③ 慧皎撰《高僧传》第二卷，《大正藏》第50册，第336页。2018年9月22日，首都师范大学考古系宁强教授在甘肃武威市天梯山石窟寺考察时，发现一尊约5米多高的站立佛像，该佛像位于一个方形殿堂窟内的正壁中央，身体略微前倾，体型饱满厚重，头部已经严重毁损，但身躯保存较为完整。佛像双腿并立，右臂斜下垂，左臂抬起（已残），身体两侧有袈裟长袖残痕。特别值得注意的是，该佛像具有明显的成年妇女的形体特征，乳房突出。因此，宁强认为，天梯山石窟寺发现的这尊带有明显女性身体特征的佛像正是北凉王沮渠蒙逊为其母祈福所造的"丈六石像"。参见宋喜群《武威天梯山新发现佛造像与北凉王"为母造丈六石像"契合》，《光明日报》2018年10月9日第9版。

固，古来帝宫，终逢煨烬，若依立之，效尤斯及，又用金宝，终被毁
盗。乃顾盼山宇，可能终天，于州南百里，连崖绵亘，东西不测，就而
斫窟，安设尊仪，或石或塑，千变万化。有礼敬者，惊眩心目。①

也就是说，沮渠蒙逊出于使佛像恒久远、永流传的目的，利用河西地区干燥
少雨、开窟造像受到自然环境方面的侵蚀较弱、保存较为有利的特点，开凿
石窟。

佛教与石窟有不解之缘，佛教创始人乔达摩·悉达多生前经常在山洞中
禅修，佛陀涅槃后僧团所组织的"第一次结集"经典，就在印度毗婆罗山侧
的"七叶窟"。后世僧侣效仿，选择在山崖上开凿洞窟作为修学的理想场所，
后人称为石窟寺。起源于印度的石窟寺的这种像教载体，随着佛教的传播，
沿着"草原丝绸之路"自西向东，经西域，波及河西、关陇，进而流布中华
大地，在历史上先后形成了众多的石窟群。另外，宿白先生认为"重禅定，
多禅僧，是北凉佛教的另一特点"，"佛教石窟之兴多与禅僧有关"。② 禅法
流行河西较早，西晋竺法护翻译的《般舟三昧经》《首楞严经》《勇伏定经》
等，即为重要的禅法典籍。昙无谶在河西时"领徒立众，训以禅道"③，推动
了坐禅静虑的盛行。《坐禅三昧经》云："若初习行人，将至佛像所，或教令
自往，谛观佛像相好。"④ 禅修需要借助观像达到摄心的目的，故石窟内外壁
皆雕刻有佛像或彩绘壁画。同时，修禅对环境条件要求较高，首先需要
"静"，都邑寺院的喧嚣、嘈杂是不行的。其次，离不开维持生存最基本的物
质条件，早期禅师不直接进行农业生产，所以不能远离人烟，城市附近的山
居穴处、水泉林下便是最理想的境地，加上为求长远，故"凿仙窟以居禅，
辟重阶以通术"（高允《鹿苑赋》）。另外，河西地区不乏居石窟洞穴的高隐
之士。据《晋书·隐逸列传·郭瑀》载：

郭瑀字元瑜，敦煌人也。少有超俗之操，东游张掖，师事郭荷，
尽传其业。……荷卒，瑀以为父生之，师成之，君爵之，而五服之制，
师不服重，盖圣人谦也，遂服斩衰，庐墓三年。礼毕，隐于临松薤谷，
凿石窟而居，服柏实以轻身，作《春秋墨说》《孝经错纬》，弟子著录

① 道世撰《法苑珠林》第十三卷，《大正藏》第53册，第387页。
② 宿白：《中国石窟寺研究》，生活·读书·新知三联书店，2019，第34页。
③ 慧皎撰《高僧传》第十一卷，《大正藏》第50册，第397页。
④ 鸠摩罗什译《坐禅三昧经》第一卷，《大正藏》第15册，第276页。

千余人。

前凉时的硕儒郭瑀师事郭荷，与其逝后，为报师恩，先"遂服斩衰，庐墓三年"，后居"石窟"著述讲学，堪为一代"儒隐"。①

天梯山石窟的开凿也不是始于北凉时代的佛教，《晋书·张寔列传》所载刘弘"客居天梯第五山"、利用火祆教聚众作乱一事表明，这里一直就具有宗教活跃的土壤。沮渠蒙逊本人也并不是一个纯粹的佛教信仰者，《十六国春秋别本·北凉录》载其于正始三年二月，"西巡，遂循海至盐池，祀西王母寺。寺中有玄石图，命中书侍郎张穆为赋铭于寺前"。《晋书·沮渠蒙逊载记》说他"博涉群史，颇晓天文"，素有祭祀山川（兰门山）、望气（时，张掖城每有光色，蒙逊曰："王气将成，百战百胜之象也。"）之举。他也许只是把佛教视作奇门道术之一种，之所以服膺昙无谶，只不过更看重他的神通法术，期望为其所用而已。总之，各种因素促成了他为佛教大规模凿窟造像的创举。杜斗城先生认为，北凉政权的汉化程度较高，远远超出了周边与之相对立的南凉、西秦、北魏等政权，所以有较强的接受佛教文化的能力。②

（三）平城佛教

北魏于天兴元年（398）至太和十八年（494），将近一个世纪里，以平城为都城，史学界称之为"平城时代"③。

1. 经济基础

（1）农牧业与人口

平城位于黄土高原东北部，雁门关外、内外长城之间，今山西省大同盆地的中心地域。④平城纬度又处于农耕与游牧区的重叠地带，农业、畜牧业等多种经济形态并存。

---

① 冯培红先生认为："在河西地区学者隐居、从事儒学教育而盛行开窟之风，是个十分突出的现象。而动辄成百上千的从业弟子，均随师居住在山间石窟崖室之中，足见前凉统治时期山林儒学教育发展的兴盛，以及因之开凿的石窟数量显然不在少数。"冯培红：《五凉的儒学与佛教——从石窟的早期功能谈起》，《兰州学刊》2006年第1期，第50页。

② 杜斗城等：《河西佛教史》，中国社会科学出版社，2009，第85页。

③ 参见李凭《北魏平城时代》，上海古籍出版社，2014。

④ 平城之北、西部环山，东有御河纵贯南北，中、南部是由西南向东北流经的桑干河（及其支流）冲击而成的平川，是典型的"四塞之地"。

北魏朝廷非常重视农业，采取了一些切实可行的措施以促进生产。《魏书·食货志》载：

> 天兴初，制定京邑，东至代郡，西及善无，南极阴馆，北尽参合，为畿内之田；其外四方四维置八部帅以监之，劝课农耕，量校收入，以为殿最。又躬耕籍田，率先百姓。自后比岁大熟，匹中八十余斛。

农田开垦及农业生产在迁都初期就获得了较大的成功。《魏书·恭宗景穆帝纪》载，太武帝拓跋焘时期：

> 初，恭宗（太子拓跋晃）监国，曾令曰："……其制有司课畿内之民，使无牛家以人牛力相贸，垦殖锄耨。其有牛家与无牛家一人种田二十二亩，偿以私锄功七亩，如是为差，至与小、老无牛家种田七亩，小、老者偿以锄功二亩。皆以五口下贫家为率。各列家别口数，所劝种顷亩，明立簿目。所种者于地首标题姓名，以辨播殖之功。"又禁饮酒、杂戏、弃本沽贩者。垦田大为增辟。

通过一系列措施，使人力、畜力都能得到充分利用，想方设法调动农民的生产积极性、提高农业生产率。李凭先生说："传统的农耕文明渗透入强劲的游牧文明之新鲜活力，掀起了汹涌澎湃的民族融合和文化交流运动，……中华文明随着安定统一局面的逐步形成而得到整体的升华。"①

北魏在发展经济方面，始终保持农牧业齐头并进。《魏书·太祖道武帝纪》载，天兴二年（399）二月：

> （北魏）诸军同会，破高车杂种三十余部，获七万余口，马三十余万匹，牛羊百四十余万。骠骑大将军、卫王仪督三万骑别从西北绝漠千余里，破其遗迸七部，获二万余口，马五万余匹，牛羊二十余万头，高车二十余万乘，并服玩诸物。……以所获高车众起鹿苑，南因台阴，北距长城，东包白登，属之西山，广轮数十里，凿渠引武川水注之苑中，疏为三沟，分流宫城内外，又穿鸿雁池。

"鹿苑"很可能是一片水草丰美、广袤的大型牧场。朝廷将畜牧业战利品专

---

① 李凭：《北魏平城时代》，第 2~3 页。

门安置在这里，任其繁衍生息，一方面供给京师军需及日常消耗，另一方面也照顾到了拓跋鲜卑民族的游牧习俗特性，[①] 保留了一定的草原文化特色。《魏书·食货志》说：

> 世祖之平统万，定秦陇，以河西水草善，乃以为牧地。畜产滋息，马至二百余万匹，橐驼将半之，牛羊则无数。高祖即位之后，复以河阳为牧场，恒置戎马十万匹，以拟京师军警之备。每岁自河西徙牧于并州，以渐南转，欲其习水土而无死伤也，而河西之牧弥滋矣。

泰常六年（421），又把京畿旧苑重加修筑，"发京师六千人筑苑，起自旧苑，东包白登，周回三十余里"（《魏书·帝纪·太宗明元帝》）。牧苑过度扩张的结果是造成了农业用地的日趋紧张，时有"上谷民上书，言苑囿过度，民无田业，乞减太半，以赐贫人"（《魏书·古弼列传》）。《魏书·高允列传》载："是时多禁封良田，又京师游食者众。"牧苑圈占大片土地，不仅造成良田减少，而且无地游民增多，于京师稳定不利。世祖拓跋焘接受高允劝谏，"遂除田禁，悉以授民"。但是高允所提出的尖锐问题，在"平城时代"始终没有得到妥善解决。直到太和十一年（487），"京都大饥，麒麟表陈时务曰：……今京师民庶，不田者多，游食之口，三分居二。盖一夫不耕，或受其饥，况于今者，动以万计。故顷年山东遭水，而民有馁终；今秋京都遇旱，谷价踊贵。实由农人不劝，素无储积故也"（《魏书·韩麒麟列传》），可见当时农业荒废的程度。操晓理教授研究指出：

> （平城）人多地少的矛盾突出。……上百万人口集中分布在长约一百五十公里，宽约三十公里的狭长盆地里，人口密度高达每平方公里二百多人，若再加上拓跋部本族人口（应超过五十万人），人口密度高达每平方公里三百多人。这样的人口密度即使在今天看来也是非常高的。……与此同时，随着畜牧业的发展，农牧争地问题非常突出，进一步加剧了人多地少的矛盾。[②]

---

① 如《南齐书·魏虏列传》载："什翼圭（拓跋珪）始都平城，犹逐水草，无城郭，木末（明元帝拓跋嗣）始土著居处。"近百年后，《隋书·地理志》的作者仍评价说："太原山川重复，实一都之会，本虽后齐别都，人物殷阜，然不甚机巧。俗与上党颇同，人物劲悍，习于戎马。"

② 操晓理：《北魏平城地区的移民与饥荒》，《首都师范大学学报》（社会科学版）2002 年第2 期，第 23 页。

而这种试图将农业与畜牧业两种不同文化并存的"平城模式",无疑也为以后的"迁都"埋下了伏笔。

平城的自然环境及农业基础毕竟和"关中"不可同日而语,平城并不是北方传统的粮食丰产区,加之迁入人口及都邑规模不断扩大,粮食无法自给自足,偶遇天灾更是难免措手不及、坐吃山空,所谓"恒代无运漕之路、故京邑民贫"。为了保证粮食供应的稳定性,北魏朝廷专门制定了从外地征调、输入粮食的制度。《魏书·食货志》载,献文帝时期,制定了"九品相通之法","逐因民贫富,为租输三等九品之制。千里内纳粟,千里外纳米;上三品户入京师,中三品入他州要仓,下三品入本州"。太和八年(484),又恢复了魏晋以来的"九品混通之法","始准古班百官之禄,以品第各有差。先是,天下户以九品混通,户调帛二匹、絮二斤、丝一斤、粟二十石,又入帛一匹二丈,委之州库,以供调外之费"。这两项制度的实施,使得粮食输入平城进一步制度化,保障了经济运行的稳定性。

平城是一座典型的"移民城市"。迁都之始,即有计划大规模徙民。[1]《魏书·太祖道武帝纪》载,天兴元年"徙山东六州民吏及徒何、高丽杂夷三十六万,百工伎巧十万余口,以充京师","诏给内徙新民耕牛,计口授田"。[2]

(2) 城市规模

《南齐书·魏房列传》中详细记载了拓跋珪始都平城时的城市规模。

---

[1] 有学者根据历史文献统计,平城地区"移民数量至少达到一百二十万人"。操晓理:《北魏平城地区的移民与饥荒》,《首都师范大学学报》(社会科学版)2002年第2期,第20页。"北魏时期平城的总人口在141~162万之间。"孟万忠、王尚义:《北魏平城的水环境研究》,《晋阳学刊》2013年第3期,第18页。李凭先生统计,平城时代畿内的人口数量不低于150万。李凭:《北魏平城时代》,第274页。

[2] 宿白先生说:"从建都平城之年起,凡是被从北魏灭亡的各个政权区域内强制迁徙,或是从南北战场俘获的人口、财物、主要都集中到平城及其附近。集中的数字是庞大的,就人口而言,最保守的估计,也要在百万人以上;而被强制徙出的地点如山东六州、关中长安、河西凉州、东北和龙(即龙城)和东方的青齐,又都是当时该地区经济、文化最发达的地点。这几个地点合起来,甚至可以说是北中国当时的经济、文化发达地区的全部。迁移的同时,还特别注意对人才、伎巧的搜求。""再具体些,我们可以从《魏书》列传中看到道武时收罗后燕人才,明元时容纳姚秦人才,太武时除网罗中原人士外,还征用夏、南燕、北燕、北凉人才,还有献文时内徙青齐人才,孝文时擢举河表人才,其数字都是相当巨大的。因此,这座近百年的北魏都城——平城及其附近,自道武帝以来,不仅是北中国的政治中心,而且也形成了北中国的文化中心。加上这里聚集的大量劳动力人手和从北中国征调来的巨大财富,平城内外筑造了一批批规模宏伟的建置,就不是偶然的事了。"宿白:《中国石窟寺研究》,第134~135页。

大筑郭邑。截平城西（北）为宫城，四角起楼，女墙，门不施屋，城又无堑。南门外立二土门，内立庙，开四门，各随方色，凡五庙，一世一间，瓦屋。其西立太社。佛狸（拓跋珪）所居云母等三殿，又立重屋，居其上。饮食厨名"阿真厨"，在西，皇后可孙恒出此厨求食。……殿西铠仗库屋四十余间，殿北丝绵布绢库土屋一十余间。伪太子宫在城东，亦开四门，瓦屋，四角起楼。妃妾住皆土屋。婢使千余人，织绫锦贩卖，酤酒，养猪羊，牧牛马，种菜逐利。太官八十余窖，窖四千斛，半谷半米。又有悬食瓦屋数十间，置尚方作铁及木。其袍衣，使宫内婢为之。伪太子别有仓库。其郭城绕宫城南，悉筑为坊，坊开巷。坊大者容四五百家，小者六七十家。每南坊搜检，以备奸巧。城西南去白登山七里，于山边别立父祖庙。城西有祠天坛，立四十九木人，长丈许，白帻、练裙、马尾被，立坛上，常以四月四日杀牛马祭祀，盛陈卤簿，边坛奔驰奏伎为乐。城西三里，刻石写《五经》及其国记，于邺取石虎文石屋基六十枚，皆长丈余，以充用。

此段文字虽然充斥着轻蔑的语调，但也披露出平城早期的建筑和文化特色与中原都邑显而易见的差别。如"门不施屋，城又无堑"，城门上不建门楼，城墙外不挖护城河等。难怪其云："佛狸已来，稍僭华典，胡风国俗，杂相揉乱。"但毕竟作为北魏的都城，况且是拓跋鲜卑民族"汉化"的具象表现，平城从规制到规模在当时的物质条件及科技水平下，还是令人叹为观止的。

《魏书·太祖道武帝纪》载，天赐元年（404）六月，"发八部五百里内男丁筑濒南宫，门阙高十余丈，引沟穿池，广苑囿，规立外城，方二十里"。《魏书·蒋少游列传》说："平城将营太庙、太极殿，遣少游乘传诣洛，量准魏晋基趾。"派蒋少游到洛阳实地考察，为规划、营建太庙和太极殿做准备。《魏书·莫含列传》载："太祖欲广宫室，规度平城四方数十里，将模邺、洛、长安之制，运材数百万根。"也就是说，平城的建设是以中原传统都邑邺城、洛阳、长安为蓝本规划的，工程量之大，由此可见一斑。曹臣明研究员说：

道武帝至明元帝前期，城与宫的布局是参照了中原模式，尤其是曹魏十六国邺北城模式。城的规模是以汉平城为都城，四面开十二个门。……太武帝前期东、西宫各自独立和并列的形式是储君制度发展到极致时期的代表。……孝文帝时期，从观念上、礼制上学习模仿中原的建筑较多，如建设太极殿及东、西堂；将宫城的主要城门上面加重楼，形成"阁"。宫城与内城形成各自独立的城门系统和名称。城外东南新建了礼制性建筑"明堂"。①

当然，这些也是拓跋鲜卑政权逐渐"汉化""封建化"的结果。②

孝文帝迁都洛阳之前，北魏基本上完成了封建化的过程，平城的营建高潮也集中在这一时期。此时的建设重点主要集中在对宫城的扩建和原有宫殿及附属建筑的改建方面，在拆毁安昌诸殿的基础上，建造了一系列符合"皇城"规制、具有儒家文化特色的高等级建筑。孝文帝再次派遣蒋少游等考察南齐建康城，"密令观京师宫殿楷式"（《南齐书·魏虏列传》）。太和十六年（492）二月"庚寅，坏太华殿，经始太极（殿）"。太和十七年十月，"诏征司空穆亮与尚书李冲、将做大匠董爵经始洛京"（《魏书·帝纪·高祖孝文帝》）。看来，孝文帝是要把平城建造成一座完全符合儒家经典设计要求、与中原王朝都城规制不相上下的新的"天下中枢"。

北魏政权在将近一个世纪里对平城的经略营建，既体现了拓跋鲜卑民族的生产、生活方式由游牧－渔猎向农耕形态逐渐转化的过程，也是统治阶层对"定居型"文明的肯定、认可，更是北方民族融合、文化融汇的产物与象征。

自然及气候条件成为制约平城"可持续发展"的重要因素。

公元5世纪前后，气候再次转为干、冷，并且旱霜连年。这次降温导致北方降水大幅减少，伤农歉收，农牧业交错带再次显著南移，特别是北魏的北疆地区，水、旱、疾疫等灾害严重。

天兴五年（402）十月，"牛大疫，死者十八九，官车所驭巨犗数百，同日毙于路侧，首尾相属，麋鹿亦多死"（《魏书·天象志二》）。《魏书·灵征

---

① 曹臣明：《北魏平城布局初探》，载王银田等著《北魏平城考古研究——公元五世纪中国都城的演变》，科学出版社，2017，第22~23页。

② 《水经注》第十三卷记载："太和十六年（492），破安昌诸殿，造太极殿，东、西堂及朝堂，夹建象魏、乾元、中阳、端门、东西二掖门、云龙、神虎、中华诸门，皆饰以观阁。东堂东接太和殿，殿之东阶下有一碑，太和中立，石是洛阳八风谷之缩石也。太和殿之东北，接紫宫寺，南对承贤门，门南即皇信堂，……堂南对白台，台甚高广，台基四周列壁，阁道自内而升，国之图篆秘籍，悉积其下。台西即朱明阁，直侍之官，出入所由也。其水夹御路，南流径蓬台西，魏神瑞三年（416），又建白楼，楼甚高竦，加观榭于其上，表里饰以石粉，皓曜建素，赭白绮分，故世谓之白楼。后置大鼓于其上，晨昏伐以千椎，为城里诸门启闭之候，谓之戒晨鼓也。"

志上》之中，有几次异常的酷寒记录，如"世祖始光二年（425）十月，大雪数尺"，"真君八年（447）五月，北镇寒雪，人畜冻死"。《北史·魏本纪》载，太武帝拓跋焘始光三年（426），"冬十月丁巳，车驾西伐，幸云中，临君子津。会天暴寒，数日冰合"。《魏书·灵征志上》记录了自皇始（396）之后，北魏境域之内的各种自然灾害，如地震、山崩、大风、大水、涌泉（地下水喷涌）、雨雹、暴雪、严霜、大雾、蝗灾等，令人触目惊心。虽然古人通常将这些自然灾害集中暴发归结理解为"天人感应"，但是在今天看来，这不能不和中国北方气候周期性的"小冰河期"再次降临有关。

北魏都城平城及其周边地区本来就处于高纬度地带，自然环境并不是大规模人口的宜居之所，所谓"土气寒凝，风砂恒起，六月雨雪"（《南齐书·魏虏列传》），不适宜农牧业过度开发。加之因气候异常导致的自然灾害频发，也是促使孝文帝于493年迁都洛阳的客观因素之一。

《魏书·灵征志上》记载：

> 世祖（太武帝）太延二年（436）四月甲申，京师暴风，宫墙倒，杀数十人。三年十二月，京师大风，扬沙折树。真君元年（440）二月，京师有黑风竟天，广五丈余。……高宗和平二年（461）三月壬午，京师大风晦瞑。高祖延兴五年（475）五月，京师赤风。……高祖太和四年（458）九月甲子朔，京师大风，雨雪三尺。……（太和）十二年（488）五月壬寅，京师连日大风，甲辰尤甚，发屋拔树。六月壬申，京师大风。十四年七月丁酉朔，京师大风，拔树发屋。……高祖太和四年（480）九月甲子朔，京师大风，雨雪三尺。……高祖太和十二年（488）十一月丙戌，土雾竟天，六日不开，到甲夜仍复浓密，勃勃如火烟，辛惨人鼻。

骇人听闻的沙尘暴、雾霾并伴随暴风雪等恶劣天气频发，自然导致农牧业减产、绝收，饿殍载道，人民流离失所。

《魏书·高祖帝纪》载，太和元年（477）三月丙午诏曰："去年牛疫，死伤大半，耕垦之利，当有亏损。""太和十一年（487），京都大饥"（《魏书·韩麒麟列传》）。操晓理教授说：

> 这里气候寒冷、干燥，降水不足，属于半干旱地区，加之北魏时期正处于中国北方气候周期性寒冷期的谷底（小冰河期），旱灾、霜灾、

风灾、水灾频繁。……自然条件如此恶劣，又常遭塞上风沙晦雪侵袭，天时不雨，则易生旱灾，造成年谷不登。平城在短期内麇集百余万人口，在生产力水平低下的情况下，稍有灾情就会严重影响居民的生产和生活，形成大规模饥荒。①

《魏书·食货志》中记载：

> 太宗永兴中（409～413），频有水旱，……神瑞二年（415），又不熟，京畿之内，路有行馑。帝以饥将迁都于邺，用博士崔浩计乃止。于是分简尤贫者就食山东，……至天安、皇兴间（466～471），岁频大旱，……（太和）十一年（487），大旱，京都民饥。加以牛疫，公私阙乏，时有以马驴及橐驼供驾挽耕载。诏听民就丰。

自然及气候条件成为制约平城"可持续发展"的重要因素。《魏书·祖莹列传》载："王肃曾于省中咏《悲彭城诗》，云：悲平城，驱马入云中。阴山常晦雪，荒松无罢风。"北投士人王肃一直喟叹平城一带自然环境恶劣、与南朝相比荒寒、干旱。如果像他这样的朝廷命官都已经认为生活条件苦不堪言，则一般老百姓就更加难以为继了。

封建时代农业、人口是立国之本，"平城时代"后期，受自然因素影响，朝廷真是举步维艰。《魏书·高闾列传》载，太和十四年秋，高闾上表说："以春夏少雨，忧饥馑之方臻，悯黎元之伤瘁。"太和十七年（493），"魏主以平城地寒，六月雨雪，风沙常起，将迁都洛阳"（《资治通鉴·齐纪》）。

正如侯甬坚教授所言：

> 正因为都城属于国家的神经中枢，城址经过多方选择和大规模营建，便具有相当程度的稳定性。若非国家政治地理格局变动或者环境恶劣不堪，国都不会轻易移动。若是，从国都研究角度出发，大凡国都变动或迁都之意纷起，皆可作为判断社会环境变迁的一把标尺。②

2. 佛教发展

《魏书·释老志》载：

---

① 操晓理：《北魏平城地区的移民与饥荒》，《首都师范大学学报》（社会科学版）2002 年第 2 期，第 22 页。

② 侯甬坚：《中国古都选址的基本原则》，中国社会科学出版社，2004，第 65 页。

　　（道武帝）天兴元年（398），下诏曰："夫佛法之兴，其来远矣。济
益之功，冥及存没，神踪遗轨，信可依凭。其敕有司，于京城建饰容
范，修整宫舍，令信向之徒，有所居止。"是岁，始作五级佛图、耆阇
崛山及须弥山殿，加以缋饰。别构讲堂、禅堂及沙门座，莫不严具焉。
太宗践位，……京邑四方，建立图像，仍令沙门敷导民俗。

　　佛教在北魏的传播于平城时期完成了从开始接受到文化认同的发展阶段，并
为洛阳时期的全面繁盛奠定了基础；北魏佛教也是伴随拓跋鲜卑民族的汉化
过程，而逐步发展壮大起来并随之开启了一个前所未有的新纪元。

　　从和平三年（462）到延兴二年（472），平城一时高僧云集，佛教翻译
之盛况再现。僧正昙曜组织西域高僧吉迦夜等共同翻译佛经十四部，流传至
今的有《杂宝藏经》十卷、《付法藏因缘传》六卷、《方便心论》一卷、《净
土三昧经》一卷、《称扬诸佛功德经》三卷、《大方广菩萨十地经》一卷、
《大吉义神咒经》二卷等七部，另有昙靖译《提谓波利经》二卷。另据《魏
书·释老志》载："昙曜又与天竺沙门常那邪舍等，译出新经十四部。又有
沙门道进、僧超、法存等，并有名于时，演唱诸异。"

　　439 年九月，北魏灭北凉，统一北方。十月徙茂虔及宗室士民十万户于
平城（见《十六国春秋纂录校本》卷七、《北凉录·沮渠茂虔》卷三。《魏
书·世祖纪》则说："徙凉州民三万余家于京师。"）。此举对于平城佛教的发
展影响极大，因为被掳掠的人群当中裹胁有大批沙门，其中不乏僧朗、玄
高、慧崇、师贤、昙曜等这样的高僧。本来"凉州自张轨后，世信佛教。敦
煌地接西域，道俗交得其旧式，村坞相属，多有塔寺。太延中，凉州平，徙
其国人于京邑，沙门佛事皆俱东，象教弥增矣"（《魏书·释老志》）。这批
源自河西的前北凉沙门，对佛教在平城的传播、发展做出了卓越的贡献。从
某种程度甚至可以说，平城佛教是北凉佛教的继承和延续，草原丝绸之路是
平城佛教的生命线。《魏书·释老志》云，从文成帝兴光（454～455）年间，
到孝文帝的太和元年（477），"京城内寺新旧且百所，僧尼二千余人，四方
诸寺六千四百七十八，僧尼七万七千二百五十八人"。北魏政权非常注重通
过强迁手段，聚拢、接收手工业者。北魏灭北凉后，将大批的凉州工匠迁入
平城；太平真君七年（446）三月，魏太武帝镇压盖吴起义后，又下令"徙
长安城工巧二千家于京师"。来自各地的能工巧匠汇入平城，既促进了文化
融汇，又保障了佛教像法的美轮美奂。

《魏书·释老志》云，献文帝天安二年（467）：

> 于时起永宁寺，构七级佛图，高三百余尺，基架博敞，为天下第一。又于天宫寺，造释迦立像。高四十三尺，用赤金十万斤，黄金六百斤。皇兴中（467～471），又构三级石佛图。榱栋楣楹，上下重结，大小皆石，高十丈。镇固巧密，为京华壮观。

《水经注》第十三卷记录的平城佛教寺院盛况云：

> 又南径皇舅寺西，是太师昌黎王冯晋国所造，有五层浮图，其神图像皆合青石为之，加以金银火齐，众彩之上，炜炜有精光。又南径永宁七级浮图西，其制甚妙，工在寡双。……水右有三层浮图，真容鹜架，悉结石也。装制丽质，亦尽美善也。东郭外，太和中阉人宕昌公钳耳庆时，立祇洹舍于东皋，椽瓦梁栋，台壁棂陛，尊容圣像，及床坐轩帐，悉青石也。图制可观，所恨惟列壁合石，疏而不密。庭中有《祇洹碑》，碑题大篆，非佳耳。然京邑帝里，佛法丰盛，神图妙塔，桀跱相望，法轮东转，兹为上矣。

在不到三十年的时间里，平城佛教规模已经蔚然大观。平城继长安、姑臧之后，一跃成为北方的佛教中心。

平城时期北魏疆域广袤，"自葱岭以西，至于大秦，百国千城，莫不欢附……附化之民，万有余家"①，势力范围到达了今新疆地区。太延年间（435～439），北魏先后遣使前往西域各国宣化归顺，鄯善、疏勒、焉耆等都回报，表示臣服。457年，西域的于阗等50多个国家共同遣使朝魏，"草原丝绸之路"呈现繁荣景象。平城作为草原丝绸之路东端最重要的都会，与西域各国的交往、交流高潮主要出现在太武帝灭北凉政权之后，②佛教文化是其中最重要的内容。《魏书·释老志》载：

> （文成帝拓跋濬）太安初（455），有师子国胡沙门邪奢遗多、浮陀难提等五人，奉佛像三，到京都。皆云，备历西域诸国，见佛影迹及肉髻，外国诸王相承，咸遣工匠，摹写其容，莫能及难提所造者，去十余

---

① 杨衒之撰《洛阳伽蓝记》第三卷，《大正藏》第51册，第1012页。
② 王银田：《丝绸之路与北魏平城》，《暨南学报》（哲学社会科学版）2014年第1期，第140～141页。

步，视之炳然，转近转微。又沙勒胡沙门，赴京师致佛钵并画像迹。

此外，曾经驻锡平城的域外沙门还有罽宾的师贤（后任道人统）以及师子国的邪奢遗多与浮陀难提等人。

来自最高统治者的有力支持使大规模的像教建设成为可能。北魏建国之初，道人统法果尝言，"太祖明睿好道，即是当今如来，沙门宜应尽礼，遂常致拜。谓人曰'能弘道者人主也，我非拜天子，乃是礼佛耳'"。兴安元年（452），文成帝"诏有司为石像，令如帝身。既成，颜上、足下，各有黑石，冥同帝体上下黑子"。兴光元年（454）秋，又诏有司在"五级大寺内，为太祖以下五帝（按：即道武帝、明元帝、太武帝、景穆帝、文成帝）铸释迦立像五，各长一丈六尺"。"和平初（460），……昙曜以复佛法之明年，自中山被命赴京，值帝出，见于路，御马前衔曜衣，时以为马识善人。帝后奉以师礼。昙曜白帝，于京城西武州塞，凿山石壁，开窟五所，镌建佛像各一。高者七十尺，次六十尺，雕饰奇伟，冠于一世。"（《魏书·释老志》）这就是著名的云冈石窟的前身、当时开凿最早的"昙曜五窟"——云冈石窟现编号第 16 至第 20 窟。这样一来，朝廷通过造像形式，把"皇帝即如来"的国家意识形态佛教具体化，在中国历史上堪称开"先河"之举；对佛教界而言，通过造像将国祚与"法运"联系在一起，表面上看是为皇帝消灾祈福，实际上也是在祈求皇权对佛法的庇佑。宿白先生说：

> 平城既具备充足的人力、物力和包括工巧在内的各种人才；又具有雄厚的佛事基础，包括建寺造像的丰富经验；还和早已流行佛教的西域诸国往还密切，包括佛像画迹的传来。在这种情况下，北魏皇帝以其新兴民族的魄力，融合东西各方面的技艺，创造出新的石窟模式，是理所当然的事。

并指出，昙曜五窟的主要佛像"沿西方旧有佛像服饰的外观，摹拟当今天子之容颜风貌，正是一种新型的佛相融合"。[①]

云冈石窟的开凿是一项浩大的皇家工程，始于文成帝，经献文帝、冯太后，至孝明帝正光五年（524）止，前后历时 60 多年。云冈石窟位于现在的大同城西 16 千米的武州山南麓、武州川北岸。北魏旧称武州山石窟寺或代

---

① 宿白：《中国石窟寺研究》，第 141～142 页。

京灵岩寺。石窟倚山开凿，东西绵延约 1 千米，现存大小窟龛 254 个，主要洞窟 45 座，造像 51000 余尊。时至唐代，沙门道宣笔下所描述的武州山石窟之规模仍然摄人心魄。其云：

> 去恒安（按：时称平城为恒安）西北三十里武州山谷北面石崖，就而镌之，建立佛寺名曰灵岩。龛之大者，举高二十余丈，可受三千许人，面别镌像，穷诸巧丽，龛别异状，骇动人神，栉比相连三十余里。①

《水经注》第十三卷则载：

> 武州川水又东南流，水侧有石祇洹舍并诸窟室，比丘尼所居也。其水又东转，径灵岩南，凿石开山，因岩结构，真容巨壮，世法所稀。山堂水殿，烟寺相望，林渊锦镜，缀目新眺。川水又东南流出山。《魏土地记》曰：平城西三十里，武州塞口者也。自山口枝渠东出入苑，溉诸园池苑。

可见，武州山乃山川秀丽之所，故被奉为神山，成为皇帝祭祀山川、祈福之地。《魏书·礼志一》载："太宗（明元帝拓跋嗣）永兴三年（412）三月，帝祷于武州、车轮二山。初清河王绍有宠于太祖，性凶悍，帝每以义责之，弗从。帝惧其变，乃于山上祈福于天地神祇。及即位坛兆，后因以为常祀，岁一祭，牲用牛，帝皆亲之，无常日。"《魏书·高祖孝文帝纪》载：太和元年（477）"五月乙酉，车驾祈雨于武州山，俄而澍雨大洽"。武州山自开窟以来，更加深得北魏诸帝青睐，仅孝文帝就分别于太和四年、六年、七年，驾临武州山石窟寺礼佛、祈福。同时，由于依山临水、幽深静怡，武州山很适宜修禅。而昙曜来自禅法盛行的凉州，加之本人素以禅业见称，故对石窟寺从选址到造像无不依照禅修的要求而立。北方佛教一向特重禅定，北魏亦不乏震古烁今的大禅师。同样来自凉州的玄高，尽得浮驮跋陀（觉贤）禅法精髓，太子拓跋晃敬之以师。云冈石窟现存西部、中部上方有部分单独开凿的小窟，窟门呈圆拱形，窟顶为平顶或穹隆顶，窟内呈平面略方形，应皆为禅修所备。说明曾经在这里隐修的禅僧还是比较多的。献文帝对禅法也兴趣盎然，他禅位后"移御北苑崇光宫，览习玄籍。建鹿野佛图于苑中之西山，去崇光右十里，岩房禅堂，禅僧居其中焉"（《魏书·释老志》）。

借助于营建石窟寺，"大魏"朝廷堂而皇之地按照自家皇帝的形象为模

---

① 道宣撰《续高僧传》第一卷，《大正藏》第 50 册，第 427 页。

特塑造佛像，象征了皇权的至上性。① 此前，在中国的传统文化里没有为活人塑像的理念，"俑"是被当作殉葬品来用的。所以，活人被塑像是非常不吉利的事情。而云冈石窟中的佛像则是神、佛、帝三者合一的化身，堪称佛教造像艺术在中国逐渐"民族化""本土化"的开端。自此以后，在造像及绘画等艺术形式中，以"活人"形象为"模特"的供养人像，在历史上逐渐蔚然成风。以云冈石窟为代表的平城佛教文化遗迹，形象地记录了印度及中亚佛教文化、艺术与中华文明实现融会贯通的历史轨迹，由此而形成的"云冈模式"成为佛教文化、艺术"民族化""本土化"的里程碑。

云冈石窟还承载了文化交融的历史印记。现存第 16 至第 20 窟，有近椭圆形平面、穹隆顶、模拟草庐形式的窟室以及佛像的姿态、布局、造型等，

---

① 此举可能还和中国传统"纬书"中的圣人异相之说有关。张玖青、曹建国认为："在纬书中，异相似乎成为圣王、圣贤的标签，无异相则无圣王。异相即预示着异德与异能"；"纬书把圣人异相和阴阳五行相关联，很显然意在于以五德终始推论王朝更替及王命兴衰。"《尚书·洪范》及后世《汉书·五行志》之属，都把身体与政治结合在一起。据此而论，纬书中的圣人异相既是身体文化学，也是一种身体政治学。相对而言，后者尤为关键。在谶纬语境中，身体既成为受命的表征，也是政治使命的隐喻。每一种异相都有阴阳五行的依据，与天命相关。我们虽然在先秦及汉初文献中见到有关帝王异相的记载，但只有在纬书系统中，不同的异相彼此构成生生不息的循环模式，以彰显天道的运行，为王朝政治提供终极合法性依据。"张玖青、曹建国：《身体的政治意义——论纬书中的圣人异相》，《北方论丛》2018 年第 1 期，第 60～65 页。拓跋鲜卑建政之初，确实充分利用了中国传统谶纬预言的舆论造势功能。如以"魏"为国号，即利用了东汉末年流行的"当涂高"等预言魏将崛起易代的谶记纬说，此说在五胡时期复又流行且已深具影响。另外，与"当涂高"等魏兴之谶同期流行的，还有"五胡运终"和"真人出"之谶。这些谶纬"五胡后期以来彼此又并联发酵，从而迅速放大了其各自所寓的意蕴和影响，也就一起对天兴元年拓跋珪再定国号及相关建制发生了重大影响"。参见楼劲《谶纬与北魏建国》，《历史研究》2016 年第 1 期，第 11 页。楼劲先生进而认为："无论是'当涂高'、'真人出'，还是'五胡运终'等谶，都深深植根于发育已趋成熟的华夏文化，都集中体现了汉代以来其与经典和纬书密切相关而交织于官方意识形态的特点，反映了当时在统治合法性等根本政治问题上的深邃思考。是故应此三谶所含诸以定国号而奠立王业，包括其谶内涵的发展延伸和影响的递进，显然是从这种极为重要的方面，表明了北魏建立过程的一个根本特点：其无疑要比五胡政权更为深入和系统地受到了华夏思想文化的影响，也就更为自觉和全面地贯彻了代表正统和争夺天下正统的意旨。笔者认为，此即北魏之所以能够结束五胡时期而开创北方新局的很大一部分原因。"楼劲：《谶纬与北魏建国》，《历史研究》2016 年第 1 期，第 23 页。《魏书·崔浩列传》载："太宗（明元帝）好阴阳术数，闻浩说《易》及《洪范》五行，善之，因命浩筮吉凶，参观天文，考定疑惑。"说明北魏最高统治者对此术也特别感兴趣。及至北魏江山巩固、政局稳定，就不再需要谶纬之类的"造势"之术了。因为一旦把控不住，则有可能适得其反。《魏书·高祖纪》载，（太和）九年（485）春正月戊寅，诏曰："图谶之兴，起于三季。既非经国之典，徒为妖邪所凭。自今图谶、秘纬及名为《孔子闭房记》者，一皆焚之。留者以大辟论。又诸巫觋假称神鬼，妄说吉凶，及委巷诸卜非坟典所载者，严加禁断。"

都与此前北凉以佛塔为中心的塔庙式石窟有异，显然是综合了东方和西方多方面的因素而出现的一种新模式。有学者研究认为，"昙曜五窟"还有胡汉文化交融的印迹，如第 18 至 20 窟主尊佛像呈凉州式偏袒右肩，"袒右肩"明显是受印度文化影响。第 18 窟正壁上方十尊比丘（十大弟子）相貌特征有异域色彩。第 17 窟主尊交脚弥勒，头戴冠，裸露臂膊，自左肩斜披边有雕饰的络腋，胸部有璎珞项链，项链右半部分可见，左边被衣服遮挡。项链外侧，左右各佩戴一条向胸口延伸、口含珠的似龙莽兽型胸带，这种双龙装饰是北魏常见的习俗。第 20 窟露天大佛造像的波浪状小胡须显然有胡人风格，也可能与东晋以来流行的"佛髭""如来髭"的佛像容貌承袭有关；佛像发式上则有磨光式、水波纹和螺发样式。第 16 窟主像波纹式肉髻发式显然有犍陀罗风格。[1]

北魏诸帝中多有游心佛学义理者，《魏书·释老志》称："显祖（献文帝）即位，敦信尤深，览诸经论，好老庄。每引沙门及能谈玄之士，与论理要。"其子孝文帝亦崇信佛教，《魏书·释老志》云：

> 承明元年（476）八月，高祖于永宁寺，设太法供，度良家男女为僧尼者百有余人，帝为剃发，施以僧服，令修道戒，资福于显祖。是月，又诏起建明寺。太和元年（477）二月，幸永宁寺设斋，赦死罪囚。三月，又幸永宁寺设会，行道听讲，命中、秘二省与僧徒讨论佛义，施僧衣服、宝器有差。

《魏书·高祖孝文帝纪》称他"善谈庄老，尤精释义"。《魏书·韦阆列传》亦称："高祖每与名德沙门谈论往复。"《南齐书·魏虏列传》则云："宏尤精信，粗涉义理，宫殿内立浮图。"当然，由此可见他们所涉猎的，其实已经是"中国化"的佛教义学了。孝文帝自云："朕每玩《成实论》，可以释人深情"（《魏书·释老志》）。所谓"上有好之，下必效焉"，在他的带动下，北魏佛教义学逐渐流布，最盛时"道学如林，师匠百所"。《魏书·释老志》说："高祖时，沙门道顺、惠觉、僧意、惠纪、僧范、道弁、惠度、智诞、僧显、僧义、僧利，并以义行知重。"他们或精《成实》《毗昙》，或善《涅槃》《法华》，有的专攻《维摩》《胜鬘》……各领千秋、不一而足。孝文帝对他们

---

[1] 参见彭栓红《云冈石窟造像的鲜卑特色与文化多样性》，《中央民族大学学报》（哲学社会科学版）2018 年第 5 期，第 98、100 页。

皆能崇敬有加、"恒侍讲论"、各领法味，如《高僧传》载：

> 释昙度，本姓蔡，江陵人。少而敬慎威仪，素以戒范致称。神情敏
> 悟，鉴彻过人。后游学京师，备贯众典，《涅槃》《法华》《维摩》《大
> 品》，并探索微隐，思发言外。因以脚疾西游，乃造徐州。从僧渊法师
> 更受《成实论》，遂精通此部，独步当时。魏主元宏闻风餐挹，遣使征
> 请。既达平城，大开讲席。宏致敬下筵，亲管理味。于是停止魏都，法
> 化相续。学徒自远而至，千有余人。以伪太和十三年卒于魏国，即齐永
> 明六年也。撰《成实论》大义疏八卷，盛传北土。①

他们亦皆应征召，先抵平城，后多随迁洛阳。孝文帝还专门下诏，高僧大德
可以一月三次入宫进殿，以便使他能够"进可餐禀道味，退可饰光朝廷"②。
孝文帝倡导佛教义学之风，推动了北朝佛教由最初偏重禅修向着"悲智双
运"的禅、教并重风尚的转化。北朝流行的佛教学派主要有涅槃学派、成实学
派、地论学派、摄论学派和毗昙学派等，肇其源头莫不兴自北魏。究其根源，
此举实际一方面既是适应"汉化"的需要，佛教已经成为汉文化的重要组成部
分，朝野上下很多硕儒耆宿同时也是佛教居士；另一方面是从文化发展战略高
度出发，补齐北方文化短板，直追南朝文化风尚，融南北文化为一体，③ 从而
逐渐形成新的文化"软实力"，与南朝争夺文化正朔之所在。

佛教在北魏的传播于平城时期完成了从开始接受到文化认同的发展阶
段，并为洛阳时期的全面繁盛奠定了基础；北魏佛教也是伴随拓跋鲜卑民族
的汉化过程而逐步发展壮大起来的。

---

① 慧皎撰《高僧传》第八卷，《大正藏》第50册，第375页。
② 道宣撰《广弘明集》第二十四卷，《大正藏》第52册，第272页。
③ 北魏太武帝"灭佛"之后，北方大批义学僧为避"法难"纷纷先后南渡，佛教义学从此南盛北衰，北方则偏重福田、行业。唐僧神清《北山录》云："宋人、魏人，南北两都。宋风尚华，魏风犹淳。淳则寡不据道，华则多游于艺。……北则枝叶生于德教，南则枝叶生辞行。"北宋慧宝注云："晋宋高僧，艺解光时，弘阐法教，故曰华也。元魏高僧，以禅观行业据道，故曰淳。"神清撰，慧宝注《北山录》第四卷，《大正藏》第52册，第599页。另外，孝文帝同时非常注重崇儒兴学，他于承平之际下诏征集天下图书。《隋书·经籍志》载："惠、怀之乱，京华荡覆，渠阁文籍，靡有孑遗。……其中原则战争相寻，干戈是务，文教之盛，符、姚而已。宋武入关，收其图籍，府藏所有，才四千卷。赤轴青纸，文定古拙。后魏始都燕、代，南略中原，粗收经史，未能全具。孝文徙都洛邑，借书于齐，秘府之中，稍以充实。"孝文帝在文化领域筚路蓝缕、励精图治，意欲提升落后的北方文化，使之最终能与南朝相颉颃。

（四）洛阳佛教

1. 优越的自然及人文环境基础

与平城相比，洛阳优越的自然及人文环境基础是吸引北魏迁都于此的首选因素。

首先，洛阳具有独特的"天下之中"的地理位置，兼及水陆交通条件发达、便捷。

洛阳以地处黄河中下游伊洛盆地、洛河之阳而得名。她北倚邙山、南临熊耳山、东扼虎牢关、西据函谷关，居中原而应四方，形势以为天下之辖。《史记·周本纪》说："成王在丰，使召公复营洛邑，如武王之意。周公复卜申视，卒营筑，居九鼎焉。曰：'此天下之中，四方入贡道里均。'"意思是说，洛阳的地理位置适中，交通便利，天下四方的贡赋都可以顺利到达这里。

洛阳地形、地势素有"河山控戴，形胜甲天下"之美誉。东汉张衡在《东京赋》中曾描述其形胜之所在："审曲面势，溯洛背河，左伊右瀍，西阻九阿，东门于旋。盟津达其后，太谷通其前。回行道乎伊阙，邪径捷乎轩辕。太室作镇，揭以熊耳。……京邑翼翼，四方所视。"洛阳尤其难能可贵的是虽为北方城市，但水运条件便捷，非常有利于"漕运"及商业物流。其域畛之内既有黄河水系，又有淮河水系、长江水系的支流。其中伊、洛两河水量最大，于伊洛盆地东部汇合，最终注入黄河。交通便利决定了洛阳自古以来就是商贸中心城市。故《隋书·地理志》说："洛阳得土之中，赋贡所均，故周公作洛，此焉攸在。其俗尚商贾，机巧成俗。故《汉志》云'周人之失，巧伪趋利，贱义贵财'，此亦自古然矣。"

其次，洛阳较好的自然环境承载力，成为迁都于此不可忽视的因素。

洛阳处于北温带向亚热带过渡的气候带，属于暖温带大陆性季风气候。四季分明、雨量适中，植被茂盛、土壤肥沃，加上境内河流众多、水量充沛，非常适宜农业生产灌溉，所以洛阳及其周边地区在魏晋时就拥有全国最发达的农业经济。巍巍邙山，南向洛河，伏牛山、外方山、熊耳山、崤山将洛阳环绕其中，正应了"山高水来"的说法。洛阳是北方地区少有的富水城市，城北有谷水、金谷水，城南有伊水、洛水。谷水、金谷水于洛阳西北合为一流，而后分为东、南两支，顺势而下，环洛阳城一周，最终于城东南汇入洛水。洛阳西北高、东南低的地势，非常有利于城市的生活及建设取水，并在一定程度上起到了减轻水患的作用。东汉时张纯"上穿阳渠，引洛水为漕，百姓得其利"（《后汉书·张曹郑列传·张纯》），成功将洛水引入城，为城内用水提供了便利，无形中增添了宜居环境指数。通过洛阳农业、水利及自然环境等综合条件来看，这里与平城相比可以吸附、承载更多的定居人口。

最后，洛阳历史文化底蕴丰厚。

《魏书·李宝列传·李韶》载："高祖将创迁都之计，诏引侍臣访以古事。韶对：'洛阳九鼎旧所，七百攸基，地则土中，实均朝贡，惟王建国，莫尚于此。'"至北魏时，洛阳已有七百多年的历史文化底蕴。王霄燕教授说：

> 作为东汉、西晋两大朝代的都城，洛阳是汉族政权的政治、文化中心地，汉族最正统的文化遗产集中于此，汉族最大的官僚集团也汇集于此。这些优势对深慕汉族文化、决心摆脱本民族旧习俗的孝文帝来说是最为重要的一点。①

从夷夏之变的角度，以439年北魏灭北凉统一北方为分水岭，如果说此前的拓跋鲜卑政权还只是"五胡十六国"中的一员，而此后的北魏则肩负有"大一统"的历史使命。孝文帝最终要做"天下共主"，所以在定都问题上一定要先期抢占地理上的文化战略高地，在文化正朔及民族心理方面压制南方政权。这样一来，北魏就摇身一变成为地域之"中国"、文明之"华夏"，南齐则成为名副其实的南蛮"岛夷"了。至于古都长安也具有和洛阳相似的"品质"，但那是前秦、后秦夷狄政权的旧邦故地，已经浸淫了夷狄的色彩，当然是不能"下乔木入幽谷"的了。这些都是孝文帝最终决定将都城定在洛阳的原因。②

---

① 杜世铎主编《北魏史》，北岳文艺出版社，2017，第186~187页。。

② 李凭先生总结的学术界对于孝文帝迁都的原因，大体而言为"平城的自然条件差因而经济难以发展为其一，平城地处偏僻因而难以控制广大中原地区为其二，平城离北魏下一步的战略目标南方的齐距离远因而难以调运军队和军需为其三，平城的部落传统风俗浓厚因而难以汉化改革为其四"。李凭先生认为孝文帝之所以迁都中间还夹杂了个人的感情因素，那就是"自从文明太后去世三年以来，皇权虽然重新伸张，但是母权阴魂未散，文明太后的势力尚能制约政局。孝文帝正是为了尽快地摆脱这种旧的氛围，才迫不及待地作出迁都的决断"。李凭：《北魏平城时代》，第255、257页。历史一再证明洛阳于王朝社稷中重要的政治、军事、经济、文化地位。《旧唐书·文苑中·陈子昂列传》说："会高宗崩，灵驾将还长安，子昂诣阙上书，盛称东都形胜，可以安置山陵，关中旱俭，灵驾西行不便。""（洛阳）景山崇丽，秀冠群峰，北对嵩、邙，西望汝海，居祝融之故地，连太昊之遗墟，帝王图迹，纵横左右，园陵之美，复何加焉。陛下曾未察之，谓其不可，愚臣鄙见，良足尚矣。况瀍、涧之中，天地交会，北有太行之险，南有宛、叶之饶，东压江、淮，食湖海之利，西驰崤、渑，据关河之宝。以聪明之主，（转下页注）

但是，从军事地理角度而言，洛阳的劣势也是显而易见的。那就是所谓"四战之地"，一旦发生战争，极易陷入四面受敌的境地。这无疑也为历史埋下了"伏笔"。①

《魏书·高祖帝纪》载，太和十七年（493）八月乙丑，孝文帝"车驾发京师南伐，步骑百余万"②，开始迁都之举。十八年十二月，革衣服之制；十九年六月，诏不得以北俗之语言于朝廷，若有违者，免所居官；"丙辰，诏迁洛之民，死葬河南，不得还北。于是代人南迁者，悉为河南洛阳人"③；又诏长尺、大斗，依周礼制度，班之天下；八月"乙巳，诏选天下武勇之士十五万人为羽林、虎贲，以充宿卫"；"九月庚午，六宫及文武尽迁洛阳"。可见，迁都洛阳与汉化改造互为表里，既雷厉风行又按部就班，体现了孝文帝的为政风格及执政能力。迁都洛阳后，太和二十年正月，孝文帝下诏改国姓为元氏，又鼓励提倡鲜卑族人与汉人通婚，特别是通过鲜卑贵族与汉族世家、大族联姻，推动了鲜卑贵族的世族化。通过这一系列措施，以国家意志完成了本民

（接上页注②）养纯粹之人，天下和平，恭己正南面而已。"宋人李格非说："洛阳处天下之中，挟殽渑之阻，当秦陇之襟喉，而赵魏之走集，盖四方必争之地也。天下常无事则已，有事则洛阳先受兵。余故曰：洛阳之盛衰者，天下治乱之候也。……且天下之治乱，候于洛阳之盛衰而知。"（《邵氏闻见后录》第二十五卷）后世王朝虽有兴废存亡，但洛阳处疆域"天下之中"的战略位置，基本没有改变。

① 正如胡鸿教授说："北族王朝军事力量的基础是骑兵，骑兵所需要的战马，无法在酷热的中原大量繁衍，北族王朝定都洛阳，势必使政治中心与军事资源中心发生分离。北魏末年乱事一起，洛阳军事力的虚弱便暴露无遗，镇压六镇的力量只能依靠来自山西代北的尔朱荣集团，他们又因吸收了六镇残余势力而更加强大。到高欢取代尔朱氏执政后，虽保留洛阳的都城地位，自己却将'霸府'设在晋阳（今太原），遥控朝政，这当然是因为晋阳是靠近代北的军事中心。终东魏、北齐之世，不管名义上的都城在洛阳还是邺城，晋阳都是实际的军事和政治中心，皇帝和大臣们往返在晋阳与邺城之间，这算是一种兼顾中原经济、人口、文化资源与北方军事、政治力量的新模式。"所以"洛阳适合天下安定的大一统王朝，奉行'德教'或王道之政；关中的长安适合乱世中靠武力获得天下的王朝，对应霸道之政"。参见胡鸿《天下之中的苦乐悲欢》，"先秦秦汉史"，https：//mp.weixin.qq.com/s？src=11&timestamp=1593766976&ver=2437&signature=AA7g7yKhbSvIf12q8LNTLYUDI-g3TmM28P7FydSLs5V4cjEWS-hXsL3nLBJCFREXused9211V26jE0c7gGz44z-UWXe6OtBMVk2S6HsQvxxs3DHkIArTJRGT-E9wbp5e&new=1，最后访问日期：2019年8月20日。

② 《魏书·天象志二》则说："十七年八月己丑，车驾发京师南伐，步骑三十余万。"这个数字应该是比较可信的。

③ 李凭先生认为："孝文帝这样做的目的，自然是为了减少迁洛的拓跋部人与代北的联系，加速拓跋部人接受汉族文化的过程，以巩固迁都洛阳的成果。迁洛拓跋部人改葬洛阳无疑是孝文帝汉化改革中的一项主要内容"。李凭：《北魏平城时代》，第257页。

150

族全盘"汉化"的过程，并掀起了北方各民族大融合的新的一轮高潮。北魏自此堂而皇之地以中华正统自居了。

2. 繁华一时的国际大都市

葛剑雄先生推测："当时平城绝大多数的人口都迁徙到了洛阳，太和二十年（496）洛阳应有128万人，其中由平城迁入洛阳的108万，由各地诏选宿卫的10万人，家属5万人。"① 人口百万规模的都邑，在那个时代恐怕放眼世界都是罕闻寡见的。②

孝文帝同时改革商贸制度，改变"物物交换"的陈规陋习。史载：

> 魏初，民间皆不用钱，高祖太和十九年（495），始铸太和五铢钱，遣钱工在所鼓铸；民有欲铸钱者，听就官炉，铜必精练，无得淆杂。世宗永平三年（510），又铸五铢钱，禁天下用钱不依准式者。（《资治通鉴·梁纪》）

统一货币的铸造、发行、流通，统一度量衡的颁布、利用，激发了市场活力，刺激了手工商业的发展，增强了国家的经济实力。加之生活渐趋安定，社会物质财富迅速增加。《洛阳伽蓝记》说："于时国家殷富，库藏盈溢，钱绢露积于廊者，不可较数。及太后赐百官负绢，任意自取，朝臣莫不称力而去。"③ 虽然有些夸张，但也表明当时北魏国库充实。洛阳昔日的繁华再现，《洛阳伽蓝记》说："当时四海晏清，八荒率职，缥囊纪庆，玉

---

① 葛剑雄：《中国移民史·先秦至魏晋南北朝时期》，福建人民出版社，1997，第591页。
② "孝文帝在继承魏晋洛阳城基础之上，又吸收了保留浓厚西晋文化色彩的南朝建康城规划，营建了古代都城发展史上十分重要的北魏洛阳城。对北魏洛阳城遗址的考古勘探与发掘，究明它是古代都城中第一个具有宫城、内城（即皇城）和外郭城的'三重城'都城，宫城基本位于都城东西居中，大朝正殿——太极殿又基本位于宫城中部，以太极殿为基点，向南依次为宫城正门——阊阖门、内城正门——宣阳门，形成都城主干道——'铜驼街'，向南出外郭城，直达北魏洛阳城圜丘。鲜卑统治者规划营建的北魏洛阳城最大特点就是对夏商周、秦汉魏晋以来中国古代都城传统核心文化的继承与发展，进一步深化并突出了都城作为国家政治中心的'中'之理念。孝文帝从塞北平城徙都洛阳，就是承袭中华民族历史上'择中立都'的理念。在都城规划营建中的'择中立宫'，形成完整、规整的都城'中轴线'，更是开启了此后古代都城发展史的先河，并直接影响了隋唐两京的长安城与洛阳城。这说明在中华民族历史文化发展中，鲜卑族不但对中华民族文化认同、国家政治认同，而且对中华民族历史上的社会主导文化——国家都城文化发展有着重要贡献。"刘庆柱：《古代都城考古揭示多民族统一国家认同》，"中国社会科学网"，http：//www.cssn.cn/skyskl/skyskl_whdsy/201604/t20160407_2955792.shtml？COL-LCC＝2884847996&COLLCC＝1880578178&，最后访问日期：2018年6月10日。
③ 杨衒之撰《洛阳伽蓝记》第四卷，《大正藏》第51册，第1016页。

烛调辰，百姓殷阜，年登俗乐。鳏寡不闻犬豕之食，茕独不见牛马之衣。"① 洛阳的富庶、繁华吸引着跟风逐利的粟特商人、丝绸之路沿线各国的通商使节追随他们祖先的足迹纷至沓来。"逮景明之初，承升平之业，四疆清晏，远迩来同，于是蕃贡继路，商贾交入，诸所献贸，倍多于常。"（《魏书·邢峦列传》）来自域外的各种奇珍异宝，逐渐充斥在洛阳的市面上。② 这些异域客商在洛阳也特蒙优渥，北魏朝廷以海纳百川之势接纳了他们。

《洛阳伽蓝记》说：

> 东夷来附者处扶桑馆，赐宅慕化里。西夷来附者处崦嵫馆，赐宅慕义里。自葱岭已西，至于大秦，百国千城，莫不欢附，商胡贩客，日奔塞下，所谓尽天地之区已。乐中国土风，因而宅者，不可胜数。是以附化之民，万有余家。门巷修整，阊阖填列，青槐荫陌，绿树垂庭，天下难得之货，咸悉在焉。③

朝廷还专门设有"四夷馆"，以安置侨民。"北夷酋长遣子入侍者，常秋来春去，避中国之热，时人谓之雁臣。"④ 又立归正、归德、慕化、慕义四里，来处置四方归降之人。对于南朝北投之人，一开始则把他们安置在"金陵馆"，三年以后，赐宅"归正里"。"（归正里）民间号为吴人坊，南来投化者多居其内。近伊洛二水，任其习御，里三千余家，自立巷市，所卖口味，多是水族。时人谓为鱼鳖市也。……时朝廷方欲招怀荒服，待吴儿甚厚"⑤。所谓鱼鳖市，"号曰四通市，民间谓永桥市。伊、洛之鱼，多于此卖，士庶须脍，皆诣取之。鱼味甚美，京师语曰：'洛鲤伊鲂，贵于牛羊'"⑥。可见，四海之人皆能在这里找到适合他们的生活方式，保持原有的生活习俗，洛阳一时呈现国际大都会的气象万千。

需要说明的是，鲜卑民族的"汉化"并不是"单一的"，汉族人在民族

---

① 杨衒之撰《洛阳伽蓝记》第四卷，《大正藏》第51册，第1016页。
② 《魏书·食货志》载："自魏德既广，西域、东夷贡其珍物，充于王府。又于南垂立互市，以致南货，羽毛齿革之属无远不至。"另据《洛阳伽蓝志》所载：洛阳"永桥南道东有白象、狮子二坊。白象者，永平二年，乾陀罗国王所献，皆（背）施五彩屏风，七宝坐床，容数人，真是异物。常养象于乘黄曹，……狮子者，波斯国胡王所获，留于寇中"。
③ 杨衒之撰《洛阳伽蓝记》第三卷，《大正藏》第51册，第1012页。
④ 杨衒之撰《洛阳伽蓝记》第三卷，《大正藏》第51册，第1012页。
⑤ 杨衒之撰《洛阳伽蓝记》第二卷，《大正藏》第51册，第1009页。
⑥ 杨衒之撰《洛阳伽蓝记》第三卷，《大正藏》第51册，第1012页。

大融合、文化大融汇的过程中，生活方式也不约而同地出现了"鲜卑化"的倾向。如王肃，字公懿，琅琊人，本为南齐秘书丞。太和十八年（494）北投，任北魏尚书令。迁都洛阳后，对孝文帝各项政令的设计、实施多所襄助谋划。"高祖甚重之，常呼王生。"有延贤里，即因王肃立之。《洛阳伽蓝记》说他：

> 初入国，不食羊肉及酪浆等物，常饭鲫鱼羹，渴饮茗汁。……经数年已后，肃与高祖殿会，食羊肉酪粥甚多。高祖怪之，谓肃曰："卿中国之味也，羊肉何如鱼羹？茗饮何如酪浆？"肃对曰："羊者是陆产之最，鱼者乃水族之长，所好不同，并各称珍，以味言之，甚是优劣。羊比齐鲁大邦，鱼比邾莒小国，唯茗不中，与酪作奴。"……彭城王（元勰）谓肃曰："卿不重齐鲁大邦，而爱邾莒小国？"肃对曰："乡曲所美，不得不好。"彭城王重谓曰："卿明日顾我，为卿设邾莒之食，亦有酪奴。"因此复号茗饮为酪奴。……其彭城王家有吴奴，以此言戏之。自是朝贵宴会虽设茗饮，皆耻不复食，唯江表残民远来降者好之。①

说明以王肃为代表的一部分南方汉族士人在饮食文化上，已经"入乡随俗"、逐渐鲜卑化了。席间，孝文帝大笑，举酒说："三三横，两两纵，谁能辨之赐金钟。"御史中丞李彪对："沽酒老妪瓮注瓨（瓮），屠儿割肉与秤同。"尚书右丞甄琛说："吴人浮水自云工，妓儿掷绝（绳）在虚空。"彭城王勰曰："臣始解此字是习字。"高祖即以金钟赐彪。一时满朝皆服李彪聪明有智、甄琛和之亦速。在欢宴之中，孝文帝与臣下即席唱和，赋韵文助兴。表明，曾经风靡一时、销声匿迹已久的"魏晋风度"、门阀士族文化风尚，重明继焰于北魏统治阶层的日常生活与娱乐之间，魏晋时期洛阳的文化烙印已经深入北魏士人的文化行为与素养之中。

随着洛阳的基础设施建设不断完备，城市功能不断改善，城市吸附能力不断增强，常住居民人口不断扩充……原有内城规模已经略显局促。《魏书·太武五王列传·拓跋嘉》载，广阳王建闾之子司州牧元嘉上表宣武帝："请于京四面，筑坊三百二十，各周一千二百步，乞发三正复丁，以充兹役，虽有暂劳，奸盗永止。"建议为加强京师治安、疏散内城人口、扩大城市范

---

① 杨衒之撰《洛阳伽蓝记》第三卷，《大正藏》第 51 册，第 1011 页。

围，在内城外围扩建里坊。《魏书·世宗宣武帝纪》说：景明二年（501）"九月丁酉，发畿内夫五万人，筑京师三百二十三坊，四旬而罢"。宣武帝采纳了这个建议，于原有宫城、内城基础上，很快就完成了外郭城的修筑，共用工二百万个。《洛阳伽蓝记》在描述当时洛阳的城市规模时说："京师东西二十里，南北十五里，户十万九千余。庙社宫室府曹以外，方三百步为一里。里开四门，门置里正二人、吏四人、门士八人，合有二百二十里。"① 城郭内设"里""坊"，并自成一格、单独管理，在中国城建史上是一个创举，后被隋唐所沿用。

集中手工业和商业的固定区域——"市"也在外郭城。

> 出西阳门外四里，御道南有洛阳大市，周回八里。
>
> 市东有通商、达货二里，里内之人，尽皆工巧屠贩为生，资财巨万。
>
> 市南有调音、乐律二里。里内之人，丝竹讴歌，天下妙伎出焉。
>
> 市西有退酤、治觞二里。里内之人多酝酒为业。
>
> 市北慈孝、奉终二里。里内之人以卖棺椁为业，赁輀车（按：出租丧车）为事。②
>
> 洛阳城东北有上高景（商里），……唯有造瓦者止其内，京师瓦器出焉。③

各行各业分门别类，集中在不同的"市"内，这样的布局显然较为合理，既便于管理，又方便了买卖双方购销，来洛阳经商的各国商贾无不云集于此。伴随商贸活动、财富流通，不少人以此致富，以至于逐渐形成了富人集中区。

> 别有阜财、金肆二里，富人在焉。凡此十里，多诸工商货殖之民，千金比屋，层楼对出，重门启扇，阁道交通，迭相临望。金银锦绣，奴婢缇衣，五味八珍，仆隶毕口。神龟年中，以工商上僭，议不听金银锦绣。虽立此制，竟不施行。④

---

① 杨衒之撰《洛阳伽蓝记》第五卷，《大正藏》第51册，第1022页。
② 杨衒之撰《洛阳伽蓝记》第四卷，《大正藏》第51册，第1015页。
③ 杨衒之撰《洛阳伽蓝记》第五卷，《大正藏》第51册，第1018页。
④ 杨衒之撰《洛阳伽蓝记》第四卷，《大正藏》第51册，第1016页。

这些都反衬出他们的富贵奢华。这些商人巨贾中有的富可敌国，如：

> 有刘宝者，最为富室。州郡都会之处，皆立一宅，各养马一匹，至于盐粟贵贱，市价高下，所在一例。舟车所通，足迹所履，莫不商贩焉。是以海内之货，咸萃其庭，产匹铜山，家藏金穴。宅宇逾制，楼观出云，车马服饰，拟于王者。①

正是通过他们的贸易经营，把洛阳与南北各地乃至丝绸之路沿线各国的市场、商品、商队等联系起来，体现出洛阳作为一座国际性商贸中心都邑的集散功能。

这些来自四面八方的奇珍异货，也滋长了北魏皇亲贵胄奢靡、享乐之风的蔓延。②宗室元琛为了炫富，竟然大言不惭地说："不恨我不见石崇，恨石崇不见我！"西晋洛阳世族浮华、虚夸之风，如昨日再现。鲜卑贵族世族化的负面效应，则是加速了他们的日益腐朽、堕落。鲜卑祖先弯弓骑射、驰骋纵横的尚武之风荡然无存。《史记·高祖皇帝纪》云："都洛邑，以为此天下中，四方纳贡职，道里均矣，有德则易以王，无德则易以亡。凡居此者，欲务以德致人，不欲阻险，令后世骄奢以虐人。及周之衰，分而为二，天下莫朝，周不能制，形势弱矣。""历览前贤家与国，成由勤俭败由奢"，洛阳上流社会弥漫的奢靡之风，也埋下了这座重兴不久的古都再次倾覆的伏笔。

洛阳还承载着文化中心的功能，《洛阳伽蓝记》载："阊阖门前御道东，有左卫府。府南有司徒府。司徒府南有国子学堂，内有孔丘像。颜渊问仁、子路问政在侧。"③阊阖门是宫城的正门，国子学堂设在宫城正门的御道东侧，表明对崇儒兴学的重视程度。

---

① 杨衒之撰《洛阳伽蓝记》第四卷，《大正藏》第51册，第1015页。
② 《洛阳伽蓝记》说："于是帝族王侯、外戚公主，擅山海之富，居川林之饶，争修园宅，互相夸竞。崇门丰室，洞户连房，飞馆生风，重楼起雾，高台芳树（榭），家家而筑；花林曲池，园园而有。莫不桃李夏绿，竹柏冬青。而河间王琛最为豪首，常与高阳争衡，造文柏堂，形如徽音殿。置玉井金罐，以金五色绩为绳。妓女三百人，尽皆国色。……遣使向西域求名马，远至波斯国，得千里马，号曰'追风赤骥'。次有七百里者十余匹，皆有名字。以银为槽，金为锁环，诸王服其豪富。……琛常会宗室，陈诸宝器，金瓶银瓮百余口，瓯檠盘盒称是。自余酒器，有水晶钵、玛瑙琉璃碗、赤玉卮数十枚，作工奇妙，中土所无，皆从西域而来。又陈女乐及诸名马，复引诸王按行府库，锦罽珠玑，冰罗雾縠，充积其内。绣、缬、油（紬）、绫、丝、彩、越、葛、钱、绢等不可数计。"杨衒之撰《洛阳伽蓝记》第四卷，《大正藏》第51册，第1016页。
③ 杨衒之撰《洛阳伽蓝记》第一卷，《大正藏》第51册，第999页。

《洛阳伽蓝记》载，永安二年（529），南梁侍中陈庆之入使洛阳，其间陈庆之以文化正统自矜，对北魏司农卿萧彪、尚书右丞张嵩萧等人出言不逊，说："魏朝甚盛，犹曰五胡。正朔相承，当在江左，秦皇玉玺，今在梁朝。"意思是说，北魏再强大也只不过是夷狄之邦，终难脱离"五胡"之列，正朔还在梁朝。北魏中大夫杨元慎正色道："江左假息，僻居一隅。……我魏膺箓受图，定鼎嵩洛，五山为镇，四海为家。移风易俗之典，与五常（帝）而并迹；礼乐宪章之盛，凌百王而独高。"杨元慎本是中原士族出身，从维护正统的立场据理力争，流露出强烈的文化自信倾向。这表明孝文帝迁都洛阳之举，从民族融合、文化融汇的角度是非常成功的。经过30多年的浑然一体，以杨元慎为代表的中原士族已经视北魏为"祖述尧舜、宪章文武"之地，以北魏为汉文化之正统所在。陈庆之最终也不得不叹服："自晋宋以来，号洛阳为荒土，此中谓长江以北尽是夷狄。昨至洛阳，始知衣冠士族并在中原，礼仪富盛，人物殷阜，目所不识，口不能传。……北人安可不重？"回到南梁后也以北魏之"羽仪服式"为时尚，影响所及，一时"江表士庶，竞相模楷，褒衣博带，被及秣陵"。① 说明，北魏也开始向南梁进行文化输出。

3. 繁盛一时的国际佛教中心

在493年之前，洛阳佛教已经有近500年的历史。

由于洛阳的政治、经济、文化中心地位，自东汉末年起就成为异国僧侣来华传教、译经的首选之地。东汉明帝时，"唯听西域人得立寺都邑，以奉其神"②；"昙柯迦罗，此云法时，本中天竺人，家世大富。……以魏嘉平中来至洛阳，于时魏境虽有佛法而道风讹替，亦有众僧未禀归戒，正以剪落殊俗耳，设复斋忏事法祠祀"③。然而，随江山易主、世事变迁，到西晋末年"洛中佛图有四十二所矣"（《魏书·释老志》）；怀帝永嘉年间，佛图澄来自西域"欲于洛阳立寺"，后因战乱"志遂不果"，此亦说明原有寺院也许已经残破不堪。这也是北魏迁都洛阳之前，此地佛教的概况。

北魏迁都后，洛阳恢复了往昔北方佛教中心的地位，伽蓝、图像、石窟崇于京邑。作为国际大都市，洛阳再次成为中外佛教文化交流之重镇，"时佛法经像，盛于洛阳，异国沙门，咸来辐辏，负锡持经，适兹乐土"④，"时

---

① 杨衒之撰《洛阳伽蓝记》第二卷，《大正藏》第51册，第1009页。
② 慧皎撰《高僧传》第九卷，《大正藏》第50册，第385页。
③ 慧皎撰《高僧传》第一卷，《大正藏》第50册，第324~325页。
④ 杨衒之撰《洛阳伽蓝记》第四卷，《大正藏》第51册，第1017页。

有西域胡沙门，见此唱言佛国"①。"时佛教盛于洛阳，沙门之外，自西域来者三千余人，魏主（按：宣武帝元恪）别为之立永明寺千余间以处之。"（《资治通鉴》第一百四十七卷）

《洛阳伽蓝记》笔下的永明寺：

> 房庑连亘，一千余间。庭列修竹，檐拂高松，奇花异草，骈阗阶砌。百国沙门三千余人，西域远者，乃至大秦国，尽天地之西垂，绩纺百姓野居，邑屋相望，衣服车马，拟仪中国。南中有歌营国，去京师甚远，风土隔绝，世不与中国交通；虽二汉及魏亦未曾至也。今始有沙门焉子、善（菩）提拔陀。②

据《洛阳伽蓝记》所载，胡人及胡僧在洛阳都有自己修建的佛寺，③ 胡僧在自建的寺庙里，不仅能保持自己的修行特色、展示地域佛教文化，而且能自由传教、发展信徒。表明北魏佛教传播的多元化态势，这与民族融合、文化融汇是互为表里的，更是文化自信的体现。

受益于北魏日益强大的"综合国力"，"民族化""本土化"的中国佛教也开始对外进行"文化输出"。《洛阳伽蓝记》说：

> 比丘昙谟最善于禅学，讲《涅槃》、《华严》，僧徒（徒）千人。天竺国胡沙门菩提流支见而礼之，号为"菩萨"。流支解佛义，知名西土，诸夷号为"罗汉"。晓魏言及隶书，翻《十地楞伽》及诸经论二十三部，虽石室之写金言，草堂之传真教，不能过也。流支读昙谟最《大乘义章》，每弹指赞叹，唱言微妙，即为胡书写之，传之于西域。西域沙门常东向遥礼之，号昙谟最为"东方圣人"。④

---

① 杨衒之撰《洛阳伽蓝记》第三卷，《大正藏》第 51 册，第 1010 页。
② 杨衒之撰《洛阳伽蓝记》第四卷，《大正藏》第 51 册，第 1017 页。
③ 如："菩提寺，西域胡人所立也，在慕义里。"杨衒之撰《洛阳伽蓝记》第三卷，《大正藏》第 51 册，第 1012 页。"法云寺，西域乌场国胡沙门僧（昙）摩罗所立也。在宝光寺西，隔墙并门。摩罗聪慧利根，学穷释氏，至中国，即晓魏言隶书，凡闻见，无不通解，是以道俗贵贱，同归仰之，作祇洹寺一所，工制甚精。佛殿僧房，皆为胡饰，丹素炫彩，金玉垂辉。摹写真容，似丈六之见鹿苑；神光壮丽，若金刚之在双林。伽蓝之内，花果蔚茂，芳草蔓合，嘉木被庭。京师沙门好胡法者，皆就摩罗受持之，戒行真苦，难可揄扬。……西域所赍舍利骨及佛牙经像皆在此寺。"杨衒之撰《洛阳伽蓝记》第四卷，《大正藏》第 51 册，第 1015 页。
④ 杨衒之撰《洛阳伽蓝记》第四卷，《大正藏》第 51 册，第 1017 页。

在洛阳的各国僧侣间的人际往来与文化交流，也强烈吸引着本土僧人西行求法。《洛阳伽蓝记》载，神龟元年（518）十一月冬，皇太后派遣沙门惠生和敦煌人宋云从洛阳出发，前往西域求取佛经。他们历尽艰辛，历时两年多，沿途游历二十七国，取回大乘佛经一百七十部，完成了继曹魏朱士行、东晋法显之后中外文化交流史上的又一壮举。二人对沿途所见西域各地风情进行了实录，特别记述了正史以外的中原与沿丝绸之路各国民间的交流情况。① 惠生、宋云等人随身携带着"皇太后敕付五色百尺幡千口、锦香袋五百枚、王公卿士幡二千口"，"惠生从于阗至乾陀，所有佛事〔处〕，悉皆流布"②，传播了北魏的佛教文化。他们经于阗，越葱岭，到达北印度乌场国，并面见乌场国国王。

> 国王见宋云，云大魏使来，膜拜受诏书。闻太后崇奉佛法，即面东合掌，遥心顶礼。遣解魏吴语人问宋云曰："卿是日出人也？"宋云答曰："我国东界有大海水，日出其中，实如来旨。"王又问曰："彼国出圣人否？"宋云具说周、孔、庄、老之德，次序蓬莱山上银阙金堂，神仙圣人并在其上；说管辂善卜，华陀治病，左慈方术，如此之事，分别说之。王曰："若如卿言，即是佛国。我当命终，愿生彼国。"③

惠生、宋云等人作为文化使者，向乌场国国王介绍、宣传了中原传统文化，扩大了北魏的影响力。

北魏宣武帝时期（500～515），洛阳重新成为北方地区的译经中心，著名的译师有菩提流支、勒那摩提、佛陀扇多、瞿昙般若流支、毗目智仙、法场等人，其中以菩提流支为核心。菩提流支乃印度佛学瑜伽行派祖师世亲的

---

① 如："初发京师，西行四十日，至赤岭，即国之西疆也，皇魏关防正在于此。……发赤岭西行二十三日，渡流沙，至土谷浑国。……其国有文字，况同魏。……从都善西行一千六百四十里，至左末城。城中居民可有百家。土地无雨，决水种麦，不知用牛，末耩而田。城中佛与菩萨，乃无胡貌。访古老，云是吕光伐胡所作。……从末城西行二十二里至捍𢭏城。南十五里有一大寺，三百余众僧。有金像一躯，举高丈六，仪容超绝，相好炳然，而面恒东立，不肯西顾。……像边造丈六像者，及诸宫塔乃至数千，悬彩幡盖亦有万计，魏国之幡过半矣。幡上隶书云：太和十九年、景明二年、延昌二年。唯有一幡，观其年号，是姚秦时幡。"杨衒之撰《洛阳伽蓝记》第五卷，《大正藏》第51册，第1018页。
② 杨衒之撰《洛阳伽蓝记》第五卷，《大正藏》第51册，第1021页。
③ 杨衒之撰《洛阳伽蓝记》第五卷，《大正藏》第51册，第1020页。

嫡传弟子，以弘扬唯识思想为主，故所译多属法相、唯识之学的重要典籍。①

4. **龙门石窟**

《魏书·释老志》载：

> 景明初（500），世宗（北魏宣武帝元恪）诏大长秋卿白整准代京灵岩寺石窟，于洛南伊阙山，为高祖、文昭皇太后营石窟二所。初建之始，窟顶去地三百一十尺。至正始二年（505）中，始出斩山二十三丈。至大长秋卿王质，谓斩山太高，费功难就，奏求下移就平，去地一百尺，南北一百□□尺。永平中（508～511），中尹刘腾奏为世宗复造石窟一，凡为三所，从景明元年至正光四年（505～523）六月已前，用功八十万二千三百六十六。

这三所石窟，就是洛阳龙门石窟现存的“宾阳三洞”——宾阳中洞（正始二年开工，大约完成于宣武末年）、宾阳南洞、宾阳北洞（永平中开凿）。从景明初到正光四年，耗时二十多年，用工八十万以上，耗费的国家财富就更不计其数了，可谓劳民伤财。

龙门石窟中开凿最早、内容最丰富的，当属正始二年（505）以前所造的古阳洞。古阳洞为一座在天然溶洞的基础上开凿的大型纵长方形的敞口洞窟，主像是交脚弥勒，两侧各立一胁侍菩萨。南北两壁上、中、下三排列龛，多为迁洛后不久北魏宗室显贵所雕凿，很多佛龛造像有题记，著名的书法“龙门二十品”有十九品出自这里。其中，杨大眼造像铭有“路径石窟，览先皇之明踪，睹盛圣之丽迹，瞩目彻宵，泫然流感，遂为孝文皇帝造石像

---

① 参见赖永海主编《中国佛教通史（学术版）》第二卷，江苏人民出版社，2010，第444～454页。《续高僧传》载：“菩提流支，……北天竺人也。遍通三藏，妙入总持。……以魏永平之初（508），来游东夏。宣武皇帝下敕引劳，供拟殷华，处之永宁大寺。四事将给七百梵僧，敕以留支为译经之元匠也。……先时流支奉敕，创翻《十地》。……三藏流支自洛及邺，爰至天平二十余年。凡所出经，三十九部，一百二十七卷，即《佛名》《楞伽》《法集》《深密》等经，《胜思惟》《大宝积》《法华》《涅槃》等论是也。……于时，又有中天竺僧勒那摩提，……以正始五年初届洛邑，译《十地》《宝积论》等大部二十四卷。又有北天竺僧佛陀扇多、魏言觉定。从正光元年至元象二年，于洛阳白马寺及邺都金华寺，译出《金刚上味》等经十部。当翻经日，于洛阳内殿，流支传本，余僧参助。其后三德乃徇流言，各传师习，不相询访。帝以弘法之盛，略叙曲烦，敕三处各翻讫乃参校。其间隐没，互有不同，致有文旨，时兼异缀。后人合之共成通部。……时又有沙门法场，于洛阳译《辩意长者问经》一卷，虽阙传对而是正文。”道宣撰《续高僧传》第一卷，《大正藏》第50册，第428～429页。

一区",推测正壁主像即为孝文帝之"丽迹"。

除龙门石窟以外,在洛阳附近还有巩县大力山石窟、渑池鸿庆寺石窟、偃师水泉石窟、新安西沃石窟、孟县万佛山石窟、孟津谢庄石窟、嵩县铺沟石窟、宜阳虎头寺石窟等八处石窟。绝大部分洞窟都出现在胡太后执政期间(515~528),其洞窟形制和造像特征大体与龙门石窟相同。①

5. 盛世佛光下的排佛之诽

北魏"神龟、正光之际(518~525),府藏盈溢"(《魏书·食货志》),多年积累的大量社会财富,为统治阶层的佞佛之举提供了一定的物质基础。②

迁都洛阳后,孝文帝为冯太后追福建报德寺,宣武帝则立景明、瑶光、永明三寺,灵胡太后不仅营建了永宁寺,而且营建秦太上公寺和太上君寺为父母荐福。太后从姑立胡统寺,太后和皇姨建双女寺……影响所及,上自皇亲国戚,下至平民百姓,营造佛寺之风盛极一时。"至于官私寺塔,其数甚众。"(《魏书·释老志》)洛阳佛教极盛时"寺有一千三百六十七所"。到天平元年(534)孝静帝迁都邺城时,仍有寺院四百二十一所。可见,单从数量就已经超过了"平城时代"。

当时永宁寺盛况空前,堪称洛阳佛教的剪影。其实,早在"平城时代"即有永宁寺之建置,《魏书·释老志》载:"其岁(467)高祖诞载,于时起永宁寺,构七级佛图,高三百余尺,基架博敞,为天下第一。"可以想见,那时规模就已经很大,耗费已经很多了。灵胡太后沿平城之旧制,又在洛阳兴建永宁寺,规模更胜于前。殚废民力,不可胜计。③ 从"平城时代"的永

---

① 参见宿白《中国石窟寺研究》之《洛阳地区北朝石窟的初步考察》。

② 《魏书·景穆十二王列传·任城王·拓跋澄》载:"灵太后锐于缮兴,在京师则起永宁、太上公等佛寺,功费不少,外州各造五级佛图。又数为一切斋会,施物动至万计。百姓疲于土木之功,金银之价为之踊上,削夺百官事力,费损库藏,兼曲贵左右,日有数千。"《洛阳伽蓝记》则说:"逮皇魏受图,光宅嵩洛,笃信弥繁,法教愈盛。王侯贵臣弃象马如脱屣,庶士豪家舍资财若遗迹。于是昭提栉比,宝塔骈罗,争写天上之姿,竞摸山中之影,金刹与灵台比高,广殿共阿房等壮。岂直木衣绨绣,土被朱紫而已哉!"杨衒之撰《洛阳伽蓝记》第一卷,《大正藏》第51册,第999页。由于洛阳具有雄厚的经济、文化基础,所以洛阳佛教与平城相比,显得更为兴盛。

③ 《魏书·释老志》云:"肃宗熙平中(516~518),于城内太社西,起永宁寺。灵太后亲率百僚,表基立刹。佛图九层,高四十余丈,其诸费用,不可胜计。景明寺佛图亦其(永宁寺)亚也。"《魏书·宣武灵皇后胡氏列传》则说:"寻幸永宁寺,亲建刹于九级之基,僧尼士女赴者数万人。"《水经注·谷水注》说:"水西有永宁寺,熙平中始制也,作九层浮图。浮图下基方十四丈,自金露槃下至地四十九丈,取法代都七级,而又高广之。虽二京之盛,五都之富,利刹灵图,未有若斯之构。"《续高僧传》描述了永宁寺的(转下页注)

宁寺，到"洛阳时代"的永宁寺，与北魏王朝休戚与共，见证了"其盛也勃，其衰也忽"。但是，像永宁寺这般规模的寺院在洛阳并不是独一无二的。又如秦太上君寺"中有五层浮图一所，修刹入云，高门向街。佛事庄饰，等于永宁"①。由此可见，洛阳佛教"像法"之盛，简直到了无以复加的程度。

《魏书·释老志》称："正光已后，天下多虞，王役尤甚，于是所在编民，相与入道，假慕沙门，实避调役，猥滥之极，自中国之有佛法，未之有也。"由此造成洛阳城内"僧寺无处不有。或比满城邑之中，或连溢屠沽之肆，或三五少僧，共为一寺。梵唱屠音，连檐接响，像塔缠于腥臊，性灵没于嗜欲，真伪混居，往来纷杂"的混乱局面。洛阳一地的情况尚且如此，放之全国就更可想而知了，"略而计之，僧尼大众二百万矣，其寺三万有余。流弊不归，一至于此，识者所以叹息也"。佛教发展失于管控，内部流弊丛生，简直到了猥滥的地步。而统治阶层借佞佛肆意妄为、有恃无恐，以外戚冯熙为例，《魏书·外戚列传·冯熙》载：

> （其为）文明太后之兄也。……不拘小节，人无士庶，来则纳之。……熙为政不能仁厚，而信佛法，自出家财，在诸州镇建佛图精舍，合七十二处，写一十六部一切经。延致名德沙门，日与讲论，精勤不倦，所费亦不赀。而在诸州营塔寺多在高山秀阜，伤杀人牛。有沙门劝止

(接上页注③) 盛况空前及昙花一现，其云："其寺本孝明皇帝熙平元年，灵太后胡氏所立，在宫前闾阖门南御道之东，中有九层浮图，架木为之。举高九十余丈，上有金刹，复高十丈，出地千尺，去台百里已遥见之。……刹表置金宝瓶，容二十五斛。承露金盘，一十一重。铁锁角张。盘及锁上皆有金铎，如一石瓮。九级诸角皆悬大铎，上下凡有一百三十枚。其塔四面九间，六窗三户，皆朱漆扉扇，垂诸金铃，层有五千四百枚，复施金铎铺首，佛事精妙。殚土木之工，绣柱金铺，惊骇心目。高风永夜，铃铎和鸣。铿锵之音，闻十余里。北有正殿，形拟太极。中诸像设，金玉珠绣。作工巧奇，冠绝当世。僧房周接，千有余间。台观星罗，参差间出。雕饰朱粉，缋以丹青。栝柏桢松，异草丛集。院墙周匝，皆施椽瓦。正南三门楼，开三道三重。去地二百余尺，状若天门，赫奕华丽。夹门列四力士、四师子，饰以金玉，庄严焕烂，东西两门例皆如此。所可异者，唯楼两重北门，通通但路而置。其四门外，树以青槐，亘以渌水。京师行旅，多庇其下。……寺既初成，明帝及太后共登浮图，视宫中如掌内。下临云雨，上天清朗。以见宫内事故，禁人不听登。自西夏东华游历诸国者，皆曰：'如此塔庙阎浮所。'孝昌二年，大风拔屋、拔树，刹上宝瓶随风而堕，入地丈余。复命工人更安新者。至永熙三年二月，为天所震。帝登凌云台望火，遣南阳王宝炬录、尚书长孙稚，将羽林一千来救。于斯时也，雷雨晦冥，霰雪交注。第八级中平旦火起，有二道人不忍焚烬，投火而死。其焰相续，经余三月。入地刹柱乃至周年，犹有烟气。"道宣撰《续高僧传》第一卷，《大正藏》第50册，第428页。

① 杨衒之撰《洛阳伽蓝记》第二卷，《大正藏》第51册，第1006页。

之，熙曰："成就后，人唯见佛图，焉知杀人牛也。"……熙为州，因事
取人子女为奴婢，有容色者幸之为妾。有子女数十人，号为贪纵。

冯熙之流对佛教未必有什么正确的认识，奢谈信仰，只不过把结交方外、营造
福田的事业作为附庸风雅、炫富和标榜时尚的手段、标签罢了。其实这种行为
对佛教造成的无形伤害，以及对社会风气的误导等负面效应更大。

对于佛教浮华外表下隐藏的深层次的社会危机，北魏有识之士有所察
觉，不以为然。他们或逞儒释之诤，或论华夷之辨，从不同观点针砭佛教，
以期匡谬正俗、济时拯世。《魏书·裴延儁列传》载：

> 时世宗（按：宣武帝元恪，500～515在位）专心释典，不事坟籍，延
> 儁上疏谏曰："臣闻有尧文思，钦明稽古；妫舜体道，慎典作圣；汉光神
> 睿，军中读书；魏武英规，马上玩籍。先帝天纵多能，克文克武，营迁谋
> 伐，手不释卷。良以经史义深，补益处广，虽则劬劳，不可暂辍。斯乃前
> 王之美实，后王之水镜，善足以遵，恶足以诫也。陛下道悟自深，渊鉴独
> 得，升法座于宸闱，释觉善于日宇，凡在听瞩，尘蔽俱开。然《五经》
> 治世之模，六籍轨俗之本，盖以训物有渐，应时匪妙，必须先粗后精，
> 乘近即远。伏愿经书玄览，孔释兼存，则内外俱周，真俗斯畅。"

劝谏宣武帝儒佛兼崇，不可偏废。阳固则直接建言："省徭役，薄赋敛，修
学官，遵旧章；贵农桑，贱工贾；绝谈虚穷微之论，简桑门无用之费。以存
元元之民，以救饥寒之苦。"（《魏书·阳固列传》）延昌末年（515），民间
竟然出现全家出家以至于"绝户"的现象，李玚上言：

> 礼以教世，法导将来，迹用既殊，区流亦别。故三千之罪，莫大
> 不孝，不孝之大，无过于绝祀。然则绝祀之罪，重莫甚焉。安得轻纵
> 背礼之情，而肆其向法之意也？正使佛道，亦不应然，假令听然，犹
> 须裁之以礼。一身亲老，弃家绝养，既非人理，尤乖礼情，埋灭大伦，
> 且阙王贯。交缺当世之礼，而求将来之益，孔子云"未知生，焉知死"，
> 斯言之至，亦为备矣。安有弃堂堂之政，而从鬼教乎！又今南服未静，
> 众役仍烦，百姓之情，方多避役。若复听之，恐捐弃孝慈，比屋而是。
> （《魏书·李玚列传》）

李玚直斥佛教为"鬼教"，激怒了沙门都统僧暹等人，他们以李玚谤毁佛法

泣诉于灵太后，遭偏袒，罚李玚金一两。肃宗（孝明帝元诩，516～528年在位）时，李崇上表说：

> 今国子虽有学官之名，而无教授之实，……宜罢尚方雕靡之作，颇省永宁土木之功，并减瑶光材瓦之力，兼分石窟镌琢之劳，及诸事役非急者，三时农隙，修此数条。使辟雍之礼，蔚尔而复兴；讽诵之音，焕然而更作。美榭高墉，严壮于外；槐宫棘宇，显丽于中。道发明令，重遵乡饮，敦进郡学，精课经业。……诚知佛理渊妙，含识所宗，然比之治要，容可小缓。苟使魏道熙绰，元首唯康，尔乃经营，未为晚也。（《魏书·李崇列传》）

由于"肃宗不亲视朝，过崇佛法，郊庙之事，多委有司"，张普惠逆龙鳞，指摘孝明帝：

> 殖不思之冥业，损巨费于生民。减禄削力，近供无事之僧；崇饰云殿，远邀未然之报。昧爽之臣，稽首于外；玄寂之众，遨游于内。怠礼忤时，人灵未穆。愚谓从朝夕之因，求只劫之果，未若先万国之忻心，以事其亲，使天下和平，灾害不生者也。……孝悌可以通神明，德教可以光四海，则一人有喜，兆民赖之。然后精进三宝，信心如来。道由礼深，故诸漏可尽；法随礼积，故彼岸可登。量撤僧寺不急之华，还复百官久折之秩。已兴之构，务从简成；将来之造，权令停息。仍旧亦可，何必改作。庶节用爱人，法俗俱赖。（《魏书·张普惠列传》）

李崇和张普惠的思想如出一辙，崇佛之本重在勤政爱民、为国计民生着想、恪勤匪懈，劝谏当政者切不可舍本逐末，如果一味追求福田、像法，疏忽职守，也是背离佛教本怀的。

《魏书·释老志》载，魏孝明帝神龟元年（518）冬，司空公、尚书令、任城王澄奏曰：

> 自迁都已来，年逾二纪，寺夺民居，三分且一。高祖立制，非徒欲使缁素殊途，抑亦防微深虑。世宗述之，亦不锢禁营福，当在杜塞未萌。今之僧寺，无处不有。或比满城邑之中，或连溢屠沽之肆，或三五少僧，共为一寺。梵唱屠音，连檐接响，像塔缠于腥臊，性灵没于嗜欲，真伪混居，往来纷杂。下司因习而莫非，僧曹对制而不问。其于污

染真行，尘秽练僧，薰莸同器，不亦甚欤！……顷明诏屡下，而造者更滋，严限骤施，而违犯不息者，岂不以假福托善，幸罪不加。人殉其私，吏难苟劾。前制无追往之辜，后旨开自今之恕，悠悠世情，遂忽成法。今宜加以严科，特设重禁，纠其来违，惩其往失。脱不峻检，方垂容借，恐今旨虽明，复如往日。又旨令所断，标榜礼拜之处，悉听不禁。

与上述诸人不同，王澄在宗室中德高望重，加上孝明帝刚登基时因年幼无法处理政务，他与高阳王元雍共同辅佐幼主，地位崇高，所以他提出的问题比较具体，也很具有针对性。这次胡皇太后批示"奏可"。然而，胡太后擅权乱政，大失人心，导致朝廷逐渐土崩瓦解。孝明帝成年以来与母后矛盾已久，武泰元年（528），密诏尔朱荣进京勤王。密诏外泄，遭到毒杀，年仅十九岁。尔朱荣闻讯后，追查孝明帝的死因，拥立长乐王元子攸为帝，武泰元年（528）兴兵攻入洛阳，杀死胡太后、小皇帝和宗室大臣二千余人，史称"河阴之变"，成为北魏变乱衰败的开端。"以河阴之酷，朝士死者，其家多舍居宅，以施僧尼，京邑第舍，略为寺矣。前日禁令，不复行焉。"宣武灵皇后胡氏是北魏倾覆的罪魁祸首，北魏统治阶层中佞佛至深无出其右者。"魏自宣武已后，政纲不张。肃宗冲龄统业，灵太后妇人专制。委用非人，赏罚乖舛。于是，衅起四方，祸延畿甸。"（《魏书·肃宗孝明帝纪》）洛阳佛教也与北魏王朝一荣俱荣、一损俱损。①

　　造成北魏倾覆的原因是复杂而多方面的。其中，"平城时代"中晚期及整个"洛阳时代"，北魏统治阶层热衷于佛教"福田事业"，耗费了大量的社会财富与劳动力；佛教发展逐渐"失控"、趋于猥滥，又使社会财富和人口聚积于伽蓝之内，这两种现象互为因果、交横绸缪，严重削弱、侵蚀了北魏的统治基础。

　　鲜卑民族拓跋部发祥于大兴安岭北部的林海雪原，崛起于代北高原，完胜

---

① 《洛阳伽蓝记·序》云："至于晋室永嘉唯有寺四十二所。逮皇魏受图，光宅嵩洛。笃信弥繁，法教逾盛。王侯贵臣弃象马如脱屣，庶士豪家舍资财若遗迹。于是招提栉比，宝塔骈罗。争写天上之姿，竞摹山中之影。金刹与云台比高，讲殿共阿房等壮。岂直木衣绨绣，土被朱紫而已哉。暨永熙（532~534）多难，皇舆迁邺，诸寺僧尼亦与时徙。至武定元年（543）中，余因行役，重览洛阳。墙宇倾毁，荆棘成林。野兽穴于荒阶，山鸟聚于庭树。游儿牧竖，踯躅于九逵。农夫耕老，艺黍于双阙。始知《麦秀》之感，非独殷墟。《黍离》之哀，信哉周室。京城内外，凡有一千余寺。今日寥廓，钟声罕闻。"杨衒之撰《洛阳伽蓝记》第一卷，《大正藏》第51册，第999页。

于中原腹地。这样一个最初只有语言而没有文字，生产、生活方式以渔猎－游牧为主的民族，逐渐摆脱了奴隶制色彩的部落联盟，构建起封建中央集权性质的国家制度。在这一过程中，一方面于民族内部清除了阻碍社会发展的大量旧贵族势力，同时在外部结束了"五胡十六国"的分裂局面，重新统一了北方，推进了历史发展进程并建立了中国历史上第一个少数民族统治的封建王朝。"汉化"在鲜卑民族拓跋部发展的各个历史时期，起到了关键的促进作用。卫广来先生说：

> 封建化也就是汉化。封建化是生产方式的改变，汉化是民族体的改变。封建化是汉化的前提，汉化是封建化的结果。……他们在采用汉族统治方式统治汉族（按：其实更是北方各个民族）的过程中，同时便自觉不自觉地瓦解和削弱着自己的民族体与民族意识，他们的民族是在胜利的欢呼中泯灭了自己，经孝文帝的改革，再经东西魏、周齐的曲折，最后融入汉民族（按：其实更是中华民族）的大共同体。①

拓跋鲜卑在曲折"汉化"的过程中，遇到了也已经完成民族化、本土化转型的"中国佛教"。佛教慈悲济世的教理、教义，对于鲜卑民族各个阶层都具有抚慰心灵、安魂定魄的作用；佛教顺时达变的"随方"精神，又促使其成为拓跋政权定国安邦的社会稳定剂。"平城时代"的代魏政权致力于崇儒兴学，忙于恢复因社会离乱而导致长期荒废的"儒业"。"沙门敷导民俗"肩负起"巡民教化"的社会功能。这时的儒释之间，彼此达成了一种相与有成的默契，并使之相习成俗。及至"洛阳时代"中晚期，朝政废弛、烟尘四起，奸佞得势、英雄斥逐，其实都是儒家纲常不继、社会失序造成的恶果。加之宗室阶层深受两晋以来门阀士族文化之末流的负面影响，儒释此消彼长，佛教像法膨胀、尾大不掉，遂致终天之恨。这是北魏给后世留下的一笔宝贵的历史经验。

永熙三年（534）十月，权臣高欢逼走北魏孝武帝，立元善见为帝，是为孝静帝。鉴于洛阳地近关中，地势易攻难守，高欢遂挟持孝静帝迁都邺城（今河北省邯郸市临漳县西南约20千米处），史称东魏。高欢自己却将"霸府"设在晋阳（今太原西南），遥控朝政。永熙三年七月，孝武帝从洛阳率轻骑西奔长安，投靠宇文泰。同年十二月，宇文泰毒杀孝武帝，立元宝炬为帝。535年正月，元宝炬于长安正式即位，改元大统，是为西魏文帝。宇文泰为丞相，都督中外诸军事、大行台，爵安定郡公，实际控制着西魏朝政。

---

① 杜世铎主编《北魏史·导论》，第16页。

北魏就此灭亡。东魏与西魏对峙，长期处于战争状态之中。

（五）邺城佛教

高欢出身于北魏"六镇"之一的怀朔镇（今内蒙古固阳西南）的一个普通兵户之家，成人后入伍，成为一个低级军官。高欢的崛起与"六镇起义"密不可分，长期的军旅生涯与军事经验使他最为看重的是邺城的军事战略位置。

首先，邺城地扼华北地区南北交通的咽喉要地。其地西凭太行山，宛如一道天然的屏障；蜿蜒于南面和东面的黄河形成防御天堑；发源于太行山脉的漳水、滏水、洹水在邺城一带交汇，滏水流经其北。袁绍称其地"南据河，北阻燕、代，兼戎狄之众，南向以争天下"（《三国志·魏书·武帝纪》）。后来，曹操在此地苦心经营，"挟天子以令诸侯"。西晋左太冲著《三都赋·魏都赋》称："开胸殷卫，跨蹑燕赵。山林幽映，川泽回缭。恒碣砠沥于青霄，河汾浩汘而皓溔。南瞻淇澳，则绿竹纯茂；北临漳滏，则冬夏异沼。神钲迢递于高峦，灵响时惊于四表。"（萧统编《文选》第六卷）邺城依山临水的独特环状地形犹如一个封闭区域，有着攻守兼备的军事地理条件。

其次，邺城的农业及城市用水、漕运都非常便利，[①] 使其自古就是黄河中下游繁荣、富庶的经济发达地区之一。《隋书·食货志》说："魏郡，邺都所在，浮巧成俗，雕刻之工，特云精妙，士女被服，咸以奢丽相高，其性所尚习，得京、洛之风矣。语曰：'魏郡、清河，天公无奈何！'斯皆轻狡所致。"说明该地手工业集中，商业繁华水平名列北方前茅。《魏书·常景列传》载："是时诏下三日，户四十万狼狈就道。"迁都邺城的时候也随迁了四十万户洛阳常住人口，自然也就保证了一定的农业生产劳动力资源。

十六国时期，邺城曾经先后做过后赵、冉魏、前燕政权的都城。北魏道武帝和明元帝也曾经有过两次迁都邺城之意。《魏书·太祖道武帝纪》载，天兴元年（398）春正月，前燕慕容德遁走保滑台，拓跋仪攻克邺城。道武帝从中山（今河北省定州市）"至邺，巡登台榭，遍览宫城，将有定都之意"。虽然后来放弃此意，但还是在此"置行台，以龙骧将军日南公和跋为尚书，与左丞贾彝率郎吏及兵五千人镇邺"，建立起有效的统治，可见邺城

---

① 《水经注卷十·浊漳水》载："昔魏文侯以西门豹为邺令也，引漳以溉邺，民赖其用。其后至魏襄王，以史起为邺令，又堰漳水以灌邺田，咸成沃壤，百姓歌之。魏武王又堨漳水，回流东注，号天井堰。二十里中，作十二墱，墱相去三百步，令互相灌注，一源分为十二流，皆悬水门。"

重要的战略地位。《魏书·食货志》载，神瑞二年（415），平城地区农业歉收，"京畿之内，路有行馑。帝以饥将迁都于邺，用博士崔浩计乃止"①，最终决定"分民诣山东三州食，出仓谷以禀之"（《魏书·崔浩列传》）。可见，以邺城为代表的太行山以东地区，以其物产丰富而著称于世，对于平城具有重要的"输血"功能。②北魏两次迁都邺城之意虽未付诸行动，但也说明其地确实有强烈的吸引力。后来孝文帝在最初南巡时，也曾到邺城考察，似有定都于此的初衷，但最终放弃。

邺城佛教自后赵时期渐濡。石虎即位后，于335年将都城从襄国（今河北邢台）迁至邺城。《高僧传》载：佛图澄"受业追游常有数百，前后门徒几且一万。所历州郡兴立佛寺八百九十三所，弘法之盛莫与先矣"③，邺城即为佛图澄所历州郡之一。其中，石虎于临漳修治旧塔，佛图澄曾与弟子自官寺至邺城内中寺，石宣与佛图澄同坐寺内浮图，佛图澄最终亦圆寂于邺城内宫寺。而佛图澄高弟——释道安，于四十五岁那一年，还邺都住受都寺，后来入住华林园。邺城于十六国早期，一度成为北方地区的佛教文化中心之一。④

---

① 如崔浩与特进周澹所言："今国家迁都于邺，可救今年之饥，非长久之策也。东州之人，常谓国家居广漠之地，民畜无算，号称牛毛之众。今留守旧都，分家南徙，恐不满诸州之地。参居郡县，处榛林之间，不便水土，疾疫死伤，情见事露，则百姓意沮。四方闻之，有轻侮之意，屈丐、蠕蠕必提挈而来，云中、平城则有危殆之虑，阻隔恒、代千里之险，虽欲救援，赴之甚难，如此则声实俱损矣。今居北方，假令山东有变，轻骑南出，耀威桑梓之中，谁知多少？百姓见之，望尘震服。此是国家威制诸夏之长策也。"（《魏书·崔浩列传》）说明北魏当时的内、外部因素及战略环境都对迁邺不利。

② 王霄燕教授说："北魏的经济重心在黄河中下游，而这一地区又以邺城（今河北临漳县西南）和洛阳为重要的经济和商业中心，两地都具优势。……邺城地理条件优越。西靠太行山，一道天然屏障；南临黄河，一道水长城；东部由河渐海，形成道道条条的漕海运线；北面又有富饶的河北平原。传统的水利事业十分发达。西门豹、史起先后在此引漳水溉田。到西汉时，邺已是人口众多、经济富饶的著名古城。……邺在长时期内为河北地区最繁盛富庶的大都市之一。……邺、洛相比，邺是繁盛富庶的大都市。它优越的地理环境和南北贯通的水网，足以保证将殷富的冀州的粮食运达城中，供应全城百姓；发达的水路又可使北方政权以邺为基地，一方面控制山东、河北、另一方面直达江淮，与南方政权抗争，可成为控制东方的军事、经济基地。"杜士铎主编《北魏史》，第186～187页。

③ 慧皎撰《高僧传》第九卷，《大正藏》第50册，第387页。

④ 邺城遗址位于今河北省临漳县西南。1998年及2001年，中国社会科学院考古研究所与河北省文物研究所联合组建的邺城考古队，在邺北城南城墙下发现一处地下潜伏城门，在发掘过程中，先后出土两块文字瓦当残块，前者编号为98JYBT1，后者从01JYT54东盗洞内出土，二者可拼合。瓦当残大半，制作较为精良，质地为泥质灰陶，直径16～16.1厘米、边郭宽1.5～1.7厘米、厚2厘米。当心圆钮饰六瓣叶纹，当面由成组的（转下页注）

北魏道武帝拓跋珪与明元帝拓跋嗣虽然放弃了迁邺之意，但也曾经先后倾力营建邺城地区佛教。据《辩正论》载，拓跋珪"于虞虢之地造十五级浮图，起开泰、定国二寺。写一切经，铸千金像。召三百名僧，每月法集"。拓跋嗣"于邺下大度僧尼"。太武帝拓跋焘于"灭法"之前，也在"邺城造宗正寺"。①《魏书·世祖太武帝纪》载，太平真君七年（446）夏四月，"戊子，邺城毁五层佛图"。孝文帝拓跋宏"仍于邺都造安养寺，硕德高僧四方云集"。迁都洛阳后，孝明帝元诩"仍于邺下造大觉寺，窈窕曲房参差复殿"。② 说明当时的邺城城内寺院已经颇具规模。

534 年，迁都邺城之时，洛阳城内僧伽大部随同入邺。《洛阳伽蓝记》载："暨永熙多难，皇舆迁邺，诸寺僧尼亦与时徙。"③ 曾经活跃于洛阳译场的菩提流支、勒那摩提、佛陀扇多、瞿昙般若流支等域外高僧及慧光、僧稠等本土僧侣也都先后应诏赴邺。④ 印度禅师菩提达摩弟子慧可（又名僧可），

（接上页注④）棱线分为四区，每区内填写二字，由左至右竖读"大赵□□光□浮图"，文字外两周凸弦纹，外缘饰一圈三角形锯齿纹。该瓦当与邺城地区出土的"大赵万岁"文字瓦当在形制、制法、纹饰和字体上基本一致，残缺文字部分应为"万岁"两字。参见中国社会科学院考古研究所、河北省文物研究所、河北省临漳县文物旅游局编著《邺城文物菁华》，文物出版社，2014，第58、59 页。此为后赵政权邺城佛教遗迹相关的实物资料，是佛图澄在邺城建塔立寺的重要证据。另外，目前所知最早的纪年佛像是现存美国旧金山亚洲美术馆的后赵建武四年（338）金铜坐佛，通高39.7 厘米。主尊面相略呈倒梯形，高髻，枣核形眼，阔鼻抿嘴。身着通肩袈裟，胸前衣纹呈"U"字形。结跏趺坐，双手拢于胸腹间，作禅定式。下有方座，正面有三个嵌孔。类似的金铜像近年来在河北等地也有不少发现。参见李正晓《中国早期佛教造像研究》，文物出版社，2005，第93 页；裴淑兰、冀艳坤《河北省征集的部分十六国北朝佛教铜造像》，《文物》1998 年第7 期，第67 ~ 75 页。有关十六国时期邺城佛教遗迹的研究，亦可参见何利群《十六国至北魏时期的邺城佛教史迹》，《中原文物》2016 年第2 期，第45 ~ 52 页。

① 法琳撰《辩正论》第三卷，《大正藏》第52 册，第506 页。
② 法琳撰《辩正论》第三卷，《大正藏》第52 册，第507 页。
③ 杨衒之撰《洛阳伽蓝记》第一卷，《大正藏》第51 册，第999 页。
④ 其中，慧光成为僧统。慧光早年随天竺禅师跋陀出家，后从中印度义学沙门勒那摩提受学，于禅、律、地论、华严诸学均大有建树。慧光门下高徒号称"十哲"，道凭、僧范、法上、僧达、慧顺及再传弟子灵裕、慧远、昙迁等均为僧界翘楚。《续高僧传》载："逮于北邺最称光大，移都兹始，基构极繁。而兼创道场，殄绝魔网，故使英俊林蒸，业正云会。每法筵一建，听侣千余。慧光、道凭蹑迹通轨，法融、慧远顾视争衡。然而，开剖章途，解散词义，并推光统以为言先。"道宣撰《续高僧传》第十五卷，《大正藏》第50 册，第548 页。僧稠曾师从跋陀的弟子道房禅师，受行止观，属于跋陀的再传弟子。僧稠后来到少林寺参诣跋陀，呈己所证。跋陀赞其"自葱岭已东，禅学之最，汝其人矣。乃更授深要"。僧稠北齐天保二年（551）应诏入邺，文宣帝高洋奉为国师，从受菩萨戒，下敕在邺城西南八十里之龙山之阳为之建云门寺，令其兼任石窟大寺主，"并敕国内诸州，别置禅肆"。道宣撰《续高僧传》第十六卷，《大正藏》第50 册，第553、554 页。

从学六载，秉承师学。达摩圆寂后，慧可于东魏"天平之初（534），北就新邺盛开秘苑"①。总之，得益于他们的筚路蓝缕及影响力，邺城佛教义学与修行实践都很发达，具有解行并重的特点。同时，邺城伽蓝建设虽吸取洛阳教训，有所管控，但亦初具规模。②

随迁入邺的各大译师们并没有因为世事变迁、政局板荡而使译事中辍，据《历代三宝记》载："佛陀扇多，魏言觉定。从正光六年（525）至元象二年（539），于洛阳白马寺及邺都金华寺译《正法念处经》七十卷（兴和元年于邺城大丞相高澄第译，昙林僧昉等笔受）。"又有"南天竺国波罗□城婆罗门瞿昙般若流支，魏言智希。从元象初（538）至兴和末（542），在邺都译""一十四部合八十五卷"。又有"中天竺优禅尼国王子月婆首那，魏言高空。于邺城译，僧昉笔受""三部合八卷"③。《续高僧传》则说：

> 时有中天竺优禅尼国王子月婆首那，陈言高空，游化东魏。生知俊朗，体悟幽微。专学佛经，尤精义理。洞晓音韵，兼善方言。译《僧伽咤经》等三部七卷。以魏元象年中（538），于邺城司徒公孙腾第出，沙门僧昉笔受。④

> 三藏流支自洛及邺，爰至天平（534~537）二十余年。凡所出经，三十九部，一百二十七卷，即《佛名》《楞伽》《法集》《深密》等经，《胜思惟》《大宝积》《法华》《涅槃》等论是也。……又有北天竺僧佛陀扇多，魏言觉定。从正光元年至元象二年，于洛阳白马寺及邺都金华寺，译出《金刚上味》等经十部。当翻经日，于洛阳内殿，流支传本，余僧参助。其后三德乃徇流言，各传师习，不相询访。帝以弘法之盛，略叙曲烦，敕三处各翻讫乃参校。其间隐没，互有不同，致有文旨，时兼异缀。后人合之共成通部。……时又有沙门法场，于洛阳译《辩意长

---

① 道宣撰《续高僧传》第十六卷，《大正藏》第50册，第552页。
② 《魏书·释老志》载，东魏元象元年（538）秋，诏曰："梵境幽玄，义归清旷，伽蓝净土，理绝嚣尘。前朝城内，先有禁断，自隶来迁邺，率由旧章。而百辟士民，届都之始，城外新城，并皆给宅。旧城中暂时普借，更拟后须，非为永久。如闻诸人，多以二处得地，或舍旧城所借之宅，擅立为寺。知非己有，假此一名。终恐因习滋甚，有亏恒式。宜付有司，精加隐括。且城中旧寺及宅，并有定帐，其新立之徒，悉从毁废。"冬，又诏："天下牧守令长，悉不听造寺。若有违者，不问财之所出，并计所营功庸，悉以枉法论。"兴和二年（540）春，"诏以邺城旧宫为天平寺"。
③ 费长房撰《历代三宝纪》第九卷，《大正藏》第49册，第86~87页。
④ 道宣撰《续高僧传》第一卷，《大正藏》第50册，第430页。

者问经》一卷,虽阙传对而是正文。……又熙平元年,有南天竺波罗奈城婆罗门,姓瞿昙氏,名般若流支,魏言智希。从元年至兴和末,于邺城,译《正法念》《圣善住》《回诤》《唯识》等经论,凡一十四部,八十五卷。沙门昙林、僧昉等笔受。①

此时,由于邺城高僧云集、译事宏富,无形中吸引了很多青年才俊前来求学、请法,《续高僧传》载,"地论师"的重要代表人物——释慧远(隋京师净影寺慧远,523~592)"年十六,师乃令随阇梨湛律师往邺,大小经论,普皆博涉。随听深隐,特蒙赏异"②。

东魏武定八年(550)正月,高欢次子高洋建立北齐。557 年西魏为宇文氏所取代,建立北周。邺城佛教于北齐之初达到全盛阶段,③ 邺城译事继续焚膏继晷,长盛不衰,《历代三宝记》说:"北天竺乌场国三藏法师那连提耶舍,齐言尊称。于邺城译""七部合五十二卷",又有"高齐居士万俟懿于邺城译""《尊胜菩萨所问经》一卷","懿元是鲜卑姓万俟氏,少而出家师事婆罗门。甚聪哲,善梵书、语工、咒术、医方,故预翻译焉"。④

南北朝中后期逐渐形成以研究《十地经论》为主的"地论师",这个学派由于慧光系(地论学派南道系)的影响,在北方主要活跃于东魏、北齐年间的邺城地区。"地论师"影响到此后中国佛教天台宗、三论宗、华严宗、唯识宗,乃至律宗、净土宗等宗派的形成,在中国佛教史上具有重要地位。玄奘在"出国"之前,所学即包含慧光弟子法上与道凭两个师承。⑤

邺城佛教义学之盛,甚至令南梁佛教界刮目相看。《魏书·儒林列传·李同轨》载,李同轨儒释兼通,"兴和中(539~542),兼通直散骑常侍,使萧衍。衍深耽释学,遂集名僧于其爱敬、同泰二寺,讲《涅槃大品经》,引同轨预席,衍兼遣其臣并共观听。同轨论难久之,道俗咸以为善"。李同轨熟稔《涅槃经》及其义理,所以能与南梁僧俗论难往复并使其折服,看来是"涅槃学"的忠实拥趸。《涅槃经》在北魏非常盛行,地论师往往兼习《涅

---

① 道宣撰《续高僧传》第一卷,《大正藏》第 50 册,第 428~429 页。
② 道宣撰《续高僧传》第一卷,《大正藏》第 50 册,第 490 页。
③ 《续高僧传》说:"属高齐之盛,佛教中兴。都下大寺,略计四千。见住僧尼,仅将八万。讲席相距,二百有余。在众常听,出过一万。故宇内英杰,咸归厥邦。"道宣撰《续高僧传》第十卷,《大正藏》第 50 册,第 501 页。
④ 费长房撰《历代三宝纪》第九卷,《大正藏》第 49 册,第 87 页。
⑤ 赖永海主编《中国佛教通史(学术版)》第三卷,第 302 页。

槃经》，特别是慧光再传弟子净影慧远"祖习《涅槃》"①。看来，李同轨的涅槃之学渊源有自，从另一侧面亦表明《涅槃经》及涅槃学在邺城知识阶层的影响度。

北齐承光元年（577）正月，北周军队攻入邺城，灭北齐，北方重新统一。581 年杨坚篡位，改国号为隋，北朝从此结束。北周末年，杨坚毁邺城，邺城佛教也从此逐渐湮灭于历史的尘埃之中。一时千载、千载一时，2012 年1 月，中国社会科学院考古研究所与河北省文物研究所联合组建的邺城考古队，在邺南城遗址北吴庄发掘出一个大型佛教石造像瘗藏坑，清理出土佛教石造像 2895 件以及数千件碎片。这批造像绝大多数为汉白玉质，少数为青石和陶质，多数保存有较好的彩绘和贴金痕迹，题材、类型丰富。经过鉴定，时代主要是在东魏、北齐时期，北魏及唐代造像并不多。② 发掘之后，出土造像的整理与修复工作一直在持续开展。从目前的整理情况来看，有题记的造像约 300 余件，造像样式除河北地区常见的中小型白石背屏像外，还有部分中型或大型单体圆雕像，题材涉及释迦、定光、弥勒、药师、阿弥陀、卢舍那、观世音、思惟太子以及释迦多宝等。以"二重证据法"证实了公元534 年到 577 年之间的邺城佛教的盛极一时与辉煌灿烂。

高欢祖籍渤海蓨县（今河北省景县南），祖辈迁徙至怀朔后遂"世居"于此。高欢自幼即熟稔鲜卑语，早年又娶鲜卑人为妻，"故习其俗，遂同鲜卑"成为鲜卑化汉人。高欢奉行的"鲜卑化"政策，使东魏、北齐时期的民族"大融合"与北魏"洛阳时代"相比，出现很大的倒退。这时南梁在礼乐文化方面胜于北方，为时所公认。史载，高欢自云："天下浊乱，习俗已久。今督将家属多在关西，黑獭（按：西魏宇文泰，字黑獭，一作黑泰）常相招诱，人情去留未定。江东复有一吴儿老翁萧衍者，专事衣冠礼乐，中原士大夫望之以为正朔所在。我若急作法网，不相饶借，恐督将尽投黑獭，士子悉奔萧衍，则人物流散，何以为国？"（《北齐书·杜弼列传》）说明，北方地区经过上百年艰难曲折的民族"大融合"历程，典章制度上的"汉化"、思想文化方面的"儒化"、政治上的"大一统"，已经成为民心所向、大势所趋。

---

① 道宣撰《续高僧传》第八卷，《大正藏》第 50 册，第 492 页。
② 邺城考古队：《河北省邺城遗址赵彭城北朝佛寺及北吴庄佛教造像埋藏坑考古发掘与收获》，《中国文物报》2013 年 3 月 15 日第 5 版。

宇文泰族系源出南匈奴，后融入鲜卑族中，号宇文部。后为鲜卑慕容皝所灭，其余部乃仕于慕容氏诸燕。及后燕为北魏所败，乃归北魏，不久被徙居武川（今内蒙古武川西），遂世居守之。行伍出身的宇文泰也崛起于"六镇起义"当中，加上自身的民族血统及北魏覆亡的惨痛教训，促使他建政后也施行了一些"民族保守主义"措施，如通过鲜卑化，照顾鲜卑民族的感情，重新恢复皇室旧姓拓跋；所将士卒也改从主将的胡姓，从形式上胡化了一批汉人。① 但宇文泰同时也重用汉族士人苏绰、卢辩等人，他令卢辩依据《周礼》，托古更改官制，实行北周六官（指天官、地官、春官、夏官、秋官、冬官六府机构）制，借以争取汉族士族的拥护、归向；从大统元年（535）三月，到大统七年（541）九月，又先后颁行了由苏绰起草的三十六条诏书，包括政治、经济、思想、文化各个方面，并据此而采取了一系列措施，以期抚慰战争创伤。在政治上，宇文泰奉行以儒家德治教化，来稳定统治秩序；在用人上唯贤是举、不限资荫，为大批汉族士人入仕开辟了道路；他勇于纳谏，大统五年（539），下令置纸笔于长安阳武门外，以访求得失；经济上他劝课农桑，注重完善农业制度；思想文化上他崇儒兴学，在长安设立国子学，以硕儒卢诞为国子祭酒。他于大统十一年（545），根据《尚书·大诰》的格式，制《大诰》一篇，以为范文体例，力图以此矫正浮华文风。宇文泰还通过系列举措，极力笼络关陇汉族地方豪强，调和胡汉贵族阶层利益……最终使东、西对峙中，综合实力处于劣势的西魏由乱到治、转弱为强。他能够在纷繁复杂的历史条件下，观时而变，顺乎历史发展的潮流，他所颁行的各项制度，更是开隋唐政治制度之渊薮。李延寿在《北史》中评价他说：

> 于是内询帷幄，外杖材雄，推至诚以待人，弘大顺以训物。……以弱为强。绍元宗之衰绪，创隆周之景命，……宪章古昔，修六官之废典，成一代之鸿规。德刑并用，勋贤兼叙，远安迩悦，俗阜人和。亿兆之望有

---

① 如隋朝开国皇帝杨坚，汉族，弘农郡华阴（今陕西省华阴市）人，汉太尉杨震十四世孙。其父杨忠受西魏恭帝所赐鲜卑族姓氏为普六茹；另外受赐姓的还有，西魏赐大臣裴文举姓贺兰、东魏武定年间赐大臣苏绰之弟苏椿姓贺兰、北周赐大臣梁台姓贺兰，其子孙后裔皆袭之，称贺兰氏。杨坚掌权后恢复汉姓"杨"，并让宇文泰鲜卑化政策中改姓的汉人恢复汉姓。裴文举子孙后裔一部分人省文简化为单姓贺氏，一部分恢复为裴氏。苏椿子孙后裔一部分人省文简化为单姓贺氏，一部分恢复为苏氏。梁台子孙后裔一部分人省文简化为单姓贺氏，一部分恢复为梁氏。

归，揖让之期允集。功业若此，人臣以终，盛矣哉。（《北史·周本纪》）

宇文泰堪称中国历史上继北魏孝文帝之后，促进民族"大融合"、政治"大一统"，推动历史进步的又一位鲜卑族杰出领袖。

（六）都邑佛教与寺院经济

佛教在传播、发展过程中逐渐形成"城市佛教（都邑）"与"山林佛教"两种形态。从宗教生活的本质上说，两种存在方式应该是"不一不异"的。但作为"伦理色彩最深厚之宗教"，佛教强调修行应按照"由戒生定，由定发慧"的次序，所谓"诸服其道者，则剃落须发，释累辞家，结师资，遵律度，相与和居，治心修净，行乞以自给"，"率在于积仁顺，蠲嗜欲，习虚静而成通照也"（《魏书·释老志》）。戒律具有防非止恶的功能，是佛教修行体系的不拔之基，所谓"皆以□为本，随事增数，在于防心、摄身、正口。心去贪、忿、痴，身除杀、淫、盗，口断妄、杂、诸非正言，总谓之十善道"（《魏书·释老志》）。戒律对僧伽的衣食住行皆有严格要求，如：

> 若汝善男子不宿阿兰若、不住聚落、不近聚落、不远聚落、不住独处、不乞食行、不请食食、不粪扫衣、不长者家取钵三衣、不露地坐、不少欲、不知足、非常知足、不远离行、不树下住、不房中宿、不残宿食、不食苏蜜。若汝善男子如是，一切头陀功德聚集。[1]

总之，早期印度佛教的发展形态（尤其是"部派佛教"）要求僧伽生活以"乞食"为主，并且做到"居无定所"，也就是说更倾向于"游居"的"山林佛教"。山林佛教倾向于简易明了、直指人心的宗教精神，有利于僧伽的个人修行、解脱；但在使佛教与社会深入融合和弘法利生方面，"城市佛教"发挥的作用更大一些。

中国佛教的显著特点之一，就是为了与农耕社会及封建户籍管理制度相适应，无论是"城市佛教"还是"山林佛教"，僧伽的修行、生活逐渐以定居、群居为主。"而作为定居下来修道传法的场所——寺院（伽蓝）建立之后，起先僧众生存、修道以及弘法所需是通过'国家供给'和'官民供养'多渠道筹备的。但是，这样的供给和供养并不是特别稳定。因此，寺院的经

---

[1] 毗目智仙、般若流支译《圣善住意天子所问经》第三卷，《大正藏》第12册，第128页。

济活动便不可避免。"于是"寺院在自身的宗教角色之外，逐渐成为经济活动的参与者，甚至至隋唐时期成为整个社会重要的经济实体之一"①。这样一来，以"脱尘离俗"为本怀的出家行为，无形中平添了许多"入世"的角色；"众生平等"的精神追求，反而演绎出不少人为造成的"不公平"，如在社会地位、财富等方面。《魏书·释老志》云：

> 昔如来阐教，多依山林，今此僧徒，恋着城邑。岂湫隘是经行所宜，浮喧必栖禅之宅，当由利引其心，莫能自止。处者既失其真，造者或损其福，乃释氏之糟糠，法中之社鼠，内戒所不容，王典所应弃矣。非但京邑如此，天下州、镇僧寺亦然。侵夺细民，广占田宅，有伤慈矜，用长嗟苦。且人心不同，善恶亦异。或有栖心真趣，道业清远者；或外假法服，内怀悖德者。如此之徒，宜辨泾渭。若雷同一贯，何以劝善。然睹法赞善，凡人所知；矫俗避嫌，物情同趣。

按照戒律要求，僧伽不能直接从事生产，所以就需要社会人士的供养来维持生存。最基本的是衣服、饮食、卧具、汤药，所谓"四事供养"。大乘佛教兴起后，"城市佛教"发展壮大，特别是居士阶层在"福田"理念的刺激下，供养的规模及范围也在不断扩大，从花、香、璎珞、末香、涂香、烧香、缯盖、幢幡、衣服、伎乐"十种供养"（《妙法莲华经·法师品》），到布施房产、土地、金银财宝……寺院（尤其是都邑寺院）逐渐成为社会财富聚积之所。② 这样也无形中孳息出许多"寄生虫"，所谓：

> 营求孜汲，无暂宁息。或垦殖田圃，与农夫齐流。或商旅博易，与众人竞利。或矜恃医道，轻作寒暑。或机巧异端，以济生业。或占相孤虚，妄论吉凶。或诡道假权，要射时意。或聚畜委积，颐养有余。或抵掌空谈，坐食百姓。斯皆德不称服，行多违法。③

---

① 赖永海主编《中国佛教通史（学术版）》第四卷，第 195 页。
② 如《张道智造像记》云："大魏正始元年（504）四月八日佛弟子张道智，知三宝可崇，□发微愿。用寺西家地两拾亩，永施五楼村。永福寺主开，常住众僧等。愿许其有僧在寺永为智亡祖父母、居门眷属，依时礼拜。斋会之次，各为礼一拜。虑后僧不晓，造石像一区，因铭记之。"颜娟英主编《北朝佛教石刻拓片百品》第 1 册，转引自李利安、崔峰《南北朝佛教编年》，第 97 页。
③ 僧祐撰《弘明集》第六卷，《大正藏》第 52 册，第 35 页。

所以，寺院经济及其经济行为在历史上往往形成"双刃剑"效应，这就需要僧团与朝廷双管齐下的监控、管理及全社会文化程度、文明意识的不断提升。

历史上的都邑寺院往往起到区域文化中心的作用，承担着文化传承及传播的功能。都邑佛教对于经典的翻译、研究、弘扬有能力组织起可靠的人力资源，提供强大的经济支持。都邑佛教昌盛之地，也是佛教义学盛行之所。检验一个时代佛教盛衰的标志，即看佛教义学的发展程度。

都邑寺院的繁盛，刺激了都市基础设施建设及城市功能的不断完善，刺激了城镇数量及城镇经济的发展壮大；伽蓝的营建、石窟的开凿等大规模"福田事业"的开展，需要聚集大批劳动力人口，催生手工业、物流、商业等相关产业的繁荣；都邑寺院拥有大量土地并从事农业生产、经营活动，顺应与农耕文化相适应的定居务农的生活方式。寺院经济促进了"定居型"文明的发展。都邑佛教对于北方民族政权的"封建化"、各少数民族的"汉化"以及民族融合、文化融汇都起到了一定的促进作用。

三　佛法西渐与文化输出

十六国、北朝时期，也是东西文化交流与对外文化输出的活跃时期。

十六国时期，河西地区各民族割据政权为了政权建设及自身经济发展的需要，与丝绸之路沿线各个国家和地区保持了密切的经贸交往关系，佛教传播也得益于此。据王启涛教授研究：

> 吐鲁番出土较早有纪年的佛教写经，是西晋元康六年（296）三月十八日竺法护译写的《诸佛要集经》，以及西晋永嘉二年（308）二月写的《光赞般若波罗蜜经》，而此之前，高昌仅仅是一条佛教传入通道。高昌本地并不直接接受由西域传来的佛教，而是由西域经高昌传入中国后，成为高度中国化的佛教，然后再回传到高昌。包括高昌地区的弥勒信仰，也是由北凉传回去的。……以吐鲁番地区为代表，古代吐鲁番地区流行的是汉传佛教，它是中原佛教回传的结果。①

吐鲁番地区的汉传佛教"回流"现象，一方面表明中原地区的文化影响力辐

---

① 王启涛：《汉传佛教在丝绸之路上的传播》，《西南民族大学学报》（人文社会科学版）2019年第5期，第58页。

射所及，另一方面也许是得益于胡商团队商业网络、触角带来的文化传播附加值的作用。

太延（435~440）中，北魏国力日益强盛，影响所及，不仅"西域龟兹、疏勒、乌孙、悦般、渴槃陀、鄯善、焉耆、车师、粟特诸国王，始遣使来献"。而且"乌孙、破洛那之属遣使"与魏使"俱来贡献者十有六国。自后相继而来，不间于岁，国使亦数十辈矣"，北魏与西域各国建立了初步的"朝贡"关系。为了全力对付强大的"柔然"，稳定北疆，太武帝曾遣使节六使西域，西域诸国也遣使来献，直接促成了草原丝绸之路的繁荣。此时由于中原未定，北魏无意放手经略西域，只是与各国保持"信使往来"，在交往实践中"深得羁縻勿绝之道耳"（《魏书·西域列传》）。

太延五年（439），北魏灭北凉，打通了丝绸之路的中段。草原丝绸之路畅通，北魏与西域各国交往更加频繁，形成了由平城经河套地区至高昌，沿天山北麓西行经哈密、高昌，在龟兹、焉耆后，越天山经车师，过中、西亚最终到达黑海沿岸的一条横跨欧亚大陆的贸易通道。随北魏势力的扩大，"自葱岭已西，至于大秦，百国千城，莫不欢附，商胡贩客，日奔塞下。所谓天地之区已乐中国土风，因而宅者不可胜数。是以附化之民，万有余家"①。延伸的丝绸之路使得洛阳成为其东端之重镇，形成胡商集聚、奇珍异宝云集的盛况；中原特产绵延西行，横贯中亚和西亚，通达拜占庭帝国。大批波斯、粟特商人以"河西"为中转，链接起了中原腹地与黑海、地中海沿岸的商路。绵绵商队、漫漫驼铃往来满载的不仅有奇珍异货，还有思想文化，"佛法东来""青牛西去"……文化交流、交往，在人类文明进程中发挥着不可替代的作用。如今在"丝绸之路经济带"沿线各地出土的文物中，还能依稀管窥当年中西文化交流的盛况。

十六国时期的西行求法"第一人"法显，"以晋隆安三年（399、北魏天兴二年、后秦弘始元年），与同学慧景、道整、慧应、慧嵬等，发自长安，西渡流沙"②，一路西行求律，沿途考察记录了于阗盛行大乘佛教、乌苌国佛法之盛、犍陀卫国流行小乘佛教、摩竭陀国华氏城崇奉大乘、迦毗罗卫荒疏、舍卫城僧众相对集中、狮子国无畏山寺佛教繁盛等各地的佛教概况，413年由狮子国泛海扬帆，在山东崂山登陆，后回到建康，叙述见闻，录为

---

① 杨衒之撰《洛阳伽蓝记》第三卷，《大正藏》第51册，第1012页。
② 慧皎撰《高僧传》第三卷，《大正藏》第50册，第337页。

《佛国记》。又有：

> 释智猛，雍州京兆郡新丰县人也。……每见外国道人说释迦遗迹，又闻"方等"众经布在西域。常慨然有感，驰心遐外。以为万里咫尺，千载可追也。遂以伪秦（后秦）弘始六年（404、北魏天赐元年），戊辰之岁，招结同志沙门十有五人，发迹长安，度河顺谷三十六渡，至凉州城，既而西出阳关，入流沙。①

法显、智猛等人先后从长安出发，他们之所以能够顺利到达西域各地，很可能是沿途搭载不同的商队同行。法显团队游历西域后，又折向东南进入印度次大陆考察北印度各地、渡海到达斯里兰卡。他们的西行之旅虽然是为了游学、取经，但同时无形中也一路交流、传播了"原生"国度的佛教，互通有无，接续了法谊。

吴震先生在《吐鲁番写本所见鸠摩罗什汉译佛教经籍举要》一文中指出，现藏于日本东京书道博物馆的《妙法莲华经方便品》令狐崈写本②，依书体相当于出自北凉承玄二年（429），此说可从。这也是罗什所译早期抄本之一。③《妙法莲华经》是罗什在后秦弘始四年（402）至十五年（413）期间，于长安译出的。④ 该经共七卷，《方便品》与《寿量品》是《法华经》的两大核心部分，为本经"正宗分"，所以才会有单品抄本出现。429 年，西域地区即有《方便品》抄本出现，一是说明此经传播迅速、传播广泛，可见其影响程度；二是表明此时草原丝绸之路文化交流渠道是畅通的。

北魏太平真君七年（446），太武帝下诏灭佛，诛杀沙门、毁灭佛像。沙门闻风而逃，其中，"释法朗，高昌人。……至魏虏毁灭佛法。朗西适龟兹，龟兹王与彼国大禅师结约，若有得道者至，当为我说，我当供养。及朗至，乃以白王。王待以圣礼。后终于龟兹"⑤，"后魏太武末年（451），沙门道药

---

① 僧祐撰《出三藏记集》第十五卷，《大正藏》第 55 册，第 113 页。
② 〔日〕矶部彰编集《台东区立书道博物馆藏：中村不折旧藏禹域墨书集成》卷下，东京：二玄社，2005，第 3 页。
③ 吴震：《吐鲁番写本所见鸠摩罗什汉译佛教经籍举要》，《佛学研究》1994 年第 3 期，第 152 页。
④ 《出三藏记集》第八卷《法华宗要序》云："秦弘始八年（406）夏，于长安大寺集四方义学沙门二千余人，更出斯经。"僧祐撰《出三藏记集》第八卷，《大正藏》第 55 册，第 57 页。罗什译本是《法华经》的第三译。
⑤ 慧皎撰《高僧传》第十卷，《大正藏》第 50 册，第 392 页。

从疏勒道入，经悬度到僧伽施国（天竺）。及返，还寻故道。著《传》一卷"①。道药很可能也是为了躲避"法难"，先西遁疏勒再东游天竺的。

北魏永平元年（508）北印度僧人菩提流支到达洛阳，在近三十年里，除了译经三十部，重译《入楞伽经》（十卷），还把汉僧昙谟最的《大乘义章》译成胡文传回西域，在西域造成很大影响。据《洛阳伽蓝记》第四卷"融觉寺"条所载，以至于西域"沙门常东向遥礼之，号昙谟最为东方圣人"。这是汉语系佛教论典被翻译成世界其他文字的最早历史记录，具有里程碑意义，表明佛教在中国的传播由输入、接受，开始转向文化输出。《魏书·释老志》载，永平二年冬（509），沙门统惠深上言："僧尼浩旷，清浊混流，不遵禁典，精粗莫别。……其外国僧尼来归化者，求精检有德行合三藏者听住，若无德行，遣还本国，若其不去，依此僧制治罪。"表明此时游学中原的外国僧侣之多，以至于滥竽充数、鱼目混珠者有之。可见"东方佛国"所具有的强大吸引力。

《续高僧传》载：

> 释慧嵩，未详氏族，高昌国人。其国本沮渠凉王避地之所，故其宗族皆通华夏之文轨焉。嵩少出家，聪悟敏捷。开卷辄寻，便了中义。潜蕴玄肆，尤玩杂心，时为彼国所重。……于时元魏末龄，大演经教。高昌王欲使释门更辟，乃献嵩并弟，随使入朝。高氏作相，深相器重。时智游论师，世称英杰。嵩乃从之，听《毗昙》《成实》。……既学成望远，本国请还。嵩曰："以吾之博达，义非边鄙之所资也。"旋环邺洛，弘道为宗。后又重征，嵩固执如旧。②

高昌国王派遣慧嵩兄弟相携到中原学习佛法，期望他们学成归国、光大本国佛教之事，表明即使时至北魏之末，国势已今非昔比，但北魏对高昌仍然保持着强大的文化辐射影响力。

北魏覆亡后，北方虽然重新陷入分裂局面，但继起的东魏、西魏、北齐、北周，依然保持了对外交往、文化交流的强劲势头。

《周书·异域列传·吐谷浑》载，西魏废帝二年（553，北齐高洋天保四年），"太祖勒大兵至姑臧，夸吕（吐谷浑可汗）震惧，遣使贡方物。是岁，

---

① 道宣撰《释迦方志》第二卷，《大正藏》第51册，第969页。
② 道宣撰《续高僧传》第七卷，《大正藏》第50册，第482~483页。

夸吕又通使于齐氏。凉州刺史史宁觇知其还，率轻骑袭之于州西赤泉，获其仆射乞伏触扳、将军翟潘密、商胡二百四十人，驼骡六百头，杂彩丝绢以万计"。这是一个吐谷浑出使北齐而返回的使团，往返经过北周控制的河西地区。由于周、齐敌对，所以使团悄然隐蔽在胡商的团队之中，孰料消息走漏，遭到凉州轻骑大肆劫掠。这次截获战果颇丰，因为其中不仅有商胡的大量物资，肯定还有北齐惠赐吐谷浑的大批"国礼"。吐谷浑可汗夸吕在周、齐之间首鼠两端和他的使团在北周境内被劫，也是情理之中的事。此亦说明，草原丝绸之路是东西畅通的，并没有受到改朝换代的影响。商胡行进在这条道路上，人的平安、货物的安全皆是头等大事，所以他们一方面要得到沿途地方政权和游牧民族首领的保护，另一方面就要听天由命，祈求神灵护佑了。商胡中粟特人的民族信仰以祆教为主，不过由于他们与往返在这条道路上同行的佛教僧侣接触多了，难免耳濡目染，一部分人改信了菩萨。胡商又像丝绸之路上宗教文化的"宣传队"与"播种机"，将他们的信仰带到商队延伸的每一个地方。

《续高僧传》载，北齐文宣帝（高洋）天保中（550~559）：

> 致有高句丽国大丞相王高德，乃深怀正法，崇重大乘，欲播此释风被于海曲，然莫测法教始末缘由，西徂东壤年世帝代。故具录事条，遣僧向邺，启所未闻事。叙略云："释迦文佛入涅槃来，至今几年？又于天竺几年方到汉地？初到何帝年号是何？又齐陈佛法谁先传告？从尔至今历几年帝？远请具注。"并问《十地》《智论》等，人法所传。上答略云："佛以姬周昭王二十四年甲寅岁生，十九出家，三十成道，当穆王二十四年癸未之岁。穆王闻西方有化人出，便即西入而竟不还。以此为验。四十九年在世，灭度已来，至今齐代武平七年丙申，凡经一千四百六十五年。后汉明帝永平十年，经法初来。魏晋相传，至今流布。"上广答缘绪，文极指订。今略举梗概，以示所传。①

高句丽大丞相将有关佛教史上的重大问题请教于北齐朝廷，表明了其在东北亚佛教界的重要地位。此例充分说明朝鲜半岛的佛教与中国佛教之间法谊的源远流长。高洋据闻所答，肯定是和僧统法上事先商量好了的。法上在北齐具有崇高的地位，高洋对他非常虔敬，在重大法事活动中，尝布发于地，令

---

① 道宣撰《续高僧传》第八卷，《大正藏》第50册，第485页。

其践踏，以登法座。

北魏末年，由于政局动荡，柔然乘隙屡次三番犯关排闼。西魏建立后，为了全力对付东魏和南梁，宇文泰对北方游牧民族政权柔然和突厥采取和亲政策。他先是把宗室元翌之女，嫁给柔然主阿那瑰之弟塔寒；后又劝西魏文帝元宝炬，纳阿那瑰之女郁久闾氏为皇后，以结好柔然。大统十一年（545），宇文泰派使节出使突厥，建立起联系，大统十七年（551），把长乐公主嫁给突厥主阿史那土门。突厥也派使者回访西魏，赠送国礼、保持往来，如大统十九年（553），向西魏献马五万匹。① 宇文泰的儿子——北周武帝宇文邕后来（天和三年三月初八日）即迎娶突厥木杆可汗之女阿史那氏为皇后。宇文泰以"和亲"为策略的民族和解政策保证了边鄙无虞，加强了不同民族之间的友好往来，起到了民族修好的作用。

《北史·突厥列传》载："突厥者，其先居西海之右，独为部落，盖匈奴之别种也，姓阿史那氏。""其俗：被发左衽，穹庐毡帐，随逐水草迁徙，以畜牧射猎为事，食肉饮酪，身衣裘褐。贱老贵壮，寡廉耻，无礼义，犹古之匈奴。""突厥"是活跃于蒙古高原和中亚地区继匈奴、鲜卑、柔然以来又一个重要的游牧民族集团的统称，其祖先属于北匈奴人。阿史那氏最初只有数百家，逐渐以小博大、由弱变强，后来发展到数万人，多数人来源于周围的铁勒部落人。5 世纪中归附柔然，为其炼铁奴。西魏大统十六年（550），突厥首领阿史那土门率众打败合并了高车（铁勒）各部五万余帐，并且受到西魏的重视；552 年大败柔然，以漠北为中心在鄂尔浑河流域建立起奴隶制政权；553 年，联合西魏再破柔然；555 年，基本消灭柔然各个残余部落，高昌臣服，突厥势力延伸到西域。这时西魏与东魏对突厥都采取拉拢的政策，以换取支持，至少是中立。而突厥在换取大量经济利益以后，一般采取与西魏（北周）联盟、共同压制东魏（北齐）的政策，有时候也处在中立位置。

北齐后主天统三年（567），突厥分裂为东、西两部分，其中东突厥为原统一突厥可汗正支嫡系之后。东突厥在木杆可汗统治期间（553～572），迅速强大起来，疆域"西破嚈哒，东走契丹，北并契骨，威服塞外诸国。其地

---

① 突厥马是突厥的名产。"突厥马，技艺绝伦。筋骨合度，其能致远，田猎之用无比。"马匹的质量和数量是突厥国力的重要标志；突厥贵族的财力，也是以马匹的数量来衡量的，所谓"突厥兴亡，唯以羊、马为准"（《旧唐书·郑元璹列传》）即此意。

东自辽海以西，西至西海万里，南自沙漠以北，北至北海五六千里，皆属焉"（《周书·异域列传下·突厥》），南面与北周、北齐接壤。木杆可汗在位20年，其弟佗钵可汗继承汗位（572～581），"时佗钵控弦数十万，中国惮之，周、齐争结姻好，倾府藏以事之。佗钵益骄，每谓其下曰：'我在南两儿常孝顺，何患贫也！'"（《隋书·北狄列传·突厥》）东突厥充分利用北周、北齐之间的矛盾，往往取利于两者之间。

突厥的民族信仰崇尚太阳、祖先、自然、鬼神崇拜，"每岁率诸贵人，祭其先窟。又以五月中旬，集他人水拜祭天神。於都斤西五百里有高山迥出，上无草树，谓为勃登凝梨，夏言地神也。其书字类胡，而不知年历，唯以草青为记。男子好摴蒲，女子踏鞠，饮马酪取醉，歌呼相对。敬鬼神，信巫觋，重兵死，耻病终，大抵与匈奴同俗"（《北史·突厥列传》）。

与匈奴"祭其先、天地、鬼神"（《史记·匈奴列传》）、萨满教式的仪式传统如出一辙。[1]

根据现存史料考证，突厥民族接触并接受佛教，应该始于佗钵可汗时期。《北史·突厥传》载：

> 齐有沙门惠琳，掠入突厥中，因谓他钵（突厥可汗）曰："齐国富强，皆为有佛法。"遂说以因缘果报之理。他钵闻而信之，建一伽蓝，遣使聘齐，求《净名》《涅槃》《华严》等经，并《十诵律》。他钵亦躬自斋戒，绕塔行道，恨不生内地。（北周）建德二年（573，北齐武平四年），他钵遣使献马。

他钵（佗钵）可汗在沙门惠琳的感化下始信佛教，并遣使向北齐求取佛经。说明此前佛教在突厥属于"一穷二白"的境地，现在终于"三宝"俱足了。为了向北齐表达感谢与敬意，突厥特意遣使献马。北魏分裂时，洛阳义学僧多迁往邺城。除地论学派外，东魏、北齐的涅槃学说传播尤为兴盛，而且"地论师"大多兼善涅槃学。其中，东魏慧光、北齐法上均著有《涅槃疏》，门下弟子云集，邺城成为涅槃学说的中心。《北齐书·斛律羌举列传》云：

> 代人刘世清，祖拔，魏燕州刺史；父巍，金紫光禄大夫。世清，武

---

[1] 参见温玉成《匈奴休屠王"祭天金人"考》，《大众考古》2016年第1期，第38～40页。

平末 (575)，侍中、开府仪同三司，任遇与孝卿相亚。情性甚整，周慎谨密，在孝卿之右。能通四夷语，为当时第一。后主命世清作突厥语翻《涅槃经》，以遗突厥可汗，敕中书侍郎李德林为其序。

说明，此前送给突厥的是汉译《涅槃经》，北齐后主高纬专门命刘世清把《涅槃经》翻译成突厥文字，以利流通。

此事当在 574～576 年间佗钵可汗在位时。首次将佶屈聱牙的佛经译成突厥文，一定克服了很大的困难。因为此前突厥文中没有相应复杂难懂的佛教术语。进而言之，刘世清翻译的突厥语是何种文字也值得探讨。它既可能是鄂尔浑碑文那种古代突厥如尼文，更可能是粟特文。[1]

以佛教交往、文化交流为纽带，北齐与"东突厥"建立起了深厚的友谊。"及齐灭，齐定州刺史、范阳王高绍义自马邑奔之。他钵立绍义为齐帝，召集所部，云为之复仇。"（《北史·突厥列传》）他钵可汗欲为北齐复国、报仇，体现了其民族性情中淳朴的一面，此亦表明突厥对北齐文化的敬重与认可。另据《续高僧传》载：

阇那崛多，……揵陀罗国人也。建德壖运，像教不弘。五众一期，同斯俗服。武帝下敕，追入京辇。重加爵禄，逼从儒礼。秉操铿然，守死无惧。帝悯其贞亮，哀而放归。路出甘州，北由突厥。阇梨智贤还西灭度，崛多及以和上，乃为突厥所留。未久之间和上迁化。只影孤寄，莫知所安。赖以北狄君民颇弘福利，因斯飘寓，随方利物。有齐僧宝暹、道邃、僧昙等十人，以武平六年 (575)，相结同行，采经西域。往返七载，将事东归。凡获梵本二百六十部，行至突厥。俄属齐亡，亦投彼国。因与（阇那崛多）同处，讲道相娱。所赍新经，请翻名题。勘旧录目，转觉巧便。有异前人，无虚行苦。同誓焚香，共契宣布。[2]

阇那崛多于北周武帝"灭佛"期间出走，途中受到突厥极力挽留。阇那崛多来自大乘佛教流行的北印度揵陀罗一地，从他与宝暹僧团"讲道相娱"推测，他们奉持的也应是大乘佛教。可见，当时在东突厥传播、流行的，确切

---

[1] 冯加班：《佛教在突厥中的传播》，转引自〔德〕克林凯特《中亚突厥之佛教》，陈瑞莲译，杨富学校，《甘肃民族研究》2010 年第 2 期，第 73 页。

[2] 道宣撰《续高僧传》第二卷，《大正藏》第 50 册，第 433～434 页。

说是以"中国佛教"为主的大乘佛教。

隋开皇元年（581），他钵可汗逝世，沙钵略可汗即位，其不信奉佛教，嗜杀成性，曾经"一日手杀鹿十八头"（《北史·突厥列传》），而宝暹僧团和阇那崛多亦分别在开皇元年（581）与开皇七年（587）返回内地，佛教就此在东突厥昙花一现。

《续高僧传》载：

> 释道判……以周保定二年（562）达于京邑。……逾两载（周保定四年，564），上表乞循先志，又蒙开许，敕给国书并资行调，西度石碛，……至西面可汗所（此云天子治也）。彼土不识众僧，将欲加害，增人防卫，不给粮食，又不许出拾掇薪菜，但令饿死。有周国使人谏云："此佛弟子也。本国天子、大臣敬重供养，所行之处，能令羊马孳多。"可汗欢喜，日给羊四口，以充恒食。判等放之，而自煮菜进啖。既不见杀众生，不食酒肉，所行既殊，不令西过，乃给其马乘遣人送还。[①]

《续高僧传》又载：

> 波罗颇迦罗蜜多罗，唐言作明知识，或一云波颇，此云光智，中天竺人也……北狄贪勇，未识义方，法藉人弘，敢欲传化。乃与道俗十人展转北行，达西面可汗叶护衙所，以法训勖，曾未浃旬，特为戎主深所信伏，日给二十人料，旦夕祗奉。同侣道俗咸被珍遇。生福增敬，日倍于前。[②]

这两则史料基本描述的是佛教在西突厥的情况基本还处于未开发的"原始状态"。

及至开元四年（716），后东突厥汗国毗伽可汗即位，唐朝与东突厥交往日深。

> （毗伽可汗）又欲修筑城壁，造立寺观，暾欲谷曰："不可。突厥人户寡少，不敌唐家百分之一，所以常能抗拒者，正以随逐水草，居处无常，射猎为业，又皆习武。强则进兵抄掠，弱则窜伏山林，唐兵虽多，无所施用。若筑城而居，改变旧俗，一朝失利，必将为唐所并。且寺观之

---

① 道宣撰《续高僧传》第十二卷，《大正藏》第50册，第516~517页。
② 道宣撰《续高僧传》第三卷，《大正藏》第50册，第439~440页。

法，教人仁弱，本非用武争强之道，不可置也。"（《旧唐书·突厥列传》）

在民族融合、文化融汇的背景下，毗伽可汗一度有意重走"汉化"的道路，却遭到了以暾欲谷为首的突厥贵族的强烈反对，也许是心悸于北魏覆亡的教训，突厥民族及政权拒绝了"定居型"文明的历史"召唤"——"从游居社会向永久留在一个地方的生活方式的转变过渡"，"由中心都城加上四周广阔农地共同构成的区域性国家，正是定居农耕文明最典型的文明形态"。"不受定居文明道德标准约束的行国，在军事上永远占有优势，人类历史最伟大的草原行国蒙古帝国于 12～13 世纪横空出世，他们通过将打猎与打仗不分这一军事逻辑发挥到极致，扫荡了整个欧亚大陆。"①

---

① 文扬：《70 年对话 5000 年（12）：良渚至今 5000 年——从早期区域性国家到广土巨族现代国家》，"观察者网"，https://www.guancha.cn/WenYang/2019_07_17_509740.shtml，最后访问日期：2019 年 7 月 20 日。

第三章

政教关系视域下的佛教"中国化"
与民族"大融合"

北方少数民族政权的统治者基本都非常重视名僧的作用，注重从政治上利用佛教；十六国、北朝佛教具有强烈的"国家宗教"的政治色彩，这既是文化统治政策"汉化"的需要，也是佛教的社会普及程度与统治阶层信仰形态的具体表现。

以华夏传统文化为"前理解"的中国佛教知识阶层，经儒、释、道三教"视域融合"后，完成了思想学术和精神信仰的转向，中外两种文化在"中国化"的佛教思想体系内融会贯通"再诠释"，得到内在的圆融，民族融合在思想文化层面以中国佛教为精神共同体得到进一步深化。

"三教"文化的交融是民族大融合的基础与推动力；虽然"胡人"政权在佛教传播中起主导作用，但在政治文化层面，儒家思想始终居统治地位。

第一节　　"不依国主则法事难立"

"不依国主则法事难立"①，作为千古名言，传诵至今，"这既是因当时

---

① 道安在365年率徒众抵达襄阳之前，长期在前赵、后赵统治区域的河北、河南、山西一带活动。据《高僧传·道安传》所载："时石虎死，……安以石氏之末，国运将危，乃西适牵口山。迄冉闵之乱，人情萧素。安乃谓其众曰：'今天灾旱蝗、寇贼纵横，聚则不立，散则不可。'遂复率众入王屋女休山，顷之复渡河，依陆浑山木食修学。俄而慕容僭逼陆浑，遂南投襄阳。行至新野，谓徒众曰：'今遭凶年，不依国主则法事难立。又教化之体宜令广布。'"慧皎撰《高僧传》第五卷，《大正藏》第50册，第352页。《出三藏记集》所载内容相同，见僧祐撰《出三藏记集》第十五卷，《大正藏》第55册，（转下页注）

具体场景而发，又是对整个中国政教关系的一种阐述"①。政教关系在中国特殊的历史文化背景下，表现为"皇权至上"和"以儒为尊"的特点，具体于佛教而言，毋宁说是"儒佛关系"的屈光折射。

一 "尊王攘夷"与"以夷变夏"

十六国时期，北方民族诸政权虽然也着力进行旨在稳定社会、维系人心的政权、文化建设，但社会主旋律仍以动荡、战乱为主。特别是 348 年，石虎死，后赵随即陷入内乱。在此后的 17 年里，道安及其僧团一直陷于居无定所、颠沛流离的生存状态中。②

石赵政权曾竭力标榜"佛是戎神"，加上"大和上"佛图澄以神异灵验著称而为国之股肱，所以对佛教非常尊崇。

然在"冉闵之乱"中，后赵佛教也遭到严重冲击，僧人普遭厄运，纷纷逃离邺地成为流民，道安也是其中之一。对于这段经历，多年后他仍刻骨铭心地回忆说："予生不辰，值皇纲纽绝，猃狁猾夏，山左荡没。避难濩泽，师殒友折。"③ 既对"和平"充满了憧憬与渴望，又流露出浓重的民族主义情怀。

诚如现代学者研究所得，"一旦我们审视公元 300 年前后的历史背景，这些情绪就变得极易理解，也极为重要。匈奴和羌族逐渐入侵了中原领土，不久他们就征服了北部中国。这一定刺激了中国士大夫中间的排外情绪"④。

正如孟子说："世衰道危，邪说暴行有作，臣弑其君者有之，子弑其父者有之。孔子惧，作《春秋》。《春秋》天子之事也。"（《孟子·滕文公章句下》）儒士阶层关怀之切，以世道人心为念，莫大于"保民""安天下"，实

(接上页注①)第 108 页。释道安生于公元 312 年，时值西晋永嘉六年、前赵政权嘉平二年，逝于 385 年，东晋太元十年、前秦（苻丕）太安元年（这一年，同时存在的分立政权纪年还有：后秦白雀二年、后燕燕元二年、西秦建义元年、西燕更始元年）。虽然生逢乱世，却在苦难与逆境中成长为一代"宗师"。

① 张践：《中国古代政教关系史》上卷，中国社会科学出版社，2012，第 502 页。
② 道安率僧团曾先后驻锡于濩泽（今山西阳城西）、飞龙山（今河北鹿泉、元氏之间的封龙山）、太行恒山（今河北阜平北部）、邺下都寺和华林园（今河北临漳西南）、牵口山（今河北临漳西北）、王屋女休山（今山西阳城西南）等地。参见方广锠《道安避难行状考》，《中华佛学学报》1999 年第 12 期，第 146~179 页。最终经陆浑（今河南西南部之嵩县）、新野（今河南新野），南下襄阳（今湖北襄阳）。
③ 僧祐撰《出三藏记集》第十卷，《大正藏》第 55 册，第 69 页。
④ 〔荷〕许理和：《佛教征服中国》，第 391 页。

现"王道"。内忧外患频仍而至，残酷的个人生存环境、严峻的文化生态危机和强烈的民族存亡感交织在一起。"尊王攘夷"、"夷夏之变"、维护"大一统"、重视儒家伦理纲常等观念意识在思想界影响深远，并成为时代的最强音。

北方十六国民族政权于建立后纷纷所施行的"汉化"政策，无论在民族情感还是文化认同层面，无疑都有效缓解了汉族知识分子阶层普遍存在的强烈的忧惧、焦虑感。[①]

石勒是奴隶出身，本一起赳武夫，自身的文化素养并不高。然而，他的一系列施政方针却完全符合中原礼俗。这一方面是如张宾等儒士股肱出谋划策的结果，另一方面从他的从善如流也表现出中原固有文化的强大向心力。为了能够得到代表"先进文化"的汉族知识分子的支持与合作，文治与武功兼备是任何来自北方民族的政权建设都不可偏废的定国安邦的有效手段。正如赵鼎新先生说：

> 中国每个朝代的倒台原因非常不同，但是新的大一统局面形成的背后却都有着相似的原因，那即是统治阶级在上台后马上会发觉儒学是最为适合的统治意识形态，并且为了获取政治稳定他们必须取得儒家知识分子的支持。汉朝时就已形成的"儒法国家"政治形态就这样在新的条件下不断被"复制"，虽然这一复制在每一朝代都会因为受到当时的结构与人事的调节而显得不尽相同。[②]

---

① 如石勒"陷冀州郡县堡壁百余，众至十余万，其衣冠人物集为'君子营'。乃引张宾为谋主，始署军功曹"，还"重其禁法，不得侮易衣冠华族"。领有河北后，即在襄国"立太学，简明经、善书史署为文学掾，选将佐子弟三百人教之"。后来，又"增置宣文、宣教、崇儒、崇训十余小学于襄国四门，简将佐豪右子弟百余人以教之，且备击柝之卫"。"石季龙与张敬、张宾及诸将佐百余人劝勒称尊号，勒下书曰：'孤猥以寡德，忝荷崇宠，夙夜战惶，如临深薄，岂可假尊窃号，取讥四方！昔周文以三分之重，犹服事殷朝；小白居一匡之盛，而尊崇周室。况国家道隆殷周，孤德卑二伯哉！其亟止斯议，勿复纷纭。自今敢言，刑兹无赦！'乃止。"（《晋书·石勒载记上》）及至"太兴二年（319），勒伪称赵王，赦殊死已下，均百姓田租之半，赐孝悌力田死义之孤帛各有差，孤老鳏寡谷人三石，大酺七日。依春秋列国、汉初侯王每世称元，改称赵王元年。始建社稷，立宗庙，营东西宫。……不得侮易衣冠华族。……自是朝会常以天子礼乐飨其群下，威仪冠冕从容可观矣"，"勒亲临大小学，考诸学生经义，尤高者赏帛有差。勒雅好文学，虽在军旅，常令儒生读史书而听之，每以其意论古帝王善恶，朝贤儒士听者莫不归美焉。尝使人读《汉书》"。（《晋书·石勒载记下》）

② 参见赵鼎新《中国大一统的历史根源》，"搜狐·中原文化研究"，https://www.sohu.com/a/276569078_266006，最后访问日期：2018年11月22日。

但是，一个重要的共同标志就是，"五德终始说"① 一直是历代王朝阐释其政权合法性的基本理论框架；崇儒兴学始终是封建政权奉行的基本国策。石赵政权自然也不例外。

> 勒乃以咸和五年僭号赵天王，行皇帝事。……以赵承金为水德，旗帜尚玄。
>
> 以成周土中，汉晋旧京，复欲有移都之意，乃命洛阳为南都，置行台治书侍御史于洛阳。
>
> 命郡国立学官，每郡置博士祭酒二人，弟子百五十人，三考修成，显升台府。（《晋书·石勒载记下》）

石勒的继任者石虎"虽昏虐无道，而颇慕经学，遣国子博士诣洛阳写石经，校中经于秘书。国子祭酒聂熊注《榖梁春秋》，列于学官"（《晋书·石季龙载记上》）。就连冉闵也"至自苍亭，行饮至之礼，清定九流，准才授任，儒学后门多蒙显进，于时翕然，方之为魏晋之初"（《晋书·石季龙载记下》）。说明，经两汉所奠定下来的政治文化基础，即便在"天崩地解"之时，仍然是不可或缺的"社会共识"；文化认同导致的民族认同——儒家学说成为民族融合的政治基础。正如张践先生的研究说："少数民族统治者推崇儒学，按照儒家的标准教育、选拔人才，使大量汉族的儒生自觉、自愿地与这些胡人政权合作，故北方王朝的君主虽然是少数民族，但其政权的性质却是胡汉合作的。"②

此时的佛教对于北方各民族之间实现文化认同、民族认同，发挥了重要的津梁、中介作用。而这主要是通过以"神异"著称的佛教领袖，对于政权统治集团成员所能发挥的重要影响力来完成的。

史载佛图澄"虽未读此土儒史，而与诸学士论辩疑滞皆暗若符契，无能屈者"③，说明其早就具备一定的儒学素养，故能以儒家的话语系统劝谏石勒戒杀。他说："夫王者德化洽于宇内，则四表瑞。政弊道消，则彗孛见于上。恒象着见、休咎随行。斯乃古今之常征，天人之明诚。"石勒对他的话"甚悦之，凡应被诛余残，蒙其益者，十有八九"。而石虎则生性残暴、崇尚武

---

① 其基本理念是五行代替，相承不绝。改朝换代或帝王继位时，必须以汉儒所谓"五德转移，天命无常"的观念为指标，也就是董仲舒所谓的"更称号，改正朔，易服色"。
② 张践：《中国古代政教关系史》上卷，第 602 页。
③ 慧皎撰《高僧传》第九卷，《大正藏》第 50 册，第 383 页。

力，认为如果"佛法不杀"，那么戎马倥偬"非刑杀无以肃清海内。既违戒杀生，虽复事佛，讵获福耶？"佛图澄则有的放矢，善巧方便地回答："帝王之事佛，当在心。体恭心顺、显畅三宝，不为暴虐、不害无辜。至于凶愚无赖，非化所迁。有罪不得不杀，有恶不得不刑。但当杀可杀、刑可刑耳。若暴虐恣意，杀害非罪，虽复倾财事法，无解殃祸。愿陛下省欲兴慈，广及一切，则佛教永隆、福祚方远。"石虎虽然不能尽从其言，但也收敛为益不少。石赵之末祸乱渐萌，佛图澄也自知不久于人世，仍谆谆告诫石虎，说：

> 出生入死，道之常也。修短分定，非人能延。道重行全，德贵无怠。苟业操无亏，虽亡若在。违而获延，非其所愿。今意未尽者，以国家心存佛理，奉法无客。兴起寺庙，崇显壮丽。称斯德也，宜享休祉。而布政猛烈，淫刑酷滥。显违圣典，幽背法诫。不自惩革，终无福佑。若降心易虑，惠此下民，则国祚延长，道俗庆赖。毕命就尽没无遗恨。①

佛图澄的本意是想把佛教的慈悲理念与儒家的"仁政"思想结合，影响感化石勒和石虎，希望在石赵政权的疆域内能够重现人民安居乐业的清平之世。在他的感召下，石虎虽然也曾信誓旦旦地宣称"佛号世尊国家所奉"，"朕生自边壤，忝当期运，临诸夏。至于飨祀，应兼从本俗。佛是戎神，正所应奉。……其夷赵百蛮，有舍其淫祀，乐事佛者，悉听为道"，然而，他外表的种种崇奉行为仅仅是"要为后赵统治谋求神权的支持"，不但和佛教精神背道而驰，"而且希望通过'飨祀戎神'，与汉民族传统文化对抗"②，不能不使佛图澄抱憾而终。

石赵政权历二世而亡，佛教虽然经佛图澄的努力在北方得以立足发展，然在"冉闵之乱"中也遭到很大破坏。石赵祸乱之因主要起于"内宫"，诸种惨绝人寰之事再次演绎了"世衰道危，邪说暴行有作，臣弑其君者有之，子弑其父者有之"。只能说明，羯族统治集团成员的文明程度偏低，"汉化"日浅，虽然能借军事优势乘机建立政权，终究无法长治久安。另外，从中书著作郎王度和中书令王波的"排佛"议奏也可看出，佛教在石赵政权内部并没有得到儒士阶层的同情、支持。借"变化伎术"与"重威大势"而传播佛教，终非长久之计。

① 慧皎撰《高僧传》第九卷，《大正藏》第50册，第386页。
② 潘桂明：《中国佛教思想史稿·汉魏两晋南北朝（上）》，江苏人民出版社，2009，第344页。

二 佛教的政治理想

葛志毅先生说:"在《公羊传》看来,天下有王,乃是一统局面的理想形式;天下无王,也要依靠现实权威维系起一统的秩序,使一统局面在变通的形式中得到实现。"① 政通人和、国泰民安是文明得以延续的根本保障。佛教的精神虽然是化世导俗的,但佛教本身的健康发展对所处社会的政治生态、文化生态、自然生态等外部环境,其实是有切实要求的。转轮圣王治世是佛教的政治理想。

佛经记载,悉达多太子刚出生的时候,就有相士预言,他日后"若在家者,当为转轮圣王","若其出家,当成正觉"。② 说明佛教认为做"转轮圣王"与成就"佛陀"是人生入世和出世选择的两种圆满极致的具体表现。

佛教所赋予政治理想中的"转轮圣王"具有"政教一元"的特性。如云:"转轮圣王,典四天下,以正法治,莫不靡伏,……王有千子,勇猛雄烈,能却外敌,四方敬顺,不加兵杖,自然太平。……诸王顺行转轮圣王旧法,则寿命延长,颜色增益,安隐快乐,财宝丰饶,威力具足。"③《佛说长阿含第四分世记经·转轮圣王品第三》则宛如一篇"转轮圣王降世宣言",对转轮圣王的政绩与神迹都进行了详尽的描述和渲染。

> 转轮圣王慈育民物如父爱子,国民慕王如子仰父,所有珍琦尽以贡王,愿垂纳受,在意所与。……转轮圣王治此阎浮提时,其地平正,无有荆棘、坑坎、堆阜,亦无蚊虻、蜂蝎、蝇蚤、蛇蚖、恶虫,石沙、瓦砾自然沉没,金银宝玉现于地上,四时和调,不寒不热,其地柔濡,无有尘秽,如油涂地,洁净光泽,无有尘秽。转轮圣王治于世时,地亦如是,地出流泉,清净无竭,生柔濡草,冬夏常青,树木繁茂,花果炽盛,地生濡草,色如孔翠,香若婆师,濡如天衣,足蹈地时,地凹四

---

① 葛志毅:《论大一统与严夷夏之防》,《管子学刊》1997 年第 1 期,第 62 页。

② 如云:"太子初生,父王槃头召集相师及诸道术,令观太子,知其吉凶。时,诸相师受命而观,即前披衣,见有具相,占曰:'有此相者,当趣二处,必然无疑。若在家者,当为转轮圣王,王四天下,四兵具足,以正法治,无有偏枉,恩及天下,七宝自至,千子勇健,能伏外敌,兵杖不用,天下太平;若出家学道,当成正觉,十号具足。'时,诸相师即白王言:'王所生子,有三十二相,当趣二处,必然无疑。在家当为转轮圣王;若其出家,当成正觉,十号具足。'"佛陀耶舍、竺佛念译《长阿含经》第一卷,《大正藏》第 1 册,第 4 页。

③ 佛陀耶舍、竺佛念译《长阿含经》第六卷,《大正藏》第 1 册,第 42 页。

寸，举足还复，无空缺处，自然粳米无有糠糩，众味具足。时有香树，
花果茂盛，其果熟时，果自然裂，出自然香，香气馥熏。复有衣树，花
果茂盛，其果熟时，皮壳自裂，出种种衣。复有庄严树，花果炽盛，其
果熟时，皮壳自裂，出种种庄严具。复有鬘树，花果茂盛，其果熟时，
皮壳自裂，出种种鬘。复有器树，花果茂盛，其果熟时，皮壳自裂，出
种种器。复有果树，花果茂盛，其果熟时，皮壳自裂，出种种果。复有
乐器树，花果茂盛，其果熟时，皮壳自裂，出众乐器。……圣王治时，
此阎浮提五谷丰贱，人民炽盛，财宝丰饶，无所匮乏。①

可见，佛教政治理想中的转轮圣王治世，宛如"天国"降临人间，转轮圣王
就是太平盛世的"标配"。

有关"转轮圣王"的神话传说，对于终日挣扎在惊惮、恐惧中的
"乱世苦魂"来说，无疑充满了期颐、憧憬。在道安的身前、身后，随
着佛经翻译的逐渐完备，"转轮圣王"的形象在人们的心目中也逐渐丰
满起来。②

"转轮圣王"对于人们的佛教信仰内容和帝王的文治教化，都产生了广
泛而深远的影响。

---

① 佛陀耶舍、竺佛念译《长阿含经》第十八卷，《大正藏》第 1 册，第 120～121 页。
② 本文按照翻译时间的先后顺序，辑取了部分经典中关于转轮圣王的描述，由此可见一斑。
如："当君四天下为转轮圣王，四海颙颙冀神宝至。"竺大力、康孟祥译《修行本起经》
第二卷，《大正藏》第 3 册，第 468 页。"若在家者，应作转轮圣王，典四天下，七宝随
从，游行自在，尚能舍离，出家入道。"支谦译《撰集百缘经》第九卷，《大正藏》第 4
册，第 249 页。"譬若转轮圣王，一切国土皆为臣隶，王无所忧。"支谦译《大名度经》
第四卷，《大正藏》第 8 册，第 492 页。"王者生子，而有三十二大人相者，处国当为转
轮圣王，自然七宝千子，主四天下治以正法。"竺法护译《普曜经》第二卷，《大正藏》
第 3 册，第 496 页。"大力转轮圣王，威德弘茂顺化所领，诸余敌国未率伏者，不敢窥。
若转轮王兴举军兵，当有所讨，不宾之臣欲距大邦，雄猛将士奋武克捷，莫不稽颡。"竺
法护译《正法华经》第七卷，《大正藏》第 9 册，第 109 页。"转轮圣王王阎浮提，然后
教化一切众生。""转轮圣王，以大势力，安止众生于善法中，于彼世界，复得除灭怨贼、
斗诤、秽浊之事，令诸众生增益寿命。"昙无谶译《悲华经》第九卷，《大正藏》第 3
册，第 223～224 页。"我于尔时作大强力转轮圣王，号难沮坏。王阎浮提，千子具足。"
昙无谶译《悲华经》第九卷，《大正藏》第 3 册，第 225 页。"尔时世有转轮圣王，名曰
广持号曰法士，成就七宝：轮宝、象宝、马宝、女宝、珠宝、兵宝、主藏之臣，千子具
足王四天下。治以正法不加刀杖，怜悯众生教以十善，一切众生亦乐受之。"昙无谶译
《大方等大集经》第七卷，《大正藏》第 13 册，第 44 页。"太平之世有转轮圣王。"僧伽
跋澄等译《僧伽罗刹所集经》第三卷，《大正藏》第 4 册，第 143 页。总之，转轮圣王就
是太平盛世的"标配"。

道安本人对弥勒信仰情有独钟。① 而弥勒信仰与"转轮圣王"理念所具有的文化意蕴，二者之间有异曲同工之妙。

十六国时期流传的"弥勒"系列经典均描述了弥勒菩萨将从"兜率天弥勒内院"下生阎浮提成佛、救度众生的事迹，届时人间将变得庄严和乐、无有灾患，人民炽盛、殊胜无比。弥勒信仰是一种具有强烈的入世救世特征的佛教信仰形式，这与道安具有的积极入世精神的性格相符合。孙英刚教授注意到：

> 从理论上讲，弥勒和转轮王代表着完全不同的佛教意涵，后者将为前者提供供养。转轮王提前于弥勒出现于人世，而弥勒则由兜率天下生成佛。

进而认为：

> 佛教的传入，带来了新的意识形态，为世俗界的君主们提供了将自己统治神圣化的新理论，也为君主权力在世俗和神圣两界的扩张，提供了条件。在中土本有的"天子"意涵之外，又给君主加上了佛教"转轮王"的内容，形成了我们可以称之为"双重天命"的政治论述。佛教"转轮王"观念作为佛教主要的王权观，对中古时代的君主概念和政治修辞产生了巨大的影响，为统治者论证自己统治的合法性提供了新的理论依据。②

---

① 《高僧传》云："安每与弟子法遇等，于弥勒前立誓愿生兜率。"《名僧传抄》第五卷云："安与弟子法遇等八人，于弥勒像前立誓愿，同生兜率。"同卷又云："安尝与嘉（按：襄阳隐士王嘉）及弟子法遇等，于弥勒佛前，共立誓愿，愿生兜率。及姚苌之得长安也，嘉故在城，门阶户席皆璩旧物，岩见怆然而悲。纵恨其独与璩狎，并恢其风望。恐为人所辅，恶而害之。泰元十六年（391）造弥勒像，今在玄集寺中，桓玄为之颂。"《高僧传·昙戒传》载："（按：昙戒乃道安弟子）后笃疾，常诵弥勒佛名，不辍口。弟子智升侍疾，问何不愿生安养。戒曰：'吾与和尚等八人同愿生兜率，和尚及道愿等皆已往生，吾未得去，是故有愿耳。'"据《出三藏记集》记载，在道安之前已译出，反映弥勒信仰的经典主要有：西晋月氏三藏竺法护于303年译出的《弥勒成佛经》（按：与鸠摩罗什翻译的《佛说弥勒大成佛经》属同本异译）和《弥勒本愿经》（《弥勒菩萨所问本愿经》）。此外，还有托名竺法护的《佛说弥勒下生经》（《佛说弥勒下生经》实出于《增一阿含经》的第四十四卷，系僧伽提婆所译，后人误将此阿含部的单行本编入方等部，并归于竺法护名下。道安曾参与了《增一阿含经》的校译工作，对于宣扬弥勒崇拜的《弥勒下生经》应该非常熟稔）。

② 孙英刚：《转轮王与皇帝：佛教对中古君主概念的影响》，《社会科学战线》2013年第11期，第81、78页。

十六国北方民族政权的统治者确实也有不少自号"天王"的实例。① 但在政治观念上,自认为天王与皇帝的名分还是有所不同的,如石虎称:"道合乾坤者称皇,德协人神者称帝,皇帝之号非所敢闻,且可称居摄赵天王,以副天人之望。"然而,又制谶文"天子当从东北来"(《晋书·石季龙载记上》)。其实,在中国历史上"天王"也是最高统治者的尊称,与天子同义。② 看来,各北方民族政权的统治者一般会在建国之初使用"天王"的名号,背后的用意还是比较"暧昧"的。他们在"汉化"的过程中,自然深受《春秋》"大一统"等儒家政治观念的影响,"天王"这一折中的尊号,既能满足"奉天承运"的政治需要,又能兼顾儒士阶层的民族情感接受程度,博取他们的理解支持与合作。这也许是道安从最初认可石赵是"国主",并在后来与苻坚合作的真正原因。至于天王是否等同于转轮圣王,《中本起经》有云:"丈夫得于天下作佛、得作转轮圣王、得作天帝释、得作魔天王、得作梵天王。"③

三 世出世法的统一

大乘佛教强调佛法的出世性精神与菩萨积极入世的原则要尽量保持协调、适应。体现在佛教视域下的"政教关系"中,佛法是治国理政的伦理性依据,在《阿含经》中屡见佛陀教化国王、大臣的事迹,国王们也经常向佛陀请教。佛教教诲民众佛法与王法的一致性,如云:"若国善人,谨顺忠孝,廉贞敬让,才博智远,不犯王法。"④ "有二种法不可违,一、佛法不可违,

---

① 十六国时期第一个称天王的是靳准,于刘聪死后,尽杀匈奴刘氏,自称汉天王。330年,石勒称大赵天王,同年称帝;334年,石虎称居摄赵天王;337年,改称大赵天王;349年,称帝;350年,冉闵建国称帝;350年,冉闵死后,谥号平帝,追封武悼天王;357年,苻坚即位,改称天王;385年,苻坚死后,其子苻丕又称皇帝;396年,吕光称天王,国号大凉;其子吕绍、吕纂,其侄吕隆先后为天王;399年,姚兴自称天王;416年,姚兴死后,其子姚泓又称皇帝。其他如翟魏、后燕、北燕政权,也都有统治者自称天王尊号的。说明,北方民族政权的统治者用"天王"做名号的现象比较普遍。
② 如周武王灭商后,自称受命于天,称王,并追封曾祖亶父为太王,祖父季历为王季,父西伯昌为文王,自称武王,分封及徙封了一批诸侯。周公旦二次东征后,又封了一批诸侯国并建立了严格的封建宗法制度。各诸侯国称本国君主为侯、伯,或称公,而称周王为天子或天王,如《春秋·隐公元年》:"秋七月,天王使宰咺来归惠公、仲子之赗。"孔颖达疏:"天王,周平王也。"又如《春秋》开篇第一句就是"元年,春,王正月。"昭公二十六年:"冬,十月,天王入于成周。"
③ 昙果、康孟祥译《中本起经》第二卷,《大正藏》第4册,第159页。
④ 昙果、康孟祥译《中本起经》第一卷,《大正藏》第4册,第153页。

二、转轮王法不可违。"① "在家王法、出家佛法。"② 奉行佛法有利于国家的长治久安,这样一来,佛法辅助"王化"的社会价值就突显出来。而佛教的发展、传播无疑也需要来自统治阶层的大力扶植,根据印度佛教的理论与历史经验表明,二者可以在"政教关系"下,达成彼此的良性互动,最典型者莫过印度的"阿育王"时代。

与其说道安"不依国主则法事难立"的主张是把儒家的"君臣"纲常伦理关系融进了佛教,毋宁说它是融合佛教与儒家文化的产物,是"儒佛关系"的思想结晶,也是中国佛教实现民族化、本土化的现实要求。③

道安身后,虽有高弟慧远(334~416)在庐山力倡"沙门不敬王者论",但同时也有孙绰(314~371)在《喻道论》中倡言"周孔即佛,佛即周孔,盖内外之名耳",明确表达了儒佛一致论。及至北魏道人统法果"每言,太祖明睿好道,即是当今如来,沙门宜应尽礼,遂常致拜。谓人曰:'能鸿道者人主也,我非拜天子,乃是礼佛耳。'"(《魏书·释老志》)"国主"与佛教的关系衍化为皇帝即如来,在中国特殊的历史文化背景下是必然的结果。道安虽有"不依国主则法事难立"之言在先,但紧随其后,言之凿凿"又教

① 《毗尼母经》第四卷,《大正藏》第24册,第819页。
② 菩提流志译《大宝积经》第八十二卷,《大正藏》第11册,第476页。
③ 经由董仲舒等人改造的"官方儒学"上升为显学和国家意识形态后,封建中国的政治形态基本上可以被看作一个中央集权的"儒法国家"。在这一政治体制中,皇帝被神圣化为"天子",而"天命"的具体内涵则如董仲舒提出的所谓"天地人主一也""王道之三纲,可求于天"的宇宙观。董仲舒说:"古之造文者,三画而连其中,谓之王,三画者,天,地与人也。而连其中者,通其道也,取天地与之人中以为贯而参通之,非王者孰能当是?"(《春秋繁露卷十一·王道通三第四十四》)反映了他政教合一思想的本质,那就是凸显帝王在天人之间的枢纽地位;帝王既有政治元首的权力,也有道德教化与宗教祭祀的权力;既是政治中心,也是教化中心。这一思想在汉武帝以后为正统儒学所继承。这一政治体制在国家政权与儒家精英之间建立了一个相互依赖的共存关系,为国家的统治提供了合法性基础,为臣民的生活提供了道德准则,在社会精英层面上维持了一个同质性的文化和认同感,弥补了帝国控制能力的不足,这就是大一统局面在两千多年中能得以维持的关键(上述观点系综合赵鼎新教授系列文章)。在此基础上,就不难理解历史上的中国佛教与统治阶级之间的关系,如方立天先生所说:"佛教没有统治阶级的支持,就难以生存、流传和发展,这样就有一个依靠统治阶级和争取统治阶级支持的问题,进而也就有一个肯定和赞颂国家政权、最高统治者和'王法'的问题。"方立天:《中国佛教与传统文化》,第228页。诚如汤用彤先生所言:"夫华人奉佛,本系用夷变夏。及至魏晋佛教义学,与清谈玄学,同以履践大道为目的。深智之夷人,与受教之汉人,形迹虽殊,而道躯无别。自无所谓华戎之辨。由凉州道人在于阗城中写汉文经典之事观之,东西文化交相影响,可谓至深。而读其后记,则更可测知魏晋玄佛同流,必使夷夏之界渐泯也。"汤用彤:《汉魏两晋南北朝佛教史》,第461页。

化之体宜令广布",在佛教自身可控的生存发展空间内,积极有为的工作还
有很多有待开展。

第二节 儒佛交涉对前秦国主苻坚的影响

十六国时期,北方民族政权的汉化都是在特定的历史文化背景下进
行的。

"氐"是接触汉文化较早、汉化程度较深的北方民族之一。苻坚称帝前
即"博学多才艺,有经济大志,要接英豪,以图纬世之宜"(《晋书·苻坚载
记》)。在他统治期间,锐意改革,使"百僚震肃,豪右屏气,路不拾遗,风
化大行"(《晋书·苻坚载记》)。苻坚实行儒佛并用的国策,在他的励精图
治之下,前秦出现了"人思劝励,号称多士,盗贼止息,请托路绝,田畴修
辟,帑藏充盈,典章法物,靡不悉备"(《晋书·苻坚载记》)的昌盛局面。
公元 376 年,苻坚统一了北方,版图"东极沧海,西并龟兹,南苞襄阳,北
尽沙漠"[1]。

北方民族政权与东晋的军事对峙阻隔不了思想文化的交流。虽有许多仍
滞留于中原及北方的汉族学者可用,但毕竟大批精英士族文人追随晋室南
渡。为了成为文化"正朔"的法定继承人,这些北方政权的统治者一方面需
要通过加强南北文化交流,获得先进文化的影响,另一方面,必须吸引招
揽、甚至不惜发动战争抢夺精英知识分子参与政权建设。这也是通过"文化
公众人物"的感召力,来凝聚对其政权的认同度和向心力的有效手段。

习凿齿与道安是东晋名士阶层的代表人物。苻坚素闻道安盛名,道安在
襄阳时就"遣使送外国金箔倚像高七尺,又金坐像、结珠弥勒像、金缕绣
像、织成像各一张",并常说:"襄阳有释道安是神器,方欲致之以辅朕躬。"
后遣苻丕南攻襄阳,把习凿齿和道安一齐接往长安,苻坚兴奋地说:"朕以
十万之师取襄阳,唯得一人半","安公一人,习凿齿半人也"[2],对二人如
获至宝,给以隆重的礼遇。由于道安儒佛兼通,习凿齿是儒学耆宿、一代史
家,也许因这个缘故,诙谐地合称他们为"一个半人"。

---

① 慧皎撰《高僧传》第五卷《释道安传》,《大正藏》第 50 册,第 353 页。
② 慧皎撰《高僧传》第五卷《释道安传》,《大正藏》第 50 册,第 352 页。

一　道安与习凿齿的儒佛交涉

道安与习凿齿同在襄阳时，通过人际交往、思想交流，彼此相契。他们之间的交往佳话是当时思想界儒佛交涉的一个缩影。而儒佛交涉乃至"三教关系"是佛教民族化、本土化的文化基础。

（一）道安与习凿齿的交往

习凿齿（？～383），字彦威，东晋名士，文学家、史学家，襄阳豪族。少有大志，发愤读书，博学多闻，以所著《汉晋春秋》闻名于世，另所著《襄阳耆旧记》是中国历史上最早的人物志之一。

释道安（312～385），是当时南北政权所共尊崇的佛教宗师、僧团领袖，著名的佛学思想界、翻译家、教育家，曾在襄阳住了十五年。习凿齿久闻道安盛名，在道安率领徒众即将到达襄阳时，就先致书通好，表达了他本人以及襄阳社会各界人士对道安敬仰和期待的心情。[①]

习凿齿在信中对肃祖明帝（司马昭）倡兴佛教给予了高度赞誉，他说：

> 且夫自大教东流，四百余年矣。虽藩王、居士时有奉者，而真丹宿训，先行上世，道运时迁，俗未金悟；藻悦涛波，下士而已。唯肃祖明

---

① 他说："承应真履正，明白内融；慈训兼照，道俗齐荫。宗虚者悟无常之旨，存有者达外身之权。清风藻于中夏，鸾响厉乎八冥。玄味远猷，何劳如之。弟子闻：不终朝而雨六合者，弥天之云也；弘渊源以润八极者，四大之流也。彼真无为降而万物赖其泽，此本无心行而高下蒙其润，况哀世降步悯时而生。资始系于度物，明道存乎练俗。乘不疾之舆，以涉无远之道。命外身之驾，以应十方之求。而可得玉润于一，山水结于一谷，望阆风而不回仪，损此世而不海度者哉。……又闻三千得道俱见南阳，明学开士陶演真言。上考圣达之海，下测道行之验。深经并往，非斯而谁。怀道迈训，舍兹执降。是以此方诸僧咸有倾想，目欣金色之瑞，耳迟无上之藏。老幼等愿，道俗同怀。系咏之情，非常言也。若庆云东徂，摩尼回曜。一蹑七宝之座，暂视明誓之灯。雨甘露于丰草，植栴檀于江湄。则如来之复崇于今日，玄波逸响重荡濯于一代矣。不胜延ъ，裁书致心意之蕴积，曷云能畅。弟子襄阳习凿齿稽首和南。"参见《与释道安书》，载僧祐撰《弘明集》第十二卷，《大正藏》第52册，第76～77页。崇敬之情，溢于言表。"宗虚者悟无常之旨，存有者达外身之权"代表了南方儒士阶层对佛教及儒佛思想分野的基本认识；习凿齿自称"弟子"，说明品德高洁、学养深厚的僧侣在东晋思想界具有崇高的地位。东汉以来，社会精英层面始终充斥着崇尚"遗世高隐"的文化价值取向，僧侣出家修道的生活无疑是隐士"栖逸、简傲"的另一种方式。从信中亦可看出，在道安到达襄阳之前，这里就有佛教传播，并具有一定的社会影响力；道安率僧团移驻襄阳并非临时举措，而是经过了较长时间的准备、酝酿。

皇帝实天降德，始钦斯道。手画如来之容，口味三昧之旨。戒行峻于岩隐，玄祖畅乎无生。大块既唱，万窍怒号，贤哲君子，靡不归宗。日月虽远，光景弥晖。道业之隆，莫盛于今。岂所谓月光首寂，将生真土。灵钵东迁，忽验于兹乎。①

可见，佛教在东晋已经融入主流文化并取得社会共识，儒佛并用是当时南北政权共许的治国文化方略。习凿齿暗示道安，东晋朝廷才是文化"正朔"之所在，移驻襄阳实乃"归附"的明智之举。②

道安到达襄阳后，习凿齿极尽地主之谊，对其日常起居悉心照料，"多方翼护"。道安定居后，往见习凿齿。就坐后，习凿齿自通姓名"四海习凿齿"，道安应声"弥天释道安"，时人以为名对，诵传至今。此后二人往来不断，相磋佛经妙义，结下深厚友谊。

道安以他的德行与学识，赢得了东晋名士阶层的认可、尊重。"高平郄超遣使遗米千斛，修书累纸深致殷勤。安答书云：捐米弥觉有待之为烦。"习凿齿又向他的好友谢安推荐道安：

来此见释道安，故是远胜非常道士。师徒数百斋讲不倦，无变化伎术可以惑常人之耳目，无重威大势可以整群小之参差。而师徒肃肃自相尊敬，洋洋济济乃是吾由来所未见。其人理怀简衷多所博涉，内外群书略皆遍睹。阴阳算数亦皆能通，佛经妙义故所游刃。作义乃似法兰、法道，恨

---

① 僧祐撰《弘明集》第十二卷《与释道安书》，《大正藏》第 52 册，第 76～77 页。
② 据汤福勤先生考证、研究，襄阳当时的文化底蕴深厚，东汉末年中原大乱，刘表割据荆州 19 年，移州治至襄阳，各地士人大量流离襄阳。《后汉书·刘表列传》载："关西、兖、豫学士归者盖有千数，（刘）表安慰赈赡，皆得资全。遂起立学校，博求儒术，綦母闿、宋忠等撰立《五经》章句，谓之后定。爱民养士，从容自保。"值得注意的是，学校生徒不仅有襄阳籍，还有许多其他各地来求学者，如诸葛亮、庞统、向朗等人均为襄阳人，而尹默、李譔等人则来自其他地方。从《襄阳耆旧记》及其他典籍所载人物来看，汉末到魏晋出现了大量襄阳籍文人学士及其他当时居住在襄阳的著名人物。三国时期，襄阳虽是兵家必争之地，数易其手，然没有大的破坏，到西晋初还曾获得修复机遇。泰始五年（269）西晋名臣羊祜以尚书左仆射，都督荆州诸军事出镇襄阳。在镇十年，临终举荐杜预自代。羊祜曾著《老子传》，在襄阳期间"开设庠序，绥怀远近，甚得江汉之心"（《晋书·羊祜列传》）。杜预则是西晋最为著名的学者，撰有《春秋左氏经传集解》《春秋释例》《春秋长历》《盟会图》《女记赞》等，还参考众家谱第，谓之《释例》。他代羊祜镇守襄阳，"修立泮宫，江汉怀德，化被万里"（《晋书·杜预列传》）。其实，不但襄阳土著学者获得了长足进展，避乱来襄阳的外地人士也受益于襄阳的文化氛围。汉末到东晋初，襄阳的各类艺术也有很大发展。参见汤勤勤《襄阳悟道：道安与东晋十六国佛教的重大转折》，《中国哲学史》2015 年第 3 期，第 25～36 页。

足下不同日而见。其亦每言，思得一叙，其为时贤所重类皆然也。①

"变化伎术"与"重威大势"代表了佛教初传中土时的两个特点，即借助所谓的"神通感应"及"走上层路线"。虽然为佛教争取到了生存空间，但难免激起"淳儒"的反感、抵制。道安僧团聚众讲学、坐而论道，笃实素朴的学风、道风如清风徐来，既是对"原教旨"的回归，又似孔子教育实践的翻版，自然引发素以"德行、方正"相标榜的儒士清流的好感。这也表明，中国佛教的传播、发展进入了一个新的历史阶段。

习凿齿与道安相携为友，还在于倾慕他深厚的儒学修养。② 据《高僧传》记载，道安俗家姓"卫"，籍贯"常山扶柳"③，"家世英儒"，也就是说，他家庭出身世家大族。也许是生逢乱世的缘故，他从小便是个孤儿，由表兄孔氏抚养成人。《名僧传抄》中说，道安七岁开始读书接受启蒙教育，稍通五经文义，"迄于志学，邪（初）好佛道"。日本《续藏经》的编者认为，此处"邪"字，很可能是"初"字之误。这里的"佛道"仅指佛教，道安的时代，人们通常称佛教为"佛道"、僧侣为"道人"。"志学"，典出《论语》，指十五岁。④ "五经"，指儒家的五种基本经典，即《周易》《尚书》《诗经》《礼记》《春秋》。西汉建元五年（前136），汉武帝为《易》和《礼》增置博士，与文帝、景帝时所立的《书》《诗》《春秋》博士合为五经博士。五经博士的设置，使得通晓儒家经典成为做官食禄的主要条件，从而确立了儒学及儒经的权威地位。

没有资料表明道安的启蒙老师是表兄孔氏还是另有其人，七岁才"开蒙"在当时不算早了，然而在战乱频仍、家道中落之时，家人没有像其他普通百姓那样，把他当作半个劳力使唤，而是让他读书，表明了"诗书继世长"的家风传统和对后人中兴家业光宗耀祖的期许。

---

① 慧皎撰《高僧传》第五卷《释道安传》，《大正藏》第50册，第352页。
② 例如在道安著述的字里行间出现大量语涉儒家典籍的用语。参见梁世和《道安与儒家》，《湖北文理学院学报》2013年第6期，第10～15页。另据汤福勤先生研究，在道安撰写的一些经序中，"不但引用或称颂《诗》《尚书》《尔雅》《河图》《洛书》之类中华典籍，还援引圣贤后稷和历史名人卞和，甚至其记时'岁在鹑火'直接采自《国语·周语》'昔武王伐殷，岁在鹑火，月在天驷'。"参见汤福勤《襄阳悟道：道安与东晋十六国佛教的重大转折》，《中国哲学史》2015年第3期，第31页。
③ 方广锠先生说："常山，大约相当于今河北省正定县一带。"参见方广锠《道安评传》，昆仑出版社，2004，第18页。
④ 参见方广锠《道安评传》，第33页。

童年时代打下的文化功底，使道安在出家后于僧团如"锥处囊中"，卓尔不群。

> 启师求经，师与《辩意经》一卷，可五千言。安赍经入田，因息就览，暮归以经还师，更求余者。师曰：昨经未读今复求耶？答曰：即已暗诵。师虽异之而未信也，复与《成具光明经》一卷，减一万言，赍之如初，暮复还师，师执经覆之不差一字，师大惊嗟而异之。①

"安外涉群书善为文章"，他被苻坚的北方军从襄阳裹胁到长安以后：

> 长安中衣冠子弟为诗赋者，皆依附致誉。时蓝田县得一大鼎，容二十七斛，边有篆铭，人莫能识。乃以示安，安云："此古篆书，云鲁襄公所铸，乃写为隶文。"又有人持一铜斛，于市卖之。其形正圆，下向为斗。横梁昂者为斗，低者为合。梁一头为钥，钥同钟容半合。边有篆铭。坚以问安。安云："此王莽自言出自舜皇，龙集戊辰改正即真。以同律量布之四方，欲小大器钧令天下取平焉。"其多闻广识如此。坚敕学士内外有疑，皆师于安。故京兆为之语曰：学不师安，义不中难。②

说明道安直到晚年，仍不废初学，对佛学的专研不仅没有使世学偏废，随人生阅历反而更加炉火纯青了。

道安在襄阳每年讲《放光般若经》，"未尝废阙"，想必习凿齿是忠实的听众。"晋孝武皇帝承风钦德遣使通问，并有诏曰：'安法师器识伦通，风韵标朗，居道训俗，徽绩兼著。岂直规济当今，方乃陶津来世。俸给一同王公，物出所在。'"③"观乎人文，以化成天下"，道安以他的德操学问成为南北政权共同尊奉的一代"宗师"。

（二）道安与习凿齿的正统史观

西晋败亡源于名教崩溃，在血的教训面前，士人们逐渐意识到儒学在维护社会稳定、国家统一方面所具有的不可替代性，他们呼吁恢复名教，渴望重树儒家道德体系的社会权威。

---

① 慧皎撰《高僧传》第五卷《释道安传》，《大正藏》第50册，第351页。
② 慧皎撰《高僧传》第五卷《释道安传》，《大正藏》第50册，第353页。
③ 慧皎撰《高僧传》第五卷《释道安传》，《大正藏》第50册，第352页。

习凿齿的代表作《汉晋春秋》就是在这样的思想及时代背景下写作完成的。

《汉晋春秋》原书已佚，现仅存清代学者汤球和王仁俊、黄奭的辑本，记事起于东汉光武帝，至晋愍帝。习凿齿认为西晋结束了三国分裂的割据局面，完成了统一大业，宣扬晋承汉统、崇汉抑魏的史观，高度评价了诸葛亮、王经、高隆堂、向雄等忠臣义士，反对陈寿《三国志》中认为曹魏受汉禅、以魏为正统的史观。习凿齿的另一部《襄阳耆旧记》，叙述历史也只有周、汉、晋，而无曹魏。

《世说新语·文学》最早提到习凿齿与《汉晋春秋》，云："习凿齿史才不常，宣武（按：桓温）甚器之。未三十，便用为荆州治中。凿齿谢笺亦云：不遇明公，荆州老从事耳。后至都见简文，返命，宣武问见相王（按：简文帝）何如？答云：'一生不曾见此人。'从此忤旨，出为衡阳郡，性理遂错，于病中犹作《汉晋春秋》，品评卓逸。"南梁刘孝标注引《续晋阳秋》云："凿齿少而博学，才情秀逸，温甚奇之。自州从事，岁中三转至治中。后以忤旨，左迁户曹参军、衡阳太守，在郡著《汉晋春秋》，斥温觊觎之心也。"《晋书·习凿齿列传》中说："是时温觊觎非望，凿齿在郡，著《汉晋春秋》以裁正之。起汉光武，终于晋愍帝。于三国之时，蜀以宗室为正，魏武虽受汉禅晋，尚为篡逆，至文帝平蜀，乃为汉亡而晋始兴焉。引世祖讳炎兴而为禅受，明天心不可以势力强也。凡五十四卷。"也就是说，《汉晋春秋》的写作动机是意欲劝谏桓温以史为鉴，切勿仗势倚强、枉为"篡逆"之举。

桓温是东晋少有的具有雄才大略的军事家，《晋书·庾亮列传·庾翼》载庾翼对晋成帝说："桓温有英雄之才，愿陛下勿以常人遇之，常婿畜之，宜委以方召之任，必有弘济艰难之勋。"永和二年（346）十一月，桓温出镇荆州，力排众议，率军征蜀平定成汉政权；永和十年（354）二月，又从江陵出发北伐；永和十二年（356）七月，桓温从江陵再次北伐。三次战争均大获全胜，为他赢得了空前的威望。但是，东晋难免臣强君弱。桓温的军事建树，无疑对东晋朝廷造成"觊觎非望"的态势。《晋书·刘惔列传》载刘惔对晋成帝说："温不可使居形胜地，其位号常宜抑之。"桓温本人也有取而代之的野心，《晋书·习凿齿列传》载：

时温有大志，追蜀人知天文者至，夜执手问国家祚运修短。答曰：

"世祀方永。"温疑其难言，乃饰辞云："如君言，岂独吾福，乃苍生之幸。然今日之语自可令尽，必有小小厄运，亦宜说之。"星人曰："太微、紫微、文昌三宫气候如此，决无忧虞。至五十年外不论耳。"温不悦，乃止。异日，送绢一匹、钱五千文以与之。星人乃驰诣凿齿曰："家在益州，被命远下，今受旨自裁，无由致其骸骨。缘君仁厚，乞为标碣棺木耳。"凿齿问其故，星人曰："赐绢一匹，令仆自裁，惠钱五千，以买棺耳。"凿齿曰："君几误死！君尝闻干知星宿有不覆之义乎？此以绢戏君，以钱供道中资，是听君去耳。"星人大喜，明便诣温别。温问去意，以凿齿言答。温笑曰："凿齿忧君误死，君定是误活。然徒三十年看儒书，不如一诣习主簿。"

在习凿齿看来，凡是在中国历史上真正完成统一大业的政权，才称得上是王道"正朔"。反之，凡是对"正朔"造成威胁态势的权臣，即便再有作为，也只是逆臣、贼子。

习凿齿晚年又著《晋承汉统论》，提出以是否实现"大一统"作为判断正统的标准，在这个意义上"晋继汉统"，"此乃所以尊晋也"，提高了晋的政治地位。同时，又借用"道""德""义""正"等名分观念，所谓"名不正则言不顺"，强调了统治者的"德运"，也就是"为天下之所推""数之所录，众之所与"。习凿齿此举，实际上是在为偏安一隅的东晋政权的"合法性"张目。

士子出身的道安同样具有强烈的正统史观、深沉的民族情感。如他在《阴持入经序》中说："安来近积罪，生逢百罹，戎狄孔棘，世乏圣导。潜遁晋山，孤居离众，幽处穷壑……世不值佛，又处边国，音殊俗异，规矩不同，又以愚量圣，难以逮也。"[1] 在《十二门经序》中，又说："安宿不敏，生值佛后，又处异国，楷范多缺，仰希古烈。"[2] 在《道地经序》中更是说："予生不辰，值皇纲纽绝，猃狁猾夏，山左荡没。避难濩泽，师殒友折，周爰咨谋，顾靡所询。……先哲既逝，来圣未至，进退狼跋，咨嗟涕洟。"[3] 所谓戎狄、猃狁等，都是对少数民族的蔑称。在道安看来，此时的中国北方，无异于边国、异国。既是佛教所说的边地、"浊世"，也是儒士眼中的边壤、夷蛮之地。

---

[1] 僧祐撰《出三藏记集》第六卷，《大正藏》第55册，第45页。
[2] 僧祐撰《出三藏记集》第六卷，《大正藏》第55册，第46页。
[3] 僧祐撰《出三藏记集》第十卷，《大正藏》第55册，第69页。

习凿齿与道安秉承的都是《春秋》史观，只不过习凿齿推崇"大一统"，道安则更重视"夷夏之变"，这是由于他们各自不同的人生境遇所致。

二 道安对苻秦统治集团的文化影响

从建兴四年（316）西晋败亡，到376年苻坚统一北方，氐族苻秦政权业已经过了充分的"汉化"过程。苻坚在位期间不但倚重汉臣王猛，进行了一系列重要改革，而且"汉化"的步伐越来越大。他下令"复魏晋士籍"，废除了前、后赵时期推行的胡汉分治政策，缓和了民族矛盾，"修废职，继绝世，礼神祇，课农桑，立学校，鳏寡孤独高年不自存者，赐谷帛有差，其殊才异行、孝有忠义、德业可称者，令在所以闻"，"其有学为通儒、才堪干事、清修廉直、孝悌力田者，皆旌表之"（《晋书·苻坚载记下》），对北方的民族融合产生了极大的社会效应。也许此时在苻坚的观念上，他的统治下已经融夷夏为一体了。他在派遣大将吕光远赴西域迎取鸠摩罗什，于出征之时发表演说："西戎荒俗，非礼义之邦。羁縻之道，服而赦之，示以中国之威，导以王化之法"（《晋书·苻坚载记下》），正代表了他的这种踌躇满志。所以，以习凿齿、道安为代表的汉族知识分子出于民族情感的"夷夏"史观，对他来说无疑是强烈的刺激。与石赵奉佛不同，"基于对儒学的重视，苻坚进而提倡佛教，并礼敬高僧大德。在他看来，佛教和儒教都是'中国以学养性'之教，代表汉文化的进步因素"。他自认为是汉文化的继承者，"对佛教的崇奉，出自佛教同化于汉文化的认识"，也就是说"苻坚把佛教作为汉文化的局部看待"①。这可能是造成他一定要得到道安与习凿齿，并刚愎自用急于南征、造成一统江山之势的深层次原因。

《晋书·习凿齿列传》载："及襄阳陷于苻坚，坚素闻其名，与道安俱舆而致焉。既见，与语，大悦之，赐遗甚厚。"苻坚早就获知习凿齿的盛名，希望其能为己所用，只是习凿齿虚与委蛇，不久就托病回襄阳了，苻坚也没有为难他。对于道安而言，无论南北都是他度化的对象，只是于南方而言在文化的情愫上可能更亲近一些。否则就无法解释他率徒众南下、止于南北对峙的前哨重镇——襄阳的原因了。

道安入秦后，被安置在长安五重寺，组织并参与译经。在他门下很快便聚集起数千僧人，有了官办译场的强大支持，道安在长安短短六年时间即主

---

① 潘桂明：《中国佛教思想史稿·汉魏两晋南北朝（上）》，第346～347页。

持译出十部佛经，一百八十七卷，共百余万言。这是与国家译场的强大支持
分不开的。从襄阳追随他到长安的徒众加上四方蜂拥而至者，五重寺一时有
"僧众数千，大弘法化"①，可谓盛况空前。道安及长安遂成为南北方佛教徒
心驰神往的代名词。对于苻秦的"汉化"成果及文化环境，道安也是感同身
受的，并对"不依国主则法事难立"有了更加深切、具体的体会。

道安生前所作经论、序，几乎都收录在《出三藏记集》中。我们通过文
献检索发现，他在年号的使用上，基本是"晋""秦"并称。另据《出三藏
记集》道安本传所载，道安力阻苻坚北伐，劝谏云："檀越应天御世，有八
州之富。居中土而制四海，宜栖神无为，与尧舜比隆。"② 表明，道安在文化
观念上已经接受苻秦政权。另外，《出三藏记集》的作者南梁僧祐，素来敬
重道安，每以"安公"代称。《出三藏记集》在称苻秦的时候直称为"秦"，
但每以"伪秦"指称姚秦。并且将"中土"与"中国""中夏"并用。③ 这
些也许是受道安影响所致。

苻坚给予道安的礼遇也达到无以复加的程度，《晋书·苻坚载记下》载：

> （苻坚）游于东苑，命沙门道安同辇。权翼谏曰："臣闻天子法驾，
> 侍中陪乘，清道而行，进止有度。三代末主，或亏大伦，适一时之情，
> 书恶来世。故班姬辞辇，垂美无穷。道安毁形贱士，不宜参秽神舆。"
> 坚作色曰："安公道冥至境，德为时尊，朕举天下之重，未足以易之。
> 非公与辇之荣，此乃朕之显也。"命翼扶安升辇，顾谓安曰："朕将与公
> 南游吴越，整六师而巡狩，谒虞陵于疑岭，瞻禹穴于会稽，泛长江，临
> 沧海，不亦乐乎！"

道安为天下苍生计，力谏苻坚南征，语重心长地说：

> 陛下应天御世，居中土而制四维，逍遥顺时，以适圣躬，动则鸣銮
> 清道，止则神栖无为，端拱而化，与尧舜比隆，何为劳身于驰骑，口倦
> 于经略，栉风沐雨，蒙尘野次乎？且东南区区，地下气疠，虞舜游而不
> 返，大禹适而弗归，何足以上劳神驾，下困苍生。《诗》云："惠此中

---

① 慧皎撰《高僧传》第五卷，《大正藏》第 50 册，第 352 页。
② 僧祐撰《出三藏记集》第十五卷，《大正藏》第 55 册，第 108 页。
③ 反映在同时代的慧皎所著《高僧传》及宝唱所撰《比丘尼传》中，也是多次以"中夏"
指代中原。

国，以绥四方。"苟文德足以怀远，可不烦寸兵而坐宾百越。

并且建议：

> 若銮驾必欲亲动，犹不愿远涉江淮，可暂幸洛阳，明授胜略，驰纸檄于丹扬，开其改迷之路。如其不庭，伐之可也。

然而，苻坚固执己见，说：

> 非为地不广、人不足也，但思混一六合，以济苍生。天生蒸庶，树之君者，所以除烦去乱，安得惮劳！朕既大运所钟，将简天心以行天罚。高辛有熊泉之役，唐尧有丹水之师，此皆著之前典，昭之后王。诚如公言，帝王无省方之文乎？且朕此行也，以义举耳，使流度衣冠之胄，还其墟坟，复其桑梓，止为济难铨才，不欲穷兵极武。

说明，此时他的思想已经完全沉浸在儒家"大一统"的观念当中了。

首先，在中国历史上逐渐形成一个重要的政治文化传统——中原地区，由于华夏早期地理概念的"居天地之中者"的涵义，而被赋予了标志着国家主体不可分割的内涵。中原以外称为"四夷"，四夷是居天地之偏者，所谓"天子有道，守在四夷"。只有雄踞中原，才能算是一个真正的、被承认的中央王朝，便获得了一种强烈的唯我独尊意识，并天然地拥有相应的中央权力，就可以向四周发号施令，进行征伐，所谓"礼乐征伐自天子出"。

其次，每当中原易主、神州板荡的历史关头，"大一统"便会成为强烈的社会共识。

孔子早就提出了"天下有道，则礼乐征伐自天子出；天下无道，则礼乐征伐自诸侯出"（《论语·季氏第十六》）的理想秩序社会。《礼记·曾子问》说："天无二日，土无二王；家无二主，尊无二上。"荀子认为，"天地者，生之始也；礼义者，治之始也；君子者，礼义之始也。为之，贯之，积重之，致好之者，君子之始也。故天地生君子，君子理天地。君子者，天地之参也，万物之总也，民之父母也。无君子则天地不理，礼义无统，上无君师，下无父子，夫是之谓至乱。君臣、父子、兄弟、夫妇，始则终，终则始，与天地同理，与万世同久，夫是之谓大本。故丧祭、朝聘、师旅一也；贵贱、杀生、与夺一也，君君、臣臣、父父、子子、兄兄、弟弟一也；农农、士士、工工、商商一也"（《荀子·王制第九》）。《吕氏春秋》言："今周室既灾,而天子已绝,乱莫大于无天子。"(《吕氏春秋·谨听》)"天下必有天子,所以一之也,天子必执一,所以抟之也。一则治,两则乱。"(《吕氏春秋·执一》)主张兴"义兵","义兵至,则邻国之民,归之若流水,诛国之民望之若父母,行地滋远,得民滋众,兵不接刃,而民服若化"(《吕氏春秋·怀宠》)。"攻无道而伐不义"的正义之战,不仅可以除暴安良,而且还可以得到人民的衷心拥戴。管仲说:"使天下两天子,天下不可治也。一国而两君,一国不可治也。一家而两父,一家不可治也。夫令不高不行,不专不听。尧舜之民非生而治也,桀纣之民非生而乱也,故治乱在上也。"(《管子·霸言第二十三》)理想中的国家政治制度的统治秩序应该是"天子出令于天下,诸侯受令于天子,大夫受令于君,子受令于父母,下听其上,弟听其兄,此至顺矣。衡石一称,斗斛一量,丈尺一綧制,戈兵一度,书同名、车同轨,此至正也。"(《管子·君臣上》)墨子说:"天下之百姓,皆上同于天子。"(《墨子·尚同》)虽然都是对"大一统"观念的不同表述,但无一例外都强调自上而下的政令统一。真正系统发挥《春秋》大一统思想的是在西汉,及至董仲舒说:"《春秋》大一统者,天地之常经,古今之通谊也。"(《汉书·董仲舒传》)也就是说,"大一统"是天地古今之道,是不可改变的。有了大一统的国家,必须具有适应这种大一统国家的统一思想,只有上下统一,才能保证法制号令规章制度的畅行。

和习凿齿"以夏变夷"观念下的"大一统"思想不同,苻坚也有强烈的民族自尊心,他所理解的"大一统"掺杂着"以夷变夏"的雄心壮志。苻坚虽然提倡"汉化",但这是借先进文化对本民族综合素质的一种提升、改造,和后来北魏孝文帝迁都洛阳"以夏变夷"式的"汉化"政策的目的与动机有天壤之别。从这一视角亦可理解苻坚为什么合称道安与习凿齿为"一个半人",并未强留习凿齿的原因。也许在他看来,道安之所以南奔襄阳是因为此前在北方没有遇到像他这样的"一代明君",实属不得已而为之。至于习凿齿则是地地道道的"南人",并非主动北投"归附",即便被裹挟,终究仍属"非我族类其心必异"。

道安劝谏苻坚暂缓"南征",先将"大本营"迁移至洛阳再徐徐图之的策略,一方面是不忍苍生再陷兵燹之苦,另一方面也是争取以最小的代价分阶段统一的明智之举。移师洛阳、虎踞中原,无论在文化还是军事上,无疑都占领了战略高地。这就不难理解为何后来盛唐时节一定要同时拥有长安与洛阳两个统治中心,实施对广袤疆域的有效控制、管辖。说明,道安基于文化浸淫，提出的是具有前瞻性的安邦定国之策。苻秦的"汉化"成果及文化环境，道安是感同身受的。相比之下，东晋朝廷中枢大权旁落、皇帝暗弱……徒具"正朔"虚名。况且此时，苻坚已有迎请鸠摩罗什之举，《高僧传》载："安先闻罗什在西国，思共讲析，每劝坚取之。什亦远闻安风，谓是东方圣人，恒遥而礼之。"① 道安也许在文化观念上已经接受苻秦政权，② 提出的对策是经过深思熟虑的。③ 然而，苻坚被军事优势冲昏了头脑，刚愎自用，坚持武力统一。他对群臣坚决地说：

> 轩辕，大圣也，其仁若天，其智若神，犹随不顺者从而征之，居无常所，以兵为卫，故能日月所照，风雨所至，莫不率从。今天下垂平，惟东南未殄。朕忝荷大业，巨责攸归，岂敢优游卒岁，不建大同之业！每思桓温之寇也，江东不可不灭。今有劲卒百万，文武如林，鼓行而摧遗晋，若商风之陨秋箨。朝廷内外，皆言不可，吾实未解所由。晋武若信朝士之言而不征吴者，天下何由一轨！吾计决矣，不复与诸卿议也。（《晋书·苻坚载记下》）

从苻坚与道安的对话当中，不仅可以看出他的汉文化修养之精深，确实"博学多才艺"，而且也表达了强烈的民族自尊心与自豪感。他似乎已经完全把自己视为华夏正统文化的继承人、承载者，一定要完成统一大业，践行《春秋》大义，做名副其实的华夏民族一代圣君。

---

① 慧皎撰《高僧传》第五卷《释道安传》，《大正藏》第 50 册，第 354 页。

② 按照《春秋公羊传》对于"大一统"的"微言大义"，"大一统"与"严夷夏之别"并非是截然对立的，只要为实现"大一统"的现实需要，"夷夏之别"也是可以变通的。如《春秋公羊传·哀公十二年》载："公会晋侯及吴子于黄池。吴何以称子？吴主会也。吴主会则曷为先言晋侯？不与夷狄之主中国也。其言及吴子何？会两伯之辞也。不与夷狄之主中国，则曷为以会两伯之辞言之？重吴也。曷为重吴？吴在是，则天下诸侯莫敢不至也。"意思是说，只要天下诸侯都能全部与会，即便是被称为夷狄的吴为霸主而主会，也是可以接受的。亦可说明，使一统局面在变通的形式中得到实现是《春秋公羊传》政治理论的一个主题。反映在士子的思想观念上，就是对一统的殷切期望与深切追求。

③ 本来儒家不赞成霸道，因而孟子说："仲尼之徒无道桓文之事者。"（《孟子·梁惠王上》）然而《春秋公羊传》有时也表现出不得已而为之，为"大一统"而退而求其次，求于霸道。如宣公十一年："楚人杀陈夏征舒。此楚子也，其称人何？贬。何为贬？不与外讨也……曷为不与？实与而文不与。文曷为不与？诸侯之义不得专讨也。诸侯之义不得专讨，则其曰实与之何？上无天子，下无方伯，天下诸侯为无道者，臣弑君，子弑父，力能讨之，则讨之可也。"按其所言乃明确表示，在天下无王的情况下，不得不依靠现实的诸侯霸主来维系起一统的等级秩序。这就不难理解道安进言苻坚"可暂幸洛阳，明授胜略，驰纸檄于丹扬，开其改迷之路。如其不庭，伐之可也"。

战略是文化意志的体现，格局又取决于文化综合素养。苻坚迷信武力，急于"毕其功于一役"，表明在他的观念上还留有北方民族的文化烙印。

在苻坚的策励与道安的影响下，苻坚季弟苻融及从兄之子苻朗的汉文化素养也很深厚，史载：

> （苻）融聪辩慧，下笔成章，至于谈玄论道，虽道安无以出之。耳闻则诵，过目不忘，时人拟之王粲。尝著《浮图赋》，壮丽清赡，世咸珍之。未有升高不赋，临丧不诔，朱彤、赵整等推其妙速。
>
> （苻朗）及为方伯，有若素士，耽玩经籍，手不释卷，每谈虚语玄，不觉日之将夕；登涉山水，不知老之将至。（《晋书·苻坚载记下》）

可见，苻融与苻朗的容止已经与东晋名士无二致了，这也是前秦贵族阶层汉化的一个缩影。

虽然天不遂其志，前秦败亡肇始于"淝水之战"，道安也在长安再次陷落前夜圆寂，但是中国北方的民族大融合却是经过一代又一代不懈努力最终完成的。以苻坚为代表的具有深厚汉文化素养及雄才大略的少数民族政权领袖与以道安为代表的佛教上层知识精英，有力地推动了民族大融合的历史进程。

在中国佛教史上，道安打破僧人以前跟从本师姓氏的风俗习惯、从今往后名正言顺地统统以"释"为姓的创举，从此一为永例沿袭至今。站在历史宏阔的视角，汉传佛教的这一特例，对于在中国这样一个幅员辽阔、民族成分复杂、各地区经济文化发展很不平衡的国度内，实现民族融合、促进和巩固民族团结，起到了不可替代的巨大作用。已经扎根中国并逐渐"民族化""本土化"的佛教，成为北方少数民族接受汉文化，同时潜移默化"汉化"的重要津梁与纽带。随历史的发展演变，佛教虽有"三大语系"，传播分布的地域、民族不同，然普天之下的佛教徒皆以释尊——释迦牟尼为根本导师。当国家处于分裂割据状态、中华民族大家庭内有分立政权存在的时代背景下，佛教所能发挥的这种积极、独特的作用尤为弥足珍贵。

北方佛教经过苻坚与道安的努力，为后秦时期的进一步发展奠定了深厚的社会、文化基础，特别是鸠摩罗什在长安译场中的很多骨干，都出自道安僧团。苻坚所开创的"文治"基础，被后秦所继承。如果说苻坚一生戎马倥偬，没有什么系统的思想，姚兴则通儒家经学、重佛教义理，明确提出政治儒学统摄下的佛学思想，逐渐成为此后北方政权及由北方政权奠定的全国统一局面形成后，历代中央王朝所共许的意识形态方略之一。北方佛教于十六

国时期的巅峰之作以僧肇的《肇论》为代表，它不仅结束了南北佛学发展的
"六家七宗"时代，而且划了一个圆满的句号。当《肇论》辗转流传到东晋
庐山慧远教团时，刘遗民见到《般若无知论》不禁叹服道："不意方袍，复
有平叔。"慧远也抚机喟叹："未尝有也！"（《高僧传·僧肇传》）

习凿齿与道安是东晋名士阶层的代表人物，他们之间的交往佳话是当时思
想界儒佛交涉的一个缩影。而儒佛交涉乃至"三教关系"是佛教民族化、本土
化的文化基础；他们二人的正统史观，无论在当时还是对后世都产生了深刻影
响。习凿齿向往的是天下一统后的政通人和；道安的士子情怀与弥勒信仰结
合，祈愿"弥赛亚"式的救世主降临人间，好创建一个海内承平、人民安居乐
业的太平盛世。符坚的政治理想其实是渴望融夷夏为一体。只不过他身上还留
有祖先的血性基因，提倡"文治"的同时崇尚"武功"，不但要武力统一中国，
而且乐于使用武力储备人才，增强综合国力，就像他的先祖胡服骑射驰骋在草
原上掳掠牛羊那样。这也是注定他的梦想最终失败的根本原因。

习凿齿与道安北徙，在促进南北文化交流、民族融合方面发挥了一定作
用。他们在文化意识形态领域影响并增强了南北文化交流，促进了民族融
合，为最终实现不同民族文化的"多元会通"与"多元一体"，搭建了桥梁、
奠定了基础。

南北政权在文化意识形态上逐渐彼此认可、接纳，共同的佛教信仰有助
于各民族之间的交融、和解，对思想、文化、政治诸领域最终实现"多元一
体"起到了"化洽殊邦"① 的桥梁作用。此如陈寅恪先生所言，"氐人不仅
学儒，而且学玄，有的有经济大志，有的风流迈于一时，汉文化水平之高，
在五胡中，鲜卑能与比"②。

第三节　政教关系视域下的北朝佛教与民族融合、文化融汇

北朝时期，北魏延祚最长，民族融合、文化融汇最为充分，文化发展最
为辉煌灿烂，佛教发展也最为繁荣。但在对待佛教的政治态度上，既有建政
之初积极利用与有效管控的一面，也有"中期"灭法及"盛世"佞佛的一

---

① 慧皎撰《高僧传》第七卷《释慧严传》，《大正藏》第50册，第367页。
② 万绳楠整理《陈寅恪魏晋南北朝史讲演录》，第104页。

面。可以说，北魏佛教与北魏政权荣辱与共、休戚相关。前文所及，佛教并不是拓跋鲜卑的民族信仰，在 4~6 世纪从分裂到统一的大化洪流中，是民族"大融合"与佛教"中国化"的历史主题把它们的命运连接到了一起。由于佛教兼容并蓄的文化特质，鲜卑民族的"汉化"政权的"封建化"特征，使得同时代的儒家、道教也保持了长足的发展，为隋唐时代的全面统一奠定了文化基础。北朝佛教在中国佛教史上具有鲜明的印记。

一 北魏时期的"灭佛"、"兴佛"与"佞佛"

北魏太平真君七年（446），太武帝下诏灭佛，诛杀境内沙门、尽毁佛像。[1] 这篇诏书以偏激的文辞，将佛教定性为"胡教""胡神"，把东汉末年以来天下的祸乱之因强加于佛教，显然是一篇讨恶剪暴、"非我族类其心必异"的战斗檄文，也许出自崔浩之手。[2]

表面上看这次"法难"事出有因，实则是儒佛矛盾激化的极致表现。

清河崔氏家族在北魏位极人臣、权倾朝野，人才辈出。崔浩之父崔宏，字玄伯，在道武帝拓跋珪时期就是朝中股肱重臣。而崔浩本人更是历仕道武、明元、太武三朝，官至司徒，位列三公，辅佐太武帝灭大夏、亡北凉、取北燕、抗柔然，为北方的统一以及北魏政权的巩固与发展立下了汗马功劳。但崔浩乃一偏激儒士，"性不好《老庄》之书，每读不过数十行，辄弃之，曰：'此矫诬之说，不近人情，必非老子所作。老聃习礼，仲尼所师，岂设败法文书，以乱先王之教。袁生所谓家人筐箧中物，不可扬于王庭也'"（《魏书·崔浩传》）。看来，他非常注重儒家经世致用的事功之学，凡不合己意皆斥为"异端"。崔浩素来擅长"玄象阴阳""筮吉凶"等异术，"识天

---

① 诏云："昔后汉荒君，信惑邪伪，妄假睡梦，事胡妖鬼，以乱天常，自古九州之中无此也。夸诞大言，不本人情。叔季之世，暗君乱主，莫不眩焉。由是政教不行，礼义大坏，鬼道炽盛，视王者之法，蔑如也。自此以来，代经乱祸，天罚亟行，生民死尽，五服之内，鞠为丘墟，千里萧条，不见人迹，皆由于此。朕承天绪，属当穷运之弊，欲除伪定真，复羲农之治。其一切荡除胡神，灭其踪迹，庶无谢于风氏矣。自今以后，敢有事胡神及造形像泥人、铜人者，门诛。虽言胡神，问今胡人，共云无有。皆是前世汉人无赖子弟刘元真、吕伯强之徒，接乞胡之诞言，用老庄之虚假，附而益之，皆非真实。至使王法废而不行，盖大奸之魁也。有非常之人，然后能行非常之事。非朕孰能去此历代之伪物！有司宣告征镇诸军、刺史，诸有佛图形像及胡经，尽皆击破焚烧，沙门无少长悉坑之。"（《魏书·释老志》）
② 史载，崔浩仇视佛教，曾经见妻郭氏读《金刚经》，夺之火焚弃厕。而太武帝对他非常倚重，每访以大事，崔浩兼及借机每与帝谗言毁谤。"会盖吴反杏城，关中骚动，帝乃西伐，至于长安"，震怒于沙门不齿之事，崔浩因进谗言，酿成此祸。

文，好观星变"，又曾"综核天人之际，举其纲纪，诸所处决，多有应验"，所以深得帝心，又兼与天师道领袖寇谦之一拍即合。

崔浩的政治理想是"以夏变夷"，也就是寄期望于制度革新，意欲使鲜卑民族及政权彻底"汉化"。他为此竭力推行"齐整人伦，分明姓族"的门阀政策，推崇汉人高等士族的家族门第，强调出身与才能相结合作为取仕的重要标准，这就势必对无门第士族出身的鲜卑贵族的政治前途造成极大的威胁。又通过确立太子监国制度，改变了鲜卑传统的王位传承的兄终弟及制为父子相承制，打破了鲜卑权贵阶层旧有的政治利益分配格局。应该说，崔浩的这些辅政举措是完全符合鲜卑民族及政权"汉化"与"封建化"的历史趋势的。后来孝文帝所推进的"太和改制"与其相比，有过之而无不及。只不过崔浩过于激进，忽视了事物发展的必要环节，也就显得没有摆正自己的位置，势必引起鲜卑贵族集团的巨大反弹，进而触及太武帝内心深处敏感的民族情愫。

太平真君十一年（450），崔浩因编撰国史以致"暴扬国恶"[1]，身陷囹圄进而被"夷族"。与其"联姻"的范阳卢氏、太原郭氏、河东柳氏诸族以及崔浩的幕僚、一同编撰国史的史官们，也被斩杀殆尽，略无孑遗。崔浩悲剧的背后有明显的"夷夏之争"的文化背景，而他又将这种文化情愫延伸至儒佛之争。《魏书·释老志》载，太武帝早年"虽归宗佛法，敬重沙门，而未存览经教，深求缘报之意。及得寇谦之道，帝以清净无为，有仙化之证，遂信行其术"。崔浩之所以把寇谦之力荐给太武帝，是想将其和佛教剥离，防止"夷""胡"合流。

兴安元年（452），文成帝即位，旋即下诏重兴佛教，[2] 恢复了北魏初年

---

[1] 《资治通鉴·宋纪》载："魏主以浩监秘书事，使与高允等共撰《国记》，曰：'务从实录。'""浩书魏之先世，事皆详实，列于衢路，往来见者咸以为言。北人无不忿恚，相与潜浩于帝，以为暴扬国恶。帝大怒。"以崔浩为首的国史编撰班底没有避帝室之讳，暴露了拓跋先祖做的诸种不光彩的事情。

[2] 诏云："夫为帝王者，必祗奉明灵，显彰仁道，其能惠著生民，济益群品者，虽在古昔，犹序其风烈。是以《春秋》嘉崇明之礼，祭典载功施之族。况释迦如来功济大千，惠流尘境，等生死者叹其达观，览文义者贵其妙明。助王政之禁律，益仁智之善性，排斥群邪，开演正觉。故前代以来，莫不崇尚，亦我国家常所尊事也。世祖太武皇帝，开广边荒，德泽遐及。沙门道士善行纯诚，惠始之伦，无远不至，风义相感，往往如林。夫山海之深，怪物多有，奸淫之徒，得容假托，讲寺之中，致有凶党。是以先朝因其瑕衅，戮其有罪。有司失旨，一切禁断。景穆皇帝每为慨然，值军国多事，未遑修复。朕承洪绪，君临万邦，思述先志，以隆斯道。今制诸州郡县，于众居之所，各听建佛图一区，任其财用，不制会限。其好乐道法，欲为沙门，不问长幼，出于良家，性行素笃，无诸嫌秽，乡里所明者，听其出家。率大州五十，小州四十人，其郡遥远台者十人。各当局分，皆足以化恶就善，播扬道教也。"（《魏书·释老志》）

赋予佛教"敷导民俗"、"巡民教化"、辅助王政的政治定位。文成帝认为，在"显彰仁道"的层面，儒佛是相通的。所谓"故其始修心则依佛、法、僧，谓之三归，若君子之三畏也。又有五戒，去杀、盗、淫、妄言、饮酒，大意与仁、义、礼、智、信同，名为异耳"（《魏书·释老志》）。成为北魏朝野的共识。

在国家大政方针的支持及鲜卑民族"汉化"与政权"封建化"的政治、文化背景下，北魏佛教的"中国化"进程愈发迅猛。这体现在社会文化、信仰的方方面面，如"《崔承宗造像记》（483）：大魏太和七年岁次癸亥十月朔日，齐州历城崔承宗，上为亡父母敬造释迦象□躯，使亡父母托生紫府安乐之乡。神飞三光，普照十地。展孝思于靡涘，旷国祚之永隆。又愿合家眷属，老者延龄，少者益□，门腾荣葩，福流累叶"[1]，融佛教慈悲和儒家孝、忠理念于一体，集道教"紫府安乐之乡"与佛教极乐世界于一处，体现了佛教信仰的"民族化""本土化"。《追远寺众僧造像发愿文》云："大代太和七年（483）岁次癸亥，合追远寺众僧，颍川公孙小，劝所道俗，为皇帝陛下、太皇、太后、皇太子敬造千佛，愿缘此庆福钟，皇家祚隆万代，普济群生。"[2]为国家祈祷、替皇室祈福，已经成为佛教界的共识。在北魏朝廷为皇帝造像之风的影响下，佛教界也上行下效，《僧昙造像题记》说："为七帝建三丈八弥勒像，二菩萨丈造素"，"大魏今上皇帝陛下，忠慕玄追，孝诚通敏"，"大像用赤金六万六千四百斤，黄金二千一百斤。二菩萨用赤金四万六千斤，黄金一千一百斤"。[3]于太和十六年（492）开工，至景明二年（501）甫就。从其费时及所消耗财力，可见其诚于中、形于外，殷天动地。而太和廿年（496），《姚伯多兄弟造像碑》碑阳面主龛显然是道教造像，碑阴题材内容主要表现佛教弥勒信仰，但从冠帽造型判断又像是道教造像，融佛道元素，在同期造像碑中比较典型。[4]从一个侧面反映了这个时期民间信仰的"佛道融合"。

孝文、宣武、孝明三朝，北魏国势最强，鲜卑民族"汉化"与政权"封

---

① 赵修、金小栋：《北朝造像记词语研究与〈汉语大词典〉的收词释义》，《乐山师范学院学报》2009 年第 3 期，第 75 页。

② 翟春玲：《西安出土北魏铜佛造像研究》，《文博》2003 年第 5 期，第 45 页。

③ 颜娟英主编《北朝佛教石刻拓片百品》第 1 册，转引自李利安、崔峰《南北朝佛教编年》，第 100 页。

④ 参见张燕《药王山造像碑》，《中国道教》2001 年第 6 期，第 33~34 页。

建化"的进程达到高潮，同一时期的佛教也发展到了鼎盛阶段。

孝文帝时期，佛教的政治地位进一步上升，《魏书·释老志》载："承明元年（476）八月，高祖于永宁寺设太法供，度良家男女为僧尼者百有余人，帝为剃发，施以僧服，令修道戒，资福于显祖。""太和元年（477）二月，幸永宁寺设斋，赦死罪囚。三月，又幸永宁寺设会，行道听讲，命中、秘二省与僧徒讨论佛义，施僧衣服、宝器有差。"佛教法事活动成为国家政治生活的一部分。

孝文帝又先后诏建建明寺、思远寺、报德寺等伽蓝甲刹，还为西域沙门跋陀（即佛陀禅师）在嵩山建少林寺。为政之暇，游心佛理，尤其瞩目《成实论》，每与名德沙门谈论往复。为此专门下诏请义学沙门一月三次进殿讲论经义。另据《广弘明集》所载，孝文帝曾先后颁布《帝为慧纪法师亡施帛设斋诏》《帝以僧显为沙门都统诏》《帝立僧尼制诏》《帝听诸法师一月三入殿诏》《帝令诸州众僧安居讲说诏》《赠徐州僧统并设斋诏》《岁施道人应统帛诏》等七道诏书，显示了他对于佛教的热衷程度。在最高统治者的支持下，佛教显示出复兴后的勃勃生机，"自正光至此，京城内寺新旧且百所，僧尼二千余人，四方诸寺六千四百七十八，僧尼七万七千二百五十八人"。道顺、惠觉、僧意、惠纪、僧范、道弁、惠度、智诞、僧显、僧义、僧利、道登诸法师并以义行知重。

宣武帝也笃好佛理，广集名僧，标明义旨。每年还常于禁中亲讲经论，永平二年（509）十一月，在式乾殿为诸僧、朝臣宣讲《维摩诘经》。

北魏自文成帝冯皇后（即文明太后）皈依佛教后，历代后妃中多有奉佛传统。冯皇后之兄冯熙大兴"福田事业"，乐此不疲。冯熙二女先后皆为孝文帝皇后。小女被废后即在瑶光寺为练行尼，大女儿也曾返家为尼，后又重返宫中为皇后。宣武帝之胡皇后就因其姑为尼，幼相依托，略得法义，入宫讲说，被荐引入宫为嫔妃。孝明帝即位后，尊之为皇太后（胡灵太后），并独揽朝政。胡太后之父胡国珍亦笃信佛教，胡国珍死后，太后诏自始薨至"七七"，皆为设千僧斋，斋令七人出家；百日设万人斋，二七人出家。武泰元年（528），"河阴之变"中，胡太后与孝明帝后宫嫔妃皆落发为尼，后被尔朱荣沉溺于黄河。北魏后妃之中出家者，还有宣武高皇后、孝明胡皇后，皆在瑶光寺为尼。

北魏王室成员中，如城阳王徽、广陵王恭、高阳王雍、彭城王勰、北海王详、清河王怿、汝南王悦、广平王怀等皆奉持佛法，亦颇重于修福，故建寺、造像者不在少数。

民间佛教对于复兴、重光以来的局面感恩戴德，正始元年（504）正月七日，比丘法雅与宗那邑一千人造九级浮图颂碑，为孝文帝歌功颂德，其中有云：

> 孝文皇帝，大魏之中兴，旷代之睿主。比德则羲农齐轨，远治则伊妫同范。
>
> 还于秦汉魏晋，奕世公弼，参思九五。
>
> 其敦仁尚义，崇行苐之风；宽容和缓，缵思远之俗。
>
> 玄绍沙域，唐表别园，晋炳异基，奕世公弼，庶积允厘，内崇道穆，雅亮于时，儁又相寻，迄至于兹，倚与碑矣，……炳缵儁名，岂伊虚韵，永彰契诚。①

能够在民间集中组织起规模千人的“邑社”，造九级浮图，可谓工程浩大。一是表明比丘法雅的社会动员能力，二是孝文帝的功德所感。在碑文中，孝文帝俨然一代圣君、圣人的光辉形象。法雅自称“臣子之献诚道也”，把佛教传统的沙门与君王之间平等的檀越关系改变为人身依附的“君臣”关系，应该是北魏佛教的创举。这样一来，在法雅之辈看来，孝文帝也就是当今“如来”，难怪一定要通过营造“九级浮图”才能表达至诚之道。

《魏书·释老志》载，宣武帝元恪永平二年（509）冬，沙门统惠深上言有云：“出家舍著，本无凶仪，不应废道从俗。其父母三师，远闻凶问，听哭三日。若在见前，限以七日。”请求朝廷颁布法令，强制规定僧尼为“父母三师”服丧的明确期限。“僧制”本来是佛教界的内部规范，借用国家法令的强制性原则，表明已经到了法不责众的紧迫程度。说明，僧侣为父母三师“服丧”已经是普遍现象，且无定制，以至于废道从俗。这是僧制与儒家“礼制”之间的一种折中。通过这个事例表明，儒家伦理习俗已经渗透进僧尼的宗教生活。

在甘肃永靖炳灵寺石窟第126窟的造窟题记云：“大代延昌二年（513）岁次癸巳六月甲申朔十五日戊戌，大夏郡武阳部郡本国中政曹子元造窟一躯，仰为皇帝陛下、群僚百官、士众人民、七世父母、所生父母、六亲眷

① 颜娟英主编《北朝佛教石刻拓片百品》第1册，转引自李利安、崔峰《南北朝佛教编年》，第95~97页。

属，超生西方，妙乐回生，含生之类，普同福□。"① 即使在远离京畿洛阳的"河西"地区，"忠""孝""慈"兼收博采、儒释交融的理念已经深入人心。

孝文帝虽奉佛，但亦好老庄，崇儒兴学，不失时机地下诏对佛教规模、僧侣素质加以监督管控，保障了佛教的正常发展。然而宣武、孝明时期，"三教"失序，以至于"佞佛"，佛教本身也深陷猥滥状态。魏宣武帝时，治书侍御史阳固上表说："当今之务，……绝谈虚穷微之论，简桑门无用之费，以存元元之民，以救饥寒之苦。"（《魏书·阳固列传》）中书侍郎裴延儁也上疏说："《五经》治世之模，六籍轨俗之本，盖以训物有渐，应时匪妙，必须先粗后精，乘近即远。伏愿经书玄览，孔、释兼存，则内外俱周，真俗斯畅。"（《魏书·裴延儁列传》）佛教发展徒具"像教"之表，已经偏离精神实质，于国计民生没有什么助益。"延昌二年（513），此年撮天下僧尼寺积有一万三千七百二十七所。去承明来始三十余年。"② 灵太后摄政时期，佛教发展达到了顶点。"物极必反，月满则亏"，于时编民争相出家，假慕沙门，实避调役，"绝户"屡见不鲜。延昌末年（515），司徒长兼主簿李玚上言：

> 礼以教世，法导将来，迹用既殊，区流亦别。故三千之罪，莫大不孝，不孝之大，无过于绝祀。然则绝祀之罪，重莫甚焉。安得轻纵背礼之情，而肆其向法之意也？正使佛道，亦不应然，假令听然，犹须裁之以礼。一身亲老，弃家绝养，既非人理，尤乖礼情，埋灭大伦，且阙王贯。交缺当世之礼，而求将来之益，孔子云："未知生，焉知死"，斯言之至，亦为备矣。安有弃堂堂之政，而从鬼教乎！又今南服未静，众役仍烦，百姓之情，方多避役。若复听之，恐捐弃孝慈，比屋而是。（《魏书·李玚列传》）

孝明帝时过崇佛法，不临朝视事。谏议大夫张普惠进谏：

> 殖不思之冥业，损巨费于生民。减禄削力，近供无事之僧；崇饰云殿，远邀未然之报。昧爽之臣，稽首于外；玄寂之众，遂游于内。怒礼忤时，人灵未穆。愚谓从朝夕之因，求只劫之果，未若先万国之忻心，以事其亲，使天下和平，灾害不生者也。伏愿淑慎威仪，万邦作式，躬

---

① 杜斗城、王亨通：《炳灵寺石窟内容总录》，第119页。
② 费长房撰《历代三宝记》第三卷，《大正藏》第49册，第45页。

致郊庙之虔，亲纤朔望之礼，释奠成均，竭心千亩，明发不寐，洁诚禋
裸。孝悌可以通神明，德教可以光四海，则一人有喜，兆民赖之。然后
精进三宝，信心如来。道由礼深，故诸漏可尽；法随礼积，故彼岸可
登。量撤僧寺不急之华，还复百官久折之秩。已兴之构，务从简成；将
来之造，权令停息。（《魏书·张普惠列传》）

张普惠专心坟典，克历不息。及还乡里，就程玄讲习，精于《三礼》，兼善
《春秋》，百家之说，多所窥览，诸儒称之。他的谏议观点也代表了儒家对于
当时佛教盛事光环下的冷眼旁观。

佛教规模急速膨胀，进入失控状态。北魏末年（534），"略而计之，僧
尼大众二百万矣，其寺三万有余。流弊不归，一至于此，识者所以叹息也"
（《魏书·释老志》）。佛教的猥滥既背离了统治阶层"兴教"之初衷，也严
重危害到国计民生，加速了北魏的解体。

二 东魏朝野的"三教"学养

北魏统一北方，经过近百年的文化发展、融合，"三教"在社会各阶层
的普及化程度很高。特别是经过"洛阳时代"三十多年的盛世荣华，知识精
英阶层对"三教"皆能融会贯通，学养精湛。

北魏分裂后，文化底蕴为东魏所继承，思想界对于"三教"的研习热情
并没有减退。

如卢景裕，字仲儒，小字白头，北魏范阳涿（今属河北）人。章武伯卢
同之侄。自幼聪敏过人，专学《五经》，居无所业，唯在注解。为节闵帝国
子博士。尝注《周易》《尚书》《孝经》《论语》《礼记》《老子》等，但
《毛诗》和《左氏春秋》尚未完成。"天平中（534～537），还乡里，与邢子
才、魏季景、魏收、邢昕等同征赴邺。景裕寓托僧寺，讲听不已。"尝为齐
王高澄讲《易》。又好佛，通大义，"天竺胡沙门道悕每论诸经论，辄托景裕
为之序"（《魏书·儒林列传·卢景裕》）。诵《高王观世音经》，行于世。东
魏孝静帝兴和（539～542）中，补为齐王开府属，卒于晋阳。

李同轨，"学综诸经，多所治诵，兼读释氏，又好医术"（《魏书·儒林
列传·李同轨》）。北魏之末，永熙二年（533），孝武帝元修驾临平等寺，敕
李同轨与沙门论难法义。李同轨表现不俗，深得嘉许。东魏兴和年间，兼通
直散骑常侍，出使南梁，梁武帝萧衍集名僧于爱敬、同泰二寺，讲《涅槃大

品经》，邀请李同轨列席旁听。席间，李同轨与南梁朝臣就经义论难往复很久，道俗一时传为佳话。

杜弼，字辅玄，中山曲阳人。因出身低微，所以不被征用。然自幼聪敏，才华横溢。后因屡建军功、兼善文章，才获得擢升的机会，官至大行台郎中，又被高欢信任和厚待，掌管机密。一次，东魏孝静帝元善见与他讨论，说：

> "朕始读《庄子》，便值奏名，定是体道得真，玄同齐物。闻卿精学，聊有所问。经中佛性、法性为一为异？"弼对曰："佛性、法性，止是一理。"诏又问曰："佛性既非法性，何得为一？"对曰："性无不在，故不说二。"诏又问曰："说者皆言法性宽，佛性狭，宽狭既别，非二如何？"弼又对曰："在宽成宽，在狭成狭，若论性体，非宽非狭。"诏问曰："既言成宽成狭，何得非宽非狭？若定是狭，亦不能成宽。"对曰："以非宽狭，故能成宽狭，宽狭所成虽异，能成恒一。"（《北齐书·杜弼列传》）

孝静帝在读《庄子》的时候，体悟到"体道得真，玄同齐物"之理，"体道得真"是从形而下的层面而言的，"玄同齐物"则指的是形而上的意蕴，然而"体道得真"与"玄同齐物"却又在诠释同一之"理"。这是典型的"体用""权实""理事"，是"一心开二门""理一分殊"式的中国哲学的诠释、思维模式。孝静帝由此联想到佛教名相中的"佛性"与"法性"是否也具有同样的意蕴。杜弼对论的大意是，此二者于本体上指向"一理"，于事相上则分殊有"二"。杜弼与孝静帝关于佛理的讨论，实际涉及思想界对于道教之"道"和佛教之"道"的会通理解。杜弼对"佛性"与"法性"的诠释，与孝静帝由道教之"道"入佛教之"道"的直观体悟不谋而合。于是"上悦称善。乃引入经书库，赐《地持经》一部，帛一百匹"（《北齐书·杜弼列传》）。

杜弼平素非常注重学习、思考，于行军旅次之间尚孜孜矻矻，最终集腋成裘，注成老子《道德经》二卷，他认为"《道》《德》二经，阐明幽极，旨冥动寂，用周凡圣。论行也，清净柔弱；语迹也，成功致治。实众流之江海，乃群艺之根本"。他将新注的《道德经》与自己的心得体会，奉表呈献给孝静帝。诏答云：

> 李君游神冥宵，独观恍惚，玄同造化，宗极群有。从中被外，周应可以裁成；自己及物，运行可以资用。隆家宁国，义属斯文。卿才思优洽，业尚通远，息栖儒门，驰骋玄肆，既启专家之学，且畅释老之言。户列门张，途通性达，理事兼申，能用俱表，彼贤所未悟，遗老所未闻，旨极精微，言穷深妙。朕有味二《经》，倦于旧说，历览新注，所得已多，嘉尚之来，良非一绪。已敕杀青编，藏之延阁。（《北齐书·杜弼列传》）

杜弼于《道德经》多有全新的阐释，然此著久佚，但从孝静帝的诏对中可以窥其端倪。杜弼会通"三教"，从理事关系的角度，创新发挥了《道德经》于"事功之学"方面的理论指导及实践意义，一扫魏晋以来"三玄"虚浮空疏之弊，给历经北魏解体以来尚沉浸在"丧乱"之痛的思想界送来阵阵令人耳目一新的清凉之风。他说：

> 乘风理弋，追逸羽于高云；临波命钩，引沉鳞于大壑。苟得其道，为工其事，在物既尔，理亦固然。窃惟道、德二经，阐明幽极，旨冥动寂，用周凡圣。论行也，清净柔弱；语迹也，成功致治。实众流之江海，乃群艺之本根。臣少览经书，偏所笃好，虽从役军府，而不舍游息。钻味既久，斐亹如有所见，比之前注，微谓异于旧说。情发于中而彰诸外，轻以管窥，遂成穿凿。无取于游刃，有惭于运斤，不足破秋毫之论，何以解连环之结。本欲止于门内，贻厥童蒙，兼以近资愚鄙，私备忘阙。不悟姑射凝神，汾阳流照，盖高之听卑，迩言在察。春末奉旨，猥蒙垂诱，令上所注《老子》，谨冒封呈，并序如别。（《北齐书·杜弼列传》）

杜弼是一位非常具有家国情怀的、从基层脱颖而出的"学者型"官吏。长期在不同岗位历练出的从政经验与社会实践，使他对国计民生有深刻的体察，他一生为官清洁仁恕，多次劝谏高欢澄清吏治、清除旧弊，深遭奸佞嫉恨，北齐天保十年（559），被文宣帝高洋枉杀。

杜弼对于佛教义理具有深厚的学养，武定六年（548）四月初八日，孝静帝集名僧于显阳殿讲说佛理，一时鸾翔凤集。杜弼与吏部尚书杨愔、中书令邢邵、秘书监魏收等并侍法筵。孝静帝敕令杜弼升师子座，当众与昭玄都僧达及僧道顺并缁林之英，就法义问难往复数十番，莫有能屈。孝静帝不由感慨地说:"此贤若生孔门,则何如也?"又曾与中书令邢邵对论"形神之辩",邢邵认为:"神之在人,犹光之在烛,烛尽则光穷,人死则神灭",所以"人死还生,恐为蛇画足"。杜弼解释说:"神之于形,亦犹君之有国。国实君之所统,君非国之所生。不与同生,孰云俱灭?""光去此烛,得燃彼烛,神去此形,亦托彼形。"杜弼与邢邵辩论的核心围绕"神灭"还是"神不灭",杜弼从匡正社会道德人心、增强"敬畏感"的角度,更加肯定灵魂不灭之说所能发挥的社会伦理功能。前后往复再三,邢邵理屈而止。然而,杜弼并没有陶醉于高谈雄辩之虚名,魏晋"清谈误国"在前,大魏奢靡浮华在后,会通"三教"、凝练为经世致用之学是他毕生不懈的追求,为此甚至付出了生命的代价。

但是,佛教虚实失度的趋势并没有得到有效遏制,"兴和二年(540),总计天下僧尼大数二百万矣,寺三万有余"[①],为再次罹遭"法难"埋下了隐患。

三 虚实失度的北齐佛教

(一) 高洋与佛教

北齐文宣帝高洋即位之初,也摆出一番崇儒兴学,欲拨乱反正、励精图治的样子,天保元年(550)八月,诏郡国修立黉序,广延髦俊,敦述儒风。其国子学生,亦依旧铨补。往者文襄皇帝所运蔡邕石经五十二枚,移置学馆,依次修立。又诏求直言正谏之士,待以不次;命牧人之官,广劝农桑。庚寅,诏曰:"朕以虚薄,嗣弘王业,思所以赞扬盛绩,播之万古。虽史官执笔,有闻无坠,犹恐绪言遗美,时或未书。在位王公、文武大小,降及庶人,爰至僧徒,或亲奉音旨,或承传旁说,凡可载之文籍,悉条封上。"(《北齐书·显祖文宣帝纪》)

天保五年(554),高洋与秀才樊逊对策,讨论佛道优劣。其中有云:"乃有缁衣之众,参半于平俗。黄服之徒,数过于正户。所以国给为此不充,王用因兹取乏。欲择其正道,蠲其左术。一则有润邦家,二则无惑群品。且积竞绵来,行之已久。顿于中路,沙汰实难。"[②] 似有沙汰佛道二教之意。

樊逊对奏:

---

① 费长房撰《历代三宝记》第三卷,《大正藏》第49册,第46页。
② 道宣撰《广弘明集》第二十四卷,《大正藏》第52册,第273页。

臣闻天道性命，圣人所不言，盖以理绝涉求，难为称谓。伯阳道德之论，庄周逍遥之旨，遗言取意，犹有可寻。至若玉简金书，神经秘录，三尺九转之奇，绛雪玄霜之异，淮南成道，犬吠云中，子乔得仙，剑飞天上，皆是凭虚之说，海枣之谈，求之如系风，学之如捕影。而燕君、齐后、秦皇、汉帝，信彼方士，冀遇其真，徐福去而不归，栾大往而无获。犹谓升遐倒影，抵掌可期；祭鬼求神，庶或不死。江璧既返，还入骊山之墓；龙媒已至，终下茂陵之坟。方知刘向之信洪宝，没有余责；王充之非黄帝，比为不相。（《北齐书·文苑列传·樊逊》）

樊逊从儒家的立场出发，将道家与道教截然分开，认为如果说道家思想尚有可取之处，则道教方术、得道成仙之说全是荒诞不经之论，在历史上欺世盗名，沦为无稽之谈。又纵论佛教"盖理本虚无，示诸方便。而妖妄之辈，苟求出家，……宁有改形易貌，有异生人，恣意放情，还同俗物。龙宫余论，鹿野前言，此而得容，道风前坠"。佛教猥滥，徒有其表，遮蔽了本来应有的原貌。在樊逊看来，佛教也是"理本虚无"，令一般人高不可攀。前朝史书"未见三世之辞，无闻一乘之旨。帝乐王礼，尚有时而沿革；左道怪民，亦何疑于沙汰"（《北齐书·文苑列传·樊逊》），劝谏高洋大胆革除旧弊，沙汰佛道。

然而，高洋不仅没有虚心纳谏，反而一意孤行，"崇重佛法，造制穷极。凡厥良沃，悉为僧有。倾竭府藏，充佛福田"[1]。他将国家储备分作三份，供国、自用和供养"三宝"。并得到政治、经济的强力支持，"属高齐之盛，佛教中兴。都下大寺，略计四千。见住僧尼，仅将八万。讲席相距，二百有余。在众常听，出过一万。故宇内英杰，咸归厥邦"[2]。北齐时的伽蓝建造比前朝有过之而无不及，"凿晋阳西山为大佛像，一夜燃油万盆，光照宫内。……穷极工巧，运石填泉。劳费亿计，人牛死者，不可胜纪"（《北齐书·后主帝纪》）。"高齐在邺，六帝二十八年。信重逾前，国无两事。"[3]佛教一枝独秀，连道教都禁绝了。[4] 高洋性格乖僻、性情诡异、行为极端，他为了表示对戒师昭玄统法上的崇敬，能"布发于地，令（法）上践焉"

---

① 道宣撰《广弘明集》第七卷，《大正藏》第52册，第131页。
② 道宣撰《续高僧传》第十卷，《大正藏》第50册，第501页。
③ 道宣撰《广弘明集》第二十五卷，《大正藏》第52册，第285页。
④ 北齐文宣帝天保六年（555）禁道。

（《续高僧传·释法上传》），一边却又"纵酒肆欲，事极猖狂，昏邪残暴，近世未有"（《北齐书·文宣帝纪》）。也许是人格分裂的缘故，高洋末期疑神疑鬼，天保八年（557），有术士言"亡高者黑衣"，"由是自神武后，每出行，不欲见沙门，为黑衣故也"（《北齐书·高祖十一王列传·上党刚肃王涣》）。天保十年（559），高洋暴死，年仅三十一岁。

承光元年（577，北周建德六年），周武帝攻入邺城，北齐灭亡。武帝敕令"寺庙，出四十千，尽赐王公，充为第宅。三方释子，减三百万，皆复军民，还归编户"①。由此可见，北齐时期的佛教规模在北朝可谓登峰造极。

（二）"三教"融合

北齐时期的佛教与儒、道融合更加紧密，有些著名的义学沙门出家之前就兼通儒道，如《续高僧传》中记载：

> 释昙迁（542～607），俗姓王氏，博陵饶阳人，近祖太原历宦而后居焉。少而俊朗，爽异常伦。年十三，父母嘉其远悟，令舅氏传授，即齐中散大夫、国子祭酒、博士权会也。会备练六经，偏究易道。剖卦析爻，妙穷象系。奇迁精采，乃先授以《周易》。初受八卦相生，随言即晓。始学文半，余半自通。了非师受，悟超词理。会深异也。曾有一妪失物，就会决之，得于兑卦。会告迁曰，汝试辩之。应声答曰："若如卦判，定失金钗。"妪惊喜曰："实如所辩。"迁曰："兑是金位，字脚两垂，似于钗象耳。"舅曰："更依卦审悉，盗者为谁？"对曰："失者，西家白色女子。奉口总角，可年十四五者将去。寻可得之。"后如言果获。有问其故，迁曰："兑是西方少女之位。五色分方，为白也。兑字上点，表总角之象。内有尖形，表奉口之相。推而测知，非有异术。"舅乃释策而叹曰："吾于卜筮颇工，至于取断，依俙而已，岂如汝之明耶。老舅实顾多惭，方验宣尼之言：后生可畏也。"乃更授以《礼》《传》《诗》《尚》《庄》《老》等书，但经一览，义无重问。于时据宗儒学，独擅英声。每言大小两雅，当时之讽刺。左右二史，君王之事言。礼序人伦，乐移风俗。无非耳目之玩，其势亦可知之。未若李庄论大道，周易辩阴阳。可以悟幽微，可以怡情性。究而味之，乃玄儒之本也。当时

① 费长房撰《历代三宝记》第十一卷，《大正藏》第49册，第94页。

先达，颇蔑其幼年。致或抗言褒贬者，迁辩对纵横，词旨明烂，无不抵谢其声实。自尔留心《庄》《易》，归意佛经。愿预染衣，得通幽极。二亲爱之弗许，恳诚岁久，乃蒙放遣。初投饶阳曲李寺沙门慧荣。荣颇解占相，知有济器。告迁曰："有心慕道，理应相度。观子骨法，当类弥天。自揣澄公，有惭德义。可访高世者以副雅怀。"迁虽属伸勤请，而固遮弗许。又从定州贾和寺昙静律师而出家焉。①

昙迁不仅儒道学养深厚，且精于易学卦象，出家后得益于坚实的文化功底，所以能深入经藏、游心学海。昙迁初学《胜鬘经》，后研读《华严经》《十地经》《维摩经》《楞伽经》《大乘起信论》等。尝研讨唯识论，著有《摄论疏》十卷，及《楞伽经》《起信论》《唯识论》《如实论》等经疏，另有《九识章》《四明章》《华严明难品玄解》等义学著作，凡二十余卷，然已全告佚失。尤其于摄论学方面成就卓著。弟子有净业、道哲、静琳、玄琬、道英、明驭、静凝等，皆为法门龙象。北周武帝平齐"灭法"之际，南奔建康，于桂州刺史蒋君宅获读《摄大乘论》，颇有心得。隋初，重回北方，入彭城慕圣寺讲《摄大乘论》等，将摄论之学传入江北。开皇七年（587），奉诏入长安住大兴善寺，敷扬《摄论》，受业者达千数。当时，净影寺慧远亦列其席。

以昙迁为代表的中国佛教思想界，以儒道学养为"前理解"，经与佛教理论"视域融合"后，推陈出新，产生了自己"再诠释"的义学著述，深刻影响了中国佛学的"民族文化"烙印。随着全国性统一局面的再次形成，由其行旅所致，促进了南北佛教文化的交流，为中国佛学由南、北各具地域风格、特色的"学派佛教"，重新整合、发展成为全国性统一的"宗派佛教"，奠定了坚实的基础。

北齐时期的"三教"融合，还影响到僧伽的生活方式。

如一代高僧释真玉，天保年间（550~559）曾经列于文宣帝所设讲席。真玉虽然出家，仍恪守儒家孝道，母亲去世后，为了替母守丧，竟还俗，庐于墓侧，茹菜奉斋，哀毁之状甚过儒礼，持身守操，野宿三年。丧期圆满后，重又出家。真玉生前修持"净业"，预知时至，临终前"授诸弟子衣服、几杖、麈尾、如意"②，这些都是僧侣的随身物品，至少"如意"是具有鲜明中国文化特色的。

---

① 道宣撰《续高僧传》第十八卷，《大正藏》第50册，第571页。
② 道宣撰《续高僧传》第六卷，《大正藏》第50册，第475页。

北齐时期的"三教"融合，也深深地渗透进民间的佛教信仰观念当中。

如"皇建元年（560）十二月二十日，乡老举孝廉隽敬碑并《维摩经》"，立碑表彰隽敬的孝义之举，其碑文有云：

> 隽敬字□罗，缵土苌安，食菜渤海，前汉帝臣隽不疑公之遗孙。九世祖朗，迁官于鲁，遂住洙源，幼倾乾荫，唯母遍居。易色承颜，董生未必过其行；守信志忠，投杅岂能着其心。舍田立寺，愿在菩提，□味养僧，璎珞匪客，救济饥寒，倾壶等意，少行忠孝，长在仁伦，可钦可美，莫复是过。盖闻诠贤举德，古今通尚，蕇秀蔽才，锥囊自现。余等乡老一百余人，目睹其事，岂容嘿焉，敬刊石立楼，以彰孝义。非但树名今世，亦劝后生义夫节妇，诏令所行。①

碑文的主人公隽敬祖籍长安，因祖上迁官山东，遂定居当地。隽敬幼失依怙，所以长大成人后对母亲极尽孝道。兼及舍田立寺、救济饥寒等善行，孝义所感，乡老一百余人集资为他刊石立碑，以表彰其德行善举。这则碑文表现了当时孔子故里曲阜地区社会道德观念中儒佛会通的文化烙印及《维摩诘经》的普及流行程度。

天统三年（567）岁次丁亥四月辛丑朔八日，宋买廿二人等造天宫石像记，有云：

> 大都邑主宋买廿二人等，可谓知周道济之功，圆应遍知之迹。宗尚庄老之谈，景暮神仙之术。强揽博闻，辨说无碍。宣阳金口，深识法相。乃祖乃父，积德于无穷。维子维孙，修道于祇劫。故能知四毒之分段，五荫之美知。遂寄财于三宝，托果于娑罗。罄竭家珍，敬造天宫石像各一区。②

这是一篇典型的佛道融汇的造像记。同样，"齐武平四年（573）岁次癸巳七月乙丑朔六日庚午"，高侨为妻王江妃造衣物券，云：

> 释迦文佛弟子高侨敢告："……其妻王江妃，年七十七，遇患积稔，

---

① 北京图书馆金石组编《北京图书馆藏中国历代石刻拓本汇编》第七册，中州古籍出版社，1989，第103页。
② 颜娟英主编《北朝佛教石刻拓片百品》第1册，转引自李利安、崔峰《南北朝佛教编年》，第369页。

医疗无损，忽以今月六日命过寿终。上辞三光，下归嵩里。江妃生时，十善持心，五戒坚志，岁三月六，斋戒不缺。今为戒师藏公、山公所使，与佛取花，往知不返。江妃命终之时，天帝抱花，候迎精神，大权□往，接待灵魂。敕汝地下女青诏书，五道大神、司坡之官，江妃所赍衣资杂物，随身之具，所径之处，不得诃留。若有留诘，沙诃栖陀碎汝身首如阿梨树枝。来时念念，不知书读是谁。书者观音，读者维摩大士。故移，急急如律令。"①

反映了北齐时期，民间佛道会通的信仰形态及民间信仰中道教神仙化的观音、维摩大士形象。

北齐承光二年（577）年春，北周武帝灭齐后，为"废佛"之事与齐地沙门慧远之间进行了一场惊心动魄的廷辩。慧远援儒诘难：

"孔经亦云'立身行道以显父母即是孝行'，何必还家？"帝曰："父母恩重交资色养，弃亲向疏未成至孝"。远曰："若如是言，陛下左右皆有二亲，何不放之，乃使长役五年不见父母"。帝曰："朕亦依番上下得归侍奉。"远曰："佛亦听僧冬夏随缘修道，春秋归家侍养。故目连乞食饷母，如来担棺临葬。此理大通，未可独废。"帝又无答，远抗声曰："陛下今恃王力自在破灭三宝，是邪见人！阿鼻地狱不简贵贱，陛下何得不怖！"帝勃然作色大怒，直视于远曰："但令百姓得乐，朕亦不辞地狱诸苦"！远曰："陛下以邪法化人，现种苦业，当共陛下同趣阿鼻，何处有乐可得！"武帝盛怒之下没有杀他，但云："僧等且还，有司录取论僧姓字。"②

援儒入佛，论证佛家孝道，是当时佛教自保的策略之一。

四　西魏佛教的民族融合特性

西魏是由鲜卑族人宇文泰拥立北魏孝文帝之孙、南阳王元宝炬为帝，建都长安、与东魏对峙的政权。宇文泰是西魏的实际掌权者，文帝元宝炬只是个傀儡。

---

① 端方：《陶斋藏石记》第十三卷，转引自李利安、崔峰《南北朝佛教编年》，第 396 页。
② 道宣撰《广弘明集》第十卷，《大正藏》第 52 册，第 153 页。

宇文泰崇奉佛教，"于长安立追远、陟岵、大乘、魏国、安定、中兴等六寺，度一千僧。又造天保寺，供养玮法师及弟子七十余人。于安州造寿山、梵云二寺。又造大福田寺，供养国师实禅师。又于实师墓所，造福田寺。又为大可汗大伊尼，造突厥寺"①。宇文泰为突厥可汗造寺之举，一是可能为其祈福以示好，二是说明当时在长安聚居的从事各种行业的突厥人不在少数，突厥寺的建造使他们拥有自己民族文化特色的佛教活动场所，以安抚归化，增强文化向心力及归属感。总之，通过百有余年的民族融合、文化融汇，佛教信仰在当时的突厥民族中间已经有所流行、普及。佛教已经成为北方各民族的共同信仰。以共同信仰为媒介进行民族之间的沟通，充分发挥佛教在民族融合方面的积极作用，是西魏佛教的特点。

不同民族之间的信仰者为了同一信仰共同从事"福田事业"，在西魏民间非常盛行。"大代大统元年（535）岁次乙卯七月九日"，于今陕西宜君县福地水库开凿的石窟，从刊刻的供养人姓名看，是一处由地方官吏、佛教徒和道教徒、汉族和少数民族信众共同开凿的佛道混合石窟，② 也是迄今所知，北方地区现存的唯一北朝时期遗留下来的佛道混合石窟。另外，现存的陕西旬邑县马栏镇黑牛窝石窟，发愿文有："大统五年（539）岁次己未正月……十七日庚午造。比丘昙方、比丘法涌、清信士盖阿□法佛……"③ 由此可知，卢水胡盖氏亦参与其事。大统十二年（546），任安保等六十人佛教造像碑的碑面有主要供养人荔非郎虎等人的题名。④ 荔非氏，源出秦汉时期西北羌族荔非部，属于以部落名称为姓氏。主要聚居在陇中地区（今甘肃中部），北魏后期由首领荔非屈仇率部归附，授官为安定军裨将。北魏分裂后，荔非屈仇又被西魏废帝元钦（552～554年在位）任命为安定将军，率部驻守于邠州。看来荔非郎虎应该属于荔非部民族的上层人士，否则也不会有财力充当"大邑主"供养人。又如："《大般涅槃经》卷第十三，（西魏废帝）元年（552）四月十四日写讫。弟子贺拔长武为一切众生敬造《涅槃经》一部。"⑤ 贺拔是鲜卑民族敕勒部族之族姓，其先与魏俱出阴山，代为酋长，北方谓土

① 法琳撰《辩正论》第三卷，《大正藏》第52册，第508页。
② 李凇：《一位县令解决文化冲突的一个探索性方案——陕西福地水库西魏佛道混合石窟的图像与观念》，《新美术》2002年第1期，第34～48页。
③ 李凇：《陕西旬邑县三水河石窟艺术》，《西北美术》1994年第2期，第64页。
④ 陕西省文物普查队：《耀县新发现的一批造像碑》，《考古与文物》1994年第2期，第47页。
⑤ 池田温：《中国古代写本识语集录》，转引自李利安、崔峰《南北朝佛教编年》，第436页。

为拔；总有土地时，人相贺，因以为贺拔氏。贺拔氏在北朝为高门贵胄，代出显贵。

宇文泰还鼓励儒士兼学佛教，史载："周文雅好谈论，并简名僧深识玄宗者一百人，于第内讲说，又命慎等十二人兼学佛义，使内外俱通。由是四方竞为大乘学。"（《北史·薛慎列传》）在他的积极推动下，西魏硕儒内外学精通，并有意主动将佛教理念融汇到治国理政当中，辅佐宇文泰实现富国强兵之策。苏绰就是这样一位儒佛兼通、深为宇文泰信任的股肱重臣。他为西魏实施制度改革，替宇文泰拟定了"六条诏书，奏施行之"。他认为，治民理国之本先当治心。

> 心者一身之主，百行之本。心不清净，则思虑妄生。思虑妄生，则见理不明。见理不明，则是非谬乱。是非既乱，则一身不能自治，安能治民也！是以治民之要，在于清心而已。夫所谓清心者，非不贪货财之谓也，乃欲使心气清和，志意端静。心和志静，则邪僻之虑无因而作。邪僻不作，则凡所思念无不皆得至公之理。率至公之理以临其民，则彼下民孰不从化。是以称治民之本，先在治心。其次又在治身。

如同孟子"四端"之说，所谓"恻隐之心，仁之端也；羞恶之心，义之端也；辞让之心，礼之端也；是非之心，智之端也"。又如《礼记·大学》所云："欲修其身者，先正其心；欲正其心者，先诚其意；欲诚其意者，先致其知；致知在格物。"其一，正心，指心要端正而不存邪念；诚意，指意必真诚而不自欺。认为只要意真诚、心纯正，自我道德完善，邪恶的想法就不会产生，就能实现家齐、国治、天下平的道德理想。与之相关，治民者要治身，"故为人君者，必心如清水，形如白玉。躬行仁义，躬行孝悌，躬引忠信，躬行礼让，躬行廉平，躬行俭约，然后继之以无倦，加之以明察。行此八者，以训其民。是以其人畏而爱之，则而象之，不待家教日见而自兴行矣"。要求执政者端正认识，以身作则、以上率下，为臣下创造风清气正的为政环境。在"治心"这一点上，儒佛的道德伦理观念是相通的。其二，敦教化。"使百姓蠢蠢，日迁于善，邪伪之心，嗜欲之性，潜以消化，而不知其所以然，此之谓化也。然后教之以孝悌，使民慈爱；教之以仁顺，使民和睦；教之以礼义，使民敬让。慈爱则不遗其亲，和睦则无怨于人，敬让则不竞于物。三者既备，则王道成矣。"宣扬道德文化教育，移风易俗，培养人民俭朴、慈爱、和睦、敬让的品质。其三，尽地利。也就是劝课农桑，不违农时，发展农业生产。其四，擢贤良。就是选贤任能，不拘资历和门第，唯才是举，不拘一格降人才。同时，精简机构，罢黜冗员。其五，恤狱讼。也就是明断狱案，不能滥施刑罚。其六，均赋役。均平赋役，调济贫富，不可舍豪强而征贫弱。宇文泰对此六条方针政策"甚重之，常置诸座右。又令百司习诵之。其牧守令长，非通六条及计帐者，不得居官"（《周书·苏绰列传》），使之成为各级官员施政的纲领、准则，当时西魏的政治、经济、文化等各方面的改革措施都是依此制定的，对西魏国力迅速转弱为强起到很大作用，并为承继西魏的北周统一北方以及隋统一全中国创造了有力条件。苏绰为政之余勤于笔耕，又著《佛性论》《七经论》，并行于世。

苏绰不仅儒佛兼修，而且知行合一。虽官至显位，然生活始终保持艰苦朴素的作风，不治产业，家无余财，以海内未平，常以天下为己任。博求贤俊，共弘治道，凡所荐达，皆至显位。太祖亦推心委任，而无闲言。苏绰尝谓治国之道，当爱民如慈父，训民如严师。每与公卿议论，自昼达夜，事无巨细，若指诸掌。积劳成疾，英年早逝，年仅四十九岁。

又有"卢光，字景仁，小字伯，范阳公辩之弟也。性温谨，博览群书，精于《三礼》，善阴阳，解钟律，又好玄言"，"性崇佛道，至诚信敬"，曾经"注《道德经章句》行于世"（《周书·儒林列传·卢光》）。宇文泰青年时代尝受业于卢光，他的佛教理念也许受其影响。卢光并非一介不问世事的书生，当年北魏末代皇帝孝武帝不堪忍受高欢弄权，兵败投奔宇文泰后，他于山东起事立义，遥相呼应。大统六年（540），携家西入长安，在西魏功勋赫赫，位极人臣，也是一位将大乘佛教济世理想与儒家事功之学紧密结合、理论联系实际、知行合一的贤士。

宇文泰崇儒兴佛，虽然不乏兼而利用的政治意图，但他能够虚怀若谷、从谏如流，礼贤下士、倚重不疑，在西魏开创一片兼容并蓄、宽严并济的政治、文化氛围，使能吏良臣辈出，最终完胜东魏，造成统一态势，并不是历史的偶然。

五 以儒为体、以佛为用的北周佛教

（一）周武帝废佛道二教

北朝末年，周武帝为奠定征讨北齐、统一北方的国力基础，废佛道二教，以此作为富国强兵之策。同时，下诏设立通道观，"会通三教，一以贯之"①，其实还是想对道教有所保留，只不过这种道教必须是三教会通之道教。

这次废佛举措采取了渐进的策略，经过了较长时间的酝酿、讨论。从天和二年（567）卫元嵩上疏倡议"省寺减僧"以后，至建德三年（574）之间，武帝先后下诏组织过七次三教辩论大会。实际上周武帝的灭佛动机一开始就很明确，如建德六年（577），灭齐入邺城之际，他诏齐僧入殿，"然其六经儒教文弘政术，礼义忠孝，于世有宜，故须存立"，"朕非五胡，心无敬事，既非正教，所以废之"②。周武帝灭佛的目的之一是为了发扬儒家正统文化，他也正是以这种文化的合法继承人自居的。

佛教方面为了自保，思想界纷纷对道教展开口诛笔伐。天保五年（567），朝臣甄鸾上书《笑道论》。

《笑道论》的特色在于揭露道书的荒谬。首先，申明对二教的总认识，将道家与道教分开，肯定《老子》而排斥道教。其次，在三十六个标题项下引述道经，分别进行驳斥、评论，"三卷，合三十六条。三卷者，笑其三洞之名。三十六条者，笑其经有三十六部"③。主要观点可以归纳为：第一，道书有违历史常识、道教创世之说，自相抵牾；第二，论老子化胡说之谬，关于佛与老子的编造混乱不堪、前后错杂无序；第三，道术荒诞不经，更有男女合气之法秽不可闻；第四，道教不仅伪篡道经、剽窃诸子之书冒充道书，而且剽窃佛经又不识其义；第五，道经前后错谬，道教威仪戒律无统；第六，道教诸天之说荒诞无稽，道教神仙谱系混乱；第七，论道教服丹成仙方术的荒谬，道教修持之说缺乏理据。

---

① 武帝建德三年（574）五月十七日，下诏禁断佛、道二教，经像皆毁，罢沙门、道士，并令还俗，"并禁诸淫祀，礼典所不载者尽除之"（《周书·武帝纪》）。六月二十九日下诏设立通道观，选取佛道二教名人为学士，共一百二十人，令讲《老》《庄》《易》，会通三教。诏曰："至道弘深，混成无际，体包空有，理极幽玄。但歧路既分，派源逾远，淳离朴散，形气斯乖。遂使三墨八儒，朱紫交竞；九流七略，异说相腾。道隐小成，其来旧矣。不有会归，争驱靡息。今可立通道观，圣哲微言，先贤典训，金科玉篆，秘迹玄文，所以济养黎元，扶成教义者，并宜弘阐，一以贯之。"（《周书·武帝纪》）"会通三教，一以贯之"的政策，源于天和五年（570），周武帝在《二教钟铭》中曾说，"弘宣两教，同归一揆"，"二教并兴，双銮同振"。道宣撰《广弘明集》第二十八卷《大正藏》52 册，第 330 页。
② 道宣撰《广弘明集》第十卷，《大正藏》第 52 册，第 153、154 页。
③ 道宣撰《广弘明集》第九卷《笑道论》，《大正藏》第 52 册，第 144 页。

周武帝当众禁毁《笑道论》后不久，京师大中兴寺沙门道安又作《二教论》①，"详三教之极，文成一卷，篇分十二"，立论"教唯有二，宁得有三"。"二教"即儒、释，道教只是儒教的分支。《二教论》吸收了南朝佛教学者的佛道论衡思想成果，理论色彩较强。除去和《笑道论》重叠的思想部分，《二教论》主要突出的内容有：第一，反对"三教"的提法，比较儒、释、道的深浅同异，说明道教本属儒教，而佛教实际上又优于儒教；第二，批驳当时流行的反佛观点。《笑道论》《二教论》基本上涵盖了南北朝时期佛道论争的重要内容。

这一时期的佛道论衡对道教具有开阔视野、深化认识的作用，道教思想界为了回应佛教方面的诘难，不得不重新审视自己，确立新的真理标准。

道教正是在这样的时代及思想背景下日臻成熟的，其表现之一，就是北朝末年大型道书《无上秘要》的编撰。汇聚在通道观里的学者们在"扶成教义"的基础上，为了"会归"各家异说、建成"一以贯之"的道教，就必须首先解决以《笑道论》《二教论》为代表的、佛教思想界所提出的这些理论诘难，这就是编纂《无上秘要》的起因。《无上秘要》的编撰在道教思想史上第一次以官方的形式，使带有地域、文化差别的道教各派思想融会贯通为一个有机整体。为了编纂《无上秘要》，周武帝特地诏命楼观道士王延住持通道观，整理校订三洞经图。王延作《珠囊》七卷，著录经、传、疏、论八千三十卷，皆缄藏于观内（《云笈七签》第八十五卷《尸解·王延》）。②

周武帝废佛道二教，在中国历史上是一项影响深远的重大政治举措，意义在于强化、确立一种新的政教关系，如他自云："帝王即是如来，宜停丈六；王公即是菩萨，省事文殊；耆年可为上座，不用宾头；仁惠真为檀度，岂假弃国？"必须明确教权对于政权地位的从属及政治依附关系。又说：

> 和平第一精僧，宁劳布萨？贞谨即成木叉，何必受戒？俭约实是少欲，无假头陀。蔬食至好长斋，岂烦断谷？放任妙同无我，何藉解空？忘功全逼大乘，宁希般若？文武直是二智，不观空有。权谋径成巧便，

---

① 道宣撰《广弘明集》第八卷《二教论》，《大正藏》第 52 册，第 136 ~ 143 页。
② 王延"校三洞经图"始于建德三年（574），武帝主持编撰《无上秘要》之事在建德末年（577），王延所校道书当为《无上秘要》的重要资料来源，故王延很可能也参与了编撰工作。王延所作《珠囊》今佚。

岂待变化？加官真为授记，无谢证果。爵禄交获天堂，何待上界？罚戮
见感地狱，不指泥犁。以民为子，可谓大慈。四海为家，即同法界。治
政以理，何异救物？安乐百姓，宁殊拔苦？剪罚残害，理是降魔。君临
天下，真成得道。汪汪何殊净土？济济岂谢迦维？卿怀异见，妄生偏
执。即事而言，何处非道？①

在上述前提下，佛教的出世精神必须服从入世的政治需要，"佛制""僧
制"必须绝对服从于"王制"；这就不再是佛教界主动地"随方设教"顺时达
变，而是在意识形态领域成为国家政治生活的一部分。标志着佛教"中国化"
的转型正式完成。也标志着鲜卑民族"汉化"及政权"封建化"的历史使命业
已完成。伴随全国性统一进程的步伐，鲜卑民族最终融化在中华民族"大家
庭"当中，经过文化融汇洗礼的"中国佛教"继续在中国历史的大化洪流中扮
演着重要的角色，在新的历史阶段发挥着促进民族融合、文化融汇的重要
作用。

"释、老之教，行乎中国也，千数百年，而其盛衰，每系乎时君之好
恶。"（《元史·释老列传》）在"政教关系"的视域下，佛教与皇权可以理
解为政治与文化之间的关系。虽然政治能够决定文化的性质及形态，但是文
化在诸如统治者的执政理念与政策制订及执行上，以及民间对此的反应接受
程度等方面，也能反作用于政治，施加一定的影响力。

（二）民族文化融合

周武帝是北朝诸帝中一代有作为、继往开来的明君，他铲除前朝旧弊，
弃奢淫、去浮伪、布公道，屏重内之膳，躬大布之衣，始自六宫，被于九
服，令行禁止，一时内外肃然。周武帝一方面实行富国强兵政策，一方面积
极推行汉化改革，重视儒家礼教，希望以儒家思想统一"三教"。他的一系

---

① 道宣撰《广弘明集》第十卷，《大正藏》第 52 册，第 155 页。此说显然是受卫元嵩的影
响。卫元嵩于天和二年（567），上书请省寺减僧，其中建议建造延平大寺，"无选道俗，
罔择亲疏。爱润黎元，等无持毁。以城隍为寺塔，即周主是如来。用郭邑作僧坊，和夫
妻为圣众。勤用蚕以充户课，供政课以报国恩。推令德作三纲，遵耆老为上座。选仁智
充执事，求勇略作法师。行十善以伏未宁，示无贪以断偷劫。于是衣寒露、养孤生、匹
鳏夫、配寡妇，矜老病、免贫穷。赏忠孝之门，伐凶逆之党。进清简之士，退谄佞之臣。
使六合无怨纣之声，八荒有歌周之咏。飞沉安其巢穴，水陆任其长生（云云）"。道宣撰
《广弘明集》第七卷，《大正藏》第 52 册，第 132 页。

列施政方针符合当时社会趋于统一的发展方向，并为此奠定了一定的物质、文化基础。

天和二年（567），周武帝又以佛、道、儒三教不同，诏朝臣韦琼辨其优劣。韦琼认为，三教虽殊，同归于善，其迹似有深浅，其致理如无等级，"乃著《三教序》奏之。帝览而称善"（《周书·韦夐列传》）。翌年八月癸酉，周武帝"御大德殿，集百僚及沙门、道士等亲讲《礼记》"。天和四年二月癸亥，又"御大德殿，集百僚、道士、沙门等讨论释老义"（《周书·武帝纪上》）。

周武帝"弘宣二教，同归一揆""二教并兴，双銮同振""会通三教，一以贯之"的政策，促进了"三教"及民族文化的融合。这在民间信仰当中，体现得最为鲜活、深刻。

如《何周敬造释迦像题记》为："为文王建立佛道二尊像树其碑。"① 李昙信兄弟等造像碑，碑阳为佛教造像龛，碑阴为道教造像龛，碑两侧为佛教造像龛。题记有："敬造释迦、太上老君、诸其菩萨石像一区，其功悉就，上为皇帝晋国公延祚无穷，万方归化，下及师僧父母、兄弟、妻嫂子侄寿命修延，咸保福缘。"② 这是佛道融合的鲜明印记。

又有《周书·孝义列传·皇甫遐》记载：

> 皇甫遐字永览，河东汾阴人也。累世寒微，而乡里称其和睦。遐性纯至，少丧父，事母以孝闻。保定末，又遭母丧，乃庐于墓侧，负土为坟。后于墓南作一禅窟，阴雨则穿窟，晴霁则营墓，晓夕勤力，未尝暂停。积以岁年，坟高数丈，周回五十余步。禅窟重台两匝，总成十有二室，中间行道，可容百人。遐食粥枕块，栉风沐雨，形容枯悴，家人不识。当其营墓之初，乃有鸱乌各一，徘徊悲鸣，不离墓侧，若助遐者，经月余日乃去。远近闻其至孝，竞以米面遗之。遐皆受而不食，悉以营佛斋焉。郡县表上其状，有诏旌异之。

皇甫遐居禅窟修苦行、为母守丧的义举受到周武帝下诏表彰，与当时朝廷着意恢复古礼、提倡孝道有关。皇甫遐的行为显然是融汇儒道的。

---

① 陆增祥：《八琼室金石补正》第二十三卷，转引自李利安、崔峰《南北朝佛教编年》，第445页。
② 冯健：《陕西北朝佛教造像碑初探》，西北大学历史系硕士学位论文，2005，第31页。

出土于陕西省耀县（今铜川市耀州区）的观世音造像座，记有荔非氏家族成员五十余人。主要供养人有叔祖宣威将军前报授淮州南方县令石授安州重城郡守荔非市郎、叔祖前郡忠正丹州永宁令丹州主簿淮州显绎县令板授益州汉阳郡守荔非郎虎、义襄威将军叔祖虎贲给事义士统军荔非兴度及□加宁远将军员外侍郎前郡功曹荔非显标等职，还有四位僧人。题记有"荔非兴度于□□（保定）二年（562）岁次壬午□□石，为亡息胡仁造观世音像一区"①。北周武帝保定三年（563），"佛弟子苻道洛为亡父母造石像一区"②。北周武帝天和元年（566），"佛弟子一百二十八人等共张宏愿。维天地开辟，阴阳运转，明则有日月之照……得信士都邑主昨和拔祖合邑等共发积道场迭相，劝率造释迦像一区。……上为皇帝陛下延祚无穷，师僧父母，因缘眷属，法界含识，成斯同愿，咸登妙觉，合邑普同敬礼"③。天和二年（567），"佛弟子库汗安洛为家内大小敬造世□石像乙区，生身世世，直佛闻法，脱三徒永受延年"④。以荔非郎虎为代表的荔非氏家族成员与贺拔长武、苻道洛、昨和拔祖、库汗安洛等少数民族成员，与汉族人民一起，以佛教作为共同的信仰，大兴福田利益之举，代表了北朝佛教的特点。而这种信仰形态的文化内核就是浸淫着深厚儒家文化色彩底蕴的"家国同构"理念与深信因果报应的结合。所以，上祝国泰君安、下祈家道从容等世俗性价值观成为民族佛教与民间佛教信仰的主要内容。在此意义上，所以说"中国化"的佛教是中华传统文化的重要组成部分，中国佛教是民族融合、文化融汇的历史结晶。

在"政教关系"中，佛教对于十六国北朝时期的民族"大融合"所发挥的作用，可以理解为政治决定了文化，而文化却又影响着政治；文化与政治之间是相互作用和相互影响着的一对社会意识形态与社会力量，彼此之间相互转化、融合的结果，就是政治决定了文化，文化影响着社会。

---

① 陕西省文物普查队：《耀县新发现的一批造像碑》，《考古与文物》1994 年第 2 期，第 49 页。

② 岳连建：《西安北郊出土的佛教造像及其反映的历史问题》，《考古与文物》2005 年第 3 期，第 27 页。

③ 陆增祥：《八琼室金石补正》第二十三卷，转引自李利安、崔峰《南北朝佛教编年》，第 473 页。

④ 陆增祥：《八琼室金石补正》第二十三卷，转引自李利安、崔峰《南北朝佛教编年》，第 478 页。

第四章

十六国北朝时期的民众佛教信仰与民族融合

　　魏晋南北朝是中国历史上政治最混乱、社会最苦痛的时代之一，仅维持了几十年的短暂统一。特别是北方地区皇权嬗代、胡汉交错、战乱频仍，几乎每个生命个体都是"乱世苦魂"。所以，各种类型的民众佛教信仰行为及信仰组织在社会上方兴未艾、此消彼长、潮起云涌。

　　宗教信仰不仅是不同民族之间区分的重要特征之一，而且是民族感情和民族意识的底色，也涵盖了人们日常生活中的诸多要素。这些内容的趋近也是民族融合、文化融汇的重要途径之一，发挥着文化认同和身份认同的重要作用。

　　通过历史文献及考古资料，透视民众阶层的信仰认同和佛教教理、教义的普及程度、北方民间佛教信仰的地域分布，并由此探究政教关系、政俗关系的演变。通过现存 4 ~ 6 世纪的物态佛教遗迹，分析考察民间盛行的佛教信仰内容，指出它们是佛教"民族化""本土化"的产物，是研究佛教在十六国北朝社会产生影响的最直接依据，组织这些活动的民间团体是佛教寺院及其外围组织；佛教的民间信仰形式及其信仰内容和儒家忠孝思想的"深度融合"是儒佛交融的产物，与这一时期的社会构成及统治者"以孝治天下"的统治理念有着密切关系。由此折射出的民间佛教信仰的内在逻辑及其特质正是佛教"中国化"的特殊表现，而"世俗化"则始终伴随着中国佛教的发展。上层建筑领域与民众阶层的信仰"互动"，共同促进了"三教"文化的融汇与民族融合。佛教传播对当时北方民族认同中原传统文化、深化对华夏文化的理解和沟通、增强民族归属感，发挥了不可替代的作用。

第一节　民众佛教信仰类型及信仰行为

一　佛教信仰的盛行

（一）弥勒信仰的普及

十六国北朝时期流行的弥勒（maitreya）信仰，成为民众佛教信仰中的主要内容之一。这一点，从同时代遗留下来的佛教造像的内容、形式及数量的变化，最能体现出来。

据侯旭东先生研究统计，弥勒造像在 440 年前后就零星存在，460 年以后至北朝末各个时段均有分布，此后 120 年间社会上崇拜者不断，应为主要流行期。大体说来，弥勒在北魏末期以前是平民中流行的崇奉对象，北魏灭亡后，平民中崇奉弥勒者日见其少。弥勒造像及崇拜的分布比较集中的有龙门及今山东北部（北魏齐州、青州）。① 据日本学者冢本善隆先生统计，北魏在龙门石窟共造佛像 206 尊，其中有释迦像 43 尊，弥勒像 35 尊，观世音像 19 尊，无量寿像（或阿弥陀像）10 尊。② 另外，日本学者佐藤智永先生在《北朝造像铭考》一文中，列举了云冈、龙门、巩县诸石窟和所知传世金铜像的类别数字，其中，释迦 178 尊，弥勒 150 尊，阿弥陀（无量寿）33 尊，观世音 171 尊。尤以释迦、弥勒造像甚为普遍，南北朝时的民间佛教，仍以本师牟尼为主要对象，而观世音造像则在北魏分裂后急剧增加。③ 弥勒信仰成为仅次于释迦佛崇拜而先于观音菩萨信仰的民众信仰对象。

弥勒信仰的流传，得益于相关经典的翻译、传播。西晋"敦煌菩萨"竺法护于太康六年（285），首先译出《佛说弥勒下生经》一卷；太安二年（303），又译出《弥勒菩萨本愿经》（《大宝积经》第四十二会"弥勒菩萨所问会"的别出异译本）一卷。刘宋沮渠京声译出《佛说观弥勒菩萨上生兜率天经》一卷。姚秦鸠摩罗什于弘始四年（402）译出《佛说弥勒成佛经》一卷，及《佛

---

① 侯旭东：《佛陀相佑——造像记所见北朝民众信仰》，社会科学文献出版社，2018，第 111～112 页。

② 〔日〕冢本善隆：《北朝佛教史研究》，转引自任继愈主编《中国佛教史》第三卷，1988，第 602 页。

③ 转引自唐长孺《魏晋南北朝史论拾遗》之《北朝的弥勒信仰及其衰落》，第 196～197 页。

说弥勒下生成佛经》一卷。《佛说弥勒下生经》、《佛说弥勒成佛经》和《弥勒上生经》被称为"弥勒三部经"。① 此外，在东汉流行的《道行般若经》卷五和《放光般若经》卷十一、西晋竺法护译《贤劫经·佛兴立品》，东晋瞿昙僧伽提婆译《中阿含经·说本经》、东晋僧伽提婆译《增一阿含经》第四十五卷、前秦僧伽提婆与竺佛念共译《阿毗昙八犍度论》第二十七卷、北魏慧觉等译的《贤愚经·波婆离品》等经典中，也有一定篇幅的弥勒信仰相关内容。

除上述经典外，不同时代经录中所记载的有关弥勒经典（包括失译、伪经）还有很多。据南梁僧祐《出三藏记集》卷三、卷四所载还有《弥勒经》一卷、《弥勒当来生经》一卷、《弥勒下生经》一卷、《弥勒菩萨本愿待时成佛经》一卷（抄本）、《弥勒为女身经》一卷；此外，还有仅见"经录"未见经文者，如《弥勒受决经》一卷、《弥勒作佛时经》一卷、《弥勒难经》一卷、《弥勒须河经》一卷；同书卷五"伪经录"中，另载有《弥勒下教经》一卷。隋法经《众经目录》卷二载有伪经《弥勒成佛本起经》十七卷、《弥勒下生观世音施珠宝经》一卷、《弥勒成佛伏魔经》一卷。随时代发展，有关弥勒信仰的伪经还在不断造作、出新。② 弥勒信仰于民间流行的程度，由此可见一斑。

随着弥勒信仰的逐渐深入，据《出三藏记集》第十二卷《法苑杂缘原始集目录序》载，还出现了如支道林的《弥勒赞》、南朝刘宋明帝的《龙华誓愿文》、周颙的《京师诸邑造弥勒三会记》、齐竟陵文宣王《龙华会记》、南岳慧思《立誓愿文》等一些弘赞弥勒的文学作品，这些都说明了弥勒信仰之盛况。

据《佛说观弥勒菩萨上生兜率天经》和《佛说弥勒下生经》等经记载，弥勒是姓，义译"慈氏"；名阿逸多，义译"无能胜"。他是婆罗门出身，追随佛陀出家，先佛入灭，上生兜率天（tuṣita-deva）弥勒内院，为天人说法。佛陀生前授记弥勒，经五十六亿七千万年后下生人间，经出家、修道于华林园龙华树下成佛，三会说法，度脱众生。弥勒为佛陀正法的传人，是继承释迦牟尼地位的"未来佛"。所以弥勒信仰也分为"上生"与"下生"。

弥勒上生信仰主要指的是，信众期颐死后"往生"弥勒所在的净土（兜

---

① 任继愈主编《中国佛教史》第三卷，第593页。
② 如唐智升《开元释教录》第十八卷别录中《伪妄乱真录》所载的更多：《弥勒下生遣观世音大势至劝化众生舍恶作善寿乐经》一卷、《随身本官弥勒成佛经》一卷、《弥勒摩尼佛说开悟佛性经》一卷、《弥勒下生救度苦厄经》一卷、《弥勒勇意菩萨将僧忍见弥勒并示地狱经》一卷、《弥勒下生甄别罪福经》一卷等。

率天弥勒内院），聆听弥勒讲法，种涅槃之因，超脱轮回之苦。下生信仰指
下生弥勒未来成佛时所成就的人间净土，经"龙华三会"听闻正法，速成正
果。总之，往生弥勒净土，与弥勒相会，免除轮回之苦，永不退转，到达涅
槃彼岸，是弥勒信仰的终极实践；各种经典对于美轮美奂的弥勒净土的描述，
寄托了现实世界经历种种苦难的芸芸众生对于理想中的佛国净土最美好的极致
想象。信众通过写经、礼忏、发愿、供养三宝、布施慈善、开凿石窟、兴建寺
庙、立塔造像等"福田事业"，可作为往生弥勒净土的"福德资粮"。

《高僧传》载，释道安是弥勒上生信仰的忠实拥趸，在襄阳十五年，每
与王嘉及弟子法遇等八人（昙戒、昙徽、竺僧辅、昙翼等）于弥勒像前立
誓，愿生兜率。前秦苻坚遣使西域，携回弥勒结珠像等，道安开席讲法时，
常罗列尊像。道安还与同学竺法汰同修净业，道安于新野分张徒众，竺法汰
临别时对道安说："法师仪轨西北，下座弘教东南，江湖道术，此焉相望矣。
至于高会净国，当期之岁寒耳。"① 他们发愿往生兜率净土的修持方法，大概
诸如僧传中所记的那样，如"（昙戒）博通三藏，诵经五十余万言，常日礼
五百拜佛。……常诵弥勒佛名不辍口"②，"（竺僧辅）单蔬自节，礼忏翘勤，
誓生兜率，仰瞻慈氏"③。由此可见，诵持弥勒经典、对弥勒像修礼忏、称念
弥勒圣号、茹素、节食、持戒，为修持法门中的主要内容。

在道安及其弟子之后，奉持弥勒信仰者日渐增多，著名者如西行求法者
法显。据《法苑珠林》第十六卷记载，东晋戴颙依据梦告，造立弥勒像，后
安置于会稽龙华寺。又据《名僧传抄》记载，南朝刘宋元嘉九年（432），法
祥建弥勒精舍。此外还有道矫、僧业、慧严、道汪、道法、法盛、昙副、昙
斌等及刘宋初的比丘尼玄藻、光静和梁的比丘尼净秀；还有历任北魏、北
齐沙门统的法上④、北齐昙衍⑤，天台二祖南岳慧思等。北齐洺州沙门昙衍法
师以专持弥勒圣号而著称于世，以礼忏奉佛者亦不乏其人。

---

① 慧皎撰《高僧传》第五卷，《大正藏》第 50 册，第 354 页。
② 慧皎撰《高僧传》第五卷，《大正藏》第 50 册，第 356 页。
③ 慧皎撰《高僧传》第五卷，《大正藏》第 50 册，第 355 页。
④ 法上精研地论、涅槃，隋代许多学僧如净影慧远等都是他的弟子。于"山之极顶造弥勒
　堂，众事庄严，备殚华丽，四事供养百五十僧。及齐破法湮，不及山寺。上私隐俗服，
　习业如常，愿若终后观睹慈尊，如有残年，愿见隆法，更一顶礼慈氏如来"。道宣撰《续
　高僧传》第八卷，《大正藏》第 50 册，第 485 页。
⑤ 昙衍是地论南派慧光的弟子，"以开皇元年三月十八日，忽告侍人无常至矣，便诵念弥勒
　佛，声气俱尽，于时正中，傍僧同观，颜色怡悦，时年七十有九"。道宣撰《续高僧传》
　第八卷，《大正藏》第 50 册，第 487 页。

在这些高僧大德的带动和影响下，掀起了广大信众对于弥勒的信仰热情。

代表弥勒上生信仰的如下。

北魏太延二年（436）所写《佛说首楞严三昧经卷下》题记：

> 清信士史良奴所供养经，维太缘二年岁在丙子四月中旬，令狐广嗣于酒泉，劝助为优婆塞史良奴写此经。愿以此福，所往生处，常遇诸佛贤圣。深入法藏，辩才无碍，与诸菩萨而为善友。只是游十方，舍身先生弥勒菩萨前，亦闻说法，悟无生忍。要值贤劫千佛，心然不退于无上菩提。①

龙门石窟古阳洞《长乐王丘穆陵亮夫人尉迟氏为亡子造像记》：

> 太和十九年（495）十一月，使持节司空公长乐王丘穆陵亮夫人尉迟氏为亡息牛橛，请工镂石，造此弥勒像一区。愿牛橛舍于分段（谓摆脱轮回之苦）之乡，腾游无碍之境。若存托生，生于天上诸佛之所，若生世界妙乐自在之处，若有若累，即令解脱三涂恶道，永绝因趋，一切众生，咸蒙斯福。②

丘穆陵是鲜卑姓氏，后来在"汉化"改革中改称"穆"姓。尉迟是以部落名命姓。拓跋珪建立北魏时，鲜卑族中又崛起一支尉迟部落，后随孝文帝进入中原，被命以族名尉迟为姓，称尉迟氏，成为北魏皇室中的世代贵族，也是北魏勋臣八姓之一。

东魏元象二年（539）：

> 车骑将军左光禄大夫齐州长史镇城大都督挺县开国男乞伏锐，昔值贼难，愿年常造像以报慈恩，今谨竭家资，敬造弥勒石像一堪，依山营构，妙瑜神造。仰愿帝祚永隆，宰辅杰哲；次愿七世父母托生净土，值佛闻法；愿居家眷属，命延位崇，常与善会，逮及含生，同沐法津，息毗楼舍儿。③

乞伏氏也是鲜卑族的一支，其先世自漠北迁徙陇西。东晋太元十年（385），首领乞伏国仁筑勇士城（在今甘肃榆中），自称大单于，其弟乞伏乾归于太

---

① 池田温：《中国古代写本识语集录》，转引自李利安、崔峰《南北朝佛教编年》，第24页。
② 龙门文物保管所：《龙门石窟》，文物出版社，1980，第298页。
③ 张总：《山东历城黄石崖摩崖窟龛调查》，《文物》1996年第4期，第44页。

初元年（388）自称秦王，史称西秦。至永泰元年（412），乾归子乞伏炽磐迁都枹罕（今甘肃临夏）。至刘宋元嘉八年（431），为夏所并。北魏时，曾简称扶氏。

代表弥勒下生信仰的如下。

太平真君元年（440）朱悒造石像一区：

> 愿母见世□□寿命延长，将来之世龙华树下一时受法"①。

山东惠民县盘沟河出土弥勒铜坐像，题记：

> 太和二年（478）岁在戊午，阜城□□妻刘敬造弥勒尊像，愿弥勒出世，夫妻□□□□集自□□□。②
>
> 大代太和廿三年（499）岁次己卯十二月壬申朔九日庚辰，比丘僧欣为生缘父母并眷属、师僧造弥勒石像一区。愿生西方无量寿佛国，龙华树下，三会说法，下生人间侯王子孙，与大菩萨同生一处，愿一切众生，普同斯福，所愿如是。③

更多的弥勒信仰者是借"福田事业"，祈求福佑各种美好愿望，表达世俗利益。

法亮造金铜双跏趺坐弥勒像，题记：

> 和平元年（460），比丘法亮为父母造弥勒像，愿与一切众生□成佛道。"④
>
> 唯大魏皇兴三年（469），定州中山郡赵垌为亡父母为兄，造弥勒像一区，若在三途，速令解脱，若生人间，王侯子孩，舍身受身，常与佛会，愿见世安隐，愿从心，使一切众生普通斯愿。⑤

---

① 王巧莲、刘友恒：《介绍一件北魏太平真君元年石造像》，《文物春秋》2000年第3期，第50页。

② 李玉珉：《山东早期佛教造像考——刘宋至北魏时期》，转引自李利安、崔峰《南北朝佛教编年》，第53页。

③ 金申：《中国历代纪年佛像图典》，文物出版社，1994，第457页。

④ 〔日〕松原三郎：《中国佛教雕刻史研究》，转引自李利安、崔峰《南北朝佛教编年》，第38页。

⑤ 北京图书馆金石组编《北京图书馆藏中国历代石刻拓本汇编》第3册，中州古籍出版社，1989，第10页。

范寿太和六年（482）九月十八日，盘阳人范寿凿弥勒像一躯，自为己身婴疾，愿使精明，又愿居家大小，不造横夭。①

太和廿二年（498）九月廿三日，侍中护军将军北海王元祥龙门石窟造像铭文：

维太和之十八年（494）十二月十一日，皇帝亲御六旌，南伐萧齐。军国二容，别于洛汭，行留两音，分于阙外。太妃以圣善之规戒途戎旅，弟子以资孝之心弋言奉泪。其日，太妃还家，伊川立愿，母子平安，造弥勒像一区以置于此，至廿二年九月廿三日，法容刻就，因即造斋，镌石表心，奉申前。志永愿母子长餐化年，眷属内外，终始荣期，一切群生，咸同斯福。②

景明二年（501）九月三日，龙门石窟古阳洞云阳伯造像记：

前太守护军长史云阳伯长酰为亡父敬造弥勒像一躯，郑长酰为母皇甫敬造弥勒像一躯，郑一长酰为亡兄士龙敬造弥勒像一躯，郑南阳妾陈王女为亡母徐敬造弥勒像一躯。③

龙门石窟古阳洞造像记：

景明三年（502）八月十八日，广川王祖母太妃侯为亡父腾中使持节征北大将军广川王贺兰汉造弥勒像，愿令永绝苦因，速成正觉。④

景明四年（503）十月七日，广川王祖母太妃侯自以流历弥劫，……以绍藩国，冰薄之心，维归真寂。今造弥勒像一区，愿此微因资润，神识现，身永康，明悟首，觉达除，旷世无，明慗业，又延未来空宗妙果，又愿孙息延年神，志速就，嗣繁昌，庆光万世，帝祚永隆，宏宣妙法，昏愚未悟，咸发菩提。⑤

① 李玉珉：《山东早期佛教造像考——刘宋至北魏时期》，转引自李利安、崔峰《南北朝佛教编年》，第58页。
② 吴元真主编《北京图书馆藏龙门石窟碑刻题记拓本全编》第1册，广西师范大学出版社，2000，第5页。
③ 李玉崑、刘景龙主编《龙门石窟碑刻题记汇录》，中国大百科全书出版社，1998，第299页。
④ 李玉崑、刘景龙主编《龙门石窟碑刻题记汇录》，第301页。
⑤ 李玉崑、刘景龙主编《龙门石窟碑刻题记汇录》，第301页。

贺兰氏，亦称贺赖氏，为汉、唐之际生活在中国北方贺兰山地区的东胡分支匈奴族贺兰部的氏族姓氏。据《晋书·四夷列传·北狄·匈奴》载，西晋太康五至八年（284～287），南迁的匈奴人约有"十九种，皆有部落，不相杂错"。此十九种匈奴部落中，有一"贺赖部"。盖南迁者为贺赖氏，留北方者为贺兰氏。《元和姓纂》第三十八卷贺兰氏条下云："代居元朔，随魏南迁河洛。魏以忠贞为贺兰，因命以氏。"在鲜卑族语言中，"贺赖"即为"忠贞"之意。该氏族部落历代酋长屡次率领部族为拓跋部效忠，并与拓跋部世代姻亲，后以"贺赖"为姓氏，汉音注为"贺兰氏"，其部族称为"贺兰部"，成为北魏王朝中拓跋氏皇族以下八大王公贵族之一，地位仅次于丘穆陵氏（后改称"穆"）、步六孤氏（后改称"陆"），排在第三位。据《魏书·官氏志》载，孝文帝的"汉化"改革中，规定鲜卑人的三字姓、四字姓全部要汉化，改为单字姓，贺兰氏、贺拔氏、贺狄氏、贺赖氏、贺敦氏皆改姓"贺"。

龙门石窟元燮造像题记：

> 魏圣朝太中大夫安定王元燮造对印为内兰祖亲太女已亡考太傅静王亡女姙蒋妃及见存眷属，敬造静窟，造释迦之容并其立侍。众彩圆饰，云仙唤然。愿亡存居眷，永离秽趣，升超遐迹，常值诸佛，龙华为会。又愿一切众生，咸同斯福。正始四年（507）二月中讫。[①]

龙门石窟造像中有"大魏神龟（519）二年六月三日，前武卫将军、□州大中正、使持节都督、汾州诸军事、平北将军、汾州刺史赫连儒仰为七世父母、见□安□□□□敬造弥勒像一区，□□亡父□□□沉形，升彼净境，愿愿从心"[②]。赫连是少数民族姓氏，源出有二。据《晋书·赫连勃勃载记》：

> 刘元海之族也，僭称天王，书曰：朕之皇祖，自北迁幽朔，改姓姒氏，音殊中国，故从母氏为刘。子而从母之姓，非礼也，古人氏族无常，或以因生为氏，或以父王之名。朕将以义易之。帝王者，系为天子，是为徽赫实在天连，今改姓曰赫连氏，庶协皇天之意，永享无疆大

---

① 北京图书馆金石组编《北京图书馆藏中国历代石刻拓本汇编》第3册，第97页。
② 〔日〕大村西崖：《支那美术史·雕塑篇》，转引自李利安、崔峰《南北朝佛教编年》，第150页。

庆。系天之尊，不可令支庶同之，其非正统，皆以铁伐为氏，庶朕宗族子孙刚锐如铁，皆堪伐人。

自刘渊起，其后代遂以赫连为姓，称为赫连氏；西晋至东晋时，吐谷浑族有赫连氏，得姓始祖赫连勃勃。《通志·氏族略·伐北复姓》云："赫连氏，刘去卑之后也。去卑，独孤氏之祖也。勃勃僭帝号称夏，都朔方，自云赫赫连天，因以为氏。"据考证，赫连氏是西汉时期南匈奴右贤王刘去卑的后人。因匈奴单于曾娶汉室宗女，其子孙遂从母姓刘。另据《新唐书·宰相世系表》，从血统上看，去卑是汉光武帝之子沛献王刘辅六世孙度辽将军刘进伯的后代，刘进伯北伐匈奴被擒，生了尸利，尸利生乌利，乌利生去卑。西晋刘虎改为铁弗氏。东晋时，其曾孙（即刘去卑的五世孙）赫连勃勃建立夏国后，自号"大夏天王"并自称云赫连天，意思是赫赫与天连接，追刘去卑为正皇帝。赫连勃勃为汉光武帝刘秀的十四世孙。因此，其王族子孙遂以赫连为氏，世代相传，赫连氏后人遂奉赫连勃勃为赫连姓的始祖。而且赫连勃勃明确规定，只有他的正统嫡系子孙才得相袭此姓，其余支庶，只能以"铁伐"为氏。

> 大魏元象二年（539）岁次己未三月廿三日，假伏波将军魏郡丞姚敬遵敬造弥勒像一躯。画□讫功，上为七世父母，现在眷属，常与善居，值佛闻法，一切众生，咸同斯福。[1]

弥勒信仰于佛教思想界由道安首创，一时盛行于北魏，梁齐间还有所闻，不久即衰。[2] 历史上除玄奘等个别义学沙门偶有奉持外，盛况难在。至于民众中的弥勒信仰痕迹，南北朝以后基本罕闻寡见。[3] 此亦表明，民众信仰是受精英阶层影响并带动起来的。

（二）《法华经》的翻译与观音崇拜和法华信仰的盛行

民众中的观音信仰是通过鸠摩罗什《妙法莲华经》的译介，而得到迅速传播普及的。

---

① 张总：《山东历城黄石崖摩崖窟龛调查》，《文物》1996年第4期，第44页。
② 侯旭东先生认为："弥勒崇拜及造像的渐衰，除渐乏名德大僧的宣传支持以外，还可能与北朝后期多种崇拜勃兴，吸引部分原信奉弥勒的信徒有关。"侯旭东：《佛陀相佑——造像记所见北朝民众信仰》，第148页。
③ 本书所指民众中的弥勒信仰，系指向从纯粹佛教信仰的角度而言，不包括民间各种打着"弥勒"旗号的如"弥勒教"等民间信仰组织及假托"弥勒下生"的各类农民起义。

　　《法华经》的翻译有所谓"六出三存"之说，现存者有：西晋竺法护译《正法华经》十卷二十七品，太康七年（286）译出；后秦鸠摩罗什译《妙法莲华经》七卷二十八品，弘始八年（406）出；隋阇那崛多与达摩笈多译《添品妙法莲华经》七卷二十七品，仁寿元年（601）出。其中以《正法华经》最详密；《妙法莲华经》最简约，然流传亦最广，奉持者一般所诵即为此本。[①] 在《妙法莲华经》中，世尊盛赞此经"于一切诸经法中，最为第一"，并运用各种譬喻来描述，以阐明佛陀出世的真正目的：以一大事因缘出现于世，欲令众生开示悟入佛之知见；明示不分贫富贵贱、人人皆可成佛。如云："若人散乱心，入于塔庙中，一称南无佛，皆已成佛道。""或复但合掌，乃至举一手，或复小低头，以此供养像，渐见无量佛。""或以欢喜心，歌呗颂佛德，乃至一小音，皆共成佛道。"[②]《妙法莲华经》无论上智下愚、三根普被的度人救世思想，也许是造成其在普罗大众之中喜闻乐见的根本原因。

　　《妙法莲华经》译出不久，民间即出现了一定数量的写本，可见其受欢迎程度。据方广锠先生研究统计，北朝时期以抄写《妙法莲华经》写本数量为最多，北图藏有约二千号，英、法、俄、日等国所藏数量亦较多，总数约在五千号以上。[③] 写经可见题记者有二十四件以上，更多的目的是表现出世俗现实的愿望，如《妙法莲华经卷五》清信女姚阿姬造经题记（上图052号）："《妙法莲华经卷第五》（一校竟），乙卯之岁（415）四月中旬，清信女姚阿姬为一切众（生）顶戴供养。愿所住生处，离苦获安。"[④]《妙法莲华经卷四》佛弟子曾椹题记："大魏和平四年（463）四月三日，佛弟子曾椹，为亡父母，免生恶道，快得安稳，敬造供养。"[⑤] 另外，吴震先生在《吐鲁番写本所见鸠摩罗什汉译佛教经籍举要》一文中指出，现藏于日本东京书道博物馆的《妙法莲华经·方便品》令狐岌写本，依书体时间被定为相当于北凉承玄二年（429），此说可从，这也是罗什所译早期抄本之一。[⑥]《方便品》

---

① 所谓"三缺"为支彊梁接译《法华三昧经》六卷（256）、竺法护译《萨芸芬陀利经》六卷（265）、支道根译《方等法华经》五卷（335）。

② 鸠摩罗什译《妙法莲华经》第一卷，《大正藏》第9册，第9页。

③ 方广锠：《敦煌遗书的〈妙法莲华经〉及有关文献》，《中华佛学学报》1997年第10期，第211~232页。

④ 池田温：《中国古代写本识语集录》，转引自李利安、崔峰《南北朝佛教编年》，第16页。

⑤ 池田温：《中国古代写本识语集录》，转引自李利安、崔峰《南北朝佛教编年》，第39页。

⑥ 吴震：《吐鲁番写本所见鸠摩罗什汉译佛教经籍举要》，《佛学研究》1994年第3期，第152页。

与《寿量品》是《法华经》的两大核心部分，为本经的"正宗分"，所以才会有单品抄本出现。429年，西域地区即有《妙法莲华经·方便品》的抄本出现，一是说明此经传播迅速、流传广泛，可见其影响程度；二是表明其所发挥的文化认同、民族融合的历史文化功能。又如日本书道博物馆所藏第四卷题记：

> 元年（552，西魏元）岁次壬申正月庚午朔二十五日甲午成，弟子辛兴升南无一切三世常住三宝，弟子兴升自惟宿行不纯，等类有识，禀受风末尘秽之形，重昏迷俗，沉溺有流，无明所盖。窃闻经云：大觉玄监（鉴），信敬大乘，果报无极。以是弟子兴升，国遣使向突贵，儿女在东，即率单情。咸（减）割身分之余，为七世父母、妻子亲眷，敬写《法华经》一部、《无量寿》一部、《药师》一部、《护身命经》一部，愿持之功，一豪（毫）之善，使弟子超缠群俗，形升无碍。托生紫宫，登阶十住。辩才无滞（如）舍利弗，不思议力如维摩诘，行如文殊，得道成佛。又愿弟子，儿女相见，现家眷、兄弟、知识、子侄、中表，普及弟子兴升儿女得还家。庆会值佛闻法，含生等同斯契。①

敦煌遗书中还保存了一批与《法华经》有关的注疏。如 S.2733《法华义记》题记："比丘惠业许。正始五年（508）五月十日，释道周所集，在中原广德寺写讫。"② P.3308《法华经义记》题记："利都法师释之，法华经义记卷一，比丘昙延许，丙辰岁，用纸卅八。大统二年（536）岁次丙辰六月庚仵（午）朔三日水酉，写此法华仪（义）记一部。愿令此福，逮及含生有识之类，齐悟一实无二之理。"③

同时，有关宣扬观音信仰的译经也在不断涌现。三国东吴五凤二年（255），支疆梁接译《法华三昧经》六卷（已佚）；曹魏嘉平四年（252），康僧铠译《无量寿经》二卷，为后世净土宗三部宗经之一；刘宋疆良耶舍译《观无量寿佛经》一卷（又称《十六观经》，略称《观经》，为净土宗三部宗经之一），观世音则以阿弥陀佛的右侍菩萨身份出现。在昙无谶译出的《悲华经》中，又有佛为观世音授记之记载。菩提留支译出的《深密解脱经》

---

① 转引自方广锠《敦煌遗书的〈妙法莲华经〉及有关文献》，《中华佛学学报》1997 年第 10 期，第 218 页。
② 法云：《法华义记卷第三》，《大正藏》第 85 册，第 176 页。
③ 池田温：《中国古代写本识语集录》，转引自李利安、崔峰《南北朝佛教编年》，第 415 页。

中，有观世音菩萨请世尊说十地差别，而佛为广说大乘波罗蜜了义法门。

东晋南北朝时期，先后译出的与观世音菩萨有关的重要经典还有：竺难提自东晋恭帝元熙元年（419）至刘宋时代，所译经典之中有《请观世音菩萨消伏毒害陀罗尼咒经》（简称《请观音经》）一卷，刘宋昙无竭译《观世音菩萨得大势菩萨授记经》一卷，南齐法献与法意共译《观世音忏悔除罪咒经》一卷（已佚），佛陀跋陀罗等人于东晋义熙十四年（418）译出的《大方广佛华严经》五十卷（后来改分六十卷，称为六十《华严》）中，也有善财童子参拜观世音菩萨、观世音为说大慈悲法的记述。其中《入法界品》，专门阐说救苦观音之利益。特别是在鸠摩罗什译出《妙法莲华经》后不久，其中的《观世音菩萨普门品》即有以《观音经》之名，单本别行。北周耶舍崛多译《十一面观世音神咒经》一卷，带有密教色彩，阐说诵念观世音菩萨名号之福德与灵验，更是起到了推波助澜的作用。

民众对于观音信仰的一方面，就是祈求观音菩萨保佑存、亡利益。如"皇兴四年（470）七月九，王钟夫妻为亡父母造观世音像一躯。愿令父母常与观世音菩萨共生一处"①。"太和六年（482）岁在□戌二月十二日，饶阳县人刘遗通、遗利兄弟二人为亡伯母造光世音像一区，□愿居家大小，常与弥勒佛会"②。

《妙法莲华经》第七卷的第二十五品《观世音菩萨普门品》中，特别指出：

> 若有无量百千万亿众生，受诸苦恼，闻是观世音菩萨，一心称名。观世音菩萨，即时观其音声，皆得解脱。
>
> 是观世音菩萨摩诃萨，于怖畏急难之中，能施无畏，是故此娑婆世界，皆号之为施无畏者。
>
> 若复有人，受持观世音菩萨名号，乃至一时礼拜供养，是二人福，正等无异，于百千万亿劫，不可穷尽。无尽意，受持观世音菩萨名号，得如是无量无边福德之利。
>
> 是故汝等，应当一心供养观世音菩萨。是观世音菩萨摩诃萨，于怖畏急难之中，能施无畏，是故此娑婆世界，皆号之为施无畏者。③

---

① 金申：《中国历代纪年佛像图典》，第440页。
② 〔日〕松原三郎：《（增订）中国佛教雕刻史研究》，转引自李利安、崔峰《南北朝佛教编年》，第57页。
③ 鸠摩罗什译《妙法莲华经》第七卷，《大正藏》第9册，第56~57页。

观音菩萨"先以欲勾牵，后令入佛智"，是于世俗世界庇佑众生的经典依据，在民间非常具有信仰力。

河南省焦作市博爱县青天河峡谷现存北魏永平二年（509）春二月造线刻观世音像龛，正中主尊为观世音菩萨立像，两侧即为《普门品》及造像铭。铭文有云："欲令路人憩息之暇，因生礼诵，敬拜赞读，靡不感悟。……其道以大魏永平元年（508）冬十有一月建功，至二年春二月成讫。凡用夫四千，其日九旬。南无观世音菩萨消伏一切毒害，行人见诸宜发菩提心。"①

《续高僧传》载：

> 释慧恭者，益州成都人也。俗姓周氏，周末废佛法之时，与同寺慧远结契勤学。远直诣长安听采，恭长往荆杨访道。远于京师听得《阿毗昙论》《迦延拘舍》《地持》《成实》《毗婆沙》《摄大乘》，并皆精熟。还益州讲授，卓尔绝群，道俗钦重，衬施盈积。恭后从江表来还，二人相遇欣欢，共叙离别三十余年，同宿数夜，语说言谈。远如泉涌，恭竟无所道。问恭曰："离别多时，今得相见，庆此欢会，伊何可论。但觉仁者无所说，将不得无所得耶。"恭对曰："为性暗劣，都无所解。"远曰："大无所解，可不诵一部经乎？"恭答曰："唯诵得《观世音经》一卷。"远厉色曰："《观世音经》小儿童子皆能诵之，何烦大汝许人乎？且仁者童子出家，与远立誓，望证道果。岂复三十余年唯诵一卷经，如指许大。是非暗钝、懒堕所为，请与断交，愿法师早去，无增远之烦恼也。"恭曰："经卷虽小，佛口所说。遵敬者得无量福，轻慢者得无量罪。仰愿暂息瞋心，当为法师诵一遍，即与长别。"远大笑曰："《观世音经》如《法华经普门品》，远已讲之数过百遍，如何始欲闹人耳乎。"②

揭示了专修"观音法门"在当时佛教信仰阶层的普及程度。

《续高僧传》另载：

> 元魏天平定州募士孙敬德，于防所造观音像，及年满还，常加礼事。后为劫贼所引，禁在京狱，不胜拷掠，遂妄承罪，并处极刑。明旦

---

① 张雪芬：《河南博爱县青天河峡谷新发现北魏摩崖观世音像》，《华夏考古》2005年第1期，第91页。

② 道宣撰《续高僧传》第二十八卷，《大正藏》第50册，第686~687页。

将决，心既切至，泪如雨下。便自誓曰："今被枉酷，当是过去曾枉他来。愿偿债毕了，又愿一切众生所有祸横，弟子代受。"言已少时，依俙如睡。梦一沙门教诵《观世音救生经》，经有佛名，令诵千遍，得免死厄。德既觉已，缘梦中经，了无谬误。比至平明，已满百遍。有司执缚向市，且行且诵。临欲加刑，诵满千遍。执刀下斫，折为三段。三换其刀，皮肉不损，怪以奏闻。承相高欢。表请免刑，仍敕传写，被之于世。今所谓《高王观世音》是也。德既放还，观在防时所造像项，有三刀迹。悲感之深，恸发乡邑。①

《魏书·儒林列传·卢景裕》载：

（卢）景裕虽不聚徒教授，所注《易》大行于世。又好释氏，通其大义。天竺胡沙门道悕每论诸经论，辄托景裕为之序。景裕之败也，系晋阳狱，至心诵经，枷锁自脱。是时又有人负罪当死，梦沙门教讲经，觉时如所梦，默诵千遍，临刑刀折，主者以闻，赦之。此经遂行于世，号曰《高王观世音》。

这两则传说的经典依据在于，《观音菩萨普门品》有云："若复有人，临当被害，称观世音菩萨名者，彼所执刀杖，寻段段坏，而得解脱。""设复有人，若有罪，若无罪，杻械、枷锁，检系其身，称观世音菩萨名者，皆悉断坏，即得解脱。"②

观音崇拜和法华信仰的盛行是与僧人的弘传密不可分的。如北周时期"武陵王问师，大集摩诃堂，令讲请观音。初未缀心，本无文疏。始役情慧，抽帖句理。词义洞合，听者盈席。私记其言，因成疏本，广行于世"③，释智方"初讲《法华》，至《宝塔品》高妙"④，释僧崖"频集城西大道，谈论《法化》（《法华》)"⑤。

随着观音信仰的普及、深入，民间开始出现弘宣观世音信仰的各种疑伪经典，据《开元释教录》第十八卷所载，在隋代以前流传的主要有：《高王

① 道宣撰《续高僧传》第二十九卷，《大正藏》第50册，第692~693页。
② 鸠摩罗什译《妙法莲华经》第七卷，《大正藏》第9册，第56页。
③ 道宣撰《续高僧传》第八卷，《大正藏》第50册，第486页。
④ 道宣撰《续高僧传》第九卷，《大正藏》第50册，第492页。
⑤ 道宣撰《续高僧传》第二十七卷，《大正藏》第50册，第679页。

观世音经》一卷、《观世音十大愿经》一卷、《观世音三昧经》一卷、《弥勒下生观世音施珠宝经》一卷、《观世音咏托生经》一卷，除《高王观世音经》《观世音三昧经》外，余皆佚失。另外，天台智顗在《观音玄义》第二卷中，亦曾提到几部观音经，如云：

> 夫观音经部党甚多，或《请观世音》《观音受记》《观音三昧》《观音忏悔》《大悲雄猛观世音》等不同。今所传者，即是一千五百三十言《法华》之一品。而别传者乃是昙摩罗谶法师，亦号伊波勒菩萨，游化葱岭，来至河西，河西王沮渠蒙逊归命正法，兼有疾患，以告法师。师云：观世音与此土有缘。乃令诵念，患苦即除。因是别传一品，流通部外也。①

其中，《观音三昧经》《大悲雄猛观世音经》显然是疑伪经。同时，有人特意将各种有关观音的灵感事迹汇编成书，现存最早的为东晋谢敷所著之《光世音应验记》。此后，这类书层出不穷。如北魏昙永著《搜神论》，又有南朝刘宋傅亮著《光世音应验记》一卷，张演的《续光世音应验记》，刘义庆《宣验记》十三卷，王延秀《感应传》八卷，朱群台《征应传》；南齐萧子良的《冥验记》、王琰的《冥祥记》十卷；萧梁陆杲的《系观世音应验记》一卷，王曼颖《补续冥祥志》一卷，《祥异志》（撰人不详）。伴随南北文化交流、人员交往，南北朝观音信仰彼此推波助澜。《北齐书·徐之才列传》载：

> 天统四年（568），（徐之才）累迁尚书左仆射，俄除兖州刺史，特给铙吹一部。之才医术最高，偏被命召。武成（北齐武成帝高湛）酒色过度，恍惚不恒，曾病发，自云初见空中有五色物，稍近，变成一美妇人，去地数丈，亭亭而立。食顷，变为观世音。之才云："此色欲多，大虚所致。"即处汤方，服一剂，便觉稍远，又服，还变成五色物，数剂汤，疾竟愈。

这是正史中所载的一则观世音灵验记。

伴随着观音信仰的不断深入、盛行，进一步推动了民间《法华》信仰及修持法门的形成。《法华经》"三根普被""开权显实""回小向大"的宣教价值理念，以及经中一再强调的受持该经的种种现世利益功德，使法华信仰可以分为"形而上"的提升与"形而下"的超拔。"形而上"的提升表现为

---

① 智顗说，灌顶记《观音玄义》第二卷，《大正藏》第34册，第891页。

经典的翻译、讲解、禅观实践等，"形而下"的超拔则表现为舍身、持诵、转读、书写、听闻、供养等法门。在法华信仰热潮中，为了修习"法华三昧"及满足社会大众出于祈求现实福利、积累功德的需要，还出现了开凿石窟，造像形象中以"释迦、多宝二佛并坐"最为代表。同时，形成了以《法华经》崇拜为核心的"法华邑义组织"。

《续高僧传》载：

> 释志湛，齐州山荏人。……立行纯厚，省事少言，仁济为务，每游诸禽兽而群不为乱。住人头山邃谷中衔草寺，寺即宋求那跋摩之所立也。读诵《法华》，用为常业。将终之日，沙门宝志奏梁武曰："北方山荏县人，住今衔草寺须陀洹果圣僧者，今日入涅槃。"杨都道俗闻志此告，皆遥礼拜。故湛之亡也，寂无余恼，端然气绝，两手各舒一指。有西天竺僧解云："若二果者，舒两指。"验湛初果也。还收葬于人头山，筑塔安之。石灰泥涂，鸟狩不敢凌污，今犹存焉。又范阳五侯寺僧，失其名，常诵《法华》。初死之时，权殡堤下。后迁改葬，骸骨并枯，惟舌不坏。雍州有僧亦诵《法华》，隐于白鹿山，感一童子常来供给。及死置尸岩下，余骸枯朽惟舌如故。齐武成世，并州东看山侧有人掘地。见一处土其色黄白，与旁有异。寻见一物状如两唇，其中有舌鲜红赤色，以事闻奏。帝问诸道人，无能知者。沙门大统法上奏曰："此持《法华》者，六根不坏报耳。诵满千遍其征验乎。"乃敕中书舍人高珍曰："卿是信向之人，自往看之，必有灵异。宜迁置净所，设斋供养。"珍奉敕至彼，集诸持《法华》沙门，执炉洁斋。绕旋而咒曰："菩萨涅槃，年代已远。像法流行，奉无谬者，请现感应。"才始发声，此之唇舌一时鼓动，虽无响及而相似读诵。诸同见者莫不毛竖，珍以状闻。诏遣石函藏之，迁于山室云。又元魏北代，乘禅师者，受持《法华》，精勤匪懈。命终托河东薛氏为第五子，生而能言，自陈宿世不愿处俗。其父任北肆州刺史，随任便往中山七帝寺，寻得本时弟子，语曰："汝颇忆从我度水往狼山不？乘禅师者我身是也，房中灵几可速除之。"父母恐其出家，便与纳室。尔后便忘宿命之事，而常兴厌离，端拱静居。[1]

---

[1] 道宣撰《续高僧传》第二十八卷，《大正藏》第50册，第686页。

形象展示了专修"《法华》法门"在当时佛教信仰阶层中的普及程度。

唐代蓝谷沙门慧祥曾撰有《弘赞法华传》十卷，保存了大量北朝时期有关法华信仰的珍贵历史资料，从一侧面反映了"法华"信仰的"中国化"。

《弘赞法华传》十卷内容分别为，第一卷《图像》，第二卷《翻译》，第三卷《讲解》，第四卷《修观》，第五卷《遗身》，第六、七、八卷《诵持》，第九卷《转读》、第十卷《书写》，现存于《大正藏》第51册，下文引用不再注明。

《弘赞法华传·图像》载："后魏太祖道正皇帝拓跋圭，天兴元年（398）造耆阇崛山图一所，加以缋饰，莫不严具焉。"说明，北魏于建国之初就接受了法华信仰。①

《弘赞法华传·图像》另载："后魏太常卿恭侯郑琼，起净域寺，建法花（按：法华）堂。"说明，此时寺院当中，常设有专门修习"法华"法门的场所。

随着法华信仰的逐渐盛行，社会上还出现了以奉持法华信仰为核心的社团组织——法华邑义。如东魏兴和四年（542）《李氏合邑造像碑》，碑额正面佛龛两缘题名为"都唯那大像碑主李显族、开二佛光明主洛州从事李□"，碑左侧第四列第五行题名为"法华经主连景嵩"，碑正面有铭文近六百字，

---

① 云冈石窟现存的多个洞窟中，明确有出自《法华经》内容的造像素材，反映了对法华信仰的强烈追求。"法华三昧观"以释迦、多宝二佛并坐为观想对象，"二佛并坐"造像遂大量应运而出现。据贺世哲先生研究统计，从现存实例看，释迦、多宝佛像由炳灵寺石窟到云冈、龙门、麦积山、敦煌等北朝石窟皆见，成为最常见的造像。特别是在炳灵寺石窟，多出现于正壁主尊位置。参见贺世哲《敦煌石窟全集·法华经画卷》附录一《敦煌石窟法华经变各品统计表》，上海人民出版社，2000，第250~251页。现存"二佛并坐"造像最早见于炳灵寺第169窟，并有西秦建弘元年（420）的发愿文。在云冈石窟的整次营建过程中，"二佛并坐"像始终是其流行的造像题材，据统计共有近400龛。参见张艳《云冈石窟中的二佛并坐与文殊问疾》，《文物世界》2005年第4期，第16~19页。李静杰先生又把包括石窟造像在内的北朝法华图像，以孝文帝于太和十八年（494）迁洛为界，分为前后两个阶段，认为北朝时期法华图像主要有两个特征。一是将《法华经》的教主释迦佛、《法华经》的象征释迦多宝佛或多宝佛塔、兜率天净土的代表弥勒菩萨组织在一起，通过这些图像作为主题表现在中轴线上，表达了《法华经》奉持者将来愿往生到兜率天净土的思想。二是借用大量原属小乘佛教美术的故事画，如本生、因缘、佛传故事画面，来表达《法华经》所宣扬的"一佛乘"思想；北朝前期的法华图像是严格按照《法华经》思想组织起来的，以云冈第7、8双窟，第9、10双窟为代表。而北朝后期，法华图像发生了变化，一是吸收了大量的佛教故事图像用以表达《法华经》思想，二是借用大量原属小乘佛教美术的本生图、因缘图、佛传图，以表达《法华经》所宣扬的释迦佛以种种因缘比喻言辞、把小乘信者引向大乘成佛之路的"一佛乘"思想。参见李静杰《北朝后期法华图像的演变》，《艺术学》2004年第21期，第67~107页。另外，北燕出现二佛并坐像，可视作十六国时期北方地区已经出现法华信仰和"二佛并坐像"为代表的法华艺术的证据。参见〔日〕佐藤智水《云冈佛教的性格》，载《东洋学报》第59卷第1号，第40页。

尤其第四行有"开三为级小之心，演一为接大之则"的文句，凸显了《法华
经》"开三显一"的思想。碑额正面的"开二佛光明主洛州从事李□"，显
示李□为"二佛并坐"的佛像开光者。①

在《法华经·药王菩萨本事品》中，记述有药王菩萨烧身供养的事迹。
自法华信仰盛行以后，仿效药王菩萨烧身供养者前仆后继。②

《弘赞法华传·遗身》载"周益州大乘寺释僧崖"，事迹详见《续高僧
传·本传》：

> 释僧崖，姓牟氏，祖居涪陵。……童幼少言，不杂俳戏。每游山
> 泉，必先礼而后饮，或谛视不瞬，坐以终日。人问其故，答曰："是身
> 可恶，我思之耳，后必烧之。"……以周武成元年六月，于益州城西路
> 首，以布裹左右五指烧之。有问："烧指可不痛耶"，崖曰："痛由心起，
> 心既无痛，指何所痛？"时人同号以为僧崖菩萨。或有问曰："似有风
> 疾，何不治之？"答曰："身皆空耳，知何所治？"又曰："根大有对，何
> 谓为空。"答曰："四大、五根复何住耶？"众服其言。③

说明专门念诵《妙法莲华经》是最为普遍的修持方法。

《弘赞法华传·诵持》载，释净见诵《法华经》至一万三千遍，用功之勤，
非人所及，以致身体疲困。普贤菩萨化身老翁，使诸药精化为小儿，让净见服
之。这一故事极为生动地展现了历史上法华信仰的民间信仰化倾向。

《弘赞法华传》另载：

---

① 颜尚文：《北朝佛教社区共同体的法华邑义组织与活动——以东魏〈李氏合邑造像碑〉为
例》，《佛学研究中心学报》1996 年第 1 期，第 167～184 页。另参见颜尚文《法华思想与
佛教社区共同体——以东魏〈李氏合邑造像碑〉为例》，《中华佛学学报》1997 年第 10
期，第 233～247 页。李氏邑义组织在职务上有"寺主"1 人、"讲堂主"1 人、"天宫
主"2 人、"供养主"1 人、"行道主"1 人、"道场主"1 人、"清净主"1 人、"行道四
面像主"1 人。颜尚文先生指出，依照职位的内涵，李氏法华邑义组织应当在寺院、讲
堂、道场等神圣设施内担任供养、行道、清净等工作。智顗《法华三昧忏仪》系从《法
华经》中采录订定的实践办法，其中有清净道场、行道、诵经等活动，可见此法华邑义
组织与活动跟后世形成的天台宗有渊源关系。参见颜尚文《北朝佛教社区共同体的法华
邑义组织与活动——以东魏〈李氏合邑造像碑〉为例》，《佛学研究中心学报》1996 年第
1 期，第 180 页。
② 佛教史传资料中计有《高僧传》第十二卷《亡身篇》之僧群以下十一人，《续高僧传》
第二十七卷《遗身篇》之法凝以下正传十二人、附见二人，《宋高僧传》第二十三卷
《遗身篇》之僧藏以下正传二十二人、附见二人等。
③ 道宣撰《续高僧传》第二十七卷，《大正藏》第 50 册，第 678 页。

> 高齐时有僧，失其名，在灵岩寺东林，诵《法华经》。每精诚恳到，中表洁净，焚香礼佛，以求证验。初有大蛇及雉鹿等，俱来立听，诵讫乃散。中时即山神将食，自来供养。后忽见光明，从东山而下，有大菩萨，乘六牙白象，大众围绕，直至其前。僧望光礼拜，庆悦深至。疑义阙文，皆为数释。余众但闻异香，经久方隐。

这是流传于北齐时期，一个非常典型的诵经得感故事。又有：

> 释灵侃，未详何人，识见聪敏，每诵《法华》。初诵经竟，便感恶疾，即诉其师云："侃闻受持《法华》，得六根清净，云何侃诵，乃感斯疾？"其师云："汝诵经时，作若为方法？"答云："诵时或不洗手，或复袒，乍安脚后，乍置床头耳。"师云："此是护法善神，谴罚汝也，非关经无感德。汝可忏悔。"于是作素木函，盛经顶载，在殿内行道。除大小便，及以食饮，专自苦到，乃至头破血流，自咎自责。如是经历三年，于五更向晓，有人叩佛殿户，唤令便开。侃初不肯，云其是罪人，何处有闲佣，相与开门。唤之不已，遂为开之。见一老公，须鬓皓白，手捉一杖，即连打侃，云："汝从今去，更敢轻慢《法华经》耶。"应打之时，身疮除愈，四大平复。天明视殿前，见有象迹，始知此老公是普贤菩萨，来降灭罪也。自尔改忏悛革，精勤习诵，后不知所终。又老矩师，亦以《法华》为业。诵持即觉口中别有甘味，非世所有，故诵之不欲息也。

说明，诵经之时必须洁净恭敬，才能招致功德感应加被。通过这两则故事，表现了当时诵持《法华经》时约定俗成的诵经仪轨。

由于鸠摩罗什圆寂荼毗后舌不焦烂而留下成为"舍利"，以此为标志，逐渐成为后世诵持《法华经》灵验的典范。《弘赞法华传·翻译》有记，鸠摩罗什临终与众僧告别：

> 因法相遇，殊未尽伊心。方复后世，恻怆可言。自以暗昧，谬充传译。若所传无谬者，当使焚身之后，舌不燋烂。以伪秦弘始十一年八月二十日，卒于长安，是岁晋义熙五年也。即于逍遥园，依外国法，以火焚尸。薪灭形碎，唯舌不灰。

鸠摩罗什身后，最早的"舌根不坏"的记载当是《高僧传》第十二卷"亡身"篇中之记载，法进"幼而精苦习诵，有超迈之德，为沮渠蒙逊所重"。在沮渠安周即位之初（约444），战乱饥荒之时，自割股肉以救饿者而亡。后"出城北阇维之，烟炎冲天，七日乃歇。尸骸都尽，唯舌不烂"①。这些因诵持《法华经》而得舌根不坏感应的事迹，对于历史上法华信仰的盛行无疑起到了推波助澜的作用。

上述研究材料均表明，十六国北朝时期，观音及《法华》信仰的内涵和外延都已经相当丰富。

另据侯旭东先生研究统计，总体而言观世音造像从470年至北朝末年百余年间一直不断，是该造像及崇拜的主要流行期。观音是平民信徒中流行的主要崇奉对象之一，造像分布遍及北方各地，说明崇拜观音者并非囿于一隅，而是散布北土。②

《妙法莲华经》是中国佛教史上有着深远影响的一部大乘经典，在佛教思想史上占有至关重要的地位。围绕一部经典而形成一种古往今来历久弥新的信仰形态，是佛教民族化、本土化演变的重要标志之一。历史上观音菩萨信仰与中国文化的关系日益密切，成为中国人精神世界的重要支柱之一。观音崇拜与法华信仰关系密切，早期的观音崇拜及感应故事大多与持诵《妙法莲华经》有关。这类故事的流行不仅促进了《法华经》的传播，也对观音信仰的普及起了推波助澜的作用。随着观音崇拜的流行，观音、法华信仰与中国文化的关系越来越密切，并逐渐融汇成为中国文化的一部分。

（三）阿弥陀佛、药师佛和"卢舍那"、定光佛等信仰的兴起

1. 阿弥陀佛信仰

阿弥陀佛信仰一般认为始于东晋慧远，宗旨是以念佛行业为内因，以阿弥陀佛愿力为外缘，内外相应，往生西方极乐净土，《无量寿经》《观无量寿经》《阿弥陀经》和印度世亲的《往生论》为该宗所依经典。

慧远于东晋太元十五年（390）在庐山东林寺建莲社（亦称白莲社），参加的僧人、居士达123人。《高僧传·慧远传》载："远乃于精舍无量寿像前，建斋立誓，共期西方。乃令刘遗民著其文曰：'惟岁在摄提秋七月戊辰朔二十八日乙未③，法师释慧远贞感幽奥，宿怀特发，乃延命同志息心贞信

---

① 慧皎撰《高僧传》第十二卷，《大正藏》第50册，第404页。
② 侯旭东：《佛陀相佑——造像记所见北朝民众信仰》，第11~116页。
③ 据陈扬炯《中国净土宗通史》："岁次在东晋安帝元年，公元402年。"陈扬炯：《中国净土宗通史》，江苏古籍出版社，2000，第97页。

之士百有二十三人，集于庐山之阴、般若台精舍阿弥陀像前，率以香华敬荐而誓焉。'"① 文中表达了"神不灭"的观点，如云："盖神者，可以感涉而不可以迹求。必感之有物，则幽路咫尺；苟求之无主，则渺茫何津？"神虽然无迹可求，但能通过感应而得知其存在。由于神的存在，轮回果报就有了主宰。在此思想基础上，他们所理解、期冀的西方净土世界与道教神仙妙境必然有相通之处，如云："其有惊出绝伦，首登神界，则无独善于云峤，忘兼全于幽谷；先进之与后升，勉思策征之道。然复妙观大仪，启心贞照，识以悟新，形由化革。藉芙蓉于中流，荫琼柯以咏言；飘云衣于八极，泛香风以穷年。体忘安而弥穆，心超乐以自怡；临三涂而缅谢，傲天宫而长辞；绍众灵以继轨，指太息以为期。究兹道也，岂不弘哉？"西方净土即云峤之"神界"，修行以"太息"为目的，既"缅谢"三途轮回，又"长辞"天宫之乐。而通过彼时庐山中人留存至今的两首玄言诗中，成仙的情愫就跃然纸上了。《庐山诸道人游石门诗》云："超兴非有本，理感兴自生。忽闻石门游，奇唱发幽情。褰裳思云驾，望崖想曾城。驰步乘长岩，不觉质有轻。矫首登灵阙，眇若凌太清。端居运虚论，转彼玄中经。神仙同物化，未若两俱冥。"《庐山诸沙弥观化决疑诗》："谋始创大业，问道叩玄篇。妙唱发幽蒙，观化悟自然。观化化已及，寻化无间然。生皆由化化，化化更相缠。宛转随化流，漂浪入化渊。五道化为海，孰为知化仙。万化同归尽，离化化乃玄。悲哉化中客，焉识化表年。"②

此后有北魏昙鸾（476～542）一生弘扬弥陀净土思想，奠定了净土宗立宗的理论基础。昙鸾主张以阿弥陀佛本愿力为根本，把佛法学修概括为二道、二力之说，也就是难行道、易行道及与之相应的自力和他力学说。凭借阿弥陀佛的愿力（他力），再加上自己精进念佛（自力），就能既省力又容易地到达西方极乐世界，这就是所谓的"易行道"。反之，则是既艰苦又难以成功的难行道。昙鸾净土思想的代表作《往生论注》系对世亲晚年所著《无量寿经优婆提舍愿生偈》（亦称《无量寿经论》，北魏普泰元年（531）由菩提流支译成汉文）而著的注释。该论于净土信仰的思想特点，提倡重视他力本愿，开创称名法门；十念即成，临终具足十念相续，便得往生。强调二种回向，一是往相回向，以自己的功德回施一切众生；二是还相回向，生净土之后得到奢摩他和毗婆舍那（止观），成就方便力，回入生死稠林，弘扬佛

---

① 慧皎撰《高僧传》第六卷，《大正藏》第 50 册，第 358 页。
② 逯钦立辑校《先秦汉魏晋南北朝诗》，中华书局，1983，第 1086、1087 页。

法。昙鸾以后有道绰，曾讲《观无量寿经》，又著《安乐集》二卷，立圣道、净土两门，并从多方面比较了弥勒净土与弥陀净土的优劣；盛赞弥陀净土之优，认为只有弥陀净土一门才是唯一的出离之路。另外，同时代的天台智顗在所著《净土十疑论》中，也有"扬弥陀，抑弥勒"的说法。这些言论在一定程度上对民众信仰的价值取向产生了潜移默化的重要导向影响。特别是昙鸾于《往生论注》卷上援引《十住毗婆沙论》之"难易二道"说，谓自力属难行道。乘佛之愿力而往生净土，入大乘正定聚，称为易行道。所谓"当复引例示自力、他力相，如人畏三涂，故受持禁戒，受持禁戒故能修禅定，以禅定故修习神通，以神通故能游四天下，如是等名为自力；又如劣夫跨驴，不上，从转轮王行，便乘虚空，游四天下，无所障碍，如是等名为他力"①。立难行、易行二道之说，主张以弥陀如来本愿力为根本，为建立净土宗奠定了基础。

北朝后期，净土宗信仰由于昙鸾的大力提倡而影响剧增并逐渐深入民间。信众认为此法下手易而成功高，用力少而得效速。只要一心专念弥陀一佛名号，就能往生净土。但因往生者的因行有胜劣，往生之相有等差，往生后见佛成佛有疾缓，从而分有上、中、下的三辈九品。净土宗很快普及于一般社会。入隋之后，又得到智顗、道绰等的弘扬。这样，弥勒信仰逐渐衰落，而弥陀信仰则迅速普及，流行日广。

民众的弥陀信仰主要有"抄经"供养，如"《佛说无量寿经》上，大魏神瑞二年（415）四月，弟子王澄为父母供养经"②。还有"造像"供养，如"和平五年（464）岁在甲辰，清信女□姜为父母、兄弟、姊姐，造无量寿佛。愿舍身受身，常与诸佛共会"③，"太和九年（485）岁在乙丑三月戊戌朔廿七日甲子，佛弟子李伯息，为余身□生父母、兄弟、合众大小造无量寿佛一区"④。《临淮王造像碑记》有云："大齐武平四年（573）岁次癸巳，六月乙未朔廿七日辛酉建。""制无量寿像一区，高三丈九尺。并造观世音、大势至，二大士而侠侍焉。"⑤"西方三圣"造像形式的出现，主要与畺良耶舍

---

① 昙鸾《往生论注》（《无量寿经优婆提舍愿生偈注》）第二卷，《大正藏》第40册，第844页。

② 池田温：《中国古代写本识语集录》，转引自李利安、崔峰《南北朝佛教编年》，第15页。

③ 金申：《中国历代纪年佛像图典》，第438页。

④ 金申：《中国历代纪年佛像图典》，第450页。

⑤ 颜娟英主编《北朝佛教石刻拓片百品》第1册，转引自李利安、崔峰《南北朝佛教编年》，第396页。

于宋元嘉年间（424~453）译出的《观无量寿经》有关。在此经中，观音菩萨和大势至菩萨是作为阿弥陀佛的左右胁侍而同时出现的，并可以作为阿弥陀佛的代表去接引往生西方净土的众生。如云："无量寿佛住立空中，观世音、大势至是二大士侍立左右，光明炽盛、不可具见，百千阎浮檀金色不可为比。"① 这就是"西方三圣"之说的经典依据。又如："夫从缘至果，非积集无以成功。是以弟子滑黑奴，上为有识之类敬造无量寿佛一区并二菩萨。因斯微福，愿佛法兴隆，魔事微灭，后愿含灵抱识离舍三途八难，现在老苦往生妙乐，齐登正觉。大代大魏大统五年（539）五月廿八日造。"②

据侯旭东先生研究统计，无量寿造像510年至北朝结束前较流行，属6世纪初渐兴的造像题材与崇拜对象，造像分布早期多集中在洛阳地区；早期信徒只崇拜主尊，未顾及胁侍，"西方三圣"的称呼是在560年以后才出现、定型的；尽管其信徒日渐增多，影响渐次扩大，但终北朝之世，信徒无多，势力尚弱。③

2. 药师佛信仰

药师佛的佛国世界是东方净琉璃世界，也叫"药师佛净土"。药师佛净土信仰出现的时间相对于弥勒净土、弥陀净土较晚，所以经文中对该净土"殊胜"的描述也多，有点集大成的意思。药师佛净土不仅几乎包含了阿弥陀佛净土所有的优点，而且供养药师佛还会有很多显而易见的"现世利益"，与观世音菩萨的信仰特点非常相似；在药师佛的信仰中也有奉持咒语的内容，具有一定的"密教"色彩。

《药师经》全称《药师琉璃光如来本愿功德经》，流传至今的有四种汉译本，分别为：东晋帛尸梨蜜多罗译的《佛说灌顶经》，隋达摩笈多译的《佛说药师如来本愿经》，唐玄奘法师译的《药师琉璃光如来本愿功德经》，唐义净法师译的《药师琉璃光七佛如来本愿功德经》。其中以玄奘译本最为流行，义净的译本最为完整。关于药师法门的具体修持方法，大致可分为六大类，即持名念佛、诵持药师咒、诵经、修药师定、礼敬供养、秘密法门等，其中又以持名

---

① 畺良耶舍译《佛说观无量寿佛经》第一卷，《大正藏》第12册，第342页。
② 录文引自《敦煌莫高窟供养人题记》，部分字据第285窟北壁东起第一铺"说法图、发愿文及供养人"原图予以订正。敦煌研究院编《敦煌莫高窟供养人题记》，文物出版社，1986，第117页；敦煌研究院、江苏美术出版社编《敦煌石窟艺术：莫高窟第二八五窟（西魏）》，江苏美术出版社，1995，第132~133页。
③ 侯旭东：《佛陀相佑——造像记所见北朝民众信仰》，第116~119页。

念佛和修药师定比较常见。持念药师佛的圣号是一种最简易的修持方法。药师经法的精神实质非常注重现实民生，实为利生之法门，尤其特别关注现世"社会底层""弱势群体"，不仅眷顾他们的现实生活，而且引导他们从生活中求解脱；药师经法还体现了鲜明的护国色彩。如帛尸梨蜜多罗译本中，有云：

> 是经能除水涝不调，是经能除他方逆贼悉令断灭，四方夷狄各还正治不相娆恼，国土交通人民欢乐。是经能除谷贵饥冻，是经能灭恶星变怪，是经能除疫毒之病。……王当放赦屈厄之人，徒锁解脱，王得其福。天下太平，雨泽以时，人民欢乐，恶龙摄毒无病苦者。四方夷狄不生逆害，国土通洞，慈心相向，无诸怨害，四海歌咏称王之德。乘此福禄在意所生，见佛闻法信受教诲，从是福报至无上道。①

由于药师佛信仰慈悲平等、普被众生的精神内涵，修持药师佛法门能够得到消灾延寿等现实利益。僧祐《出三藏记集》第五卷之"灌顶经"有条云："此经后有'续命法'，所以遍行于世。"② 指出了药师佛信仰流行的一大因素，药师佛以除怖、疗疾、解难、满愿等与人们切身有关的需求吸引信众，只要敬念药师佛名号，就可以解脱苦难，可以免除九种横死等满足众生的现世利益，历代都不乏大量的药师佛法门信徒。

北朝时期由于药师法门的经典翻译还不完备，所以民众对于"药师佛"信仰的表达方式主要以混合形式为主。如"大代大魏永平二年（509）八月四日"，比丘尼建晖"即减割衣资，为七世父母先死后已，敬写《入楞伽》一部，《法华》一部，《胜鬘》一部，《无量寿》一部，《仁王》一部，《方广》一部，《药师》二部。一次微善，使得虽女身，后成男子。法界众生，一时成佛"③。龙门石窟造像题记云：

> 孝昌元年（525）七月廿七日，比丘尼僧（贤），割己衣□心之余，仰为皇帝□，师僧父母、四辈像主敬造弥勒像一堪，观音药师今已就达，愿以此善庆钟皇家、师僧、父母、己身、眷属合诞无穷，尤倾四气，行禁积晕，思悟二宝。地狱舍刑离苦福，存愿如是。④

---

① 帛尸梨蜜多罗译《佛说灌顶经》第十二卷，《大正藏》第 21 册，第 535 页。
② 僧祐撰《出三藏记集》第五卷，《大正藏》第 55 册，第 39 页。
③ 池田温：《中国古代写本识语集录》，转引自李利安、崔峰《南北朝佛教编年》，第 111 页。
④ 北京图书馆金石组编《北京图书馆藏中国历代石刻拓本汇编》第 5 册，第 1 页。

另据《周书·孝义列传·张元》所载：

> 张元字孝始，河北芮城人也。祖成，假平阳郡守。父延俊，仕州郡，累为功曹、主簿。并以纯至，为乡里所推。元性谦谨，有孝行。微涉经史，然精修释典。……及元年十六，其祖丧明三年，元恒忧泣，昼夜读佛经，礼拜以祈福祐。后读《药师经》，见盲者得视之言，遂请七僧，然七灯，七日七夜，转《药师经》行道。每言："天人师乎！元为孙不孝，命祖丧明。今以灯光普施法界，愿祖目见明，元求代暗。"如此经七日。其夜，梦见一老公，以金鎞治其祖目。谓元曰："勿忧悲也，三日之后，汝祖目必差。"元于梦中喜跃，遂即惊觉，乃遍告家人。居三日，祖果目明。

这是北朝正史所录，专持"药师法门"感应善果的灵异记。张元诚感天地、孝通神明的事迹，无疑对药师信仰的流传起到推波助澜的作用。《周书》专门将此收入《孝义列传》，表明佛教徒以信仰实践表达行孝的"佛孝"行为受到社会各阶层的认可。这也是佛教民族化、本土化的历史成果。

造像是药师佛信仰之中最直观的表现形式，从现有遗存的实物来看，主要有药师佛单尊像、药师说法图、药师经变等形式。早期药师佛造像大都分布在北方地区，且比较分散，数量也极少，多处于窟中不起眼的位置。现存最早的药师佛造像是在甘肃炳灵寺第169窟之建于建弘元年（420）的第6龛。在释迦牟尼佛像的右上方，画有一尊小佛像，佛处于禅定状态，旁题为"药王佛"。另外，从有明确造像记的角度来看，现存最早的药师佛造像有两处，其中一处是北魏时期的云冈石窟第11窟西壁上部的小龛，雕刻有一尊药师佛禅定像，像下造像铭文云："佛弟子祈□□，发心造药师留离（琉璃）光像一躯，愿愿从心。"[1]

敦煌遗经中现存《药师经》写经，如敦研009号，其题记为："太和十一年（487）五月十五日，佛说灌顶章句拔除过罪生死得度经。"[2]北魏永平二年（509）、西魏大统二年（536），比丘尼建晖为七世父母、先死后已，两

---

[1] 〔日〕水野清一、长广敏雄：《云冈石窟》，京都大学人文科学研究所，1953，第11洞图版之65图，第11、12洞本文卷之第55页图版65解说。

[2] 池田温：《中国古代写本识语集录》，转引自李利安、崔峰《南北朝佛教编年》，第64页。

次写《药师经》等经，祈愿"因此微福，使得离女身，后成男子，法界众生，一时成佛"①。

《药师经》中描述了通过造幡及燃灯供养解难增福的方法，并详述了幡和灯的具体规格，这就使得造"五色续命神幡"和燃灯、斋僧成为药师佛信仰中重要的消灾祈福方法。

《皇兴二年康那造幡发愿文》（敦煌研究院 343 号）：

> （北魏献文帝）皇兴二年（468）四月八日，岁在戊申，清信士康那造五色幡卅（九）尺，上十方诸佛，发精诚之愿：夫至道虚凝，幽玄难究，灵觉久潜，真途遂塞，缘使有形，轮转昏迷，耶（邪）见缚着，利欲住而莫返。那恐沉溺，去真喻远，苌夜翳障，永不自息。慨在聋俗，道世交丧，仰惟妙门，灵宗□释，微无不感，精专毕济。愿眷属所生，值遇诸□，□闻经法；信解妙旨，朗悟道场；弃恶入善，三宝□正，更无耶（邪）念；与七世父母，现在眷属，内外诸亲，并无边众生，齐均信向，共成菩提，是那眷属之所至愿也。②

敦煌民众康那于四月八日佛诞日造五色神幡，并撰写了造幡发愿文。另外，在敦煌壁画药师净土变中，亦常见幡、灯的形象。

道宣云："至如药师行事，源出宋朝，比用在疑，颇存沿俗。"③以药师佛为本尊，通过念诵名号、供养、忏悔消灾祈福的忏法行仪，在南朝时就已经出现了。如陈文帝曾设大型药师斋忏法会，并亲自撰写了《药师斋忏文》，云：

> 窃以诸行无常悉为累法，万有颠倒皆成苦本。热炎镜像，知变易之不停。漂草爨矛，见生灭之奔迅。随业风而入苦海，逐报障而趣幽途。去来三界，未见可安之所。轮回五道，终无暂息之期。药师如来有大誓愿，接引万物救护众生。导诸有之百川，归法流之一味。亦能施与花林，随从世俗，使得安乐，令无怖畏。至如八难九横、五浊三灾、水火盗贼、疾疫饥馑、怨家债主、王法县官，凭陵之势万端，虐杀之法千

① 池田温：《中国古代写本识语集录》，转引自李利安、崔峰《南北朝佛教编年》，第 111、415 页。
② 段文杰：《甘肃藏敦煌文献》第二卷，甘肃人民出版社，1999，第 105 页。
③ 道宣撰《续高僧传》第二十九卷，《大正藏》第 50 册，第 699 页。

变，悉能转祸为福，改危成安。复有求富贵，须禄位延寿，命多子息，生民之大欲，世间之切要，莫不随心应念，自然满足。故知诸佛方便，事绝思量。弟子司牧寡方，庶绩未乂，方凭药师本愿成就众生。今谨依经教于某处，建如干僧、如干日，药师斋忏。现前大众至心敬礼，本师释迦如来、礼药师如来，慈悲广覆，不乖本愿，不弃世间。兴四等云，降六度雨，灭生死火，除烦恼箭。十方世界，若轮灯而明朗。七百鬼神，寻结缕而应讦。障逐香然，灾无复有。命随幡续，渐登常住。游甚深之法性，入无等之正觉，行愿圆满如药师如来。[①]

由此可见，南朝的药师佛信仰在帝王的推动之下也已成规模。

589 年，隋统一中国，结束了南北对峙的局面。天下初定，海内承平，大业十一年（615），达摩笈多就着手重新翻译了《药师经》，经序中说：

> 昔宋孝武之世，鹿野寺沙门慧简已曾译出在世流行，但以梵宋不融、文辞杂糅，致令转读之辈多生疑惑。矩早学梵书恒披叶典，思遇此经验其纰谬；开皇十七年初获一本，犹恐脱误未敢即翻，至大业十一年复得二本，更相雠比方为指定，遂与三藏法师达磨笈多，并大隋翻经沙门法行明则、长顺海驭等，于东都洛水南上林园翻经馆重译此本。深鉴前非方惩后失，故一言出口必三覆乃书，传度幽旨差无大过；其年十二月八日翻勘方了，仍为一卷。[②]

伴随新本《药师经》的问世，药师佛信仰在历史上又迎来了一个新的高潮。

3. "卢舍那"信仰

佛有"三身"，分别是"法身"——毗卢遮那佛、"报身"——卢舍那佛、"化身"（应身）——释迦牟尼佛。"卢舍那"是智慧广大、光明遍照的意思，代表证得了佛果而显示佛智的佛身。阿弥陀佛、药师佛、卢舍那佛都属于报身佛。

北朝民众对于"卢舍那"信仰的表现形式主要有皇建二年（561）四月八日邑义七十人等造像碑记，云：

> □佛道虽远，述既近□，□径惑于间，丈六应开迷，有悟寻晓。邑

---

① 道宣撰《广弘明集》第二十八卷，《大正藏》第 52 册，第 334 页。
② 达摩笈多译《佛说药师如来本愿经》第一卷，《大正藏》第 14 册，第 401 页。

义七十人等敬造庐舍那像一躯，薄试家微，财富珍宝，如宝之宝像，涣然洒在，严得相逼。若释迦以此功德及四恩，遍润三友。[1]

大齐河清人二年（563）岁次甲申三月己未朔十八日丙子，比丘明空等七人，仰为□现父母，□皇帝主及一切从生，敬造庐舍那像一躯。愿善道资身，福田润识，等悟思修，齐鉴我净，长乘四生，永登一实。[2]

安乐郡坊□世业寺僧□□昙钦敬造庐舍那像□□。上为皇帝陛下、□□□师僧、七世父母、兄弟姊妹、一切众生，咸同斯福。[3]

大齐天统元年（565）岁次乙酉六月壬子□十九日庚午，乐陵县人成天顺仰为亡父母敬造庐舍那像一躯，上为皇帝，又为师僧父母、居家眷属、一切众生，普同斯福。[4]

……都昌县安乐寺比丘遵敬造庐舍那像一区。上为皇帝师僧父母、兄弟姊妹、一切众生，咸同斯福。[5]

信仕佛弟子逄略，知财非宝，赳竭家资，敬造庐舍那石像一躯。皇帝陛下、师僧父母、存之七世、居家眷属，愿求离途，常与佛会；一切众生，咸同斯福。[6]

天统四年（568）二月廿三日，谢思祖夫妻为亡息元邕敬造庐舍那像一区，愿托生西方妙洛国土，苓花（龙华）树下，恒与佛会，又愿居家眷属，咸同斯福，愿愿如是。[7]

大齐武平四年（573）三月廿六日乐陵县人李高平敬造庐舍那像一区，上为国王帝主师僧父母居家眷属□□生，普同斯福。[8]

---

① 国家图书馆善本金石组编《历代石刻史料汇编》第一编，北京图书馆出版社，2000，第527页。

② 国家图书馆善本金石组编《先秦秦汉魏晋南北朝石刻文献全编》二，北京图书馆出版社，2003，第256页。

③ 〔日〕大村西崖：《支那美术史·雕塑篇》，转引自李利安、崔峰《南北朝佛教编年》，第354页。

④ 博兴县文物管理所：《山东博兴县出土北朝造像等佛教遗物》，《考古》1997年第7期，第29页。

⑤ 国家图书馆善本金石组编《先秦秦汉魏晋南北朝石刻文献全编》二，第529页。

⑥ 国家图书馆善本金石组编《历代石刻史料汇编》第一编，第500页。

⑦ 常叙正、于丰华：《山东高青县出土佛教造像》，《文物》1987年第4期，第34页。

⑧ 博兴县文物管理所：《山东博兴县出土北朝造像等佛教遗物》，《考古》1997年第7期，第30页。

大齐武平四年（573）岁次癸巳，六月乙未闰十九日癸丑□社正刘贵率领廿人等敬造卢舍那像一区，上为皇帝陛下，下为边地众生，离苦得乐。①

大齐武平六□岁次乙未至□五月甲寅□十五日，佛弟子延市生，□造人中卢□那像一躯。上为□□□□□、师僧父母、已过现在，普及一切众生，咸同斯福。②

据侯旭东先生研究统计，总体上看，卢舍那造像流行于530～579年，此前130年未见，为北朝后期新兴的崇奉对象，但声势不能与观音、释迦、弥勒相抗，不是主要崇奉对象。造像地点多分布于今山东地区，似为一区域性崇拜。③

卢舍那信仰的流行主要和《华严经》的译介有关；"卢舍那经"即指《华严经》，乃卢舍那佛随顺法性、自在而说之教。与之对应的则是"释迦经"，即《法华》《涅槃》等经，乃释迦佛应众生之根机所说权巧方便之教。

《华严经》全称《大方广佛华严经》，汉译本有三种，北朝流行的主要是东晋佛陀跋陀罗的译本，题名《大方广佛华严经》，六十卷；为区别于后来的唐译本，又称为"旧译《华严》"，或称为《六十华严》。其中，第二卷至第四卷为《卢舍那佛品》。东汉末年以来，此经的别行本陆续译出不少，主要有：《佛说兜沙经》一卷（"如来名号品""光明觉品"），后汉支娄迦谶译；《佛说菩萨本业经》一卷（"净行品""十住品"），吴支谦译；《诸菩萨求佛本业经》一卷（"净行品"），西晋聂道真译；《菩萨十住行道品》一卷（"十住品"），《渐备一切智德经》五卷（"十住品"），《等目菩萨所问三昧经》三卷（"十定品"），《佛说如来兴显经》四卷（"如来出现品"），《度世品经》六卷（"离世间品"），西晋竺法护译；《菩萨十住经》一卷，东晋祇多密译；《文殊师利发愿经》一卷（"入法界品"），东晋佛陀跋陀罗译；《十住经》四卷，后秦鸠摩罗什译；《佛说校量一切佛刹功德经》一卷，宋法贤译；《佛说罗摩迦经》三卷（"入法界品"），西秦圣坚译。但直到东晋佛陀跋陀罗的六十卷本译出以来，此经才受到佛教学人的重视，传诵、讲习乃至疏释研究才逐渐兴盛。如最初参与此经译场的法业，曾亲承佛陀跋陀罗的口义而撰成《义记》二卷；随后刘宋求那跋陀罗曾讲解过此经多次，北齐玄畅

---

① 博兴县文物管理所：《山东博兴县出土北朝造像等佛教遗物》，《考古》1997年第7期，第30页。
② 国家图书馆善本金石组编《历代石刻史料汇编》第一编，第529页。
③ 侯旭东：《佛陀相佑——造像记所见北朝民众信仰》，第120～122页。

更对此经随章逐句疏讲。北魏勒那摩提也曾弘讲此经，又刘谦之精研此经，制《华严论》六百卷。这时菩提流支又译出了《十地经论》，由于《地论》的弘通，此经更得到相应的发扬，地论师慧光又撰制了此经的《广疏》和《略疏》。又齐大觉寺僧范著有《经疏》五卷，邺中昙遵著有《经疏》七卷，洛州昙衍著有《经疏》七卷，北魏灵辩著有《经论》一百卷，魏北台智炬著有《经疏》七卷。嗣后隋相州演空寺灵裕著有《经疏》八卷，《旨归》一卷；西寺昙迁著有《华严明难品疏》十卷；西京慧藏著有《义疏》十卷；西京洪遵著有《经疏》七卷；净影寺慧远著有《经疏》七卷，《十地论义记》七卷；嘉祥寺吉藏著有《游意》一卷；武德寺慧觉著有《十地品疏》十卷等。而南北各地风行讲诵，更促进了华严学的广泛开展。

受经典流传及佛教义学盛行的影响，普罗大众对于《华严》专门学修的热情迅速炽盛。据《续高僧传》所载：

> 太和初年，代京阉官，自慨刑余，不逮人族，奏乞入山修道，有敕许之。乃赍一部《花严》，昼夜读诵，礼悔不息。夏首归山，至六月末，髭鬓尽生，复丈夫相。还状奏闻，高祖信敬由来，忽见惊讶，更增常日。于是大代之国《花严》一经因斯转盛，并见侯君素旌异记。[1]

> 释慧藏，姓郝氏，赵国平棘人。……齐主武成降书邀请，于太极殿开阐华严。法侣云繁，士俗咸集。时共荣之，为大观之盛也。自尔专弘此部，传习弥布。属周毁经道，划迹人间。栖息烟霞，保护承网。隋初开法，即预出家。……以大业元年十一月二十九日，遘疾卒于空观寺，春秋八十有四。[2]

4. 定光佛信仰

定光佛又作定光如来、锭光如来、普光如来、灯光如来。过去世为释迦菩萨授记的佛陀。[3]

---

[1] 道宣撰《续高僧传》第二十八卷，《大正藏》第50册，第686页。
[2] 道宣撰《续高僧传》第九卷，《大正藏》第50册，第498页。
[3] 《过去现在因果经》第一卷记载，此佛初生之日，四方皆明，日月火珠复不为用。以有此奇特，故名为普光。《大智度论》第九卷亦云，燃灯佛生时，一切身边如灯，故名名燃灯，成佛后亦名燃灯。燃灯佛为过去佛中之最著名者，在诸经论中，颇多以此如来为中心而说其前后出现诸佛之事例者。如《无量寿经》谓过去久远劫，锭光如来出世，教化众生，其后历经十劫，依次出现五十三佛。最后之世自在如来时，修因行而成道者即为阿弥陀如来。《大悲经》第三卷"殖善根品"谓此如来以后，有莲华上佛乃至过去七佛等，总有十四佛出世。《大毗婆沙论》第一百七十八卷更说释尊于第三阿僧祇劫曾遇七万七千佛，其中之首位，即为燃灯佛。

北朝民众对于定光佛信仰的表现形式主要有《法仪百余造定光佛像记》云：

> □理渊洁，事绝□言之表，元绪□后本出，思议之处，素林梵悲，□光云泣，若非□洞，熟能达谟，□□法仪百余□等，闰闻辟问，□游陵河，焚天间石罗大求功，尔及河清一年（562）□月二日，敬造定光佛一躯，面似月轮，身如金喙。已此善根，当□法仪存之，同□七觉，上愿天下忝丰，含生向□，成尽三毒也。①

> 武平五年（574）甲午岁十月戊子朔，明威将军陆景妻张云妃敬造是光佛并三童子。愿三界群生，见前受福，亡者托荫花中，组时值佛。②

该造像记现藏于西安碑林博物馆，祭台村邑子二十七人造定光佛像，造像时间为六月八日。③"大统十七年（551）岁次辛未三月乙巳朔□五日己未，佛弟子卫大将军行猗氏县事安次县开国男艾殷敬造定光、释迦、弥勒、普贤四，上为皇帝陛下、七世父母、过去见在眷属、一切含生，恒与善俱，咸升大寂。妻彭白妃、息男仙伯。"④

二　佛教观念的流行

（一）因果、天堂地狱、神通感应等信仰观念的流行

"先以欲勾牵，后令入佛智"，民众佛教信仰的目的无非留心祈求现实及来世的利益。而这些功利化的精神需求，无不浸淫着佛教基本教义与世俗伦理观念的影响。通过十六国北朝民众对佛教信仰的付诸实践，我们可以窥见，因果观念及对来世与未知世界的想象等民间信仰因素，构成了民众佛教信仰的几乎全部。⑤

根据历史顺序，依次摘录如下。

如，《苻静贞造像记》云：

---

① 陆增祥：《八琼室金石补正》第二十一卷，转引自李利安、崔峰《南北朝佛教编年》，第351页。
② 邯郸市文物保管所：《邯郸鼓山水浴寺石窟调查报告》，《文物》1987年第4期，第14页。
③ 国家图书馆善本金石组编《先秦秦汉魏晋南北朝石刻文献全编》二，第288页。
④ 金申：《中国历代纪年佛像图典》，第500页。
⑤ 信仰行为及信仰体验折射出对"灵验"的感受、认同、信服的态度，"总之，灵验乃是维持时人已有之信仰以及确立新信仰的重要标准"。参见侯旭东《佛陀相佑——造像记所见北朝民众信仰》，第51~62页。

大秦弘始九年（407）太岁在丁未四月朔二日，长安符氏女优婆夷弟子静贞造佛菩萨像一龛，伏愿八族超升，众生灭度，切含灵，咸臻佛刹，正念皈依，矢死弗二。爰刻诸石，以铭寸心。①

《金光明经卷二》为索将军合家题记：

《金光明经卷第二》，（凡五千四百卅三言）庚午岁（430）四月十三日，于高昌城东胡天南太后祠下，为索将军佛子妻息合家，写此《金光明》一部。断手记竟，笔墨大好，书者手拙，具字而已。后有□□□□之吉，疾成佛道。②

劝书令狐广嗣，凉太缘二年岁在丙子（436）六月中旬，程段儿自惟福薄，生值末世，不观佛典，自竭为父母合家立此石塔形象，愿以此福成无道，并及命过秋，官女妻陵男亦同上愿。③

张锡宗造桃形青铜佛，造像记云：

大魏太平真君二年（441）正月十五，弟子张锡宗为合门大小居家平安，故造佛像一躯供养。④

《宋德兴造释迦文石佛坐像发愿文》云：

太安三年（457）九月廿三日岁次丁酉，清信士宋德兴，伪命过亡女猞香，造作释迦文佛像。愿先师、七世父母、外内眷属、□全知识、亡女猞香。一切众生，生生共其福所，往生□□，值遇诸佛，永离苦因，必获此愿，造成菩提大道。⑤

皇兴五年（471），定州中山郡卢奴县张兴保为父母建福造经，题记有云：

自慨多艰，父母恩育，无以仰报；又感乡援，靡托恩恋。是以此单

① 鲁迅：《十二砚斋金石过眼续录》第四卷，转引自魏宏利《北朝关中地区造像记整理与研究》，中国社会科学出版社，2017，第3页。
② 池田温：《中国古代写本识语集录》，转引自李利安、崔峰《南北朝佛教编年》，第21页。
③ 殷光明：《北凉石塔研究》，转引自李利安、崔峰《南北朝佛教编年》，第24页。
④ 翟春玲：《西安出土北魏铜佛造像研究》，《文博》2003年第5期，第45页。
⑤ 金申：《中国历代纪年佛像图典》，第438页。

城，竭家建福，兴造素经《法华》一部，《金光明》一部，《维摩》一部，《无量寿》一部，……愿使福钟皇家，祚隆万代；佑例亡父、亡母，托生莲花，受悟无生；润及现存，普济一切群生之类，咸同斯愿。若有读诵者，常为流通。①

太和元年（477）九月十日，安熹县堤场阳□□愿已身为亡父母造释迦文佛，又为居家眷属大小，现世安稳，亡者生天，宣语诸佛，所愿如是，故记之耳。②

太和四年（480）四月廿日，下博人赵明为亡儿越宝造多宝佛。愿亡儿上生天上，常与佛会。③

太和十七年（493）岁在乙酉，佛弟子赵僧安兄弟六人，为居门大小，见在安隐，亡者生天，所愿从心，造释迦牟尼佛一区。④

太和十八年（494）岁次甲戌四月乙巳朔八日，《尹受国造石佛坐像发愿文》：

夫至道虚寂，理不自兴。然众像不建，则真容无以明；群言不叙，则宗极无以朗。由是释迦能仁，见生王宫，应权方便，广设津渡。清信士尹受国，为亡考造释迦文石像一区，作功以就。谨发微愿，上愿七世父母，未来见世，常与三宝共会。又愿亡考，生生之处，遇佛闻法。自识宿命，永不退转。此愿一切运途有生之类，离诸有结，地狱众苦，咸皆休息。缘少微福，普同斯愿。⑤

受《涅槃经》的流行及"涅槃学"的影响，民间诵读、抄写《大般涅槃经》、祈求加持赐福等已蔚然成风。

《大般涅槃经》卷第四十，正始二年（505）正月八日，信士张宝护武威人也，凉州刺史前安乐王行参军援护。盖闻志性虚寂，超于名像之表，冥化幽微，绝于寻之旨。是以弟子开发微心，减割资分之余，雇文

① 池田温：《中国古代写本识语集录》，转引自李利安、崔峰《南北朝佛教编年》，第45页。
② 孙迪：《新田栋一旧藏北魏太和元年阳氏造金铜佛像》，《荣宝斋》2007年第2期，第219页。
③ 金申：《中国历代纪年佛像图典》，第445页。
④ 金申：《中国历代纪年佛像图典》，第453页。
⑤ 金申：《流散海外的北魏早期石佛造像》，《收藏家》2006年第2期，第137页。

士敬写《大般涅槃》一部。为七世父母、所生父母、家眷大小、内外亲戚，远离参途，值遇三宝。见闻者悟无生忍，证于十住。龙化初会躬为上首。一切含识之类皆同斯契。比丘僧照写。①

永平五年（512）五月五日，《大般涅槃经》第三十二卷李季翼题记有云：

> 为亡妹敬写《涅槃经》一部。……逮及先师七世父母、现今家眷，得蒙是福。十方众生，有识之类使俱绝三有，早成正觉。②

> 建德二年（573）岁次癸巳正月十五日，清信弟子大都督吐知勤明，发心普为法界众生，过去七世父母、亡灵眷属，逮及亡儿亡女，并及现在妻息、亲戚知识，敬造《大涅槃》《大品》并杂经等，流通供养。愿弟子生生世世值佛闻法，恒念菩提，心心不断，又愿一切众生，同厌四流，早成正觉。

> 《大般涅槃经》卷第廿七。建德二年（573）岁次癸巳正月十五日，清信弟子大都督吐知勤明，发心普为法界众生，过去七世父母、亡灵眷属，逮及亡儿亡女，并及现在妻息、亲善知识，敬造此《大般涅槃经》，并《大品》、杂经等，流通供养。弟子生生世世值佛闻法，恒念菩提，心心不断，又愿一切众生，同厌四流，早成正觉。③

"阳春白雪，下里巴人"，民众佛教信仰的特点是更关注对于"福田事业"的实践及世俗利益的祈求。在统一与分裂的时代里，普罗大众的生命价值和生存状态真是"譬如朝露"，"来日苦多"，很难获得现实的幸福和满足感，所以他们更多地把信仰托付于天堂地狱、神通感应等想象当中的"海市蜃楼"，这也是时代烙印的屈光折射。总之，战乱相寻催生了民众宗教的信仰热情。

（二）"佛孝"观念的流行

围绕以家族血亲为中心，诚感天地、孝通神明的信仰行为，始终构成着民众佛教信仰的主体。

---

① 池田温：《中国古代写本识语集录》，转引自李利安、崔峰《南北朝佛教编年》，第99页。
② 池田温：《中国古代写本识语集录》，转引自李利安、崔峰《南北朝佛教编年》，第121页。
③ 池田温：《中国古代写本识语集录》，转引自李利安、崔峰《南北朝佛教编年》，第500页。

"孝"是最能反映中国人血亲关系的道德规范，从西周开始，就已经成为社会普遍认可、流行的社会伦理观念。

原始儒家认为"孝为仁本"。《论语·学而》有云："其为人也孝弟（按："弟"通"悌"，下同），而好犯主者，鲜矣；不好犯上，而好作乱者，未之有也。君子务本，本立而道生。孝弟也者，其为仁之本与!""弟子入则孝，出则弟，谨而信，泛爱众，而亲仁。"《论语·泰伯》说："君子笃于亲，则民兴于仁。"儒家要求人们做到"笃于亲"之孝，进而实现"泛爱众"之仁，目的是为了保证"不犯上"之忠，最终实现"移孝作忠"的目的。也就是说，孝不仅是实现"仁"的根本，而且是"忠"的前提。儒家传统观念认为，爱自亲始、孝而后忠。"忠孝"在中国哲学中是一对体用关系，所谓"夫仁者爱人，施于君谓之忠，施于亲谓之孝。忠孝者，其本一也。"（《三国志·魏书·陈群传》）在魏晋以前的国家法律中，就明确规定了对不孝的处罚，如《周礼》把不孝列为"乡八刑"之一，《汉律》则"不孝罪斩枭"。由忠孝的观念发展成"君父"并重的伦理道德原则，也就是说"子以述父为孝，臣以系事为忠"（《晋书·礼志》），为人子与做人臣具有同等的人伦关系。但是，在实际政治生活中，"君"无疑要大于"父"，忠自然要重于孝。

《孝经》是儒家专门讲"孝道"的经典。《汉书·艺文志》云："夫孝，天之经，地之义，民之行也。举大者言，故曰《孝经》。"《孝经》主张把"孝"的观念贯彻于人的一切行为之中，对实行"孝"的要求和方法也做了系统而详细的规定，称"夫孝，德之本也，教之所由生也。身体发肤，受之父母，不敢毁伤，孝之始也。立身行道，扬名于后世，以显父母，孝之终也"。"夫孝，始于事亲，中于事君，终于立身。"《孝经》特别强调"孝"是上天所定的规范，"夫孝，天之经也，地之义也，民之行也"，认为"人之行，莫大于孝""明王以孝治天下""圣人之德无以加于孝"。国君可以用孝治理国家，臣民能够用孝立身理家。《孝经》还根据不同人的社会等级差别，专门规定了行"孝"的不同内容，所谓天子之"孝"："爱敬尽于其事亲，而德教加于百姓，刑于四海"；诸侯之"孝"："在上不骄，高而不危，制节谨度，满而不溢"；卿大夫之"孝"："非法不言，非道不行，口无择言，身无择行"；士阶层的"孝"："忠顺事上，保禄位，守祭祀"；庶人之"孝"："用天之道，分地之利，谨身节用，以养父母"，具体要求是"居则致其敬，养则致其乐，病则致其忧，丧则致其哀，祭则致其严"。《孝经》还把道德规

范与刑律联系起来，认为"五刑之属三千而罪莫大于不孝"。《孝经》将
"孝"与"忠"相联系，认为"忠"是"孝"的发展和扩大，并把"孝"的
社会作用推而广之，认为"孝悌之至"就能够"通于神明，光于四海，无所
不通"。在儒家伦理思想体系中，"孝"的地位实际上被赋予了本体性的意
义，是天经地义的、最根本、最崇高的道德。同时，也被视为人之所以为人
的最基本的、也是最为重要的品德。

《孝经》传说是孔子自作，但南宋时已有人怀疑是出于后人附会。清代
纪昀在《四库全书总目》中指出，该书是孔子"七十子之徒之遗言"，成书
于秦汉之际。《孝经》被历代统治者所重视，自西汉至魏晋南北朝注解者及
百家。汉代《孝经》盛行，西汉文帝置《孝经》博士，"举孝廉"入仕成为
一种制度。自惠帝后，历代皇帝谥号前均加"孝"字。史载，晋穆帝和孝武
帝都曾亲讲《孝经》，晋元帝和孝武帝还先后为《孝经》作注。《孝经》在
古代中国对传播和维护社会纲常、促进社会太平起了很大作用，历代王朝无
不标榜"以孝治天下"。孝道是中国伦理观念的基本出发点，又是最高的道
德原则。方广锠先生研究认为"印度佛教根本没有'孝'这一词汇，而采用
'报恩'这一说法。……佛教是联系轮回来看待亲子关系的，这就使它的
'报恩观'与中国的'孝道观'出现很大的差异"①。儒士通常认为佛教教主
释迦牟尼"辞亲割爱"出家修道、放弃对家庭与国家的基本责任是不可理喻
的。于是，历史上儒家对佛教的所有批判基本上都没有离开封建伦理这一中
心内容，《孝经》也便成为儒家反对佛教的重要武器。儒士们批判佛教徒削
发损肤出家为僧、不敬王者，严重冲击了宗法体制下的家庭、家族观念，也
冲击了封建王权统治，构成与传统儒家思想矛盾的主要方面。而儒家天生的
排他性往往能够通过动员国家政权的力量达到"排佛"的目的。所以，佛教
在中国的传播始终屈从于儒家的巨大压力，不能摆脱封建宗法思想的影响，
以至于一再申明其教义与儒家忠孝的一致性。佛教服从儒家，主要体现在公
开宣传宗法思想支配下的忠孝、仁义、五常等封建伦理道德观念，并把它们
当作佛教教义的重要组成部分。这虽然表现为对儒家政治和伦理原则的屈
服，但也正因为如此，它才为封建统治者所容纳，成为协助儒家思想统治的

---

① 方广锠：《佛教典籍百问》，今日中国出版社，1989，第 32 页。针对有研究成果引用汉译
佛经证明印度佛教也有"孝"这个词汇，方广锠先生认为，作者没有做文献学的溯源考
察，不了解汉译佛经中的这些"孝"都是翻译的产物，不能从汉译佛经中去寻找证据，
而要到印度原典中去寻找。本人同意并接受方先生的观点。

一支重要的社会力量。

中国佛教思想界的回应首先主要是通过重点挖掘、引申汉译佛经中的"报恩"① 思想作为理论素材，积极诠释、构建自身的"孝论"，以证明佛教完全符合孝道。其次，是积极宣传推崇《孝子经》《盂兰盆经》《地藏菩萨本愿经》等汉译经典作为劝孝的典型题材，还造作了一批以《父母恩重经》为代表的宣扬孝道的伪经。总之，中国佛教思想界在进行佛教民族化、本土化的思考时，对"孝"的问题始终非常重视，并从不同视角做了相关的阐释。② 在中国佛教徒中还出现了许多以"孝道"闻世的"孝僧"，如北齐道纪法师，侍奉母亲时，无论衣着饮食、大小便溺，事必躬亲；③ 隋敬脱和尚，每次外出弘法、听讲佛学，都用扁担一肩挑着母亲，一肩担着经书，孝满乡里。④ "孝僧"们以其独特感人的孝子事迹，逐渐改变了部分儒士以"不孝"排佛的议论，由此表明中国佛教僧众不愿意违背世俗伦常的心声，标志着民族化、本土化的佛教已经立足中土，扎根民间；孝僧们不仅孝养父母，而且以自身独有的方式举行丧祭活动、超度父母亡灵，寄托风树之思，对中土的民情风俗产生了重大的影响，并成为中国传统文化中非常重要的组成部分。

随着印度佛教中国化转型的完成，佛教的孝道思想与儒家的伦理观念日益接近，形成了借佛言孝、孝道劝善、助世行孝的伦理思想特征。"戒孝一致""孝顺念佛"等孝行、孝理成为中国佛教孝道思想的具体内容。佛教伦理与儒家纲常名教于孝道观上的契合，既是佛教民族化、本土化的产物，又是中国佛教力图积极融入世俗社会的内在需要的具体呈现。

前文所及，都鲜明体现在民众佛教信仰的历史痕迹之中。

---

① 如在《大方便报恩经》中，"佛告阿难：当念父母及善知识恩！是故知恩，常当报恩。善知识者是大因缘"。《大方便报恩经》第三卷，《大正藏》第 3 册，第 142 页。在《大乘本生心地观经》中，"世出世恩有其四种：一父母恩，二众生恩，三国王恩，四三宝恩。如是四恩，一切众生平等荷负。善男子！父母恩者，父有慈恩，母有悲恩。母悲恩者，若我住世于一劫中说不能尽……"般若译《大乘本生心地观经》第二卷，《大正藏》第 3 册，第 297 页。在《瑜伽师地论》中，归纳有五恩："其有恩者亦有五种：一母，二父，三妻子，四奴婢、仆使，五朋友、兄弟、亲属、宰官。"玄奘译《瑜伽师地论》第七十二卷，《大正藏》第 30 册，第 695 页。

② 这部分内容相关课题成果很多，本文不赘述。参见王月清《中国佛教伦理研究》，南京大学出版社，2000。

③ 道宣撰《续高僧传》第三十卷，《大正藏》第 50 册，第 701 页。

④ 道宣撰《续高僧传》第十二卷，《大正藏》第 50 册，第 518 页。

如《华严经卷二》比丘法坚题记云：

《华严经卷第二》大代永兴五（413）年六月四日，比丘法坚为七代师尊父母所造经。①

《鲍纂造石浮图题记》云：

大魏太平真君三年（442）岁次壬午四月戊寅朔十有八日乙未，永昌王常侍定州常山鲍纂，单宦在台，减割□□之储，为父□邢邢县令、亡母王，造兹石浮图、《大涅槃经》一部。愿皇帝陛下，享祚无穷，父母延年益寿，父母将来生弥勒佛前，合家眷属，普蒙□斯福，子子孙孙咸受福庆。②

北魏太平真君四年（443），高阳蠢吾（今河北博野）任丘村人苑申造玉菩萨题记，直接发愿：

为东宫皇太子造□玉菩萨，下为父母，一切知识，弥勒下生，龙华三会，听受法言，一时得道。③

"天安元年（466）岁次鹑火"，宫内小臣曹天度为"亡父、亡息"于平城造千佛石塔，发愿：

夫至宗凝寂。弘之由人，圣不自运，畅由来感。是以仰慕者悲叹不如，功务者因莫不果。乃感竭家珍，造兹石塔，饰仪丽晖，以释永或，愿圣主契齐乾坤，德隆运表，皇太后、皇太子延祚无穷，群辽百辟，存亡宗亲，延沈楚炭，有形未亥，菩提说获。……侣登蕤宾，五日辛卯内小曹天度为亡父颖宁，亡息玄明于兹平城造。④

龙门石刻造像记：

永平三年（510）九月四日，比丘尼法庆为七世父母、所生因缘，敬造弥勒像一区，愿使来世托生西方妙乐国土，下生人间公王长者，远离

---

① 池田温：《中国古代写本识语集录》，转引自李利安、崔峰《南北朝佛教编年》，第15页。
② 金申：《中国历代纪年佛像图典》，第436页。
③ 高艳霞：《河北弥勒造像题记考》，《文物春秋》1999年第2期，第16页。
④ 金申：《中国历代纪年佛像图典》，第439页。

烦恼，又愿己身与弥勒俱生莲花树下，三会说法，一切众生，永离三途。①

永平三年（510）十一月一十九日，比丘尼惠智为七世父母、所生父母，造释迦像一躯，愿使托生西方妙乐国土，下生人间为公王长者，永离三涂，人□身平安遇□弥勒，俱生莲花树下，三会说法，一切众生，普同斯愿。②

永平四年（511）岁次辛卯九月一日甲午朔，比丘僧法兴敬造弥勒像一区，上为皇家师僧父母，有识含生，普乘微善，龙华三会，俱得齐上，又愿皇祚永隆，三宝晕延，法轮长唱，所生父母托生紫神，莲生兜率，面奉慈氏，足步虚空，悟发大解，所愿如是。③

造像题记：

延昌四年（515）岁次乙未六月廿日，比丘尼□双造观世音一区，今德成讫。为国主、父母、师徒但越三□群生，弥勒三会，俱成正觉。□上□光法□法弥。④

熙平二年（517）四月十五日，比丘惠荣仰为皇帝陛下、七世父母、所生父母敬造弥勒像一区，遮藉□□仰崇圣□□□合生同登愿□□□。⑤

史料表明，在封建社会的皇权至上、中央集权以及"家国同构"的社会结构下，虽然江山代有废兴，但中国佛教徒诚感天地、孝通神明，"移孝作忠"，为皇帝、国家祈祷的"佛孝"行为，⑥ 随历史演进反而历久弥坚。

三 "护国"信仰的确立

北魏末年政局动荡，大厦将倾。"覆巢之下无完卵"，国家命运、时局变化牵动着每一个人的心，佛教"护国"信仰由此炽盛。

---

① 〔日〕大村西崖：《支那美术史·雕塑篇》，转引自李利安、崔峰《南北朝佛教编年》，第116页。
② 吴元真主编《北京图书馆藏龙门石窟碑刻题记拓本全编》第1册，第57页。
③ 吴元真主编《北京图书馆藏龙门石窟碑刻题记拓本全编》第1册，第60页。
④ 金申：《中国历代纪年佛像图典》，第466页。
⑤ 北京图书馆金石组编《北京图书馆藏中国历代石刻拓本汇编》第4册，第42页。
⑥ 侯旭东先生研究认为："六世纪以前愿文中很少有这方面的内容，孝文帝曾两次吊比干墓，大力提倡忠君思想。僧侣或闻风而动，以皇帝延祚、国家永隆之观念灌输信徒，逐渐于平民中产生影响，故六世纪后平民中渐生类似祈愿。"侯旭东：《佛陀相佑——造像记所见北朝民众信仰》，第217页。

鸠摩罗什所译之《仁王般若波罗蜜经》（二卷）、《妙法莲华经》（七卷），昙无谶所译之《金光明经》（四卷）及其异译本——义净所译之《金光明最胜王经》（十卷），为镇护国家、祈求国泰民安之三部经。另外，"持国""增长""广目""多闻"四天王，常护持四天下，故名护世（护国）四天王。《金光明经·四天王品》《金光明最胜王经·四天王护国品》《仁王般若波罗蜜经·护国品》皆说其经流布之所，有四天王守护其国。

《仁王般若波罗蜜经》系佛陀专为波斯匿王等十六国王宣说救护、保卫国家，指明守护国土之因缘，谓讲说、受持此经，则可息灾得福。

《妙法莲华经》之《法师品》①、《分别功德品》②、《如来神力品》③、《药王菩萨本事品》④、《观世音菩萨普门品》⑤、《陀罗尼品》⑥、《普贤菩萨劝发品》⑦，皆明《妙法莲华经》之"护国息灾"的功德利益。

北魏末年，抄写、传诵、供养"护国三经"及护世（护国）四天王等，祈求"护国息灾"国泰民安的信仰行为，于社会各阶层蔚然成风。特别是在北魏宗室大臣中，以东阳王元荣为甚。

元荣（？～542），字太荣，是明元帝拓跋嗣玄孙，城门校尉元腾之子。孝明帝孝昌元年（525），出任车骑大将军、开府仪同三司、瓜州刺史，镇守敦煌郡。孝庄帝永安二年（529）封为东阳王。元荣笃信佛教，生前大兴佛事，组织抄写了大量佛经。他在瓜州刺史任上近二十年，对敦煌莫高窟的营造起到过很大的推动作用。⑧

---

① 讲述佛告药王菩萨关于聆闻、随喜、受持、解说《法华经》的种种功德。
② 是说当时与会大众闻法受益，后世受持读诵、书写、讲说此经，亦皆获诸功德。
③ 讲说佛于众前现其神力，嘱于如来灭后，应对《法华经》一心受持、读诵、解说、书写和如说修行。
④ 佛告宿王华菩萨关于药王菩萨往昔闻法供养日月净明德佛的本事，并说受持《法华经》《药王本事品》的功德，以及命终往生安乐。
⑤ 佛为无尽意菩萨解说观世音的名号因缘、称名作用和三十三应普门示现等功德。
⑥ 讲说药王、勇施菩萨等各自说咒拥护受持、讲说《法华经》者。
⑦ 普贤问佛，如来灭后，云何能得《法华》？佛告成就为佛念护、植众德本、入正定聚、发救众生之心四法，当得《法华经》。普贤白佛，凡持此经者，必得守护。
⑧ 经宿白先生考证，东阳王功德窟为今莫高窟第285窟，窟内有西魏大统四年（538）的发愿文，造像及壁画人物形象和褒衣博带的服饰风格，当是元荣从洛阳带来工匠或粉本后逐渐在敦煌地区流行起来的佛教范式。参见宿白《东阳王与建平公》（二稿），宿白集《中国石窟寺研究》，生活·读书·新知三联书店，2019，第305～326页；谭天：《关于东阳王元荣任瓜州刺史的时间和卒年》，《敦煌研究》2002年第5期，第7页；李茹：《河西公与莫高窟》，《丝绸之路》2009年第14期，第9～13页。

元荣造写《仁王护国般若波罗蜜经》题记，有云：

> 大代永安三年（530）岁次庚戌七月甲戌朔二十三日丙申，佛弟子
> 使执节散骑常侍都督岭西诸军事车骑大将军瓜州刺史东阳王元荣，生在
> 末劫，五常难保，百年之期，一报极果。窃闻诸佛菩萨天人圣智，立誓
> 余化，自有咸告，有能禀圣化者，所愿皆得，天人将护，覆卫其人，令
> 无衰惚，所求愿称。弟子自惟福薄，屡婴重患，恐贻灰粉之殃，天算难
> 诣，既居秒类，将可以自救。惟庶心天人，仰凭诸佛，敬造《仁王般若
> 经》三百部，一百部仰为梵天王，一百部仰为帝释天王，一百部仰为毗
> 沙门天王等。以此经力之故，若天王誓不虚发，并前所立，愿弟子晏望
> 延年之寿，事同前愿，如无所念，愿生离苦也。①

《（仁王）般若波罗蜜经》题记云：

> 大代建明二年（531）四月十五日，佛弟子元荣，既居末劫，生死
> 是累，离乡已久，归慕常心，是以身及妻子、奴婢、六畜，悉用为比沙
> 门天王布施三宝，以银钱千文赎，钱一千文，赎身及妻子，一千文赎奴
> 婢，一千文赎六畜。人法之钱，既用造经，愿天王成佛，弟子家眷、奴
> 婢、六畜、所益荫命，乃至菩提，□□还阙，所愿如是。②

节闵帝普泰二年、孝武帝太昌元年、永熙元年（532）岁次壬子三月乙
丑朔廿五日己丑，元荣写经多部，如下。

北修字50《摩诃衍经》（《大智度论》）卷第一题记：

> 《摩诃衍经》卷第一，大代普泰二年岁次壬子三月乙丑朔廿五日己
> 丑，弟子使持节散骑常侍都督领西诸□阳王元荣□□。③

散0753《律藏初分》卷第十四题记有云：

> 惟天地妖荒，王路否塞，君臣失礼，于滋多载。……敬造《无量
> 寿经》一百部，四十部为毗沙门天王，卅部为帝释天王，卅部为梵释

---

① 池田温：《中国古代写本识语集录》，转引自李利安、崔峰《南北朝佛教编年》，第206页。
② 池田温：《中国古代写本识语集录》，转引自李利安、崔峰《南北朝佛教编年》，第212页。
③ 池田温：《中国古代写本识语集录》，转引自李利安、崔峰《南北朝佛教编年》，第215页。

天王；《内律》五十五卷，一分为毗沙门天王，一分为帝释天王，一分为梵释天王；造《贤愚》一部为梵释天王。愿天王造成佛道，有愿元祚无穷，帝嗣不绝，四方附化，恶贼退散，国丰民安，善愿从心，含生有识，咸同斯愿。①

上海图书馆藏 137 号（812561）《维摩经疏》卷第一题记有云：

惟天地妖荒，王路否塞，军事失利，于滋多载。……弟子年老疹患，……敬造《维摩疏》百部供养。②

P. 2143《大智第廿六品释论》记有云：

惟天地妖荒，王路否塞，君臣失礼，于滋多载。……敬造《无量寿经》一百部，四十部为毗沙门天王，卅部为帝释天王，卅部为梵释天王。造《摩诃衍》一百卷，卅卷为毗沙门天王，卅卷为帝释天王，卅卷为梵释天王。《内律》一部五十卷，一分为毗沙门天王，一分为帝释天王，一分为梵释天王。《贤愚》一部为毗沙门天王。《观佛三昧》一部为帝释天王。《大云》一部为梵释天王。愿天王造成佛道，又愿元祚无穷，帝嗣不绝，四方付化，恶贼退散，国丰民安，善愿从心，含生有识，咸同斯愿。

敦煌遗书上博 8926 号《维摩诘经》卷末《维摩疏》卷第十一和题记有云：

惟天地□荒，王路否塞，君臣失礼，于滋多载。……弟子年老添患，……敬造《维摩疏》百部供养。③

《大方等大集经》卷第二，大代大魏永熙二年（533）五月七日，……元太荣（元荣），自惟福助微浅，每婴缠志，无方自救。仰恃天王，发誓之重，仰为比沙门天王，敬造《大集》一部十卷，《法华》一部十卷，《维摩》一部三卷，《药师》一部一卷，合廿四卷。观天王成佛，弟子所患永除，四体休宁，所愿如是。④

---

① 池田温：《中国古代写本识语集录》，转引自李利安、崔峰《南北朝佛教编年》，第 215 页。
② 池田温：《中国古代写本识语集录》，转引自李利安、崔峰《南北朝佛教编年》，第 216 页。
③ 池田温：《中国古代写本识语集录》，转引自李利安、崔峰《南北朝佛教编年》，第 216 页。
④ 池田温：《中国古代写本识语集录》，转引自李利安、崔峰《南北朝佛教编年》，第 220 页。

S. 4415《大般涅槃经》第三十一卷题记有云：

> 大代大魏永熙二年（533）七月十三日，……元太荣（元荣）敬造
> 《涅槃》《法华》《大云》《贤愚》《观佛三昧》《总持》《金光明》《维
> 摩》《药师》各一部，合一百卷，仰为比（毗）沙门天王，愿弟子前患
> 永除，四体休宁，所愿如是。一校竟。①

> 大代大魏大统八年（孝静帝武定元年，543）十一月十五日，佛弟
> 子瓜州刺史邓彦（按：元荣之婿）妻昌乐公主元敬（按：元荣之女）写
> 《摩诃衍经》一百卷，上愿皇帝陛下国祚再隆，八方顺轨；又愿弟子现
> 在夫妻男女眷四大康健，殃灾永灭，将来之世普及含生，同成正觉。②

从上述写经题记发愿回向等内容，可以窥见元荣焦虑、束手无策和危机
感与末世感交织的复杂心态，毕竟国祚与宗室成员的命运休戚相关。组织如
此规模的写经活动是需要耗费大量人力、物力、财力的，元荣也是期望诚感
神明，与其任其在未来可期的兵燹中灰飞烟灭，不如现在尽可能为"福田事
业"散尽，也好为来世谋个"善果"。

国家的命运与社会个体的命运息息相关，天下暗潮涌动之际，往往也是
各种宗教活动昌盛之时。时值再次由统一趋向分裂的局势，共同命运及共同
信仰再次将北方各民族、社会各阶层人士维系在一起。十六国北朝民众诚感
天地、孝通神明，"移孝作忠"与其说是为皇帝、国家祈祷的佛教信仰行为，
毋宁说是"儒佛关系"于民间佛教信仰领域的屈光折射。经过上百年的"汉
化"及民族融合、文化融汇的历史过程，儒家文化深入人心，而"民族化"
"本土化"的佛教从精神信仰层面无疑又加深了儒家社会伦理观念对普罗大
众人生观、价值观的塑造成型；中国佛教在长期的历史演进过程中，逐渐形
成"祝国裕民"的社会功能，并起到发挥"家国同构"社会结构体制的
"凝合剂"作用。

第二节　民众佛教信仰组织及其社会功能

埃米尔·涂尔干说："宗教是一种既与众不同、又不可冒犯的与神圣事

---

① 池田温：《中国古代写本识语集录》，转引自李利安、崔峰《南北朝佛教编年》，第 220 页。
② 池田温：《中国古代写本识语集录》，转引自李利安、崔峰《南北朝佛教编年》，第 262 页。

物有关的信仰与仪轨所组成的统一体系，这些信仰与仪轨将所有信奉它们的人结合在一个被称为'教会'的道德共同体之内。"① 李亦园先生指出："一般说来，宗教之存在于人类社会大致有三种功能，那就是生存的功能、整合的功能和认知的功能。"② 金泽先生说："宗教的每一个基本要素，诸如禁忌、崇拜、礼仪、象征，都在群体内发挥着这种统一的作用。"③ 借用以上学者的论点来描述十六国北朝时期在北方地域流行的民众佛教信仰组织——"邑社"，真是恰如其分。

"邑社"是通过共同的宗教信仰纽带自发形成的具有地域性或者成员之间以血亲关系缔结而成的民间社团组织。④ 历史上也有称"邑义""义邑""社邑""邑会""邑宜""邑仪""香火邑义""社""邑"等的记载。⑤

---

① 〔法〕爱弥尔·涂尔干：《宗教生活的基本形式》，第 55 页。

② 李亦园：《宗教与神话》，广西师范大学出版社，2004，第 21 页。

③ 金泽：《宗教人类学导论》，宗教文化出版社，2001，第 86 页。

④ 许倬云先生认为："从殷商两代开始，经历春秋战国，过去以人群组合作为基础的共同体逐渐转变。总的趋向，乃是从属人的族群转变为属地的共同体，乡党邻里成为个人主要的归属。""郡县以下的基层，在春秋时代还是以'社'为中心的人群共同体。所谓'社'，也就是地方的保护神，每一个'社'所在地区的居民，都围绕着保护神成为一个共同体。"许倬云：《说中国：一个不断变化的复杂共同体》，第 66、67 页。

⑤ 郝春文先生研究指出："在两晋南北朝时期的文献和石刻铭文中，'社'与'邑'是有区别的。传统的里（邑）社被称为社或邑社连称，尊崇佛教的里（邑）社被称为法社，而由僧尼和在家佛教信徒混合组成或仅由在家佛教信徒组成的以造像活动为中心的佛教团体则称为邑、邑义、法义等，并不以'社'为名。""隋唐以降，在文献与石刻铭文中，'邑（义）'与''（邑）社'逐渐合流，其含义也逐渐趋同。传统的社邑以'邑（义）'为名者并不少见，而由佛教信徒结成的佛教团体也常称为'社'，'邑''社'可以互相指称。"郝春文：《中古时期社邑研究》，上海古籍出版社，2019，第 16 页。"邑义结合的方式，以各阶层和僧俗混合结为一个团体较为多见，也有一些邑义没有僧人或官僚，有的邑义则完全由地方中下级官吏组成。与两晋南北朝时期北方不少大族聚族而居有关，由某一大族或以其为主体组成的邑义为数不少。""与这一时期妇女社会地位相对较高相关，除了在相当数量的邑义内有女人参加外，由女人自己组织的邑义也有一些。"郝春文：《中古时期社邑研究》，第 103 页。"义邑以佛教信仰为号召，通常由地方上有影响力的人物担任领衔者，其具体的组织构成，通常是僧俗兼有。俗众担任邑主、像主、斋主、香火主、维那等职事，主要负责义邑发起、出资和运营。僧人则在义邑中称邑师，或者径称比丘、比丘尼，他们除了在义邑中讲经说法，也为俗众在造像、建塔、立寺、建斋时提供指导，可以说是义邑中的精神领袖。义邑虽然建立在共同信仰的基础之上，但其中也有层级之分，邑主和具有各种头衔的功德主，以及由僧尼担任的邑师，属于其中的上层，而邑子等普通信众，仅以'会员'的方式出资，对于义邑中的重大事项，并无决策的权力。以上种种，不仅是基于各自头衔的差异，也在造像碑上的题名位置上显现出来。邑师、邑主等僧俗领袖，题名一般居首，而且处于显赫的位置，普通的邑子，题名则相对靠后。这就是说，现实社会中的阶级和等级差异，在义邑组织中也产生了映射。"（转下页注）

1984 年在河南省偃师县南蔡庄乡宋湾村，收集到翟兴祖等人于北魏孝明帝正光四年（523）的造像碑，发愿文中有"此下法义卅人等建造石像一区，菩萨立侍，崇宝塔一基，朱彩杂色，睹者生善，归心政觉。仰为皇帝陛下，七世父母，边地众生，有形之类，咸同斯福。天宫主维那扫逆将军翟兴祖，天宫主平昌令刘伏生，天宫主邑主汝南令石灵凤，天宫主纥豆邻俟地拔"。另外，从题名看，还有乙弗苌洛、斛斯康德、沮渠显遵等人，① 他们与纥豆邻俟地拔，显然都是留居中原的少数民族。同年七月廿九日，山东历城黄石崖法仪兄弟姊妹等造石窟像廿四躯，题名除汉人外，还有呼延伏姬、呼延摩香等少数民族信徒。② 孝昌三年（527），山东青州博兴"法仪九十人等敬造砖塔一躯，各为七世父母、现存眷属"③。题名除汉人石化、李承伯、李起宗等外，还有鲜于罗姜等少数民族信徒。这些文物遗存表明，基于共同信仰，不同民族属性的信徒可以汇聚在同一邑社组织下，从事造像供养活动。中国佛教在历史上对于促进民族融合、文化融汇所起到的中介作用，由此可见一斑。

邑社普通成员一般称为"邑子"或"邑生"，姓名前不加任何头衔的也为数不少。邑义的管理者包括邑主、都邑主、维那、都维那、典坐、邑正、聚主、邑老、邑师等。④ 如《光州灵山寺塔下铭记》云："维大魏太和元年（477）岁次丁巳十二月朔八日壬戌春，刘虎子、诸葛洪、方山二百人等敬造灵塔。愿六道三达世荣资福。合家眷属，慧悟法果，永离苦海，光祚群生，咸同斯庆。都邑主梁英才、维那牟文雍、塔主华智。"⑤

据郝春文先生考证：

（接上页注⑤）"义邑中除了僧俗之别以外，也有官民之别，男女之别，甚至还有民族差别。在义邑这个外壳之下，不同阶级、阶层、性别、民族的信众们统合在一起，从而也成为窥见当时民族融合和社会整合情况的重要窗口。"邵正坤：《造像记增添中古史建构基石》，"中国社会科学网"，http：//news. cssn. cn/zx/bwyc/201903/t20190301_ 4840869. shtml？COLLCC = 2926868805&，最后访问日期：2019 年 3 月 4 日。

① 李献奇：《北魏正光四年翟兴祖等人造像碑》，《中原文物》1985 年第 2 期，第 21 ~ 26 页。

② 北京图书馆金石组编《北京图书馆藏中国历代石刻拓本汇编》第 4 册，第 147 页。

③ 孙葆田等：《石刻史料新编》第二辑，第 12 册，转引自李利安、崔峰《南北朝佛教编年》，第 194 页。

④ 郝春文：《东晋南北朝佛社首领考略》，《北京师范学院学报》（社会科学版）1991 年第 3 期，第 49 ~ 59 页。

⑤ 北京图书馆金石组编《北京图书馆藏中国历代石刻拓本汇编》第 3 册，第 12 页。

邑义流行的时限，最早出现于东晋元兴元年（402），较晚的在北周大定元年（581），大部分材料集中在公元 500～581 年之间。邑义流行的地区也很广，分布于现在的河南、陕西、山东、山西、河北、安徽、江苏、浙江、江西、北京等地。北方流行的较为广泛，其中又以河南、陕西、山东等地为多。……其规模少者仅三四人，多者可达一二千人，多数在十几人至百人之间，二三百人的也有一定数量。①

宋僧赞宁在《大宋僧史略·结社法集》中说："梁僧祐曾撰《法社》，建功德邑会文。历代以来成就僧寺，为法会社也。社之法，以众轻成一重，济事成功，莫近于社。今之结社，共作福因，条约严明，愈于公法。行人互相激励，勤于修证，则社有生善之功大矣。"②组织邑社是为了"集中力量办大事"，如雕凿佛像、立塔建寺、抄写佛经、设斋、念佛、布施钱财等宗教事业，或致力于兴办建桥铺路、打井种树、向贫人施食等社会福利公共事业。通过这些活动，既弘扬了佛法，又加强了社会各个阶层成员之间的联系，并吸引了更多的民众加入宗教信仰的队伍中来，增加了佛教的社会影响力。

云冈石窟第 11 窟《北魏太和七年邑义信士女造像记》是现存中国石窟中佛社造像的最早实例。云冈石窟第 11 窟的东壁上层南端，横额形碑铭云："太和七年（483）八月三十日，邑义信女等五十四人，自惟性因不积，生在末代，甘寝昏境，靡由自觉，微善所钟。敬造石庙形象九十五区及诸菩萨。"③由此可知，在北魏平城时期，邑社尚处于初创阶段。471～494 年是北魏政权最稳定、最兴盛的时期。在佛即君主、禅观苦修思想的影响下，开窟造像的风气大盛。此时云冈石窟的营造以"皇家工程"为主，以国力为保证，集中了全国的优秀人才，进而雕凿出繁华精美的大窟大像。迁都洛阳后，平城作为北都仍是佛教重镇，大规模的开凿活动虽然停止了，但凿窟造像之风在社会中下阶层逐渐蔓延起来，善男信女们充分利用平城旧有的技艺，或以个人、家族，或结成"邑社"组织形式；或营一窟，或造一壁，或捐一龛，或施一躯，集腋成裘、众志成城，造像形式也更加多样化。一直延

① 郝春文：《中古时期社邑研究》，第 103 页。
② 赞宁撰《大宋僧史略》卷三，《大正藏》第 54 册，第 250 页。
③ 北京图书馆金石组编《北京图书馆藏中国历代石刻拓本汇编》第 3 册，第 14 页。

续到孝明帝正光五年（524）"六镇起义"的爆发。

"邑义作为佛教寺院的外围组织，是佛教存在、发展的重要的社会基础。"① 由于战乱频仍等社会不安定因素，宗教信仰热诚使得邑社这种以宗教信仰为纽带的社会组织结构获得了巨大的发展空间，对于推动北方地区造像之风起着巨大作用。"通过邑义组织信众造像绝大多数是自发自愿的行为，与官府无涉。平民、官吏乃至僧尼均可参加邑义，其中仕宦为官者所具有的官方身份并不一定起作用，邑义首领无须必由官吏背景者担任，造像时出任像主、斋主、开明主的也不一定是官员。"② 这种集体性质的共同信仰组织及信仰行为具有借助共同信仰组织民众的社会功能，通过信仰共同体把社会各个阶层的力量重新整合，对于凝聚社会共识、加强社会不同阶层成员之间的沟通、交流、团结，缩小社会差距，维护社会稳定、巩固封建统治等方面，无疑都发挥了一定的促进作用。如：

> 大魏国景明四年（503）太岁在□三月癸丑朔廿一日，幽州范阳郡涿人刘雄头、高伏德、高道龙合四百人，为皇帝□□造释迦摩尼像一区记。③

> 大魏国景明四年（503）太岁在癸未四月癸未朔二日，幽州范阳郡涿县当陌村高伏德像主维那刘雄合三百人为皇帝陛下造石像一区记。④

> 大魏国正始元年（504）太岁甲申三月戊申朔九日，涿县当陌村维那高洛周七十人等，上为皇帝陛下造是释迦石像一区，故石立记之。⑤

> 景明四年（503），下张村合邑捌拾人为皇帝造石像一区。⑥

神龟元年（518），岁在戊戌六月乙酉朔六日庚寅，《吴晏子造像记》有云：

> 合邑子五十人造石像一区，上为皇帝陛下、七世父母、遍地众生，有形之类，使妆教三□，迷心仍降，□来开拎，万吉庆集。愿合邑诸人

---

① 郝春文：《中古时期社邑研究》，第 121 页。
② 侯旭东：《北朝村民的生活世界——朝廷、州县与村里》，商务印书馆，2010，第 292 页。
③ 北京图书馆金石组编《北京图书馆藏中国历代石刻拓本汇编》第 3 册，第 61 页。
④ 北京图书馆金石组编《北京图书馆藏中国历代石刻拓本汇编》第 3 册，第 62 页。
⑤ 颜娟英主编《北朝佛教石刻拓片百品》第 1 册，转引自李利安、崔峰《南北朝佛教编年》，第 97 页。
⑥ 王景荃：《豫北地区景明年间佛教石刻造像初探》，《中原文物》2002 年第 5 期，第 67 页。

道积延长，□心朗傲，获果殊弥。托生妙室，愿乙从心。①

　　神龟三年（520）四月三日，定州杨肆□、邸绍智、邸善保、邸伏胜、杨宗保（造像人姓名）中山上曲阳邑义廿六人等，造弥勒像一区，上为皇家，下为边地众生，普同此愿。②

河南省宜阳县南十千米洛河南岸虎头山虎头寺义邑正光元年（520）七月十五日造像题记有云：

　　即因山势仰为皇帝陛下、皇太后敬造释迦摩尼像一区，……愿以此恩使皇祚日隆，大化弥美，主上永振，黎庶常安。③

　　受佛教影响，道教信徒也组成邑社。如冯神育造像碑四面均造像，碑侧有记，云："……大代正始二年（505）秋九月己巳朔廿六日甲午，真□道民冯神育同邑二百人等，投委坛静，仰追冥果，造立石像……"④ 该碑由以冯神育为首的道教徒及同邑二百余人共立。"大魏正光四年（523）岁次癸卯七月乙酉二十六日庚戌□等"，师氏合邑七十一人造像碑，碑阳为佛教造像，碑阴为道教造像，碑左右各为一佛一道造像龛。发愿文有云："夫形向生子，□□自□至道渊广□□自然无为□形□是□如来大圣至□□延分形昔化内外启彻佛道合慈，无为是一。……初合宗邑子七十一人等，宿向冥因，心乐三宝。"⑤ 显然是佛道融合的历史遗迹。

　　受佛教福田观念的影响，邑社还热衷于社会的慈善福利事业。

　　由西晋法立、法炬合译的《佛说诸德福田经》在北朝民间影响深远。⑥经中提到七种福田，行者得福，即生梵天。七种福田即兴立佛图僧房堂阁；施建园果浴池，树木清凉；常施医药，疗救众病；作牢坚船，济度人民；安设桥梁，过渡羸弱；近道作井，渴乏得饮；造作圊厕，施便利处。⑦ 这显然无异于

<hr/>

① 王景荃：《淇县石佛寺北魏造像研究》，《中原文物》2004年第6期，第71页。
② 张雅静：《北魏豫北佛教造像碑研究》，转引自李利安、崔峰《南北朝佛教编年》，第156页。
③ 贺玉萍：《虎头寺义邑造像的文化特征及其他》，《洛阳师范学院学报》2008年第6期，第12页。
④ 李淞：《临潼六通北朝造像碑考释》，《中国道教》1996年第2期，第37页。
⑤ 陕西省耀县药王山博物馆：《北朝佛道造像碑精选》，第86~91页。
⑥ 如建造于北周时期的敦煌莫高窟第296窟，从北顶中段开始，由西到东共画有六个场景，及建造于隋开皇四年（584）的第302窟人字西披下端，从北到南所画的数幅场景壁画，显然都是该经的"经变"图画。
⑦ 法立、法炬译《佛说诸德福田经》第一卷，《大正藏》第16册，第777页。

指导"福田事业"的行为指南。另外一部流行于6世纪、译者不详的《像法决疑经》，对福田思想做了进一步的阐释，并劝导修布施大悲行。如云："善男子，我今成佛，皆因旷劫行檀布施、救济贫穷困厄众生。十方诸佛亦从布施而得成佛。是故，我于处处经中，说六波罗蜜皆从布施以为初首。……善男子，此布施法门，三世诸佛所共敬重。是故四摄法中，财摄最胜。"极力强调布施的功德是该经的特点之一。又说："善男子，我于处处经中，说布施者，欲令出家、在家人修慈悲心，布施贫穷孤老乃至饿狗。我诸弟子不解我意，专施敬田，不施悲田。敬田者即是佛法僧宝，悲田者贫穷孤老乃至蚁子。此二种田，悲田最胜"，不仅阐明布施在六度、四摄中的重要地位，而且专门强调布施是成佛的法门，同时更特别提倡布施贫穷孤老的"悲田"远胜于施予佛法僧的"敬田"，所以"此经名为《像法决疑》，亦名《济孤独》，如是受持"①。

这两部经在当时不但相当流行，而且产生了很大影响，直接推动了佛教慈善福利事业的开展。如"武德于府君等义桥石像之碑"，碑记中记录了发愿施材者是以杨膺寺为首的七座寺院的僧人。此碑是怀州（今河南沁阳）长史于子建等官员和僧侣修建义桥，"运石立碑敬镌图像"所立。参与造桥的有四县的官员及郡守官吏等，并"杨膺寺、金城寺、雍城寺、恒安寺、荀□寺、朱营寺、管令寺诸师……咸施材木，构造桥梁"，以杨膺寺为桥主。碑侧的题名中有乐善寺主僧湛、郡沙门都维那法云、普泰寺主法□等人；碑阴有沙门都昙定。各级官员有称定州刺史旨授渤海太守、旨授洛阳令，称郡光初中正郡盟主郡兼功曹等人，民望土豪及平远将军白衣左右和天宫主等人。碑阳、碑阴及碑侧还刻有近三百人姓名。②廉富等造义井碑，碑文有云："居士廉富挺秀……虽籍俗因归心法……发起真容群仙形象两千躯，桥梁义井，处处皆置……率我乡邦三十人等敬造义井，井地通泉，方求日流上涌兮……劝率邑仪，如父存焉……为群生共登菩提，遂刊文颂。"碑侧刻有邑老、维那、邑主和广威将军、轻车将军、伏波将军等人姓名。③"一些平民信徒亦利用造像之机向官员献媚，将官员名字刻在造像上，这也是佛教信仰沟通不同阶层的一种表现。"④东魏孝静帝兴和四年（542）十月八日，李氏合邑造像

---

① 《像法决疑经》，《大正藏》第85册，第1335～1338页。
② 北京图书馆金石组编《北京图书馆藏中国历代石刻拓本汇编》第6册，第153页。
③ 北京图书馆金石组编《北京图书馆藏中国历代石刻拓本汇编》第6册，第166页。
④ 侯旭东：《佛陀相佑——造像记所见北朝民众信仰》，第275页。

碑文载："复于村南二里，大河北岸，万路交过，水陆俱要，沧海之滨攸攸，伊洛之客亦属，径春温之苦渴，涉夏暑之炎燠。悯慈行流，故于路旁造石井一口，种树两十根，以息渴乏。"①

　　慈悲是佛教的根本精神之一，而佛教公益慈善事业则是直接体现佛教的社会道德功能和修行实践功能的有效途径与手段。佛教传入中国后能逐渐立足并深深植根于中国文化传统之中，主要因素是在一定程度上补充、辅助了儒家伦理思想及社会实践。儒家虽然也强调"老吾老以及人之老，幼吾幼以及人之幼""四海之内皆兄弟""民胞物与"等社会公益、积德行善理念，但在"亲疏"原则下，公益慈善等社会福利对象实际上多限于具有血亲关系的家族与宗族内部及至同乡关系等，遵循"逐层递减"原则。大乘佛教"众生平等""无缘大慈、同体大悲"的宗教普世精神，正好填补了儒家在社会学意义上的济普遍之穷的慈善实践的空白。佛教能够深入民间为广大民众所接受认同，也与其对底层民众、弱势群体的关爱、布施密不可分。

　　中国历史上大量载入史册的公益慈善事业几乎都与佛教有关。北魏之时"僧祇粟"的设立，就有"俭岁，赈给饥民"（《魏书·释老志》）的本意。另外，堪称世界上最早、规模最大的慈善机构——"悲田院"，也是始建于北魏。其他，如修桥铺路、开挖沟渠，植树造林、放生护生，施粥、施衣、施药、施棺等跨越家族、宗族的社会化的民间公益慈善事业，也往往借助寺院发起或由僧人参与、主持。在灾荒或战乱的年代，各寺院还是流离失所的人们的"难民营""庇护所"……

①　国家图书馆善本金石组编《先秦秦汉魏晋南北朝石刻文献全编》一，第500页。

结 语

"用夏变夷"与"用夷变夏"

4~6世纪伴随从"分裂"到"统一"的历史过程中，北方地区实现了各民族的民族大融合、文化大融汇，并由北朝主导，最终实现了再一次的"大一统"；华夏文明也迎来了再一次的大繁荣、大发展。"中国化"的佛教在其中发挥了"文化中介""文明纽带"的作用。"文化的融汇反过来又推动民族的融合，而此时的民族融合，不仅是广泛的，而且是深层次的。"① 历史经验与教训表明，只有不断扩大"夷""夏"之间"先进文化""先进生产力因素"的共同基础，"合同一家"才是保持社会稳定发展的必由之路，华夏文化也更能彰显出其旺盛的生命力，最终奠定了中华民族多元一体格局的历史成果。在此意义上，"中国佛教"正是一种具有丰富内涵的民族及历史、文化共同体。历史上，这种共同体的最终形成体现了不同民族及文化内涵之"变"与"不变"的辩证统一。作为一种促进民族交往、文化交流的成功典范，佛教"民族化""本土化"的历史成功经验，在当今"文化多元化""世界多极化""经济全球化""社会信息化"深入发展的时代，人类如何继续发挥、利用文化、文明的力量，应对共同挑战、面向美好未来，在不同文化、文明之间，如何积极开展对话交流、文明互鉴、有效合作，共建"人类命运共同体"，仍然有着重要的历史与现实的参考价值。

一 文化、教育的"儒家化"，政治制度的"封建化"，生产、生活方式的"定居农耕化"是民族融合、文化融汇的共同基础

许倬云先生说："'中国'这个共同体之内，最主要的互应变量，至少包

---

① 李凭：《北朝论稿》，第66页。

括政治、经济、文化和社会四个方向。政治范围内,包括政权的性质和行政的结构;经济范围内,包括生产方式、生产力和资源的分配;文化范围内,包括意识形态、社会结构,尤其注重精英阶层的作用。这四个方面交叉影响,互相制衡,总的结果呈现为复杂共同体本身的强弱、盛衰和聚散。"①

4～6世纪的时代主题是分裂与统一,时代特色具体表现为:各民族的大融合、文化的大融汇,这既是实现"大一统"的政治、经济、文化基础,也是"大一统"的历史成果。

北方游牧－渔猎民族在社会及自然的"偶然性"与"必然性"等各种客观条件交织所促成下的大规模的"南迁"之举,从地理上看就是跨越了自然－生态环境差异所造成的农－牧业分界线,融进了定居型农耕文化的核心区域。这是历史所赋予的现实需要与必然要求;从时代上看,就是汇入了当时先进的农业文明浪潮,顺应了与农耕生产、生活方式相适应的"大一统"趋势,这是民族融合、文化融汇的必然前提。

从各民族的大迁徙,大杂居、小聚居,到各割据政权势力的此消彼长、南北分立,直至重新统一;从北方少数民族日趋"汉化"到胡汉逐渐融合,"五胡"主体部分渐次消融在农业文明的先进文化与先进生产力的大"熔炉"之中,所谓"入中国则中国之",最终成为华夏民族的有机组成部分,这是历史的必由之路。

北方少数民族政权以军事力量入主中原以后,出于长治久安的政治需要,往往都自觉地发动一场自上而下的文化洗礼,无一例外地都接受了以儒家思想为核心的中原文化传统,并建立起一套与之相适应的政治统治制度和文化意识形态体系。儒家纲常学说成为治国理政的主导思想,儒经是制订典章制度的依据,儒学是官方教育的法定内容。②

首先,这些民族政权的统治者于建政后,纷纷大规模营建都城,③ 这不仅是转变经济发展模式的现实需要,更是对定居型农耕文明生产、生活方式

---

① 许倬云:《说中国:一个不断变化的复杂共同体》,第206～207页。
② 正如张践先生研究说:"少数民族统治者推崇儒学,按照儒家的标准教育、选拔人才,使大量汉族的儒生自觉、自愿地与这些胡人政权合作,故北方王朝的君主虽然是少数民族,但其政权的性质却是胡汉合作的。"张践:《中国古代政教关系史》上卷,第602页。
③ "都城成为国家政治文化、精神文化的象征与物化载体,亦是'国家主导文化'的物化载体。""可以看到历史上不同王朝、不同族属的统治者,在传承与发展国家物化载体——'都城文化'中的继承性和连续性,佐证了中华民族各个族群、各个王朝几千年来在国家认同、历史认同和中华民族文化认同上的一致性。"刘庆柱:《古代都城考古揭示多民族统一国家认同》,"中国社会科学网",http://www.cssn.cn/skyskl/skyskl_whdsy/201604/t20160407_2955792.shtml?COLLCC=2884847996&COLLCC=1880578178&,最后访问日期:2016年4月7日。

的认可。不同民族及文化在共同的生活、生产方式及文明形态这个"大熔炉"里，实现了融合、融汇。以儒学为主体文化的农耕文明，以其独特的凝聚力把众多处于游牧–渔猎文化形态的"非汉民族"引领进了封建社会。

其次，一旦实现了局部、短暂统一的民族政权，天下甫定，统治者即着手制礼作乐、规范典章制度，在政治制度及统治方针政策层面夯实、巩固"封建化"的基础，在意识形态领域对"大一统"继承、发挥，以示海内承平、文化正朔之所在。在这一点上，无论是前秦、后秦还是北魏，模式大同小异。①

以鲜卑民族"拓跋模式"② 为例，"北魏前期和中期的前一段，拓跋鲜卑也还在一定意义上力图保持自己民族的独立地位与习俗，但是他们在采用汉族方式统治汉族的过程中，同时便自觉不自觉地瓦解和削弱着自己的民族体与民族意识，他们的民族是在胜利的欢呼中泯灭了自己，经魏孝文帝的改革，再经东西魏、周齐的曲折，最后融入汉民族的大共同体"③。而历史从十六国到北朝时期所体现出的这种发展惯性，呈现在民族关系问题方面，具体表现为各少数民族及其政权对华夏礼义文化的高度认同、积极奉行、薪火相传、继承发挥。正如有学者研究指出："在十六国出现的汉化趋向和已有经验的基础上，经过魏孝文帝的民族改革，推动实现了北方各民族的大融合。……到后期，北魏社会已按照中国封建社会发展的一般规律正常运转了：……以后东、西魏的分裂，虽然也还带有民族割据的因素，但基本已是封建军阀性质的割据。"④

二 佛教在华夏传统文化层面的"民族化""本土化"、佛教发展形态与"定居型农业"经济基础的相适应，是最深刻、最根本的中国化

对于北方"非汉民族"及域外文明的佛教而言，"为什么过去中国有如此强大的吸引力，能将外围的文化吸入华夏圈内"？这是因为"'中国'很早

---

① 经两汉所奠定下来的儒家"大一统"的政治文化基础，千百年来成为不可或缺的"社会共识"；文化认同导致的民族认同——儒家"大一统"学说成为民族融合的政治基础。
② 倪润安认为："'拓跋模式'与中国历史的结合最为深刻。在这种模式中，北方民族树立了入主中原、统治华夏的信心，中原汉人则相信胡族终将融入华夏文明的潮流之中。于是，'拓跋模式'在中国历史的运行轨道上成为一种历史惯性。"倪润安：《光宅中原：拓跋至北魏的墓葬文化与社会演进》，第 315 页。
③ 杜世铎主编《北魏史·导论》，第 16 页。
④ 杜世铎主编《北魏史·导论》，第 7 页。

就凝聚了一个核心，才有不断变化与成长的依托"。"经历万余年的存在与变化，这一不断更新、不断扩大的复杂系统，长久以来都是其成员认同和归属的共同体"①。

事物的发展变化，必须同时具备两个条件：内因和外因。内因为主，外因为辅；外因通过内因而起作用。

首先，佛教自身所具有的"顺时达变"的"随方"精神、"众生平等"观念、"圆融无碍"的文化特质，使之对待不同文化皆具有强大的包容、吸附、融会贯通的融摄功能，这是佛教"民族化""本土化"的自身动力机制，也是佛教能够与民族关系问题交涉的内因。②

其次，佛教与定居型农业文明相匹配的发展模式与发展形态，从信仰方式上直接保障并促进了北方少数民族生产、生活方式由游牧－渔猎向农耕定居型的转化，这是决定佛教与民族关系问题能够交融的外因。

中国佛教作为农耕文明与游牧－渔猎文明之间的"粘合剂"，掀起了文化认同与民族认同的高潮，共同的宗教信仰反过来又强化了民族构成诸要素中共同文化的要素，形成了中华民族共同体在历史上统一的思想文化基础。民族大融合背景下形成的兼容并蓄的文化创新动力，反过来又促进了佛教"民族化""本土化"的进程，并使之成为中华传统文化的有机组成部分；北方少数民族接触、信仰佛教，又成为其接受中国传统文化、融入中华民族"大家庭"的精神媒介。在这一过程中，佛教对于中华民族的统一和巩固做出了巨大贡献。"能够通过共同信仰在精神上把各族民众联系、统合起来，从而成为令人惊异的所谓'世界上的伟大力量之一'"，"宗教作为广大民众有组织的社会实践活动，对民众形成了巨大的驱动力。它不仅改造信仰者个

---

① 许倬云：《说中国：一个不断变化的复杂共同体》，卷首语、第 17 页、第 229 页。

② "在亚洲的版图上，中华文明与印度文明是两大文明板块。佛教的融入，让中国文化具备一种开放的心态，全力吸收印度文明的思想养分，打破了狭隘的民族主义。特别是在'东晋十六国'、'北魏南北朝'……时期，佛教是多个民族之间互相交流与沟通的桥梁与纽带，促成了一个多元并存的文化体系；在历史上的分裂时期，佛教同时发挥了政治上的融合作用。中国佛教的这种融合功能，充分表现了佛教作为一种世界宗教的超越性，有助于增进中华民族彼此的认同感。"参见李四龙《中国佛教的民族融合功能》，《中国宗教》2009 年第 6 期。佛教学者杜继文也曾指出："没有对新文化形态的需要，就不会有外来佛教的进入中国；没有少数民族的推动，就不会有中国佛教的出现。因此，中国佛教和中国文化一样，不是汉民一族所有，而是融会了世界性思潮，为中国各族人民所共同造就。我以为，这是中国文化在历史上的一个大走势。"杜继文：《从中国佛教看中国文化的走向》，载《中国佛教与中国文化》，第 6~7 页。

人，而且发挥着凝聚和教化信仰群体的作用，从而影响社会与文化的发展方向和进程。接受一种宗教，参与一种宗教活动，对于一个民族及其文化发展的意义之重大是难以估量的"①。

所谓佛教的"中国化"，其本质是作为域外文明的佛教的核心价值及其组织形态等，不断融入华夏文明与社会各个阶层的文化生活和精神世界之中，在"中央集权"的政治制度及"家国同构"的社会体制下，能够"以上率下"，惠及普通民众，并通过"中国佛教"的思想、形态而展示出其强大的社会功能与文化价值。少数民族成员与汉族人民一起，以佛教作为共同的信仰，大兴福田利益之举，代表了十六国北朝佛教的一个鲜明特点。而这种信仰形态的文化内核就是浸淫着深厚儒家文化色彩底蕴的、"家国同构"理念与深信因果报应观念的结合。所以，上祝国泰君安、下祈家道从容等世俗性价值观，成为民族佛教与民间佛教信仰的主要内容。所以说"中国化"的佛教是中华传统文化的重要组成部分，中国佛教是民族融合、文化融汇的历史结晶。在此意义上，"中国佛教"正是一种具有丰富内涵的文化认同、民族认同、身份认同等所凝练而成的历史、文化共同体，体现了不同民族及文化内涵之"变"与"不变"的辩证统一。在历史的长期发展、演变过程中，这种民族与文化共同体的逐渐形成，印证了中华民族多元一体格局的形成、发展、成熟。

佛教的"中国化"主要体现在政治、经济、社会、文化四个基本层面，其中文化层面的"民族化""本土化"是最深刻、最根本的中国化。

三 "中国化"的佛教是实现民族融合、文化融汇的"文化中介"与"文明纽带"

共同的佛教信仰有助于各民族及其成员之间的交往、交流、和谐、交融，于思想、文化、政治诸领域，最终实现"多元一体"，起到了"化洽殊邦"的桥梁作用。

孙昌武先生说："北方民族接受作为汉地主要宗教的佛教，不仅极大地改变了这些民族的精神面貌，更成为他们全面、深入地认同中华文化传统的

---

① 孙昌武：《辽金元佛教与民族间的交流与融合》，《河北学刊》2012 年第 5 期，第 51、52 页。

过程的一部分。"① 业已"中国化"的佛教跨民族的传播、发展,是不同民族之间的"同一"信仰者发挥促进民族融合、文化融汇角色功能的先决条件。

北方少数民族"汉化"与佛教"中国化"交相辉映、水乳交融,"民族化""本土化"的中国佛教反过来又促进了北方少数民族"汉化"的历史进程;不同民族及文化在共同信仰的"大熔炉"里,实现了融合、融汇。

后赵、前秦、后秦、北凉等北方少数民族政权的统治者,都非常重视名僧的作用,注重从政治上利用佛教;以中夏传统文化为"前理解"的中国佛教知识阶层,经儒、释、道三教"视域融合"后,完成了思想学术和精神信仰的转向,中外两种文化在"中国化"的佛教思想体系内融会贯通,经过"再诠释",得到内在的圆融与综合创新,民族融合在思想文化层面以中国佛教为精神共同体,得到进一步深化。

十六国北朝时期,北魏因延祚最长,"汉化"最充分,所以民族融合、文化融汇也进行得最成熟,文化发展最为繁荣,佛教也最为繁盛。

佛教一开始并不是拓跋鲜卑的民族信仰,在4~6世纪从分裂趋向统一的历史大化洪流中,是民族"大融合"与佛教"中国化"的时代主题把它们的命运连接到了一起。

鲜卑民族拓跋部发祥于大兴安岭北部的林海雪原,崛起于代北高原,完胜于中原腹地。这样一个最初只有语言而没有文字,生产、生活方式以渔猎–游牧为主的民族,逐渐摆脱了奴隶制色彩的部落联盟,构建起封建中央集权性质的国家制度。在这一过程中,一方面于民族内部清除了阻碍社会发展的大量旧贵族势力,同时在外部结束了"五胡十六国"的分裂局面,重新统一了北方,推进了历史发展进程,并建立了中国历史上第一个由少数民族主导统治下的封建王朝。"汉化"及"封建化"在鲜卑民族拓跋部发展的各个历史时期,起到了关键性的促进作用。正如卫广来先生说:"封建化也就是汉化。封建化是生产方式的改变,汉化是民族体的改变。封建化是汉化的前提,汉化是封建化的结果。……他们在采用汉族统治方式统治汉族(按:其实更是北方各个民族)的过程中,同时便自觉不自觉地瓦解和削弱着自己的民族体与民族意识,他们的民族是在胜利的欢呼中泯灭了自己,经孝文帝的改革,再经东西魏、周齐的曲折,最后融入汉民族(按:其实更是中华民族)的大

---

① 孙昌武:《北方民族与佛教:文化交流与民族融合》,第23页。

共同体。"① 拓跋鲜卑在曲折的"汉化"及"封建化"的过程中，遇到了正在经历民族化、本土化转型中的"中国佛教"。佛教慈悲济世的教理、教义，对于鲜卑民族各个阶层都具有抚慰心灵、安魂定魄的作用；佛教顺时达变的"随方"精神，又促使其成为拓跋政权定国安邦的社会稳定剂。"平城时代"的代魏政权致力于崇儒兴学，忙于恢复因社会离乱导致长期荒废的"儒业"。"沙门敷导民俗"，肩负起"巡民教化"的社会功能。这时的儒释之间，彼此达成了一种相与有成的默契，并使之相习成俗。及至"洛阳时代"中晚期，朝政废弛、烟尘四起，奸佞得势、英雄斥逐，其实都是儒家纲常不继、社会失序造成的恶果。加之宗室阶层深受两晋以来门阀士族文化之末流的负面影响，儒释发展此消彼长，佛教像法膨胀、尾大不掉，遂致终天之恨。这是北魏给后世留下的一笔宝贵的历史经验。

鲜卑民族拓跋部的整体"汉化"，又成为他们理解、接受佛教的文化桥梁与纽带。共同的宗教信仰是文化认同的一部分，而文化认同是实现民族认同、身份认同的先决条件与"凝合剂"。中夏传统文化与"民族化""本土化"的佛教汇聚而成的文化认同理念，对于北方"非汉民族"民族性格的重塑、各民族文化的兼容并蓄，乃至"大一统"政治统一体的再铸成型，发挥了巨大的推动作用。

由于佛教兼容并蓄的文化特质，鲜卑民族的"汉化"政权的"封建化"特征使得同时代的儒家、道教也保持了长足的发展，并为隋唐时代全面统一局面的形成奠定了坚实的政治、文化基础。十六国北朝佛教在中国佛教史上具有鲜明的印记。伴随全国性统一进程的步伐，鲜卑民族最终"融化"在中华民族"大家庭"当中，经过文化融汇洗礼的"中国佛教"继续在中国历史的大化洪流中扮演着重要的角色，在新的历史阶段发挥着促进民族融合、文化融汇的重要作用。

需要说明的是，以鲜卑民族为代表的北方少数民族的"汉化"及"封建化"并不是"单方面的"，汉民族在民族大融合、文化融汇的过程中，生活及生产方式也不约而同地出现了部分以"鲜卑化"为代表的"异化"倾向，并约定俗成成为民族习俗中的一部分。

总之，北方少数民族的佛教信仰促进了他们的生产、生活方式由游牧－渔猎向农耕定居型的转化，促进了他们的"汉化"进程。从民族形成发展的

① 杜世铎主编《北魏史·导论》，第16页。

历史进程看，宗教是不同民族之间区别的重要特征之一。宗教信仰不仅是人们的民族感情和民族意识的底色，也涵盖了诸如社会政治、伦理道德、文学艺术、婚姻丧葬、人际关系等人们日常生活的诸多要素。这些内容的趋近也是民族融合、文化融汇的重要途径。所以不同民族群体和个体交往之际，宗教发挥着重要的文化认同和身份认同的作用。4~6世纪的"中国化"佛教已经被北方民族政权和各民族在很大程度上接受，并在文化上发挥了一定程度的融合和认同功能；佛教传播对当时北方民族认同中原传统文化、深化对华夏文化的理解和沟通、增强民族归属感，发挥了不可替代的作用。随着南北朝至隋唐安定统一局面的逐渐形成，中华文明得到又一次的整体升华。

综上所述，如何辨析厘清、综合认识十六国北朝时期佛教、少数民族与中夏传统文化、社会结构之间的深层次互动，揭示民族融合、文化融汇的历史的"偶然性"与"必然性"，还是后续需要继续深入探索的理论问题。

所谓"夷夏之变"的千古命题，随着历史形势及政治、经济、文化等综合因素的发展而渐趋深入，承认民族关系在融合过程中发展、变化，逐渐成为认识的主流。此后，中原的农耕技术在这些内迁民族中间逐步得到推广，他们的一些畜牧业技术也渐被汉族人民所掌握。各民族间在文化和生活习俗上的差异逐渐缩小；在历史文化长河里融汇的民族文化中，既有"汉化"的胡文化，也有"胡化"的汉文化。北方少数民族文化的"汉化"，生活、生产方式的"定居农耕化"，民族政权的封建化与佛教的"民族化""本土化"，属于"用夏变夷"的历史范畴；而由北朝所主导的中国历史上的再一次"大一统"及中华民族多元一体格局下的"第二次"民族大融合，显然是民族融合、文化融汇前提下的"用夷变夏"。其中，"中国化"的佛教是除儒家之外，促进民族融合的重要文化力量；民族融合与文化融汇又是形成"大一统"格局下，中国佛教文化共同体的先决条件。"用夏变夷"与"用夷变夏"的历史经验表明，只有不断扩大"夷""夏"之间"先进文化"与"先进生产力因素"的共同基础，合同一家才是保持社会稳定发展的必由之路，华夏文化也就更能彰显出其旺盛的生命力，最终奠定中华民族多元一体格局的历史成果。

参考文献

一 历史文献

班固撰，颜师古注，傅东华等点校《汉书》，中华书局，2013。

陈寿撰，裴松之注，中华书局编辑部点校《三国志》，中华书局，2013。

崔鸿撰，汤球辑补，王鲁一、王立华点校《二十五别史·十六国春秋辑补》，齐鲁书社，2000。

崔鸿撰，王云五主编《十六国春秋别本》，商务印书馆，1937。

《大正新修大藏经》，（新加坡）佛陀教育基金会印增，1990。

《道藏》，文物出版社、上海书店、天津古籍出版社，1996。

范晔撰，李贤等注，金兆梓等点校《后汉书》，中华书局，2012。

房玄龄等撰，吴则虞等点校《晋书》，中华书局，2012。

李百药撰《北齐书》，中华书局，1972。

李梦生译注《左传译注》，十三经译注，上海古籍出版社，2004。

李民、王建译注《尚书译注》，十三经译注，上海古籍出版社，2004。

李学勤主编《尚书正义》，十三经注疏，北京大学出版社，1999。

李延寿撰，陈仲安点校《北史》，中华书局，2012。

李延寿撰《南史》，中华书局，1975。

郦道元：《水经注》，中华书局，1991。

令狐德棻等撰，唐长孺等点校《周书》，中华书局，2013。

刘昫等撰《旧唐书》，中华书局，1975。

刘利译注《左传》，中华经典藏书，中华书局，2007。

刘尚慈译注《春秋公羊传译注》，中国古典名著译注丛书，中华书局，2010。

逯钦立辑校《先秦汉魏晋南北朝诗》，中华书局，1983。

幕平译注《尚书》，中华经典藏书，中华书局，2009。

欧阳修、宋祁撰《新唐书》，中华书局，1975。

阮元校刻《十三经注疏》，中华书局，1979。

沈约撰，王仲荦点校《宋书》，中华书局，2013。

司马光：《资治通鉴》，中华书局，2011。

司马迁撰，顾颉刚等点校《史记》，中华书局，2013。

宋敏求撰《长安志》，中华书局，1991。

苏舆撰，钟哲点校《春秋繁露义证》，中华书局，2002。

脱脱等撰，聂崇歧等点校《宋史》，中华书局，2013。

王溥撰《唐会要》，中华书局，1990。

王秀梅译注《诗经》，中华经典藏书，中华书局，2006。

魏收撰，唐长孺点校《魏书》，中华书局，2013。

魏征等撰《隋书》，中华书局，1997。

萧统编，李善注《文选》，中华书局，1977。

萧子显撰，王仲荦点校《南齐书》，中华书局，2013。

严可均辑《全上古三代秦汉三国六朝文》，商务印书馆，1999。

杨伯峻编著，兰州大学中文系孟子译注小组修订《孟子译注》，中华书局，1962。

杨天宇译注《礼记译注》，十三经译注，上海古籍出版社，2004。

余嘉锡：《世说新语笺疏》（修订本），上海古籍出版社，1983。

张燕婴译注《论语》，中华经典藏书，中华书局，2007。

周祖谟校释《洛阳伽蓝记》，中华书局，2013。

《诸子集成》，岳麓书社，1996。

二　金石文献

北京图书馆金石组编《北京图书馆藏中国历代石刻拓本汇编》，中州古籍出版社，1989。

杜斗城、王亨通：《炳灵寺石窟内容总录》，兰州大学出版社，2006。

敦煌研究院编《敦煌莫高窟供养人题记》，文物出版社，1986。

敦煌研究院、江苏美术出版社编《敦煌石窟艺术：莫高窟第二八五窟（西魏）》，江苏美术出版社，1995。

金申：《中国历代纪年佛像图典》，文物出版社，1994。

李利安、崔峰《南北朝佛教编年》，三秦出版社，2018。

李玉崑、刘景龙主编《龙门石窟碑刻题记汇录》，中国大百科全书出版社，1998。

龙门文物保管所编著《龙门石窟》，文物出版社，1990。

〔日〕水野清一、长广敏雄：《云冈石窟》，京都大学人文科学研究所，1953。

王素、李方：《魏晋南北朝敦煌文献编年》，台北：新文丰出版公司，1997。

吴元真主编《北京图书馆藏龙门石窟碑刻题记拓本全编》，广西师范大学出版社，2000。

张燕：《北朝佛道造像碑精选》，天津古籍出版社，1996。

中国社会科学院考古研究所、河北省文物研究所、河北省临漳县文物旅游局编著《邺城文物菁华》，文物出版社，2014。

三 研究论著

〔法〕E·杜尔干：《宗教生活的初级形式》，林宗锦、彭守义译，中央民族大学出版社，1999。

〔法〕爱弥尔·涂尔干：《社会分工论》，渠东译，生活·读书·新知三联书店，2000。

〔法〕爱弥尔·涂尔干：《宗教生活的基本形式》，渠东、汲喆译，上海人民出版社，1999。

陈连庆：《中国古代少数民族姓氏研究》，吉林文史出版社，1993。

陈琳国：《中古北方民族史探》，商务印书馆，2015。

陈序经：《匈奴史稿》，中国人民大学出版社，2007。

陈扬炯：《中国净土宗通史》，江苏古籍出版社，2000。

陈寅恪：《陈寅恪文集·讲义及杂稿》，生活·读书·新知三联书店，2001。

陈寅恪：《隋唐制度渊源略论稿》，生活·读书·新知三联书店，2011。

邓奕琦：《北朝法制研究》，中华书局，2005。

〔美〕狄·约翰、王笑然编《气候改变历史》，王笑然译，金城出版社，2014。

杜斗城等：《河西佛教史》，中国社会科学出版社，2009。

杜继文:《中国佛教与中国文化》,宗教文化出版社,2003。

杜世铎主编《北魏史》,北岳文艺出版社,2017。

〔日〕渡边信一郎:《中国古代的王权与天下秩序:从日中比较史的视角出发》,徐冲译,中华书局,2008。

方广锠:《道安评传》,昆仑出版社,2004。

方广锠:《佛教典籍百问》,今日中国出版社,1989。

方立天:《魏晋南北朝佛教》,中国人民大学出版社,2006。

方立天:《中国佛教与传统文化》,上海人民出版社,1988。

高然:《慕容鲜卑与五燕国史研究》,北京大学出版社,2018。

高荣、贾小军、濮仲远:《汉化与胡化:汉唐时期河西的民族融合》,中国社会科学出版社,2018。

葛剑雄:《历史上的中国:中国疆域的变迁》,上海锦绣文章出版社,2007。

葛剑雄:《统一与分裂:中国历史的启示(增订本)》,中华书局,2008。

葛剑雄:《中国人口史》第一卷《导论·先秦至南北朝时期》,复旦大学出版社,2002。

葛剑雄:《中国移民史·先秦至魏晋南北朝时期》,福建人民出版社,1997。

葛兆光:《屈服史及其他:六朝隋唐道教的思想史研究》,生活·读书·新知三联书店,2003。

耿朔、仇鹿鸣编《问彼嵩洛:中原访古记》,中华书局,2019。

郝春文:《中古时期社邑研究》,上海古籍出版社,2019。

河森堡:《进击的智人:匮乏如何塑造世界与文明》,中信出版集团,2018。

〔荷〕许理和:《佛教征服中国》,李四龙等译,江苏人民出版社,2005。

侯旭东:《北朝村民的生活世界——朝廷、州县与村里》,商务印书馆,2010。

侯旭东:《佛陀相佑——造像记所见北朝民众信仰》,社会科学文献出版社,2018。

侯甬坚:《中国古都选址的基本原则》,中国社会科学出版社,2004。

黄仁宇:《中国大历史》,生活·读书·新知三联书店,1997。

黄寿成:《嬗变、趋同及比较——北朝后期民族认同及区域文化研究》,

中国社会科学出版社，2019。

金泽：《宗教人类学导论》，宗教文化出版社，2001。

赖永海主编《中国佛教通史》，江苏人民出版社，2010。

〔法〕勒内·格鲁塞：《草原帝国》，蓝琪译，商务印书馆，2007。

李海叶：《慕容鲜卑的汉化与五燕政权——十六国少数民族发展史的个案研究》，中国社会科学出版社，2016。

李凭：《北朝论稿》，北京师范大学出版社，2018。

李凭：《北魏平城时代》，上海古籍出版社，2014。

李亦园：《宗教与神话》，广西师范大学出版社，2004。

李正晓：《中国早期佛教造像研究》，文物出版社，2005。

林文生：《中国石窟佛社造像最早始于云冈石窟——云冈第十一窟〈北魏太和七年邑义信士女造像记〉探讨》，文物出版社，2006。

刘林魁：《〈广弘明集〉研究》，中国社会科学出版社，2011。

楼劲：《北魏开国史探》，中国社会科学出版社，2018。

鲁西奇：《中国历史的空间结构》，广西师范大学出版社，2014。

〔美〕米尔恰·伊利亚德：《宗教思想史》，晏可佳等译，上海社会科学院出版社，2004。

倪润安：《光宅中原：拓跋至北魏的墓葬文化与社会演进》，上海古籍出版社，2017。

潘桂明：《中国佛教思想史稿·汉魏两晋南北朝》，江苏人民出版社，2009。

潘桂明：《中国居士佛教史》，中国社会科学出版社，2000。

钱大昕撰，陈文和、张连生、曹明升校点《廿二史考异》，凤凰出版社，2008。

任继愈主编《中国道教史》，中国社会科学出版社，2001。

任继愈主编《中国佛教史》，中国社会科学出版社，1988。

任继愈主编《中国哲学发展史》，人民出版社，1998。

荣新江：《丝绸之路与东西文化交流》，北京大学出版社，2015。

〔日〕三崎良章：《五胡十六国：中国史上的民族大迁徙》，刘可维译，商务印书馆，2019。

沙莲香：《社会心理学》，中国人民大学出版社，2002。

宿白：《中国石窟寺研究》，生活·读书·新知三联书店，2019。

孙昌武：《北方民族与佛教：文化交流与民族融合》，中华书局，2015。

汤用彤：《汉魏两晋南北朝佛教史》，中华书局，1965。

唐长孺：《魏晋南北朝史论丛（外一种）》，河北教育出版社，2002。

唐长孺：《魏晋南北朝史论拾遗》，中华书局，1983。

〔美〕陶晋生：《女真史论》，台北：稻乡出版社，2003。

田余庆：《拓跋史探》，生活·读书·新知三联书店，2003。

万绳楠整理《陈寅恪魏晋南北朝史讲演录》，黄山书社，1987。

王明珂：《游牧者的选择：面对汉帝国的北亚游牧部族》，上海人民出版社，2018。

王银田等：《北魏平城考古研究——公元五世纪中国都城的演变》，科学出版社，2017。

王元化主编《释中国》，上海文艺出版社，1998。

王月清：《中国佛教伦理研究》，南京大学出版社，2000。

王震中：《中国文明起源的比较研究（增订本）》，中国社会科学出版社，2013。

王仲荦：《魏晋南北朝史》，上海古籍出版社，1979。

魏宏利《北朝关中地区造像记整理与研究》，中国社会科学出版社，2017。

熊鸣琴：《金人"中国"观研究》，上海古籍出版社，2014。

许倬云：《说中国：一个不断变化的复杂共同体》，广西师范大学出版社，2015。

杨怀霖：《农业生态学》，农业出版社，1992。

姚薇元：《北朝胡姓考（修订本）》，中华书局，2007。

叶德容：《汉晋胡汉佛教论稿》，兰州大学出版社，2012。

叶适：《习学记言序目》，中华书局，1977。

〔美〕伊恩·莫里斯：《西方将主宰多久——从历史的发展模式看世界的未来》，钱峰译，中信出版社，2011。

张博泉：《中华一体的历史轨迹》，辽宁人民出版社，1994。

张践：《中国古代政教关系史》，中国社会科学出版社，2012。

赵汀阳：《惠此中国：作为一个神性概念的中国》，中信出版社，2016。

周伟洲：《汉赵国史》，中国社会科学文献出版社，2019。

周伟洲：《中国中世西北民族关系研究》，广西师范大学出版社，2007。

周振鹤主编，牟发松、毋有江、魏俊杰著《中国行政区划通史·十六国北朝卷》，复旦大学出版社，2016。

竺可桢：《竺可桢文集》，科学出版社，1979。

四　学术论文

博兴县文物管理所：《山东博兴县出土北朝造像等佛教遗物》，《考古》1997 年第 7 期。

〔美〕布雷特·辛斯基：《气候变迁和中国历史》，蓝勇等译，《中国历史地理论丛》2003 年第 2 期。

蔡丹君：《乡里社会与十六国北朝文学的本土复兴》，《文学遗产》2017 年第 1 期。

操晓理：《北魏平城地区的移民与饥荒》，《首都师范大学学报》（社会科学版）2002 年第 2 期。

常叙正、于丰华：《山东高青县出土佛教造像》，《文物》1987 年第 4 期。

陈海涛：《唐代之前民间中亚粟特人的入华》，《史学月刊》2002 年第 4 期。

传诚：《浅议早期佛教的都市性》，《佛学研究》2013 年第 1 期。

杜贵晨：《黄帝形象对中国"大一统"历史的贡献》，《文史哲》2019 年第 3 期。

杜继文：《从佛教看中国文化的走向》，《中国佛教与中国文化》，宗教文化出版社，2003。

方广锠：《道安避难行状考》，《中华佛学学报》1999 年第 12 期。

方立天：《长安佛教的历史地位》，《中国宗教》2010 年第 8 期。

冯培红：《五凉的儒学与佛教——从石窟的早期功能谈起》，《兰州学刊》2006 年第 1 期。

高艳霞：《河北弥勒造像题记考》，《文物春秋》1999 年第 2 期。

葛志毅：《论大一统与严夷夏之防》，《管子学刊》1997 年第 1 期。

顾颉刚、王树民：《"夏"和"中国"——祖国古代的称号》，钱杭主编《中国历史地理论丛》第 1 辑，学林出版社，1981。

邯郸市文物保管所：《邯郸鼓山水浴寺石窟调查报告》，《文物》1987 年第 4 期。

郝春文:《东晋南北朝佛社首领考略》,《北京师范学院学报》(社会科学版)1991 年第 3 期。

何利群:《十六国至北魏时期的邺城佛教史迹》,《中原文物》2016 年第 2 期。

贺玉萍:《虎头寺义邑造像的文化特征及其他》,《洛阳师范学院学报》2008 年第 6 期。

黄兴涛:《"支那"是如何沦为歧视华人的贬义词的》,《文史知识》1999 年第 5 期。

季羡林:《商人与佛教》,《季羡林文集》第七卷,江西教育出版社,1998。

金申:《流失海外的北魏早期石佛造像》,《收藏家》2006 年第 2 期。

金易明:《都市佛教之特性及城市居士佛教考察》,《世界宗教文化》2011 年第 3 期。

〔德〕克林凯特:《中亚突厥之佛教》,陈瑞莲译,《甘肃民族研究》2010 年第 2 期。

李鸿宾:《"徙戎论"的命运与"天下一家"的格局》,《河北学刊》2005 年第 3 期。

李零:《三代考古的历史断想——从最近发表的上博楚简〈容成氏〉、燹公盨和虞逑诸器想到的》,《中国学术》2003 年第 2 期。

李茹:《河西公与莫高窟》,《丝绸之路》2009 年第 14 期。

李少南:《山东博兴的一处铜佛像窖藏》,《文物》1984 年第 5 期。

李少南、舒翠峰:《山东博兴县出土北朝造像等佛教遗物》,《考古》1997 年第 7 期。

李四龙:《中国佛教的民族融合功能》,《中国宗教》2009 年第 6 期。

李淞:《临潼六通北朝造像碑考释》,《中国道教》1996 年第 2 期。

李淞:《陕西旬邑县三水河石窟艺术》,《西北美术》1994 年第 2 期。

李淞:《一位县令解决文化冲突的一个探索性方案——陕西福地水库西魏佛道混合石窟的图像与观念》,《新美术》2002 年第 1 期。

李献奇:《北魏正光四年翟兴祖等人造像碑》,《中原文物》1985 年第 2 期。

李玉珉:《山东早期佛教造像考——刘宋至北魏时期》,《故宫学术季刊》第二十一卷第 3 期。

梁世和：《道安与儒家》，《湖北文理学院学报》2013 年第 6 期。

林保尧：《造像记文的造像像主与造像对象试析》，《东方宗教研究》1990 年第 1 期。

刘东光、陈光唐：《邯郸鼓山水浴寺石窟调查报告》，《文物》1978 年第 4 期。

刘林魁：《赫连勃勃诛焚佛法说证伪》，《宁夏社会科学》2010 年第 6 期。

刘淑芬：《从民族史的角度看太武灭佛》，（台湾）《中央研究院历史语言研究所集刊》第 72 本第 1 分册，2001。

刘淑芬：《五至六世纪华北乡村的佛教信仰》，（台湾）《中央研究院历史语言研究所集刊》第 63 本第 3 分，1993。

刘旭：《"都市佛教"辨析》，《理论月刊》2011 年第 2 期。

楼劲：《谶纬与北魏建国》，《历史研究》2016 年第 1 期。

卢国龙：《"随方设教"义疏》，金泽、赵广明主编《宗教与哲学》第 5 辑，社会科学文献出版社，2016。

罗新、尔东强（摄影）：《匈奴是故事还是历史》，《中国国家地理》2006 年第 12 期。

马晓丽、崔明德：《对拓跋鲜卑及北朝汉化问题的总体考察》，《中国边疆史地研究》2012 年第 1 期。

孟万忠、王尚义：《北魏平城的水环境研究》，《晋阳学刊》2013 年第 3 期。

裴淑兰、冀艳坤：《河北省征集的部分十六国北朝佛教铜造像》，《文物》1998 年第 7 期。

彭栓红：《云冈石窟造像的鲜卑特色与文化多样性》，《中央民族大学学报》（哲学社会科学版）2018 年第 5 期。

陕西省文物普查队：《耀县新发现的一批造像碑》，《考古与文物》1994 年第 2 期。

尚永琪：《北朝胡人与佛教的传播》，《吉林大学社会科学学报》2006 年第 2 期。

尚永琪：《鸠摩罗什译经时期的长安僧团》，《学习与探索》2010 年第 1 期。

邵正坤：《试论鲜卑早期的宗教信仰及其转变》，《东北史地》2007 年第

1 期。

史念海：《中国古都形成的因素》，《中国古都研究》第 4 辑，浙江人民出版社，1986。

宿白：《北魏洛阳城和北邙陵墓——鲜卑遗迹辑录之三》，《文物》1978年第 7 期。

孙昌武：《辽金元佛教与民族间的交流与融合》，《河北学刊》2012 年第5 期。

孙迪：《新田栋一旧藏北魏太和元年阳氏造金铜佛像》，《荣宝斋》2007年第 2 期。

孙英刚：《转轮王与皇帝：佛教对中古君主概念的影响》，《社会科学战线》2013 年第 11 期。

谭其骧：《历史人文地理研究发凡与举例》，《历史地埋》第 10 辑，上海人民出版社，1992。

谭淑琴：《河南博物院收藏的四件造像碑》，《中原文物》2000 年第1 期。

谭天：《关于东阳王元荣任瓜州刺史的时间和卒年》，《敦煌研究》2002年第 5 期。

汤福勤：《襄阳悟道：道安与东晋十六国佛教的重大转折》，《中国哲学史》2015 年第 3 期。

田倩君：《"中国"与"华夏"称谓之寻原》，（台湾）《大陆杂志》第31 卷第 1 期，1966。

王冀青：《斯坦因所获粟特文〈二号信札〉译注》，《西北史地》1986 年第 1 期。

王景荃：《淇县石佛寺北魏造像研究》，《中原文物》2004 年第 6 期。

王景荃：《豫北地区景明年间佛教石刻造像初探》，《中原文物》2002 年第 5 期。

王启涛：《汉传佛教在丝绸之路上的传播》，《西南民族大学学报》（人文社会科学版）2019 年第 5 期。

王巧莲、刘友恒：《介绍一件北魏太平真君元年石造像》，《文物春秋》2000 年第 3 期。

王素：《北凉沮渠蒙逊夫人彭氏族属初探》，《文物》1994 年第 10 期。

王文光：《〈史记·匈奴列传〉与匈奴社会——从历史人类学的视角》，

《思想战线》2013 年第 1 期。

王文光、翟国强：《"五帝世系"与秦汉时期"华夷共祖"思想》，《中国边疆史地研究》2005 年第 1 期。

王银田：《丝绸之路与北魏平城》，《暨南学报》（哲学社会科学版）2014 年第 1 期。

温玉成：《匈奴休屠王"祭天金人"考》，《大众考古》2016 年第 1 期。

吴震：《吐鲁番写本所见鸠摩罗什汉译佛教经籍举要》，《佛学研究》1994 年第 3 期。

谢维扬：《论华夏族的形成》，《社会科学战线》1982 年第 3 期。

徐良高、周广明：《当代民族国家史的构建与"最早的中国"之说》，《南方文物》2016 年第 4 期。

徐婷：《云冈石窟造像题记所见的北魏佛教信仰特征》，《宗教学研究》2014 年第 1 期。

徐英：《欧亚草原游牧民族艺术年表（上）》，《艺术探索》2011 年第 3 期。

杨超杰：《龙门石窟姚尊造像考略》，《敦煌研究》2004 年第 1 期。

耀生：《耀县石刻文字略志》，《考古》1965 年第 3 期。

邺城考古队：《河北省邺城遗址赵彭城北朝佛寺及北吴庄佛教造像埋藏坑考古发掘与收获》，《中国文物报》，2013 年 3 月 15 日。

佚名：《中国 5000 年来气候变迁与王朝兴衰的规律》，《小康》2016 年第 10 期。

殷宪：《北魏平城营建孔庙本事考》，《学习与探索》2012 年第 4 期。

岳连建：《西安北郊出土的佛教造像及其反映的历史问题》，《考古与文物》2005 年第 3 期。

翟春玲：《西安出土北魏铜佛造像研究》，《文博》2003 年第 5 期。

张金龙：《高欢家世族属真伪考辨》，《文史哲》2011 年第 1 期。

张玖青、曹建国：《身体的政治意义——论纬书中的圣人异相》，《北方论丛》2018 年第 1 期。

张娴、邵晓华、王涛：《中国小冰期气候研究综述》，《南京信息工程大学学报》（自然科学版）2013 年第 5 期。

张雪芬：《河南博爱县青天河峡谷新发现北魏摩崖观世音像》，《华夏考古》2005 年第 1 期。

张燕：《药王山造像碑》，《中国道教》2001年第6期。

张总：《山东历城黄石崖摩崖窟龛调查》，《文物》1996年第4期。

赵鼎新：《中国大一统的历史根源》，《文化纵横》2009年第6期。

赵向群：《秃发南凉始末》，《西北师大学报》（社会科学版）1985年第1期。

赵修、金小栋：《北朝造像记词语研究与〈汉语大词典〉的收词释义》，《乐山师范学院学报》2009年第3期。

竺可桢：《中国近五千年来气候变迁的初步研究》，《考古学报》1972年第1期。

跋

释戒清*

"人能弘道，非道弘人。"

中国佛教于历史的长期发展过程中，逐渐形成"农禅并举""国际交流""学术研究"三大传统。这也是杭州净慈寺"道风""家风""学风"之所系。

净慈寺始建于后周显德元年（954），五代吴越国钱王所建，距今已有千年历史，其位于西湖南岸，凭山为基，雷峰隐其前，南屏拥其后，居全湖之胜。虽历经沧桑岁月，曾遭多次毁废，但皆能劫后重兴、历久弥新、辉煌永续。如今则为湖畔唯一名蓝，环境得天独厚，风景优美，殿宇巍峨。

历史上的净慈寺素以东南佛学重镇著称，法门龙象辈出，名流荟萃，以诸宗融合、禅净双修为显著特色。

净慈寺开山始祖道潜禅师宗承法眼宗初祖清凉文益的法脉，于此标榜"永明家风"。

净慈寺住山第一代祖师永明延寿禅师所作《宗镜录》集贤首、慈恩、天台三宗之要旨，举"一心为宗"之法，更是中国佛教史上流传千古的巨著，影响遍及海内外。据《佛祖历代通载》记载，"高丽国王览师（延寿）言教，遣使赍书叙弟子礼，奉金缕袈裟、紫晶数珠、金澡罐等。彼国僧三十六人，亲承印记，归国各化一方"。这使得净慈寺的家风特色于开山伊始，就不拘泥保守，具有综合创新、吞吐大荒的风格与气魄。

净慈寺住山第三代祖师洪寿禅师和永明延寿同为法眼宗二祖天台德韶禅师的法嗣，故知净慈寺于五代宋初标榜的是法眼宗风。净慈寺住山第四代祖

---

* 释戒清，杭州净慈寺住持、浙江省青联副主席。

师圆照宗本禅师为云门宗法嗣，净慈寺住山第五代祖师大通善本禅师与他师徒相承，可见，此时的净慈寺又尚云门家风。净慈寺住山第十代祖师佛智端裕禅师是临济宗杨岐派巨匠圆悟克勤的高第，说明净慈寺历史上又曾举扬临济宗风。禅门五家创宗，除临济异军突起于北方外，其余四家皆出现在江南。净慈寺史上的临济家风现象，表明"五家七宗"至少在北宋时就已经传遍大江南北，净慈寺为南北文化交流做出了贡献。

净慈寺在中日佛教文化交流史上也占有重要地位，是日本曹洞宗、临济宗大德寺派和妙心寺派的祖庭。

曹洞宗宗匠长翁如净禅师（1163～1228），属真歇清了下三世，出家后曾学南山律学和天台宗教义，后从清了的再传弟子足庵智鉴（1105～1192）学曹洞禅法，也曾参学于临济宗虎丘派的松源崇岳、大慧派的无用净全、拙庵德光、遁庵宗演等人。如净上承宏智正觉和真歇清了的禅法，提倡默照禅，先后两次住持净慈寺，最后住持宁波天童寺。日僧道元（1200～1253）入宋求法，在天童寺从如净嗣法归国，创立日本曹洞宗。如净圆寂后归葬净慈寺，寺中现有他的墓塔，被日本曹洞宗奉为祖塔。

临济宗杨岐派松源崇岳下二世虚堂智愚禅师（1185～1269）住持净慈寺时，声望很高，日本求法禅僧南浦绍明（1235～1309）慕名前来拜师。智愚收留他在门下参学，后来还任他做寺院知客，在迁任径山万寿禅寺住持时，也让绍明随同前往。绍明在径山正式嗣法，其辞师回国时，年高八十三岁的智愚赠偈曰："敲磕门庭细揣摩，路头尽处再经过，明明说与虚堂叟，东海儿孙日转多。"（《圆通大应国师塔铭》，载《圆通大应国师语录》卷下）智愚赞许绍明入宋后历参丛林，绍明曾告诉智愚日本禅宗日盛，松源法系的儿孙不少。绍明回国后受到皇室和幕府的崇敬，先后在九州福冈、京都和镰仓的大寺传法，有僧俗弟子上千余人，死后谥"圆通大应国师"。绍明的嗣法弟子宗峰妙超（1282～1337）长期在京都大德寺传法，受到花园上皇的支持，赐大灯国师。绍明的再传弟子慧玄（1277～1360），号关山，长期在京都妙心寺传法，也受到花园上皇的赏识。他们三人史称"应、灯、关"，在临济宗助推日本实现民族化的过程中占有重要地位，妙心寺派后来发展成为日本临济宗中的主流派。日本妙心寺派至今将净慈寺、径山寺看作他们的祖庭。

净慈寺千年法脉传承不绝，也和自古以来便保持了和"文士"良好互动的"学风"传统有关。如延寿禅师所著《心赋》由吴越王钱弘俶之子钱惟善撰序，其弟子法涌在校《宗镜录》时，就由尚书郎中杨杰为序。苏轼治杭时，曾多次探访圆照宗本（本寺第四代住持），并和大通善本长老（本寺第五代住持）、楚明宝印（本寺第十三代住持）、法涌（延寿弟子）、臻谦（即梵臻法师）等"参请最契"，还常在一起商谈竣湖救荒善策。他还曾请法涌进京"继扬宗法"。苏轼对圆照禅师特别推崇，赞其"志行若卓，教法通洽，昼夜行道二十余年，自辨才归寂，道俗皆宗之"。

在"新时代"继往开来，深入挖掘中国佛教界"爱国主义"优良传统，实践与社会主义社会相适应的"人间佛教"，传承正信正法，加强包括信仰建设、道风建设、教制建设、人才建设、组织建设在内的自身建设，使之与社会同步、与时代同行，"继承传统不保守，顺应时代不流俗"。加强"教界"与"学界"的交流与合作，仍属切实可行之道。

我和黄崑威博士在"千禧年"之际，结识于"春有百花，秋有月，夏有凉风，冬有雪"的苏州"西园"，二十年来，我见证了他的"求索"步履。这本书是黄崑威博士负责主持的 2014 年度国家社科基金一般项目"北朝时期的佛教与民族关系问题研究"结项的最终成果。该成果将历史上第一次少数民族大规模入主中原时代的佛教中国化与民族大融合联系在一起进行考察，涉及佛教文化与民族融合的关系，特别是将十六国和北朝整个作为一个完整的历史时代，从佛教中国化角度展开探讨。该研究围绕着佛教"中国化"与民族"大融合"的关联性这一主线，全方位地梳理了十六国北朝时期佛教、少数民族与中夏传统文化、社会结构之间的深层互动关系，较好地呈现了民族融合、文化融汇的历史"必然性"与"偶然性"之间的辩证关系。

"若俱长大，勿忘同游"。值此成果即将付梓之际，应黄崑威博士力邀，欣然为之作跋。勉曰："大厦之材，本出幽谷，不向人间有也。以远离人故，不被刀斧损斫，长成大物，后为栋梁之用。"愿黄崑威博士不忘初心、志存高远，在已有成果的基础上，能够沿着这条道路继续开拓，不懈进取。

后　记

　　这本小书是国家社科基金一般项目"北朝时期的佛教与民族关系问题研究"（项目编号：2014BZJ006）的最终研究成果。

　　本书得以顺利问世，首先要感谢杭州净慈寺常住的慈悲资助，社会科学文献出版社袁清湘老师的编辑、统筹以及杨曾文先生、戒清大和尚、黄夏年老师、桑吉扎西老师欣然惠赐序、跋等各种因缘和合。

　　特别是杨曾文先生以耄耋之年，借助老花镜、放大镜，将电脑字体放大，撰成序言，第二天就旧病复发，不得不卧床休息。我和先生1999年结识于在苏州召开的"中越佛教教育研讨会"，二十多年来，虽然不能亲炙于前，然每得言传身教。忆昔，当我考取研究生的时候，先生见了我说："你能走上这条路，我也感到很欣慰。"当我的博士论文正式出版的时候，先生见了我说："你终于'成手'了，我也感到很欣慰。"当我参加工作的时候，先生见了我说："你找到了自己的归宿，我也感到很欣慰。"先生在不同时期、场合对我说的三个"很欣慰"，使我铭记终身。先生又曾讲："崑威是个典型的山东人，山东人的特性在他身上都有。"我想，这一定是"双关语"，是在善意提醒我，还要在"待人接物"方面取长补短，不断提高、完善自己……弹指一挥间，一路走来，还要衷心感谢王继如先生、纪华传老师以及不便一一具名的诸多师友一直以来的鼓励、帮助、支持。

　　2010年，在我博士研究生毕业的时候就有一个夙愿，即能够在魏晋南北朝领域继续探索。2013年负笈西安以来，除了本课题以外，我还承担了教育部重大攻关招标项目"三教关系史研究"（项目编号：11JZD005）的独立子课题"魏晋南北朝三教关系史研究"。我是把这两个课题作为"姊妹篇"同时进行的，虽然推进的速度很慢，但是于2020年上半年先后都顺利结项了。

　　历史是一条"河流"，魏晋南北朝的历史在黄河、长江流域展开。使我终身难忘的一幕场景是，1996 年的某个子夜时分，当我第一次从南通乘轮渡横渡长江，彼时的江流无声般静谧，江水绸缎般柔顺，航标灯在江面一漾一漾的……如果不是突突的马达声，真不知道这是波澜壮阔的"母亲河"，还是天上灿烂斑斓的"银河"。此情此景，让我突然想到《三国演义》里面关羽"单刀赴会"一出。关云长指着长江对鲁肃说，这是一江滔滔的"英雄血"……每个人的生命历程也是一条"河流"，无数中国人的家国情怀汇聚成中华民族的历史长河。

"水以智流"，"静水流深"，"向我扔脏物，向我扔石头。我是河流"。我要成为那样的河流。

人生有得必有失。耄耋之年的父母于异地年老体衰，我无法汤药侍奉。内子于另一地既要辛勤工作，又要独自教子、持家；小宝贝也于 2014 年呱呱坠地，如今课题结项了，他也上小学了，而我却没怎么陪伴他……同时，愿这两项研究成果化为两束清香，燎告岳父常熟戴建平先生、姑姑北京黄福麟女士。

本课题从结项到成书，未及细针密缕，难免粗株大叶，恳请方家批评指正，以往鉴来。

图书在版编目（CIP）数据

十六国北朝时期的佛教与社会／黄崑威著. -- 北京：
社会科学文献出版社，2020.11
ISBN 978 - 7 - 5201 - 7350 - 6

Ⅰ. ①十… Ⅱ. ①黄… Ⅲ. ①佛教史 - 研究 - 中国 -
五胡十六国时代 ②佛教史 - 研究 - 中国 - 北朝时代 Ⅳ.
①B949.2

中国版本图书馆 CIP 数据核字（2020）第 180498 号

十六国北朝时期的佛教与社会

著　　者／黄崑威

出 版 人／王利民
组稿编辑／袁清湘
责任编辑／张馨月　孙美子

出　　版／社会科学文献出版社·联合出版中心（010）59367202
　　　　　地址：北京市北三环中路甲29号院华龙大厦　邮编：100029
　　　　　网址：www. ssap. com. cn
发　　行／市场营销中心（010）59367081　59367083
印　　装／三河市尚艺印装有限公司

规　　格／开本：787mm × 1092mm　1/16
　　　　　印张：20.25　字数：352千字
版　　次／2020 年 11 月第 1 版　2020 年 11 月第 1 次印刷
书　　号／ISBN 978 - 7 - 5201 - 7350 - 6
定　　价／98.00 元